大清县衙清风

窦玉玺◎著

中国社会科学出版社

图书在版编目（CIP）数据

大清县衙清风/窦玉玺著．—北京：中国社会科学出版社，2017.12
ISBN 978-7-5203-1279-0

Ⅰ．①大…　Ⅱ．①窦…　Ⅲ．①廉政建设—中国—清代
Ⅳ．①D691.49

中国版本图书馆CIP数据核字（2017）第260517号

出 版 人　赵剑英
责任编辑　赵　丽
责任校对　王　龙
责任印制　王　超

出　　版　中国社会科学出版社
社　　址　北京鼓楼西大街甲158号
邮　　编　100720
网　　址　http://www.csspw.cn
发 行 部　010-84083685
门 市 部　010-84029450
经　　销　新华书店及其他书店

印　　刷　北京明恒达印务有限公司
装　　订　廊坊市广阳区广增装订厂
版　　次　2017年12月第1版
印　　次　2017年12月第1次印刷

开　　本　710×1000　1/16
印　　张　20
字　　数　308千字
定　　价　85.00元

《大清县衙清风》简介

这本书取名《大清县衙清风》，就书的名称来说，“清风”一词前面有两个定语，一是定时间，二是定层阶。“清风”的本意是清爽、清凉之风，但多用于象征一种美好的风化、高洁的品格等。于是，自然之风也就随之社会化、道德化了。清风前面冠以“县衙”，是说这本书所涉及的内容主要是县衙这一层面，“县衙”曾是一级政权的代名词，在我国漫长的封建社会中，县级官府是作为封建政权架构的最低层，官级虽低，但它却是封建帝国大厦的基础，县衙中的主官——知县，位虽七品，其权力实在不小，俗称“父母官”。他们距离百姓最近，给百姓带来的苦乐也最直接，百姓对县衙的感受，代表着对国家的感受，因此，从某种意义上来说，知县对整个国家来说就有“载舟”“覆舟”的作用。

读《清史稿》不难见到大清王朝的清官、良吏。《史记》始创“循吏”栏目，然而，三千多年的历史所记仅有五人，且均为宰辅，而到《清史稿》，二百九十五年的历史，所记循吏达一百一十六人之多，这些循吏多是县衙中的知县，也就是说，史书上“循吏”这一栏目选取的对象，从封建社会政权的高层移到了最低层。也正是这些底层的清官、良吏，支撑着大清帝国近三百年的大厦，是北方少数民族建立起来的政权得以延续。

《大清县衙清风》选取了三十余位操守廉洁、循法爱民、政绩卓异者作为代表，书中从不同角度展现了他们良好的文化素养、高尚的道德情操、明晰的为官态度，以及坚忍不拔、不畏艰苦、脚踏实地的实干精神。凸显了他们忠于国家、勤于职守，敬民、爱民、抚民、惠民的伟大情怀，赞扬了官爱民、民拥官，官民融洽的鱼水关系。这本书的宗旨就在于进一步传承和弘扬中华民族优秀的道德文化和清官文化。

这本书在选取述评对象时，也有官至朝廷宰辅者，但所涉及人物内容主要是其人品和官品，以及在知县任上的政绩。如大清官于成龙主要写他在广西罗城知县任上七年的所作所为。

这本书采用述评的形式，有史料、有分析、有简评。所用史料多取自正史、方志、碑传、年谱等，凡是采用稗史轶闻者都予说明；对史料的分析，多在解读史料的基础上，力图语言大众化。本书录入不少历史故事，所以，有一定的趣味性、可读性，在述评过程中，少不了一些概括和论证，因此，也不乏一定的学术性，期冀还有一点启发、教育作用。

窦玉玺

2016 年 12 月 13 日

前　　言

我所从事的专业是汉语言文学，可不知什么时候喜欢上了历史，这可能就是人们常说的文史不分家的缘故吧。

读史书，我喜欢读史书中的“列传”，尤其喜欢读“循吏列传”，那其中的每一位人物，都刻画得栩栩如生，如在眼前，让你久读不厌；桩桩事件也让你印象深刻，回味无穷，浮想联翩。关于循吏，司马迁在《史记》中专门开设“循吏列传”这一栏目，后世史家皆跟从效法。何谓循吏？司马迁在《史记》卷一百一十九《循吏列传》中用“奉职循理”四个字为“循吏”下了个定义，唐代司马贞《史记索引》谓循吏是“本法循理之吏也”。二十四史中，对“循吏”的表述也不尽相同，因此，对“循吏”就有不同的称谓，有称“循吏”，有称“良吏”，有称“廉吏”，还有直接把“循吏”解释为“清官”。不管怎么称谓，其核心含义没有变，上循国法、下顺民情的为官思想境界没有变。如果用两个字对“循吏”进行概括，那就是人们常说的“好官”。

从司马迁开设“循吏”专栏，到《清史稿》中的“循吏列传”，写循吏呈现出两大趋向。一是从数量上来说逐渐增多。《史记》记载了三千多年的历史，但司马迁按照他的“循吏标准”，仅选取了五人；大清名臣张廷玉，奉旨撰写明史，二百七十六年历史，他仅选循吏四十余人，至《清史稿》，不足三百年的历史则选取循吏一百一十六人，几乎是明史的三倍，数量上是一个突飞猛进，也标志着从张廷玉到赵尔巽作史思想之变化。二是从官阶上逐渐低化、下沉。《史记》中所选五位循吏，其中四位国相，一位是晋文公的司法官，这些人物都属于一个国家的核心人物，而到了《清史稿》，所选人物多为知县，尽管有些人后来晋阶知州、知府甚至更高的官阶，但这毕竟不占数量上的优势。这两大趋向彰显了史家对循吏这一阶层越来越重视，对于他们在历史进程中所发挥的作用越来越认可。循吏还有广义上的意义，从官阶上不限于基层官吏，只要符合上循国法下抚民情者，有学者都称为循吏。《清史稿》中，一些没有被列入“循吏”这一栏目的上层清官也被后世学者称为循吏。

读《循吏列传》和那些清官传记，总有一种“高山仰之”之感，仔细思忖其原因，大概有以下几点。

其一，在他们身上，总能体现中华传统道德最优秀的部分。道德二字是一个合成词，“道”，指的是道路，后来引申为事物运动变化与发展所遵循的规律和准则，“德”和“得”相近，即对“道”的认识体悟所得到的。“道德”的含义有一个丰富和发展过程，比如道家有“尊道贵德”的自然道德观，儒家有“内圣外王”的人伦道德观，墨家有“重利贵义”的道德观，法家有“贵法不贵德”的道德观。考察各家学说的道德观，以儒家尊崇的道德与现代意义上的道德观更接近，或者说我们现在所说的“传统道德”的伦理体系，是综合古代不同学说的道德观的合理部分而形成的，而吸纳儒家的成分更多一些。因为儒家之道，把天道、人道合一，既是大自然本体，也是社会人生的终极价值；把“德”阐发为社会政治、人生操守的伦理内涵，忠、信、孝、悌、仁爱、谦让、忠恕等内容都成了道德体系的组成部分。那么，究竟怎么样去界定现代意义的“道德”呢？魏英敏先生在梳理古今中外对“道德”的阐释的基础上，得出这样一个结论：道德是人们在社会生活中形成的关于善与恶、公正与偏私、诚实与虚伪等观念、情感和行为习惯，并依靠社会舆论和良心指导的人格完善与调节人与人、人与自然的规范体系。（魏英敏：《新伦理学教程》，北京大学出版社 1993 年版）

如果分析这个句子，道德是什么？道德是一个规范体系，规范的对象是人们在社会生活中形成的各种观念、情感和行为习惯，凭借的是社会舆论和个人良心，也就是说用社会公众认可的观念、行为来引导人的观念行为并不断将其纳入规范体系之中，以此来完善人格，调节人与人、人与自然的关系。

这本书取名叫《大清县衙清风》，以《清史稿·循吏列传》作为选材的基础，所选三十多位循吏（包括于成龙、陈瑸等几位后居显位的清官），他们身上彰显着传统道德最光鲜的部分，体现着人性的高贵，品德、操守的纯洁无瑕。如三河知县彭鹏的有恩不忘：哭祭奶母，撕心裂肺；有节不屈：佯狂示疾，椎齿出血，坚拒伪职；台湾知县陈瑸的胸如大海，心平如镜，坦荡无私，慈善为怀；昌化知县陶元淳的以秤秤心，秤平心平；曾任七县知县陆陇其的要义不要利；合肥知县孙葆田的不恋名利，合则留，不合则去等，这些金贵的品格，乃是中华民族传统道德中最光彩的部分，是千百年来中华文明的精华，它永不为时代的变迁而改变，永不被世风的低下而被否认，这种人性的高洁，在中华文明的传承中，永远都会放射出耀眼的光芒。

自古以来，评价一个人的最基本的标准是"品质"，从古到今选人、用人的标准都是德才并举，其次序是先德后才，因此，在人类发展社会中，属于道德范畴的"人品"，从来，而且永远都会被尊为至高无上。

好人和好官是不同的两个概念，好人未必就是好官，好官在人品上也未必就没有瑕疵。大清康熙年间，曾官拜文渊阁大学士，赠太子太傅，祀贤良祠的李光地，称得上一位好官，然而，这个人物的"人品"却引起时人和后人颇多的争议。这些争议大多聚焦在他的"腊丸卖友"事件上。《清史稿》卷二百六十二《李光地传》中以大量的篇幅记载李光地顺风顺水的仕途和令人注目的政绩，然治史者也没有忘记给他的人生留下污痕。《李光地传》开篇就以浓墨重彩描述李光地拒绝叛臣耿精忠征诏，密探耿军虚实，上疏朝廷，献上破耿军之计，显示了他忠于朝廷的拳拳之心；然而，史者正在酣畅淋漓地大写其功绩时，笔锋一转，插进了另外一个人物——陈梦雷，"陈梦雷者，侯官人，与光地同岁举进士，同官偏修。方家居，精忠乱作，光地使日潜诣梦雷探消息，得虚实，约并具疏密破贼状，光地独上之，由是大受宠眷。及精忠败，梦雷以附逆逮京师，下狱论斩"。史家为什么正在写李光地突然插进一段陈梦雷的故事呢？笔者认为这段记载的目的正是体现李光地的人品：同学、同乡，又是同事，一同被耿精忠扣留，一同打探耿军虚实，一起密谋上疏朝廷，还有被腊丸封着的一张奏折，而李光地竟能只写自己名字（有资料说他腊封前将陈梦雷名字抹掉），所以，最后结果是李光地飞黄腾达，而陈梦雷却下狱论斩，这就是有名的“腊丸卖友”事件。史书对李光地总的评价是肯定的，算得上一位好官，但他损人利己、卖友求荣，还有后来有人弹劾他的“贪位忘亲”等行为，都被后人在他的“人品”上打了个大问号。与前面所述“以秤秤心”“坦荡无私”等高洁之操守形成鲜明对照。虽然李光地的官声还不错，但他在人品上的偏私和虚伪，无论如何也体现不了中华传统道德最光鲜的部分。

其二，循吏文化，或者说清官文化，传承了封建官场文化的精华。曾任四川大学教授、自号“厚黑教主”的李宗吾先生曾撰写影响深远的《厚黑学》，其中说道：“上天生人，给我们一张脸，而厚即在其中，给我们一颗心，而黑即在其中。从表面上看去，广不数寸，大不盈掬，好像了无奇异，但若精密考察，就知道它的厚是无限的，它的黑是无比的，凡人世间的功名富贵……无不从这区区之地出来。”这段话为《厚黑学》作了一个简单的注释，那就是“厚颜黑心”。还说道：“一部二十四史，一言以蔽之，厚脸皮，黑心肠而已。”李宗吾先生还著有《厚黑传习录》，其中大谈求官、做官和办事的要诀，当然仍以“厚黑”为基础。有人评价李宗吾的《厚黑学》绝对没有贬义，但在笔者看来，那是从某一角度对封建官场文化的讽刺。被称为谴责小说的《官场现形记》《二十年目睹之怪现状》等，也形象地解读了我国封建社会的官场文化。好像一提到我国封建社会的官场，贪污、腐败、尔虞我诈、钩心斗角、欺上瞒下、贪赃枉法等坏字眼就是封建社会官场文化的全部内涵，其实，二十四史用“一言蔽之”，也有欠科学。社会是一个万花筒，历史也同样千奇百态，封建制度下的官场文化也同样有其多样性。

清官文化就是封建官场文化中的精华。这种文化由封建官场一个个、一批批的清官、良吏的官品汇聚而成。本书所选清代三十多位清官、循吏，在他们身上集中体现了“清官文化”。

清苦朴素、亦廉亦俭是清官文化的一种表现形式。金代元好问《薛明府去思口号》云：“能吏寻常见，公廉第一难。”意思是说有能力的官员不少，但能做到廉洁守法，公平、公正者不容易。读《清史稿》，如此廉吏者不乏其人，他们布衣蔬食，男务公事，女务耕织，俨然一幅平常人家的画面，更甚者如罗城知县于成龙闲时日食两餐，忙时日食一餐，经年不知食肉；曾任古田知县，台湾知县的陈瑸，官厨唯进瓜蔬，有时以桂园和老姜充饥，被皇帝称为苦行老僧；任过江西五县知县的石家绍，一生俭朴，毫无官家排场，临终嘱托子弟、家人，如要为其立碑，“片石即可，不可费资”。这些官吏心中只有国家、百姓，他们的官品如一潭清水，清澈见底。陈瑸为官二十多年，当了二十多年裸官，皇帝诏见时，赴京竟无盘费；牛运震在甘肃任三县知县，前后十年，被罢官时因无资费，无法回山东老家，靠到书院教书两年才得以返里；曾任五县知县、七州知府的谢仲坃，为官五十年，离职后家中竟无立锥之地，只好寄居书院等等，例子不胜枚举。

品行方正，刚正不阿，秉公行政，无私无畏是清官文化的又一种表现形式。常言说：“公生明，廉生威。”为官者胸中装着一个“公”字，约己遵循一个“廉”字，那才敢直起腰来，做到刚正不阿，无私无畏。“公”与“平”紧密相连，心中有“公”，官心自平，官心平才有民心平。昌化知县陶元淳正是遵循这一信条，以己心换民心，以民意定己意，因此受到百姓爱戴。他特意镶一杆秤挂在家里，时时提醒自己，以称己心，以称人心。合肥知县孙葆田胸无私字，秉直而行，不畏权势，敢于审理权倾朝野的李鸿章家族案，并依法结案，抱着“合则留，不合则去”的官训，表现可贵的为官品格；吴江知县郭琇，疾恶如仇，敢于怒掌提督派来的把总，百姓高呼“郭青天”。这种官品都以“廉”“公”作基础。

勤政爱民是清官文化核心部分之一。勤、慎、廉三字曾作为清代衡量官吏是否合格的标准，因此，一些清官、良吏就将这三字多加阐释，作为自己为政的准则。曾任过七县知县的陆陇其就写了一本《莅政摘要》，开篇就说到廉与勤，曰：“莅官之要，曰廉曰勤。不特县令应尔也。然县令视民最亲，故廉勤一毫，或亏害于政也甚烈。且人孰不知，廉，吾分内事也。……勤，吾职分之当然也。……其要，莫若清心，心既清，则鸡鸣听政，所谓一日之事在寅也；家务尽屏，所谓公而忘私也。勿以酒色自困，勿以荒乐自戕也。今日有某事当决……毋谓姑俟来日，则事无不理，而此心亦宁，此廉，勤之大略也。”大清水利专家，曾任浙江西安知县的陈鹏年，一生为国为民，鞠躬尽瘁，结果累死在工作岗位上，雍正皇帝赠谥“恪勤”，以表彰他勤政为民的优秀官品；做多年师爷后任宁远知县的汪辉祖在其《佐治药言》中也说到“勤”字，“古云勤能补拙，又曰业精于勤，故才钝而勤，则于事无滞；才捷而勤，则所为必工”。这些清官、循吏把“勤”字提到为政的高度，同时认识到“勤”字不仅是官吏必须遵循的工作准则，而且直接关系到国事的成败、百姓的祸福。

清官、循吏身上所体现的人品和官品，是中华传统道德和封建官场的精华，是中华民族宝贵财富，它贵就贵在不管什么年代，不管世风如何变化，它总像一朵出水芙蓉光洁夺目，令人叹为观止；它贵就贵在这种文化总是站立在时代的潮头，与先进的文化和良好的社会风尚高度契合，不仅推动着历史前进，而且引领着时代发展。

《大清县衙清风》首先试图以丰富的史料，使每一位清官、循吏形象更加丰满，使每一位人物背后的故事更详细地展现在读者面前，增强作品的趣味性和可读性。其次，这本书是以述评的形式对每位人物进行探讨评价，书中所引资料大都出自正史、方志、碑传、年谱等，凡稗史逸闻尽可能不用，凡使用这些资料的地方，文中都予以注明，力求文章所用资料的严谨性及文章的学术价值。最后，这本书命名为《大清县衙清风》，所选人物对象重点是知县，即便有的是朝廷重臣，但所述之事仍侧重于知县任上之事，试图突出知县这一基层的官吏机构的社会作用、历史作用，突出知县在治理国家、安抚百姓中的重要性，期许这本书能带给世人以启发和警示。

目　　录

清风拂人面，细雨润我心

——赏河南县衙中的几副楹联

谚曰：“衙门口朝南开，有理无钱莫进来。”这句民谣是百姓对封建社会政治黑暗和官府腐败的形象概括。笔者理解，这个“衙门”多半应该指的是县衙，因为县衙距离百姓最近，县衙在百姓心目中也最神圣，老百姓能到县衙中问官司的也不多见，至于州、府、督抚等大衙门，老百姓就是冤死一万次恐怕也不敢跨入半步。读《清史稿·列传》，不少清官、大吏事迹就非常感人，如于成龙、陈瑸、彭鹏等，官虽大，但起步于县衙，更有《循吏列传》中记载的一百多名循吏，他们的业绩是在县衙干出来的，他们的形象是在县衙中塑造出来的，至此，使人联想到“衙门口朝南开，有理无钱莫进来”这句歌谣的夸张，甚至有以偏概全之嫌。如果这句话是写真、写实，概括得全面、准确，那么，大清帝国大厦怎么会支撑近三百年呢？封建社会的县衙，在老百姓眼中是既神秘又威严，既恐惧而又给人一丝期盼，因为它就是帝国皇权的象征。正像河南叶县县衙大堂楹联所写那样，“丹毫一点，乃吾民利害攸关”。县衙中的主官——知县，在百姓面前的权力无限，清者可造福一方百姓，浊者可祸害一县黎民。总的来讲，封建社会的县衙，不管对当时的百姓来说，还是对现在的人来讲，都充满神秘与好奇，带着这种好奇，笔者曾几次参观河南保存较为完好的几处县衙，如河南内乡县衙、叶县县衙，如今这两处县衙已经成为旅游景点和历史博物馆。

内乡县衙现为全国重点文物保护单位，与北京的故宫等一起被誉为中国四大古代官衙，享有“北有故宫，南有县衙”“一座古县衙，半部官文化”的美称。走进内乡县衙，随着导游熟练的讲解，边听边看，几个小时过去了，令人印象最深的是以下几点：其一，是它的规模与布局，县衙自然是坐北朝南了，只有这样也许才更能体现封建政权的威严。县衙占地约四十亩，中轴线上一排排主体建筑，如大门、大堂、二堂、三堂等，显得那样的深邃与神秘，两侧建有不同功能和衙吏办公、居住的庭院，与主体建筑形成一个主次分明、左右对称、布局合理、紧凑，井然有序而又浑然一体的建筑群。其二，是它的风格和摆设。中轴线上的三大建筑：大堂、二堂、三堂雄伟高大，三大主体建筑都有台阶托附，尤以大堂为最壮观，它面阔五间，进深十多米，高三丈余，其建筑本身就给人以气势和威严，在稍矮于大堂的二堂、三堂陪衬下，显得更加神圣。大堂上方悬挂着“内乡县正堂”金字匾额，正下方摆放着一张黑漆公案，案上摆放着知县断案时使用的一应什物，如文房四宝、惊堂木、发令签等，一侧摆放着堂鼓、仪仗和各种刑具，这就是古代知县举行重大典礼、审理重大案件的地方，巍峨森严的大堂展示着在这块土地上的至高无上和不容侵犯威严。其三，是它的色彩格调，青砖、黑瓦、红漆立柱、黑漆大门，构成了县衙色彩的主格调，尽管其中的木质结构曾经被后人数次维护，然而，色彩不断加深，似乎诉说着这座县衙的古老和沧桑，也更显示了它的庄重。

更能吸引人们眼球的还是那一副副楹联。在这个威严十足，甚至令人感到极度压抑的官府衙内，也只有那些楹联不时吹来一股令人轻松舒适的清风。内乡县衙楹联究竟有多少副，笔者没有统计，然而，有副楹联最能引人注目，那就是县衙三堂联：

> 得一官不荣，失一官不辱，勿说一官无用，地方全靠一官；
> 吃百姓之饭，穿百姓之衣，莫道百姓可欺，自己也是百姓。

堂联跟前，驻足者众多，人们看之，念之，写之，思之，久久不肯离去。据记载，这副楹联是清康熙十九年，时任内县知县的高以永所撰。

高以永，字子修，号荆门，浙江嘉兴秀水县人，出身望族，为北宋名将高琼二十二世孙。康熙十二年中进士，十八年知河南内乡县，

兼摄镇平、淅川两县事务，在知县任上九年，官至户部员外郎。据《内乡县志》《嘉兴县志》记载，以永为官不畏强权，为民除暴，使地处鄂、豫边界的内乡治安混乱局面得以治理；高以永重视民生，广招贫民，开垦荒地，植桑种粮，并且免除新垦土地税赋，调动农民开荒种田积极性，累年垦荒达四十余万亩，民获其利；高以永勤于政事，关心民事，爱护百姓，宽仁和善，廉洁律己，清苦过人，受到百姓的拥护和爱戴。据记载，高以永因劳累过度，卒于任上。为官多年，死无遗物，靠朋友接济，得以将灵柩运回故里，灵柩过内乡时，百姓扶柩相送数十里，不忍泣别，场面极为感人。

高以永是位百姓爱戴的清官，因此他才能撰出清风扑面的楹联。

高以永把自撰的一副楹联写在三堂前的立柱上，他为什么要把这副楹联写在三堂前呢？笔者伫立三堂前，寻思良久，再回味大堂前之楹联：

欺人如欺天，毋自欺也
负民即负国，何忍负之

不由对三堂这副对联发自内心地赞美。三堂是一个什么地方？三堂不是审理案件的地方，它是知县与官员们商议政事、处理政务、思考问题、阅读书卷的地方，因此，把自己撰写的“得一官不荣，失一官不辱，勿说一官无用，地方全靠一官；吃百姓之饭，穿百姓之衣，莫道百姓可欺，自己也是百姓”写到这里最合适、妥帖。这是对问题深思过后，内心世界的自然流露，不用镂刻，不必雕饰，是那样的自然、和谐、质朴而又深邃。大堂前面的对联，气势恢宏，它所起到的作用是使当事者未进大堂先被震慑，同时，对端坐大堂之上的县太爷也起到警醒作用。

“得一官不荣，失一官不辱，勿说一官无用，地方全靠一官；吃百姓之饭，穿百姓之衣，莫道百姓可欺，自己也是百姓”，这副楹联尽管语言质朴无华，但其内涵却深刻丰富。上联阐明的是作者的两个重要的观点：一个是荣辱观，另一个是价值观。

“得一官不荣，失一官不辱”，这是作者从官场得失这一角度论

“荣辱”。不以得失论荣辱，表现的是一种胸襟与气度，升迁也不会沾沾自喜，荣耀无比；贬官甚至夺职，也不会因此沮丧不堪。为什么会有这样淡定、安然之心呢？因为，对一个以上报国家、下安黎庶为己任的清官志士来说，当官是一种表象，荣辱只是一种主观认识，只有一个前提：那就是在官位上的所作所为，上对得起国家，下对得起百姓，至于荣辱得失，自己也左右不得，奈何不得。明代洪应明的《菜根谭》在描述淡定闲适的心情时说：“宠辱不惊，闲看庭前花开花落；去留无意，漫随天外云卷云舒。”《菜根谭》表现得淡定、闲适，其中包含道家思想的消极成分，而三堂前对联中表达的胸怀、气度却包含着在官场这个平台上，不负圣命，不负民望的前提下的荣辱观，这种充满积极向上的荣辱观，在某种程度上已经超出了道德的评判范畴。

“勿说一官无用，地方全靠一官。”这后半句与前半句之间存在内在的逻辑关系，意思是说，尽管不会把官场得失看得那么重要，更没有把这个七品知县当成光宗耀祖标榜自己的金牌，然而，知县这一官阶不高，而它的作用极为重要，可谓顶天立地。所谓顶天，即谓知县与百姓最接近，百姓为天，而天不可欺；所谓立地，即谓它是一代王朝统治构架的最底层，是帝国大厦的基石。一个、一批、一代代清正廉明、上报国家、下安百姓的优秀知县就为稳固帝国大厦基石起到不可估量的作用。七品知县官位虽小，价值颇大。在如此价值观的指导下，作为知县，为官一任，就要实现自己最大价值，造福一方百姓。荣辱观又受他的价值观影响，因此，此联所揭示的荣辱观、价值观息息相通。

下联“吃百姓之饭，穿百姓之衣，莫道百姓可欺，自己也是百姓”。此联深刻阐述了官与民的辩证关系。首先涉及的是尊卑关系。“吃百姓之饭，穿百姓之衣，莫道百姓可欺，自己也是百姓”的主语应该是“官”，什么官呢？联系具体的语言环境应该是“父母官”。“父母官”是旧时百姓对廉洁循法、勤于政事、爱护百姓的州、县官的尊称。《汉书》卷八十九《循吏传》记载，西汉元帝时，南阳太守召信臣“为人勤力有方略，好为民兴利，务在富之。躬劝耕农，出入阡陌，止舍离乡亭，稀有安居时。……郡中莫不耕稼力田，百姓归

之，户口增倍，盗贼狱讼衰止。吏民亲爱信臣，号之曰召父。”《后汉书》卷六十一《杜诗传》也载，光武帝时期的杜诗也曾任南阳太守，“性节俭而政治清平，以诛暴立威，善于计略，省爱民役……又修治陂池，广拓土田，郡内比室殷足。时人方于召信臣，故南阳为之语曰：‘前有召父，后有杜母。’”由此可见，这“父母官”的职责有二，一是爱民如子，为民造福；二是庇护百姓，为民做主。如此，百姓才尊之为“父母官”。楹联首先从一个角度说明了官与民之关系，既然尊这些地方好官为“父母”，那么，这种尊卑关系，也就形成了。对联虽然省略了主语，但谓、宾齐全，那就是吃的、穿的都是百姓的，这又出现了一个“父母”，叫“衣食父母”。吃百姓的，穿百姓的，当官的生存全都依赖百姓，那百姓自然是当官的“衣食父母”，从这个角度讲，对联又揭示出另一层尊卑关系，那是民尊官卑。究竟官与民之间应是什么关系呢？谁尊谁卑呢？对联的前半句就已经深刻地阐明了二者的辩证关系，二者互为支撑，互为依存，是既对立又统一的矛盾的统一体，撇开矛盾的任何一方，而另一方都很难存在。

虽然说在尊卑关系上，角度不同，称谓不同，“父母官”和“衣食父母”似乎难分高下，然而，几千年来的现实，官就是官，民就是民。《孟子·滕文公章句·上》有劳心劳力说，“或劳心，或劳力，劳心者治人，劳力者治于人；治于人者食人，治人者食于人；天下之通义也”。孟子所说的“劳心者”，就是指的统治者，当官的统治别人；老百姓被别人统治，被统治者供养别人，统治者靠别人养活。孟子把话说得如此明白、露骨，而且还说这是天下通行的道理。那这就赤裸裸地揭示了封建社会官与民之间的关系。其实，即便是高以永时代官与民之关系又何尝不是如此呢？这就有了对联中的“莫道百姓可欺”，统治者若想欺压百姓，那是易如反掌，统治者欺压百姓，也是封建社会的普遍现象，但也有不少的清官明白，百姓如天，欺人如欺天，百姓如水，水能载舟亦能覆舟。高以永作为一位清官，承认百姓是被统治者，认为百姓能欺，而不可欺，欺百姓如自欺。“自己也是百姓”，或可包含两层意思：一是说在未做“父母官”之前自己也是一介布衣，也就是说，“父母官”来自百姓；二是说如果当上了“父母官”而忘掉了“父母官”的内涵，以统治者自居，视百姓如草芥，贪赃枉法，欺压百姓，榨取民脂民膏，这样的糊涂官最终会被历史淘汰，会被百姓淘汰，如此，再想做一介清白布衣而不得。因此，“莫道百姓可欺”一句，如同黄钟大吕，振聋发聩，以自警，又以警人。而这也正道出了楹联作者的地位观。

统读上下两联，作者以平白的语言、淡定的心态、宽广的胸襟，自然吐露出作为地方小官的为官原则和指导思想，从而揭示高以永其人的价值观、地位观和荣辱观。一位封建社会七品知县竟有如此高的思想境界，实在令世人钦慕。

走出内乡县衙，县衙三堂前这副对联总在脑子里驱之不去，笔者手中不经意地翻阅刚刚买到的一本《古代廉政对联选》，有一副楹联赫然入目：

居心似冰，若受赂贪财，使一人抱屈者，神诛鬼灭
执法如山，倘通情畏势，有一事不公者，男盗女娼

细看，原来还是河南县衙的一副楹联，据介绍，此联是清康熙年间，山西闻喜县人孙子昶在河南通许县任知县时写在县衙门外的一副楹联。笔者琢磨，此楹联虽没有内乡县衙三堂楹联写得那么舒缓，那么自然，那么饱含哲理，但它昭示了一位地方清官不为财动，以廉立身，秉公执法的决心和胆魄。上联从“廉”字入手，守住为官底线，打造社会公平；下联从“法”字入手，摒除执法干扰，突出公正、公平。上下两联的核心是一个“公”字，为了这个“公”字，孙子昶在表达自己决心要做廉洁执法，不畏权势，公平办事，公正执法，为民做主的地方清官时，其笔调近乎声嘶力竭，近乎发誓，近乎诅咒，既是这位孙知县对世人的承诺，同时也包含了一位清官的无限自信。“公生明，廉生威”曾为明代郭允礼的《官箴》中的名言：“吏不畏吾严而畏吾廉，民不服吾能而服吾公；廉则吏不敢慢，公则民不敢欺；公生明，廉生威。”其实“公”和“廉”有着内在不可分割的联系，非“廉”不可能“公”，“公”的基础是“廉”，而“公”又能促使“廉”的提升，二者是一对相互支撑、相互依存的统一体。

孙子昶以廉洁为威严的基础，以公平、公正为处理政务、审理案件的最高目标，成就的是一位地方清官的思想境界，成就的是百姓对这位“父母官”的敬仰和爱戴。

从河南的内乡县出发，向东北方向约二百公里处是河南的叶县，据介绍，叶县县衙是目前我国古代衙署中唯一的明代县衙建筑。叶县县衙是一座五品县衙，即叶县是一大县，其知县官阶为五品，因此，县衙建筑规模宏大，气势雄伟，然与内乡县衙相比，其规模不及内乡，而风格大致相同，重修后的叶县县衙，已经成为叶县县衙博物馆。

参观叶县县衙，不是搞建筑学的只是大致领略县衙中轴线上的几大主体建筑，及中轴线两边附以对称的建筑，其中建筑文化内涵很难讲清楚，而吸引人们眼球的还是那些哲理深邃、掷地有声、寓意深长的楹联，如大堂楹联这样写：

我如卖法脑涂地
而敢欺心头有天

这是在告诫办案人员要依法审案，主持公道，否则天理难容。

宅门楹联这样写：

受半文不值半文莫谓世无知者
做一事须精一事庶己心乃安然

这似乎是对大堂楹联文意的补充。拿了人家的钱，当官的就可能枉法，那这样的知县是毫无价值的知县，只有兢兢业业、一丝不苟，为国为民，认真做事才无愧于天，无愧于己，无愧于民。

更令人震撼的是叶县县衙大门楹联：

天听民听，天视民视
人溺己溺，人饥己饥

据史料记载，这副楹联是大清同治六年，时任叶县知县的欧阳霖所书。

欧阳霖，江西彭泽人，曾在叶县知县任上六年，为叶县百姓办了不少好事，他清正廉洁，关爱百姓，广施教化，曾在平顶山上建义学，在卧羊山上修黄（庭坚）文节祠，对叶县文化发展有较大贡献；他为人正派，秉公执法，为民做主，受到百姓的爱戴和敬仰。

据说，这副楹联是欧阳霖从中牟知县任上调任叶县五品知县之初撰写的，他在县衙大门上撰写这副楹联具有深刻的含义。“天听民听，天视民视”，出自《尚书·泰誓》，原话是“天视自我民视，天听自我民听。百姓有过（指责），在予一个，今朕必往”。这是武王伐纣时武王答复臣子的话。有人说商纣是上帝的儿子，伐天子有违天命，武王说，上天所看到的来自百姓所看到的，上天所听到的来自百姓所听到的，商纣无道，如今老百姓抱怨、指责我，那我一定听命百姓讨伐商纣。欧阳霖在此化用其意，上任之初，就昭告于全县，也在警醒自己，作为一县的最高长官，自己的一言一行，所作所为，都在上苍和百姓的耳闻目睹之中，之所以把此楹联写在县衙大门上，是着意告诉百姓，自己愿意接受广大百姓的监督。这充分体现了这位五品知县，愿意做一位百姓的真正的“父母官”，愿意做一位有担当、有责任的地方官，也彰显了这位知县坦荡磊落，刚直无私的内心世界。

“人溺己溺，人饥己饥”，出自《孟子·离娄下》：“禹思天下有溺者，由己溺之也；稷思天下有饥者，由己饥之也，是以如是其急也。”后稷教民稼穑，授耕种之术，制作家具，百姓感激他，称他为谷神；禹治水患，宵衣旰食，疏导江河，三过家门而不入，水患被除，受百姓尊敬。所以，孟子说：“稷思天下缺粮，饥民无数，而感人饥己饥；禹思天下水患，灾民万计，而感人溺己溺。”其义为看到别人被水淹，就好像淹到了自己，看到别人挨饿，就好像自己也在挨饿。比喻设身处地，急他人之急，苦他人之苦。欧阳霖借用其意，来表达自己关爱百姓，与百姓同苦乐的心境。全面理解这副楹联，有这样一个意思：自己来这里做官，愿意接受这里的百姓的监督，监督什么呢？看他是否是一位急民所急，为民办事的好官；或者颠倒过来，我欧阳霖坐镇叶县县衙，为叶县“父母官”，是否算得上一位称职的

“父母官”，愿意接受叶县百姓的监督。

这副楹联彰显了这位叶县知县在为政方面的底气，没有为百姓造福的决心和能力，绝没有这样十足的底气和胆魄。

看完了内乡县、叶县县衙，心中受到很大的震撼，联系到史料上的记载，脑子里总是把内乡县衙三堂联，通许县衙外楹联及叶县县衙大门楹联联系在一起，尽管这三副楹联来自三个县衙，然而，在这三副楹联中总能看到一个人影，那就是封建社会的一位清官。他有为官的一副淡定豁达的良好心态，他有做好一任“父母官”指导思想和原则，他有向世人郑重的承诺和金子般的誓言，他有敢于接受百姓监督的勇气和胸襟，他更有与民同苦同乐的美好的情怀，正是有千千万万这样的地方小官，才使代代王朝得以延续，正是有千千万万这样的清官良吏，才使中华文明不断续写，代代相传。

离开内乡、叶县县衙很久很久，然而，思索县衙中那一副副铭刻心扉的楹联，仍觉阵阵清风拂面，丝丝细雨润心。

保境以死，安民为天

——宁都知县宋必达

宁都县位于江西省南部，东与福建近邻，西与井冈山隔县相望。这里曾是中央苏区的摇篮，是中共苏区中央局、中华苏维埃中央革命军事委员会的诞生地，是五次反“围剿”战争的指挥中心；这里曾爆发过震惊中外的“宁都起义”，宁都人民曾为中国革命和共和国的建立付出了巨大的牺牲，宁都人民也以为共和国建立做出巨大贡献而骄傲。从“宁都起义”部队中走出的开国将军多达三十多人；宁都物产丰富，是国家首批商品粮基地，古有“纵使三年两不收，仍有米谷下赣州”之说；宁都生态优美，矿产资源储量大；宁都文化底蕴深厚，被誉为文乡诗国。这里名人辈出，才俊有籍，这里不仅走出了不少名臣志士，同时也有一批清官良吏主政于此，二者交相辉映，使宁都文化放射出耀眼的光芒，宋必达当是其中代表。

宋必达，字其在，湖北黄州人，也可能因官职卑微，以至于生卒年不载入史册，就连为他写的《家传》及《墓志铭》也无详细记载。《清史稿》卷四百七十六《宋必达传》记载：“顺治八年进士，授江西宁都知县。”还载：“康熙十三年，耿精忠叛，自福建出攻掠旁近地，江西大震，群贼响应，宁都……”云云。根据这些简短的记载，笔者不由得质疑：宋必达究竟在宁都知县任上干了多少年？为什么宋必达在一个岗位上能干那么多年？这与大清知县任期制度是否吻合？顺治年间，清兵刚刚入关，国家的政治局面还未完全稳定，大清版图不断扩大，更需要大量的有识之士出来帮助大清稳固政权，因此，到康熙初年，一些知县还从举人甚至举人副榜中任命。推测宋必达“顺治八年进士，授江西宁都知县”，应是当年进士，当年被任命为宁都

知县。从顺治八年到康熙十二年，至少也已二十三年了，康熙十三年以后，史料上没有明晰的关于宋必达在知县任上的记载，何时被罢的官，也不得而知。然而，根据《清史稿》卷二百五十六《董卫国传》记载，董卫国也正是在康熙十三年被任命为江西总督，康熙二十一年调任湖广总督，董卫国见到宋必达时，宋必达已经挂印归田。《清史稿》中只说宋必达罢官原因，未谈罢官时间，我们姑且就按康熙十三年被罢官，那么，宋必达为什么能在宁都知县任上一干就是二十多年，仍然是个谜。

宋必达虽然是一文职小官，却有大将的谋略与风范。

由于宁都特殊的地理位置，清初，这里的社会状况非常混乱，据史料记载，顺治三年，清政府才派官员进入宁都，到康熙二十年（1681）三藩之乱平息，在这三十六年里，发生在宁都的战乱就达十多次，平均不到四年就有一次。规模较大的有三次：第一次是顺治五年，阳都彭贺伯与宁都彭达庆的反清斗争，顺治六年杀知县，其余官吏全部逃逸［事见《宁都直隶州志》卷六《兵事》宁都于清乾隆十九年（1754）升为直隶州，管辖石城、瑞金两县，故有州志］。第二次战乱在康熙十三年，正是《清史稿》与其他史料中叙述的宋必达在宁都任知县期间摊上的这次战乱。第三次战乱是在康熙十六年，吴三桂部将韩大任、陈尧年等率军攻打赣州诸县，杀掳甚惨，后被清兵击败（事见魏禧《朱参军家传》、《魏叔子文集》卷十七），可见当时宁都社会动荡之一斑。

保境以死。保境才能安民，境不保民何以安？康熙十三年的这次战乱，是福建耿精忠呼应云南吴三桂一次规模宏大的反清斗争，耿精忠从福建发兵，入江西后，宁都诸县成其要冲，因规模、范围都较大，故诸多史料中从不同角度都有记载。事关宁都保卫战，在《清史稿》卷四百七十六《宋必达传》、清人韩菼《宁都县知县宋君必达墓志铭》（以下简称《墓志铭》）及顾景星《宁都尹宋公家传》（以下简称《家传》）等篇中记述得更加详细，尤其是韩菼的《墓志铭》竟不按宋公生平年代记述，而是开篇就叙述这件事，意在突出宁都保卫战在其平生阅历中的重要地位，从而彰显一位知县的军事谋略，和誓死保境报国的忠勇精神，原文如下：

“康熙十有二年冬，贼三桂反云南，明年继茂子精忠从逆，自福栏出，攻掠旁近地，江西大震，群盗蜂结蚁聚相应和，州县大率破，守令或逃或死。独宁都贼攻不能下，时称贤令宋君能完城云。”

“先是宁都有南北二城，南民北兵。君始至曰：‘不可，一旦不虞，分守与合御俱不便，古有团练、保甲、弓弩社，民皆可兵也。且吾闻昔新建伯之讨宸濠也，守令皆领兵，邢珣出赣州，王冕出万安，王天与出宁都，强半皆保甲义勇。’遂以其法训练其民。及乱作，县城义勇已集二千，咸踊跃愿用命。贼前锋突至，北城营将刘趣君议事，南城民遮行，曰恐不测。君不顾，遂往。刘曰：‘众寡食乏奈何？’君曰：‘有死无二，人臣之义。贼本乌合，掩其始至，可一鼓破也。’刘遂率所部进，贼少却；君以义勇横击，贼大奔。寻复以全军压城下，巨炮堕雉堞，辄垒其处所，随方备御益坚。贼愕失气，会援军至，遂解去。”

这段记载交代了当时战乱的形势及宁都保卫战的结果，同时将宋必达这一人物形象刻画得惟妙惟肖。福建的耿精忠，为三藩之一，为呼应吴三桂在云南起兵反清，做出了激烈的反应。耿精忠从福建出兵，一路北上西进，可以说势如破竹，江西境内一些抗清组织纷纷响应，赣南一带州县相继陷落，知州、知县及所属官吏非死即反，比如：饶州参将程风、广信副将柯升、南瑞总兵杨富均叛清，大有一夜之间江南改姓之势。形势如此危急，唯宁都一座孤城安然无恙，这有赖于守令宋必达的忠勇、胆识与智慧。

他有军事家的远见卓识。一个小小知县，他的权力是很有限的，但他的智慧是无穷的。上任伊始，虽为文官，基于他对大清社会状况了然于心，他认为战乱随时可能兴起，只有未雨绸缪，才能保境安民。因此，他调整了防御部署，以古之“藏兵于农”的道理加强防御措施，训练民兵，兵即民，民即兵，兵民鱼水相融，才能有效御敌。谁说文官不能领兵？他列举了明代新建伯讨宸濠的成功的例子。新建伯是明代大哲学家、政治家、军事家，王阳明（又名王守仁）的封号。明武宗正德十四年（1519），宁王朱宸濠在江西南昌发动叛

乱，时任江西巡抚的王阳明手中并无军可用，但他命令赣州知州邢珣、万安县知县王冕、宁都县知县王天与组织兵力平叛，这些地方行政长官，关键时候都能迅速组织一支部队，并且亲自领“兵”与敌人交战，使王阳明很快拥有一支力量很强的队伍，运用他的智谋，结果叛乱被平，朱宸濠被俘，而这支队伍中的一半以上都是平时训练的民兵，各州县的守令也都变成了带兵的将军。这是一个很好的榜样，一个小小知县，刚一上任，就做好战乱如起，如何保境御敌的准备，而结果真是派上了用场，并取得了时人赞誉的效果，不能不佩服他具有军事家的卓识。

他有政治家的博大胸怀。宁都城从明代王阳明治兵，将城池功能分为二，南城主要居民，北城主要驻兵，当耿精忠的叛军突然兵临城下时，“北城营将刘某请宋必达到北城来议事，而南城民众云集宋公马首，曰：‘公毋往，恐不测。’公曰：‘岂有文武嫌猜，军民疑二，而可以御敌者乎?’策马驰赴。”（《碑传集》卷九十一顾景星《家传》）城里百姓的劝阻不无道理，首先老百姓对这位姓刘营将揣摸不透，周边州县相继陷落，守令、营将投敌、弃城逃跑者有之，再加上敌众我寡，这位营将是否有御敌信心，如果这位营将居有二心，宁都县城从守令到百姓其下场不可想象。然而，宋必达不这么想，他考虑的是大清的版图，百姓的安危，考虑的是军民团结共同御敌，并坚信只要军民融合，文武一心，定可战胜敌人。其胸怀、志向可窥一二。

宋必达作为一个小小的知县，在大军压境、粮草匮乏、援军无继、孤城倒悬的情况下，为大清坚守一座小城，信念坚定，毫不动摇，可谓大忠；众寡悬殊，以死报国，可谓大义；两军交战，营将刘某先驱迎敌，使宋公守城，公曰：“战，气也，语曰禽制在气。公前，我继之。”“公挥义勇横击，大败之。”（《家传》）身为文职，敢在战事正酣之时率民兵出城击敌，并大败之，可谓大勇；未雨绸缪，屯兵义勇，兵民相融，全城皆兵，加之战法得当，以少胜多，首战取胜，可谓大智。忠义怀内，智勇双全，官职虽小，可与古之名士比肩。唐代张巡守睢阳以御安史叛军，以七千人之军，御十三万之众，守城十月，其间取得不小战果，在矢尽粮绝情况下，最终虽城破身死，但确实起到了守一城而捍天下，守一城而撼天下的效果（事见《新唐书·列传》

第一百一十七《忠义》)。明代王阳明在叛军突起，兵符已上交的情况下，利用属地有限兵力，组织民兵，民兵相融，以大智大勇歼除叛军，功耀千秋。这位小小知县与之相比可逊色乎？

宋必达守孤城而震天下，得益他的兵民结合，为什么宋知县能驱民如流呢？韩菼在他为宋必达作的《墓志铭》中，也提出了这样的问题，并作了回答：为什么宋公“能教民于未事之先，以自战守其地，又能戢于已事之后，以安定其民”？他的回答是“君之悉心民事……并独一时能用其民也”。

安民为天。冰冻三尺，非一日之寒。老百姓之所以在关键时候愿与知县一起同心同德，抵御叛军，效命朝廷，是因为宋必达为百姓做的事情太多，赢得了百姓的拥护与爱戴，他把安民之事看得比天还大，请看这位小知县是如何安民的。

免赋役，招徕民。《清史稿》卷四百七十六《宋必达传》说，宁都“土瘠民贫，清泰、怀德二乡久罹寇，民多迁徙，地不治。请尽蠲逋赋以徕之，两岁田尽僻”。

兴水利，治水患。《清史稿》“同上”还记载：“县治濒河，夏雨暴涨，城且没。祝祷于神，水落，按故道疏治之，自是无水患。”

前面提到，清初，宁都地区战乱平均不到四年就有一次，其实明末农民起义战争对宁都影响并不大，影响宁都社会稳定的主要是两种形式：一种是宁都当地农民与地主之间的斗争和当地匪患的猖獗，另一种是清兵入关后宁都地区的反清斗争。不管是哪种形式，遭难的总是老百姓，战乱使数万百姓无家可归，有一首诗真实地描写了当时乱离的情景：

薄夜携妻女，往伏荒榛杞。
侵晨望四山，乃后归墟里。
哭声满中野，不敢直言指。
嗟汝资贼心，何太灭天理。

——《邱邦士（维屏）先生文集》卷十

在长年战乱的影响下，宁都土地荒芜，民不聊生，一片萧条的景

象。宋必达到任后，看准社会症结，采取精准措施，要解决土地荒芜问题，首先就要把流亡的百姓招回来，土地有人开垦，有粮食才能使百姓安居。然而，一些地区虽然土地荒芜，无人耕种，但官府的赋税仍然要缴纳，缴纳不起，还要欠账官府，这就使想回乡种田的农民，因惧怕拖欠的赋税而有后顾之忧，因此，要招来流亡，知县就得申请上级免除以往的赋税。田地开垦起来了，常会遇到旱涝之灾，水利是农业的命脉，于是宋必达再兴水利，使宁都永无水患。甚至有的农民初来乍到没有农具，知县便设法借给他们耕牛。这些措施，极大地调动了农民兴田的积极性，很快，宁都县由满目荒凉，变成“桑麻弥望”，一片欣欣向荣的景象，素有赣南粮仓的宁都县又恢复了生机。宋必达这些安民兴农的措施收到了很好的效果，百姓受益不小，乐于在此地安其居、乐其业。

修正盐政，便民便商。在相当长的一个历史时期，我国实行的是食盐专供政策。宁都县很早以前吃的是淮盐，自从明代王阳明治赣以后改食广东盐，虽广东距宁都较近一些，但淮盐可从水运转赣州，运费较低，而广东盐要走陆路，翻山越岭，反而增加了成本，老百姓偷偷地买淮盐吃，因为淮盐要比粤盐便宜。宋必达得知这一情况，请求增加若干淮盐份额，这样，吃淮盐由不合法变为合法，结果是淮盐运来后，百姓都愿买淮盐，因是配额，个别百姓在淮盐不够用的情况下，还有私下想其他办法的，造成粤盐滞销，宋必达也因完不成粤盐销售任务而被罢官，从此远离仕途。宋必达虽然丢了知县乌纱，换来的是百姓的受益和方便，换来的是宁都人民对他的拥戴与同情。

爱民护民。知县，时常被认为是一县的“父母官”，所谓“父母官”，其内涵就是当知县的对待一县百姓就像对待自己的子女一样，关爱他们，呵护他们，而这一点不是每个“父母官”都能做到的，有些甚至成为百姓的蛀虫，走到了百姓的对立面。宋必达作为宁都的“父母官”，名副其实。《清史稿》“本传”记载了两件事：“或言于巡抚，县堡砦多从贼，巡抚将发兵，必达刺血书争之，乃止。官军有自汀州还者，妇女在军中悲号声相属，自倾橐计口赎之，询其姓氏里居，护之归。”这第一件事是在叛军被平之后，有人报告宁都百姓中曾经有人跟随叛军造反，巡抚要派兵清剿。其实即有个别百姓曾经参加叛军队伍，一是人数极少，二是在当时情况下，各有各的原因，现在他们都是良民，如再剿杀，是伤无辜。因此宋公极力争辩："若杀以示威，某一官可弃，七尺可捐。"（《家传》）声色俱厉，为百姓他可以不做官，甚至可舍弃性命。他以对子民满腔的爱，以孤注一掷的承诺，保护了千百个无辜者。这第二件事就更难办。军中掳有妇女，而且这部队还是大清平叛的有功者，宋必达官职卑微，惹不得这些军爷，要救这些妇女，必须智取，于是，自掏腰包诈称慰劳部队，借此将这些被掳妇女解救出来，并护送回家。《家传》中说，宁都人因此事为宋公建祠树碑，感激涕零。

投之以桃，报之以李。老百姓最知道感恩，滴水之恩，报以涌泉。宋必达在宁都为百姓做的种种善事，百姓心知肚明，除了对这位"父母官"的热爱和拥戴，无以为报。但在大军压境危难万分的情况下，百姓愿为知县驱使效命，同甘苦，共患难，已经说明了一切。正像韩菼在《墓志铭》中所论，如果，一县长官"与民平日判然不相属，甚者仇视其民，一旦有急，民安得不仇吏！"更不会与知县生死与共。

修改盐政之事，方便了百姓，而宋必达也因此丢了官，宁都人为失去这样的好知县而惋惜，"哭而送之，饯贻皆不受"（《清史稿·宋必达传》）。送个礼物表达百姓的心意吧，但所有礼物都被宋必达婉言谢绝。在宋必达看来，为百姓办事就是一个知县的本分和应尽的职责，更不需要百姓的回报。

下面一件事佐证了俗语所述的善有善报。老百姓是善恶分明的，有善必报。宋必达被罢官，间道回南昌，途中被叛贼擒获，贼兵威胁劝降，"公瞋目大骂：'我天朝清白吏，从汝鼠子叛逆耶！'贼分梏仆从，而系公于空屋，断饮食，恐吓不降当烧死。公啮指画壁：人生同百年，彭殇同一辙，唯此径寸丹，不共洪炉灭。守者窃供饭蔬曰：'此民所自食，公食民食，无伤也。'系旬有七日，忽夜半踰垣排闼，持兵杖者数十人曰：'宋爷安在？我等皆宁民。'并仆从拥而去，潜行达南昌"（《家传》）。宋必达被擒获，宁死不屈，彰显一位清官气节。当生还无望时，是看管他的仆从偷偷给他饮食，又是宁都百姓冒死深夜搭救，并一路护送至南昌。没有鱼水之情，百姓岂能以死相救，没有为百姓做的桩桩善事，百姓岂能不关注知县死活。善有善报，时辰已到。

恬淡之心，享受闲适生活。史料里没有记载宋必达罢职还乡的具体时间，只是说他考终六十有三。究竟挂冠归黄州后又过了多少年的田园生活，我们也不得而知，然《清史稿·宋必达传》只说他“褐衣蔬食，老于田间”。《家传》中说：“所居临皋江浒，茅屋一区，确田一顷，褐衣補紩，与农牧游。顾喜著述，有古文辞若干卷。”在长江岸边找一块平地，搭建一间茅屋，划定一块田地，穿着破旧的粗布衣服，种田、读书、交游，过起了平静而闲适的耕读生活。我们为这位忠、义、智、勇俱全的清官惋惜而不平。然而，宋必达罢官后并非没有东山再起的机会，《清史稿·宋必达》载：“既归里，江西总督董卫国移镇湖广，见之，叹曰：‘是死守孤城者耶？吾为若咨部还故职，且以军功叙。’必达逊谢之。既而语人曰：‘故吏如弃妇，忍自媒乎？’”董卫国为清朝大臣，顺治十八年任山西巡抚，康熙十三年加兵部尚书衔，同年改任江西总督，指挥各路人马抗击福建叛军，二十一年调湖广总督，距宋必达守城御敌已有八年之久了，但这位将军八年后见到这位名震江西的小知县时仍感慨万千，“握手泪下”，以为是个人才，如今罢官归田，实为可惜。于是承诺上奏朝廷，恢复原职，再作计较。我们推测，这位宋必达处境最艰难时期的长官的承诺是有望实现的，然而宋必达却以一颗平常而恬淡之心婉言谢绝了，这里可能最少会有两个方面的原因：其一，在知县任上多年，对国家对人民尽职尽责，政绩昭然，却落得这样一个下场，失落、无奈、愤懑、失望等复杂的感情交织，使他不再留恋仕途；其二，还有封建社会一位正直士人面子所在，他形象地将自己比作弃妇，既然已经被丈夫抛弃，哪里还有脸面恳求别人再去为媒呢？两个方面的原因都反映了宋必达自然的心态，而这种心态一方面从某一角度揭示了封建社会的本质，另一方面也表现了宋必达高尚的人品和官品，在国家、百姓有难时，他可以连性命都不顾及，而论及个人得失时，他却羞怯地顾及面子。

宋必达，官职虽小，而其保境安民的精神却随着历史的推移在被不断地放大！

天下之治乱在人心
人心之邪正在学术

——周至知县骆钟麟

“天下之治乱在人心，人心之邪正在学术”，这是关中大儒李颙的治世明言。李颙的这种治世思想得到了清朝初年周至县知县骆钟麟的高度认可，或者说二者思想是不谋而合，因此，骆钟麟赴任后造访的第一位名士就是李颙，并把李颙的这句话作为他的为政的座右铭，“书其言，终身诵之”。

关于这位知县，《清史稿·骆钟麟传》记载：骆钟麟，字挺生，号莲浦，浙江临安人，清世祖顺治四年（1640）“进士副榜”，用现在的话说，他不是正取的进士，而是计划以外超录的进士。明代就有这样的规定，清朝因袭之。副榜不得参加廷试，但还可以参加下一次进士的考试，骆钟麟中进士副榜后，没有授予官职，这也是与正榜进士的差别，只授了他一个安吉学正，在浙江省安吉县当了一位在编教师，吃上了皇粮。这一干就是十二年，顺治十六年，朝廷才任命他为陕西省周至县知县，从此开始了他的从政生涯。

骆钟麟到了周至县，据说，下车伊始，便到李颙的草庐中谒拜李颙，那么，李颙究竟是一个什么样的人，值得这远道而来的县太爷这样的尊重，这样的崇拜？本文主要是论述知县骆钟麟，然而，骆钟麟为政却把李颙的话作为终生诵记的座右铭，那就不得不先把李颙此人交代清楚。

《清史稿》有他的“传记”：“李颙，字中孚，周至人。又字二曲，二曲者，水曲曰周，山曲曰至也。布衣安贫，以理学倡导关中，关中士子多宗之。”李颙是一位颇具传奇色彩的人物，也是在学术界

一位颇具影响的人物，《清史稿·儒林》把他列在孙奇逢、黄宗羲、顾炎武之后的第四位。读《清史稿·李颙传》及其他有关史料，觉得此人有两奇：一是才奇。李颙生活在明末清初的战乱时代，他的父亲李可从就是在这时的战乱中死于河南襄城的战场上的。父亲死后，家境贫寒，房无片瓦，地无垅田，母亲决意让李颙从学，但因家贫无力供养，屡被塾师拒收。李颙九岁那年入了一次学，但只读了二十天就因贫困而辍学，从此发愤自学，于挖菜、打柴间手不释卷，县中士子看他学而执着，愿借书给他阅读，李颙随阅随还，数载之间，博览群书，且逐渐明确了自己研究的目标——宋明理学。他对南宋理学大师朱熹、陆九渊都有深入的研究，以为“朱之教人，循循有序”，“中正平实”；“陆之教人，一洗锢蔽之陋，在儒者中最为儆切”（《二曲集》卷四），主张兼取其长。他提出“明体适用”的哲学思想，将玄奥的哲学理论体现在经世宰物的实用上来。李颙的哲学思想，自成体系，自成派别，与北儒孙奇逢，南儒黄宗羲遂成三足鼎立之势。他还与眉县的李柏，富平的李因笃二位鸿儒一起探讨学问，被称为关中三李。他在理学上的造诣被世人推崇，被誉为海内大儒。入学仅二十天，靠坚苦自学成为大儒，能说不是奇才！二是志奇。李颙在学术上取得了很深的造诣，名播四海，引起了清廷的高度重视，康熙十二年，陕西总督鄂善修复关中书院，聘请李颙做主讲，并给他准备了官服，李颙谢绝了，他仍然穿着“庶人常服”登台演讲，这给投降清朝的汉官们一记响亮的耳光。鄂善一再举荐李颙入朝做官，李颙曾多次上书以身体有病力辞。《清史稿·李颙传》记载：“康熙十八年，荐举博学鸿儒，称疾笃，舁床至省，水浆不入口，乃得予假。”更有史料记载：李颙被举荐博学鸿儒，礼部又以“海内真儒”推荐，并派官员亲赴李颙家催逼赴京，李颙坚不从命，官吏连同卧床一起将李颙抬往省城，李颙拔刀自刺，官吏惊骇而止。关中儒士称誉为“富贵不能淫，贫贱不能移，威武不能屈”的铁汉。康熙四十二年，康熙皇帝赐书嘉奖：“操志高洁”。

儒家奉行的是入世思想，学为世用，学为时用，李颙倡导的正是实用哲学。而当朝廷征诏赴朝做官时，他却坚决拒绝，其志所在，岂不称奇！从1664年清兵入关，至康熙晚年，清王朝已经经营大半个世纪，而李颙怀抱明末遗老的思想，矢志不为清廷效力，不与北狄为伍，岂不遗憾！李颙四十岁以后的主要精力用于讲学，他企图用教育的方式来解决复杂的社会矛盾，他曾著有《匡时要务》《帝学宏纲》《时务急策》等著作，集中反映他的“经世致用”思想，同时他在行动上又不愿为世所用，这其中也折射出李颙内心深处的极大矛盾。

也许是骆钟麟有过十二年的教育经历，因此，他对李颙的为人、学识及“天下之治乱在人心，人心之邪正在学术，人心正，风俗移，治道毕矣”的治世思想崇拜有加，不仅是初任周至知县，下车伊始，就到李颙处造访，同时以师礼以事李颙。他不仅仅是停留在学术领域的探讨上，更重要的是他在知县的位置上，以行政的手段推行他的“为政先教化”的治世思想。

骆钟麟在贯彻以教化正人心的治世理念，分为几个层次来推行。

其一，设立讲学场所。“春秋大会明倫堂，进诸生迪以仁义忠信之道。”（《清史稿·骆钟麟传》）明倫堂是太学正殿，这里指的是讲学的场所。诸生，是通过考试录取的学生。在县里，通过考试录取的学生，应是一县在最高层次的学堂里学习的文化精英。骆钟麟利用这样的课堂，聘请名师，或自己亲自宣讲，其内容就是儒家倡导的思想，其目的是教育诸生怎么样按儒家思想标准去做人。人心要正，正在仁义忠信。在讲授儒家仁义忠信的同时，他还以《吕氏士约》为蓝本加以增删，作为教材颁发学舍。《吕氏士约》，或称《吕氏乡约》，是北宋神宗时期，关中吕大忠、吕大钧、吕大临、吕大防人称“蓝田四吕”制定和实施的我国历史上最早的一部村规民约，这部乡规包含四大内容：德业相劝、过失相规、礼俗相交、患难相恤。《吕氏乡约》应该是我国村民自我管理的有效模式，它确定了“乡约”的组织性质，这是民间自发的组织，推选正直不阿、德高望重者为约正，负责赏罚评判，规定按时相聚，讨论村里事宜，具酒食以增加感情。在《吕氏乡约》的内容里，最引人注目的，也是最行之有效的就是“患难相恤”的内容，这是典型的民间自发相互救助的尝试，具体体现在水火、盗贼、疾病、死丧、孤弱、诬枉、贫乏七项内容，这种体恤和相助，是提高民间大爱的意识的导向，是构建和谐乡村的保证，也是保证社会稳定的基础。因此，从《吕氏乡约》问世以来，

历代都很重视，朱熹就曾以《吕氏乡约》为基础，编写了《增损吕氏乡约》。明永乐年间，潮州知府王源再刻《蓝田吕氏乡约》，并派属官监督推行“乡约”。清初，朝廷倡导乡约教化，“乡约”就由原来民间的自发组织管理，逐渐演变为官方主导，官民结合的一种乡村管理模式。骆钟麟把《吕氏乡约》加以增删，作为诸生教材，这无疑是用教化的手段，达到“正人心”，推动乡村道德建设、基础文明建设和自我管理的目的。这是由虚妄宏论的教化走向贴近百姓实际的最有成效的教育，这也是这位知县“为政先教化”的教化思想的进步。

其二，深入民间演讲、宣教。这类教育的对象是成人，尤其是与那些上了年纪、道德修养较高的人进行沟通，以礼相待，每年还要备些礼物去看望这些老者，目的是树立乡里道德标杆，扩大乡里道德影响，推进乡村道德文明建设进程。

其三，设立社学。清代的初等教育体制相对还是比较系统的，而且朝廷对兴学极为重视，这是源于北方少数民族对大汉民族统治的需要。清廷在京城设立专门供皇家子弟、八旗子弟及王公大臣子弟就读的初等教育学校，如宗学、八旗官学等，地方上就设置社学、义学。社学、义学多为官办，有些也有官民合办，义学多设在边疆和少数民族地区，根据《清会典事例》卷三百九十六《礼部·学校·各省义学》记载，清顺治九年（1652）政府就颁布了在全国建立社学的政令：“每乡置社学一区，择其文义通晓，行谊瑾厚者，补充社师，免其差役，量给廪饩养赡。”并且规定由提学进行监督落实情况。然而，政令归政令，执行起来可是一个艰难而漫长的过程。《清史稿》记载骆钟麟“立学社”，距顺治九年的政令已近十年了，社学的教育内容仍是《小学》《孝经》中的内容，教材的导向及目的一是识字，二是道德教育，这一层次的教育如同现在的小学教育。

骆钟麟在知县任上，努力践行他的“为政先教化”的执政方针。周至县本身就有浓厚的文化氛围，骆钟麟作为周至知县，上任伊始就先拜访李颙，并拜其为师，这一举动对进一步引导小县文化发展，提高百姓文化意识有一个良好的开端。接着，他以务实的作风，多层次发展教育，起到了良好的效果。即便是他被调任常州知府以后，他仍然在践行他的“为政先教化”的原则。《清史稿·骆钟麟传》记载他到常州后，创建延陵书院，邀请李颙到书院讲学，而他率领全体僚属听课，由此可以看出骆钟麟对教育，尤其是思想教育重视之一斑。

骆钟麟曾以李颙为师，而李颙从骨子里就排斥清朝，即便在康熙盛世，也不愿出来做官，他的一生都致力于学问的探讨与传播，他所讲的“天下之治乱在人心，人心之邪正在学术”的治世思想，旨在强调教化的治世作用。骆钟麟极为赞同他这种观点，且有幸到周至为官，得以近距离地向李颙请教，因此，他把“为政先教化”作为官任上的工作原则，并取得了很好的效果。其实，不管李颙如何在思想上排斥清廷，也不管是骆钟麟对李颙如何尊崇，在衡量教化在治理社会中的作用方面，李颙和康熙的思想是一致的。《清会典事例》卷三百九十七《礼部·风教》记载了康熙皇帝的一段话：“朕惟至治之世，不专以法令为事，而以教化为先。其时人心淳良，风俗朴实，刑措不用，比屋可封，长治久安，懋登上理。盖法令禁于一时，而教化维于可久。”不过李颙把治世之宝全压在了教化上，而康熙也谈到了教化是治世之本，是长久之计，而“不专以法令为事”，就说明康熙虽然强调教化的作用，但他并不排斥以法治世，法令与教化并用，才能达到更佳效果。骆钟麟的“为政先教化”的行政思路，或与康熙的这种思想相融相合，或者可以这样说，他打着贯彻执行康熙“为政先教化”的旗帜，堂而皇之地拜李颙为师，而又借李颙的东风，或者说受李颙“明体实用”思想的启发，掀起教化热潮，达到他治理周至，尽一县首长职责的目的。

骆钟麟与李颙的区别就在于李颙是一位学者，而骆钟麟则是一位朝廷命官，李颙只是在哲学领域进行一些学术探讨和宣传，而骆钟麟虽然极为崇拜他的学问及为人，但他所关心的不仅仅是百姓的思想教育，还有所面对的百姓的衣食住行，社会稳定及复杂的社会矛盾，只有不断地去化解这些矛盾，才能有一个良好的社会环境。

“莅狱明决”，这是《清史稿·骆钟麟传》对骆钟麟断案的描述。《清史稿·骆钟麟传》还说：“所案治即势豪居间莫能夺，人畏而爱之。”“莅狱明决”，这四字是对骆钟麟办案风格的概括，后面的描述又是对这四字的进一步阐释，短短二十个字，起码说明几个问题：一

是说他人格的高尚。他清正廉洁，无私无欲，刚正不阿，依法办案，也只有清正廉洁的人格，才能依法断案，因此，百姓佩服他，敬畏他；二是说他断案的风格淋漓。法理烂熟于心，是非自然明辨于脑，不推不诿，雷厉风行，细致、果断、准确，令人口服心服。《清史稿》和《清代吏治丛谈》都列举了他兼摄兴平，鄠县两县事务时审理的一起案件，案中两派都是当地有权有势的豪族，“分四门为部党，健斗讼，持吏长短，前令不能治。君按治主者，党皆散”（《清代吏治丛谈》）。“莅狱明决”，不仅赞扬的是他对法理的谙熟，这是对他人格，办案风格及为政的担当和智慧的肯定。

其实骆钟麟在办案方面分为两个层次，上面彰显的是一位廉洁无私、刚正不阿、依法行事的法官形象。但更多的他是作为一位和蔼可亲的知县形象出现在百姓面前，当乡里发生民事纠纷，互相争讼时，他充当的是调解的角色。“民有争讼，后悔愿寝事者，令两造得自言，慰遣之。”（《清代吏治丛谈》）作为百姓，谁也不愿陷入官司的泥潭，遇到贪官，原告、被告通吃，其结果是倾家荡产，两败俱伤。骆钟麟则以春风化雨，和谐乡里为目的，双方都同意调解者，他便以知县身份劝解安抚，以“寝事”宁人。

骆钟麟作为一县的最高长官，始终心系百姓，关心百姓疾苦，《清史稿·骆钟麟传》记载，骆钟麟在官任上，两次发大水，第一次是“康熙元年，夏，大雨，渭南溢，且及城，斋沐临祷，自跪水中，雨幸止，水顿减，徙而北流者数里”。第二次是到常州知府任上，天灾频至“九年，大水，发仓廪，劝富人出粟赈民无荒亡”。一次遇大旱：“十年夏，大旱，葛衣草履，步祷不应，责躬吁天，言知府不德累民，涕泣并下。”关于骆钟麟在周至任上，乃至后来提到常州知府任上遇到的几次天灾，《清稗类钞》《清代吏治丛谈》也都进行了佐证，甚至比正史记载得更夸张一些：渭河决水，他“以身当其冲”，大旱祈雨，“十步一拜”“身自系狱”等。我们从史料中看到，在残酷的自然灾害面前，为民生计，他曾采取了一些积极防预和善后的措施，比如，他曾打算“自览家寨迤东开复故道”，治理渭河，可惜凭一县之力，很难达到目的，治河一事被众人否决。康熙九年大水，他开官仓，劝富豪共同赈济百姓，与百姓共同度过灾荒。史料记载更多的是他在突如其来的无情的天灾面前的无奈与无助，祈祷可能是当时他的重要或者是唯一的选择。用现在的眼光看，祈祷行为是愚昧而又无用，是封建官吏蒙蔽百姓，收买人心的一种手段。但用历史的观点来看，史书上写骆钟麟“斋沐临祷，自跪水中”“以身当其冲”“十步一拜”“步祷不应……责躬吁天，涕泣并下”及“身自系狱”等祈晴、祈雨的场面也是非常感人的，没有与百姓的真情，没有对百姓的责任，即便是现在看来这些虚妄的举动和场面也不是一般官吏能做到的。

在我国几千年的农耕时代，科学技术不发达，人们靠天吃饭，而又左右不了上苍，只能以祈求的方式期盼上天赐予风调雨顺，因此，祈晴、祈雨就成了消除天灾的主观愿望，甚至传说也是祈福的一种措施。到了清代，就形成了一种较为完善的典章礼制。根据史料记载，清代皇帝举行“雩祭”是在顺治十四年（1657），据说，顺治皇帝祭祀礼毕，还未还宫，即降大雨。这或许是一种巧合，或许是史官为阿谀皇帝做的伪录，后人再看到这份档案，已真假难辨了。康熙皇帝继承了他父亲的做法，在位六十一年曾五十多次举行雩祭，之后，每位皇帝都以这种方式为民祈福，《清稗类钞》还记载了慈禧太后祈雨的一个场面：“不御珠玉，服浅灰色衣，无缘饰，巾履亦然。饮食仅牛奶、馍馍二物，宫眷则食白菜煮饭。默诵祷词：‘敬求上天怜悯，速赐甘霖，以救下民之命，凡有罪责，祈降余等之身。’默诵三遍，行三跪九叩毕，乃出。”在几千年的祭祀天地的文化背景下，清代在雩祭方面逐渐形成了一种礼制，这就使祈晴、祈雨的祭天活动形成了一种文化，在这种文化氛围下，最高统治者的雩祭活动有多少虔诚的成分，因人而异，很难说清，但我们也不能说，所有的封建统治者都没有让其子民安居乐业的愿望。骆钟麟在大清顺治皇帝首次举行雩祭的第三年，就于水中为民祈祷，至虔至诚，我们且不谈这种行为能否起到什么作用，但在一定历史社会环境下所折射出的一片为民之心，值得后人尊敬。

《清史稿·骆钟麟传》还记载骆钟麟在常州府任上，免赋税，惩贪吏，整顿官风，“属邑岁例餽漕羡三千金，钟麟曰：‘利若金，如吾民何？’峻却之”。他拒金不受，当漕运官把金子放到他面前时，

他首先想到的是他的百姓，能把自己私利同百姓冷暖自然的联系在一起，我们怎能不说他是清官！

官吏好坏，老百姓心中有杆秤。骆钟麟心系百姓，为百姓着想，为百姓办事，所以当骆钟麟离任之日，数千人号哭乞求朝廷把他留下来，“不可，至罢市”。可惜这位使老百姓爱戴的清官年仅五十三岁就与世长辞，死后，当地百姓立牌位祭祀他。

廉吏千古，遗爱甘棠

——罗城知县于成龙

广西壮族自治区的罗城仫佬族自治县，地处云贵高原苗岭山脉九万大山南端，全县人口近四十万，仫佬族占全县人口的三分之一左右。另外，还有壮、苗、瑶、侗等少数民族，是一个多民族和谐相处的自治县。这里虽处大山深处，但交通方便，铁路从县东边境穿越，各级公路形成网状；这里经济与全国相比，不算发达，但增速较快；这里风景优美，文化氛围浓厚。城北凤凰山下有景致优雅的于成龙公园，参天遮日的大榕树下，矗立着一代廉吏于成龙的大理石塑像，不由使人们肃然起敬。参观于成龙博物馆，使人们更多地了解三百多年前，这位廉吏为政的点滴，更能体会到罗城文化的深厚和价值。罗城仫佬自治县，原名罗城县，宋开宝年间置县，至 1983 年更名。这个今天经济还尚不十分发达的小县，曾因清初廉吏于成龙为官于此而蜚声华夏，也正因为这一小县当时的特殊性，玉成了一代廉吏于成龙。

于成龙，字北溟，山西永宁州（今吕梁离石区，其故里来堡村划入方山县）人。生于明万历四十四年（1616），卒于清康熙二十三年（1684）。于成龙于明崇祯十二年（1639）举副员，清顺治十八年（1661）出仕，时年四十五岁矣，先后任知县、知州、知府、道员、按察使、布政使、巡抚、总督、加兵部尚书、大学士等职，谥“清端”，赠太子太保。也就是说，于成龙科举不顺，学历不高，大器晚成。他曾于明崇祯十二年和清顺治八年两次参加乡试，都未中举，其间，于成龙也曾入国子监学习，时断时续，有幸的是他于崇祯十二年参加乡试时，虽未考取举人，总算以备取的形式获得了一个副榜生的名分，因此说他不是举人出身，更不是进士出身，在官吏行列中学历

较低。一直到顺治十八年，由于大清版图不断扩展，需要大量的官吏去治理，进士、举人太少，因此，就想从前朝举人副榜中选一些人出来做官，于成龙在选拔之列，这时，他已四十五岁了。虽然于成龙出仕较晚，但由于他有非常之才能，一路还算顺风顺水，二十余年的为官生涯中，曾三次被举“卓异”，被朝廷授予优秀官吏标兵的称号，官至一品大员，被康熙皇帝誉为“天下廉吏第一”，蜚声朝野。更重要的是作为一代廉吏，于成龙的名字已深深扎根民间土壤，为百姓所铭记、敬仰、怀念。

于成龙的仕宦生涯是从罗城起步的。《清史稿》卷二百七十七有《于成龙传》，记载了关于他初仕罗城的情况：“顺治十八年，谒选，授广西罗城知县，年四十五矣。罗城居万山中，盛瘴疠，瑶、壮犷悍，初隶版籍。方兵后，遍地榛莽，县中居民仅六家，无城郭廨舍。成龙到官，召吏民抚循之，申明保甲。盗发即时捕治，请于上官，谳实即处决，民安其居。邻瑶岁来杀掠，成龙集乡兵将捣其巢，瑶惧，誓不敢犯罗山境。民益得尽力耕耘。居罗山七年，与民相爱如家人父子。谍上官请宽徭役，疏鹾引，建学宫，创设养济院，凡所当与罢者，次第举行，县大治。总督卢兴祖等荐卓异。”《清史稿》这段记载简要陈述了于成龙初任罗城时，罗城县的自然环境、治安状况、政治生态等基本情况，介绍了在这种恶劣环境下，于成龙所采取的为政措施及短短七年取得大治的成绩。寥寥数语，给读者留下了罗城其境，知县其人初步而又难以忘却的印象。那么，于成龙何以在如此偏远荒凉之地，创造出令人赞叹的政绩呢？不妨作如下剖析。

儒家修、齐、治、平的思想铸就了一代廉吏的济世志向。于成龙从儿时启蒙到四十五岁出仕，一直过着半耕半读生活，接受的是修身、齐家、治国、平天下的儒学熏陶和砥砺。一百多年前的明代宗景泰年间，他的远祖于坦曾以进士出身，官至巡抚，这种深厚的家学底蕴都渗透在宗族后人有志者的血液中，加上于成龙生活的年代是一个社会矛盾、民族矛盾加剧，改朝换代、社会变革的动荡年代，他亲历了明王朝官场的腐败，目睹了百姓在动荡中的痛苦生活，同时，也逐渐感受到了大清朝统治后国家面貌的不断改观，因此，他摒弃一些汉人对大清的偏见，毅然出仕，实现他报国抚民的宏大志向。他出来做官决不以温饱为志，不为稻粱屈身，不为养家糊口，更不为光宗耀祖，为的是沉淀了四十多年的内在思想的着陆，为的是实现达则兼济天下的宏伟抱负。

艰苦的生活、生存环境，锤炼出他刻苦、自砺、坚毅向上的性格。顺治十八年，于成龙被清廷委任为广西罗城知县，罗城县两年前还被所谓的南明政权控制，尽管已归大清，但战乱之后的罗城县的生存环境极其恶劣。这里是崇山剑排，涧壑纵横，瘴气弥漫，北方人到此十有九死者；这里的治安环境更加险恶，盗贼四起，土匪猖獗，归属大清以来两任知县一死一逃，第一任知县许鸿儒和副将沈邦清被杀，第二位知县苗尔荫上任不久，挂印而逃。这种骇人听闻的恶劣环境于成龙上任之前何尝不知，但他抱着济世扶民的宏远志向，变卖家产，打点行囊，在亲人、朋友劝他不可以生命作注时，他毅然抛妻别子南下赴任。从顺治十八年（1661）的五月初，一直到八月二十日，经历了近四个月的艰难跋涉，他终于到达了罗城县。然而，到了罗城县后，眼前的景况要远比他听说的、想象的恶劣得多，且不说远处，城内破败不堪，一共有六户人家，其余不知去向。城外更是“篙草弥目，无人行径，可怜黄茅直抵城下”，这就是罗城县城。当晚，于成龙就居住在一所关帝庙中，安床于周仓背后，夜不瞑目，形同宿庙之野客，好不凄凉。第二天，他入署拜印，开始履行知县职责，然而，县衙却是残垣断壁，既无大门，又无院落，遍地杂草，不显路径。中间三间草房，是为中堂。草房乃木质结构，有顶无壁，这就是县衙大院，既无权力的象征，更无威严的影子，两任知县一死一逃，这里不知几时无主了。于成龙只好与从家带来的几位随从自己动手整修房舍，三间中堂封闭四周墙壁以挡风，然后一隔为三：一间卧室，一间办公，一间会客。《罗城县志》说他：“插棘为门，累土为几”，就这样，这位大清罗城第三任知县开始升堂理事了。这样恶劣的生活和工作环境，使于成龙从山西雇来的五位随从，一死三逃。于成龙的家虽说不上富豪，但也算资给无忧，为什么他不学前任知县挂印返乡，却坚持在这荒蛮之地吞食这艰涩的苦果呢？这里有一条不可破解的思维链条：他的内心深处涌动的是儒家的修齐治平的思想，这种思想的社会表现形式是济世扶民，要济世扶民，就要有一个政治平台，罗城环

境虽然恶劣，但毕竟是实现自己政治抱负的基本条件，放弃了罗城知县这一政治平台，就等于放弃了“此行不为温饱”的政治抱负，浇灭了几十年燃烧在内心深处儒家治世的思想火花。况且在这种艰苦环境下，来行使他一域“父母官”的职责，也正是儒家道德“内圣外王”人格的具体体现和践行。也正是这种恶劣的环境，锤炼了于成龙，不畏困苦，刻苦自励，坚毅向上的性格特征。

恶劣的政治生态，历练出一种果敢智慧的行政风格。于成龙初仕罗城，不仅是自然环境，生活环境，工作环境极为艰苦，且政治生态极为恶劣，各种矛盾纵横交错：一是大明与大清之间的矛盾，从1644年清兵入关，到于成龙1661任罗城知县，已有十七年之久，然而罗城县在激烈的明清斗争中正式归属大清才两年，尽管版图归属大清，但这种由地上转入地下的斗争并没有停止；二是罗城县是一个多民族集居的地方，少数民族之间的矛盾也很复杂，《罗城县志》就有“杂掳男妇以万计，城市残破，田地荒芜，百姓依岩谷避难”的记载；三是盗匪猖獗，肆意劫掠百姓，各种势力称显于当地，目无官府，更无国法，人民处于朝不保夕的恐怖状态下，就连于成龙上任后，也不得不床头置枪，枕下放刀，随时准备防备不虞之祸，用一个“乱”字总结罗城的社会生态较为恰当。这哪里是在做官，简直是几千里之外寓居土匪窝中的一位陌生的游客，时刻都有生命危险。在这样的情况下，于成龙思忖，前进最多就是个死，后退可能会死得更惨，“奋不顾身为民而死，胜于瘴疠而死也”。于是，他厘清思路，最基础的目标就是让各派势力都知道大清朝罗城县政府的存在，而且是唯一的、合法的。怎样才能达到这一最基本的治理目的，使社会有序，百姓安居呢？

铁腕治乱。治理罗城县这种混乱不堪的社会生态，没有破釜沉舟的决心，没有足够的智慧，没有严密的组织，没有果敢行政风格，治乱将是一句空话。《清史稿·于成龙传》说于成龙，“申明保甲，盗发即时捕治，请于上官，谳实即处决，民安其居。邻瑶岁来杀掠，成龙集乡兵将捣其巢，瑶惧，誓不敢犯罗山境”。编制保甲，训练乡兵，是治乱的基本条件，然后“盗发即捕”，“谳实即处决”，对待罪大恶极的盗匪，心不慈，手不软，果断淋漓。有的史料上记载于成龙在对待民愤极大的盗匪时手段近乎残忍。于成龙治乱思路非常清晰，先城内，再城外，先境内，后境外；境内安宁，他才能招来吏民，境内安宁他才能更好地对付境外。境内治乱，他依法从重从快，一批对百姓威胁较大的盗匪被其迅速捕杀，百姓称快。对于一般案件，于成龙从不推诿、拖延，依法从快公正裁决，不徇私情。关于于成龙判案，《罗城县志》《于清端政书》及2001年山西省文水县发现的《于成龙判牍菁华》等书中都有记载，仅述几例。

其一。明末，罗城人吕氏曾借同邑陈氏钱，到了清朝，陈氏家贫如洗，而吕氏曾因有军功而家富百万，陈氏欲向吕氏讨债，而吕氏仗势不还，陈氏大肆辱骂吕氏，陈氏父子曾参加过南明军队与清军作战，吕氏借此控告陈氏暗结乱党，图谋不轨。于成龙在审理此案中，并不偏袒为大清立过战功的吕氏，也不因陈氏曾参加南明军队反清而加重责罚，而是弄清案件原委后，依法判定吕氏诬告罪，念有军功，免死，改杖二百，流放三千里，家资充公。所欠陈氏债，由公家归还。

其二。罗城黄姓大户，雇了一位童仆，童仆违犯黄氏家规，黄家私设公堂，将童仆毒打半死，然后押送县衙，要求知县斩首正法。于成龙问清原委，厉声呵斥黄氏：你将童仆押送官府，说明你还知道朝廷法律，但你擅自用刑，犯了藐视法律、藐视官府之罪。当众责三十大棍。黄氏磕头告罪。

其三。一桩召妓案判词：“审得萧立三者，借开设客栈为名，招留外来娼妓，藏垢纳污，无所不为，如此不法，实为全地方害马。须知今日因利藏妓，明日即可因利藏盗；今日可以代妓引诱狂童，明日亦可代盗引探富室。贪区区之金钱，竟甘心伤风败俗，苟有心肝，畴忍出此！……乃萧立三胆敢招来娼妓，紊乱风化，情无可宥，法应严惩。应重笞一千，拘禁一年。淫妓方媛媛等既非家长逼迫，又无鸨母督责，淫癖无耻，甘心堕落，应各掌颊五百，驱逐出境。”

读三则案例，顿觉，于成龙断案，不畏强势，不徇私情，只为法纪，只为风化，判词条理清晰，法理谨严，正气凛然，威严十足。

于成龙在以法家近乎刻薄的手段清除内忧后，举乡兵讨伐每年袭扰罗城百姓的柳城西乡“贼寇”，在大兵压境的震慑下，于成龙儒法

并重，教化“贼寇”，使这帮不法之徒乞恩讲和，尽行退还抢掠人员及财物。数年间，使罗城社会生态得到了很好的治理，百姓开始安居乐业。这期间，彰显了于成龙凛冽的治世风格和卓越的为政智慧。

为官一任，造福一方。践行了于成龙儒家济民的思想情怀。整治社会治安，是为了给百姓一个良好的生息环境，于是，于成龙张贴安民告示，劝其返乡耕田。他还经常深入田间地头，访问农事，与百姓攀谈。每有农家迁入新居，他亲自撰写对联，以示祝贺，“与民相爱如家人父子”。他还带领百姓修房舍，建学校，建养济院，承担起官府应尽的责任。为了减轻百姓负担，他力推两项重大改革。一是“革大耗”。大耗，是指官府征收钱粮时额外加收的损耗费。于成龙曾说：“粤西地瘠民贫，钱粮不容拖欠，正宜惜民财以完公事。若徒加刻剥，则民多一分私费，朝廷少缺一份正项。以至严行追比，差役拷索。民号泣无数，必信贷以缓目前，迨至秋成虽丰，田中之禾先归债主。一遇岁欠，卖儿鬻女，奔走流离，是当亟加悯念。”（《于清端公政书》）这是对耗羡制度的厉声斥责，也是对革除这项弊政的大声疾呼。正项之外加耗羡，其危害可能导致百姓卖儿鬻女，流离他乡，因此，他要革除这项弊政，减轻百姓负担。第二项重大改革是“疏鹾引”。鹾引即盐引。盐引是清朝作为征收盐税的一种财政制度。食盐自古官卖，而官府的盐价很高，百姓吃不起，官府为了征税，从上而下强行摊派，摊派的销售定额以“引”为单位，一定要按照官府规定买多少引盐，那就加重了百姓的负担。关于这一问题，广西布政使金光祖非常清楚，他曾两次上书朝廷，并提出“区划户口食盐法”，所谓“区划户口食盐法”，目前我们还未见到具体的诠释，顾名思义是官府按区域划分，依具体情况供卖食盐，相对原来强行摊派，要规范的多。虽然朝廷采纳后减去盐引三分之二，但其中弊端仍然非常明显，于成龙在《条陈盐引利弊议》一篇陈奏中，提出两条解决的办法，即“禁官运”“革埠商”。官运，就是官府组织食盐运销，埠商，即本地相对固定的、模仿官价的盐商。主张“流商”，即自由贸易。外地盐商进入，引进竞争机制，盐价就会降下来，从而减轻百姓负担。此外，于成龙对于种种原因造成的特别困难的家庭实行减免赋税，并采取张榜公布等措施，让百姓监督。

从奖励农耕，发展生产，到兴办教育，扶老养济，从为百姓柴米油盐着想，派生出推行大的改革，都展现了一位七品知县的爱民之心。

持俭守廉，凸显出于成龙清操品格。《罗城县志》载："公尝自言，'一生得力在令罗城。'盖其淡泊之操，坚危之节，始终不渝，已预定于此。"可见于成龙一生可贵节操形成，罗城县令上打下的基础极为重要。在罗城知县任上，他生活极为简朴，闲时日食两餐，忙时日食一餐，"经年不知食肉"，在署中自种蔬菜，粗茶淡饭，无异百姓。唯显奢侈的是每晚必喝一壶烧酒，价值四文，并无小菜，所以更不用筷子。关于于成龙饮酒，推测颇多，有人说于成龙未做官时就有饮酒嗜好，到罗城其性未改。这似乎没人去考证，但我们总觉得，酒中寄寓着他复杂的感情。一是远隔千里的思乡之情。赴任离别时，老母、妻儿难舍难分，无限牵挂的场面，使他每晚独酌时仍历历在目，从此，他真过上了在外做官管不了家，远隔千里，家也管不了自己的生活；在看眼前，罗城是满目蒿莱，一片荒凉，盗贼肆虐，令人惊恐；随之五仆，三逃一死，在这种孤独、寂寞、凄凉、忧愁、恐惧，还有为政压力等环境下，孤影只灯，最好的伴侣就只有酒了，请看他的《粤西九日》诗：

冷落荒城又一秋，每逢佳节转添愁。
黄茅嶂远今犹古，白发风凄叹复羞。
菊瘦懒看空泪落，雁回遥望暮云收。
闭门却厌登高去，醉里心魂到故丘。

喝酒为什么不要小菜，更不用筷子呢？以下四句诗或能说明一切：

一夜一壶酒，床头已乏钱。
强欲禁沽我，通宵意不眠。

不喝酒千思万绪难以入睡，每天喝酒，即使不配菜，仍是薪俸难

以维系，心中着实矛盾、痛苦，生活着实清廉、清苦！

然而于成龙毕竟每年有四十五两俸银，即使除去仆人马匹等一应开支，还是要比普通百姓生活得好，因此，他从不向百姓收取一钱。《清代吏治丛谈》中记载："于成龙令罗城时，抚循残氓，悉除诸禁，诚意恻恻感人。民皆以田赋亲输公手，或留数钱置案上。公问何意？曰：'阿爷不要火耗，不谋衣食，宁酒而不买乎？'公感其意，留数钱，计得酒一壶而止。公居罗城久，从仆或散去，或死，罗人益怜公，每晨夕集，问安否，间敛金钱跪进云：'知阿爷清苦，我曹供些少盐米费耳！'公笑谢曰：'我一人何须如许物？可恃归易甘旨奉汝父母，如我爱也。'民泱泱持去。一日闻公家人来，罗民则大喜，奔哗庭中，言：'阿爷人来，好将物安家去！'又进金钱如初，公又笑谢曰：'此去吾家六千里，单人携资，适为累耳！'挥使去，民皆伏泣，卒不受。"

"比公迁知合州，罗民遮道呼号：'爷今去，我侪无天矣！'追送数百里，哭而返。一眇者独不去，公问故，曰：'民习星卜，度公囊中资不及千里，民技犹可资以行也。'公感其意，因不遣去，会霪雨，资尽，竟籍其力得达。"

这些记载我们也大可不必全信，也大可不必去仔细探究，这些故事多来自民间，或演绎夸张，或借题发挥，诸如借助盲人一路占卜赴任合州，既不合情理，也有违大清官员擢拔就任程序，因此，有学者从不同角度考证加以否决。这倒大可不必，我们权且把这些故事当作带有水分的民间传说，但这些传说中似乎还没有见到一条于成龙贪腐的记载，通过这些带有水分的民间传说，也不难看到于成龙清操廉洁的清官形象。

既贵之日，清操如故。于成龙在罗城县任上干了七年，以"卓异"走出了罗城，历迁合州知州、黄岗知州、武昌知府、福建按察使、布政使、巡抚、总督，加兵部尚书，再任江南江西总督，一路走来，官越做越大，但他内心深处修齐治平的思想始终左右着他，刻苦自励，坚毅向上的性格始终丰富着他，爱民，敬民，亲民，抚民的情怀始终激励着他，果敢、智慧、霹雳式的行事风格始终伴随着他，那种情操如冰的为官品格始终在玉成着他。于成龙以罗城的"卓异"

升迁，在以后十多年的为官生涯中，又曾两次被朝廷评为“卓异”，每到一处，皆有善政，治乱近乎极端，亲民如同父母，官职越来越大，绰号也越来越多，“于青菜”“于半鸭”“于糠粥”等，每一个绰号都有一段令人感动的故事，都能画出一张清官的画像。《清史稿》卷二百七十七“本传”说：“成龙历官未尝携家属，卒时，将军、都统及僚吏入视，惟笥中绨袍一袭，床头盐豉数器而已。民罢市聚哭，家会像祀之。”康熙皇帝称“天下廉吏第一”。

于成龙作为一位封建官吏，距今已有三百多年矣，然他所为官的地方，都在传诵着这位清官的故事，他的家乡为他骄傲，他工作的地方都在以不同形式纪念他，尤其是罗城仫佬族自治县，正在大张旗鼓地宣传于成龙为官清廉的事迹，弘扬为官情操精神，真乃廉吏情操传千古，遗爱甘棠百姓中。

君子之泽，五世不斩

——中卫知县龚景瀚

孟子说："君子之泽，五世而斩。"意思是说，一个有道德的人，他对后世的影响超不过五代。这是说由于社会人情的变化，后人对祖上的德业很难永久为继，甚至民间还有"君子之泽，三世而斩""富不过三代"的说法。这种断言，似乎是对历史规律的认识和总结。但从另一个角度讲，这种如同"定律"式的断言，也如黄钟大吕在警示世人。一个国家、一个社会、一个团体、一个家族，其后人要时刻牢记先人德操，努力弘扬先人优秀品质，不可淫逸颓废，如此则"断言"不断，"定律"难定。《清史稿》卷四百七十八《龚景瀚传》就打破了这种断言，给世人留下了无限的思考空间，本文试读并释。

龚景瀚（1747—1802），一字海峰，又字惟广，福建闽县（即今福州市）人，祖上为福建莆田人，后迁居福建通贤境巷，因家族显赫，后人称"通贤龚氏"。龚景瀚为"通贤龚氏"第十五代。

原文：先世累业为名宦。曾祖其裕，康熙初，以诸生从军，授江西瑞州府通判。滇、闽变起，率乡勇为大军向导，擢吉安知府。时府城为逆将所据，大军驻螺子山，其裕供响无乏。城复，抚疮痍，多惠政。后官河南怀庆知府，濬顺利渠，引济水入城便民，终于两淮盐运使。殁祀瑞州、吉安、怀庆名宦祠。

此段先总括一笔，引出大清朝以来龚氏家族中的第一名宦，龚氏第十二世龚其裕。龚其裕原名起文，字足子，号容溪，又号甦严，生于明崇祯七年，以闽县生员的身份投效江西军营，康熙六年，以军功授江西瑞州府通判。云南吴三桂和福建耿精忠叛乱，龚其裕率领民兵为大军做向导，连克上高、新昌二城，被提升为吉安知府。当时扬威

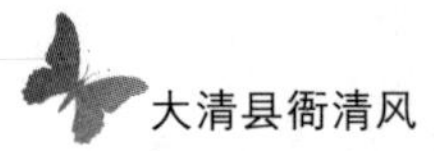

大将军和硕简亲王率军驻扎在吉安的螺子山上，龚其裕供应粮草不使匮乏。《福建通贤龚氏支谱》（以下简称《支谱》）中记载，龚其裕一面做好大军的后勤工作，同时，“民间子女陷贼中，及军前俘获者，其裕为请命，全活甚多，战场遗骸复捐资埋瘗之”。由此可见，龚其裕非一介武夫。任怀庆府（治所在今河南省焦作市的沁阳市，辖八县）知府，当地有一条渠，名叫顺利渠，可引济水入城，通舟便民，然而，日久淤塞废弃，龚其裕率民众清淤，使这条便民河恢复原貌。《支谱》中还记载，当地驻军马匹放牧农田，践踏百姓禾苗，龚其裕告诉军中首领，禁止驻军扰民，违者重惩，百姓呼之清官。康熙二十一年提升两淮盐运使（淮南淮北掌管盐业运转及税收的三品官），康熙三十七年卒，入祀江西瑞州府、吉安府名宦祠、怀庆府名宦祠。

原文：祖嵘，初仕浙江余杭知县，治县民杀仆疑狱，为时所称。擢直隶赵州直隶州知州，濬河兴水利。再擢松江知府，渡海赈崇明灾黎，全活甚众。官至江西广饶九南道，单骑定万年县匪乱，殁祀饶州名宦祠。

龚景瀚之祖父名龚嵘（1653—1719），字岱生，号澹岩，为通贤龚氏十三世，是大清以来龚氏家族中第二位名宦。康熙十八年补浙江余杭知县。《支谱》记载，龚嵘在余杭任上，“力除宿弊，葺城垣，修文庙，创义学，除杂徭，开渠筑堤”，做了不少有益于百姓的事，尤其是长于断案。余杭城中有一恶霸将他的仆人杀死，把腿截下来扔在路旁，将尸体埋葬，老虎将死者的腿吃掉，造成了猛虎伤人的假象。龚嵘认真勘查现场，发现有埋尸痕迹，掘土验尸，真相大白，案遂告破，为百姓称赞。由于政绩突出，上司考核优秀，康熙二十七年其被提拔为赵州直隶州知州。在赵州，他兴修水利，疏浚赵州河，灌溉良田数百顷，民获其利。康熙三十三年，龚嵘再次被提拔为江南松江知府。松江是江南富饶之地，为上级官府主要财税征收之地，龚嵘治理松江有条有理，百姓安居乐业。崇明岛遭灾，龚嵘亲自渡海赈灾，救了无数百姓性命，百姓无不感激。同年，以廉洁被举荐为江苏粮储道，又调直隶保定府知府，康熙四十六年授江西广饶九南道（江西四道之一）。任上，龚嵘驱邪兴儒，修书院，修复范仲淹祠，设育婴堂，教化百姓，为民造福。山中有匪，为患已久，龚嵘单骑入山，

感化匪首，绳之以法，驱散随从，从此百姓不再受匪之祸乱。康熙五十八年，卒，享年六十六岁。祀饶州名宦祠。

原文：父一发，乾隆十五年举人，官河南知县，历宜阳，密县、林县、虞城四县，治狱明敏，能以德化。在虞城值水灾，勤于赈恤。朝使疏治积水，酾为惠民，永便诸渠，一发与灾民共劳苦，治称最。以病去，复起补直隶高阳，擢云南镇南知州，殁祀虞城名宦祠。

龚景瀚的父亲，名龚一发，原名关渭，字天礵，号厚斋，为通贤龚氏十四世，是大清以来龚氏家族第三位名宦。乾隆十五年举人，十七年任河南宜阳知县，旋调密县（今新密市）。《支谱》说："善发摘，奸伏以法，制豪强卒使悔悟，乐为善良"。十八年调林县（今林州市）知县，在林县，他引泉水灌溉农田，开挖永惠诸渠，使沿渠百姓不在苦于干旱。二十二年调虞城县，断案明达机智，多以教育感化他们。《支谱》中举了个例子：兄弟二人争家产，不可开交，母亲劝说弟兄二人，都不听劝，于是弟兄二人带着母亲一起到县衙过堂。龚一发看到这种情形，首先在大堂为其母置座，然后当着母亲的面对弟兄二人进行教育：母亲含辛茹苦地将你二人拉扯大，何等的不易，如今你们长大成人，老母已白发飘然，而你二人全然不顾老母的感受，不顾兄弟之情，为一点财产闹到县衙，实属可恨可悲。二者经过教育，非常后悔，都扶着母亲哭着要求撤诉，案件就此了结。虞城闹水灾，一发忙于赈灾安置灾民，整治积水（酾，疏导）。将积水疏导到惠民、永便诸渠中去。《支谱》中记载，一发以工代赈之法，动员百姓，疏通河道，排除积水，并与百姓共同劳动，百姓干劲十足。一发在虞城投资修城垣，修桥梁，毁弃三教堂，兴办义学，创建书院，百姓视之为神。传说虞城邻邑有蝗灾"虞介其中，独不入境"。在县任上的政绩考核为优秀。后因病卸职，病愈，再补直隶高阳县，皆有政声，被提拔为云南镇南知州，康熙三十八年卒于云南任上，时寿五十有九，祀虞城名宦祠。

原文：景瀚承家学，幼即知名，大学士朱珪督闽学，激赏之。乾隆三十六年成进士，归班铨选。四十九年，授甘肃靖远知县，未到官。总督福康安知其能，檄署中卫县，判牍如流，见者不知为初仕也。七星渠久淤，常苦旱，景瀚筑石坝，遏水入渠，始通流。又濬常乐，镇静诸渠，重修红柳沟环洞及减水各牐，溉田共三十万亩，民享其利。五十二年，调平凉，地硗瘠，缺米粟，景瀚请邻邑无遏粜。又当西域孔道，车马取给商贾，盐引敕派于民，官吏强买煤炭，皆为民病，一切罢之。由是商贾辐辏，食货流通。修柳湖书院，与诸生讲学，文风渐振。

“家学”，可做两个方面的理解：一是儒学，龚氏家族传承的就是儒教；二是家风，儒者所铸就的几代家风用一“承”字，让景瀚把它接了过来。这种家学，这种家风，就连福建学界最高官吏都非常赏识。龚景瀚初仕，与其他进士入仕没有什么不同，乾隆三十六年进士，归班由吏部分配，一直等了十三年才遇到了缺位，任命为甘肃靖远县知县，但没到任，改派文件就下达了，任中卫县（时中卫县隶属甘肃省）知县。龚景瀚在中卫县任上，有两个方面情况表现得非常突出。一是才能。“判牍如流”，如断案老手，这充分显示了刚刚入仕的龚景瀚之智慧和机敏。二是勤事。勤于民事也是龚氏祖传家风之一。兴修水利，造福万民，治水溉田三十万亩。更值得称道的是像筑石坝这样的水利工程竟是景瀚拿出自己的俸银来修建的。这种心系百姓，胸怀天下之举，不愧为循吏之称。景瀚调平凉任知县，平凉比不得中卫，土地硗薄，又近边境，景瀚面临诸多复杂问题。一是粮食短缺。当地驻军多，与百姓争粮，百姓吃不饱饭是最大问题。二是流通不畅。平凉为甘肃通往西域的要道，当地官吏为一己之私利，限制商贸，强买强卖，这些行为“皆为病民”。三是平凉地处边远，不同民族杂居，民俗粗鄙，教育落后。景瀚作为平凉“父母官”，到任后针对这三大问题迅速采取措施：一是协调邻县不要禁止粮食向平凉输送，从而解决粮食问题；二是革除一切病民陋规，不法胥吏不得干扰商业流通，官府出台鼓励商业流通的政策，平凉的经济由此活跃；三是加强教育。《支谱》中说，柳湖书院废破，“景瀚捐资新之，亲为讲学”，带动平凉文化发展。

原文：五十五年，署固原州，汉、回杂处，时拘衅。景瀚密侦诸堡，诛积匪，境内以安。五十九年，迁陕西邠州知州。嘉庆元年，总督宜绵巡边，调景瀚入军幕，遂从剿教匪，以功擢庆阳知府。宜绵总辖三省，从入蜀，幕府文书皆属景瀚。寻调兰州，仍在军充翼长。

提升之后的龚景瀚，在固原知州任上，主要是处理回、汉民族矛盾，景瀚采取的是深入侦判，坐实证据，严惩带头滋事者，百姓不受滋扰，社会得以安定。从邠州知州任上到随军剿匪，以至于后来从军入蜀任文书之职，调兰州，充翼长（翼长：军队官职）全面叙述了景瀚这一时期的履历，同时彰显了他的才能、智慧及报效国家的赤子之心。

原文：景瀚从军久，见劳师糜饷，流贼仍炽，因上议备陈调兵、增兵、募勇三害，剿贼四难，谓："先安民然后能杀贼，民志固则贼势衰，使之无所裹胁。多一民即少一贼，居民奠则贼食绝。使之无所掳掠，民有一日之粮，则贼少一日之食。用坚壁清野之法，令百姓自相保聚，贼未至则力农贸易，各安其生，贼既至则闭栅登陴，相与为守，民有恃无恐，自不至于逃亡。其要先慎简（简：选拔）良吏，次相度形势，次选择人头，次清查保甲，次训练壮丁，次积贮粮谷，次筹划经费。如是行之有十利。"反复数千言，切中事理。嗣是被兵各省举仿共法，民获自保，贼无所逞，成效大著。论者为三省教匪之平，以此为要领。

龚景瀚高论剿匪用兵策略及效果，这种高论，来自他对长期剿匪实践的总结：按照以往的策略，调动大军剿贼，且不说部队疲惫不堪，军粮供给匮乏，更重要的是匪贼不但未被消灭，反而越剿越多。于是，他总结朝廷剿匪的三大弊端：一是调兵之弊。"国朝经制之兵本属有限，而果腹尤少，其重兵所在，非番、回错杂之区，则形势要害之地也，一调不已而至再，再调不已而至三，备御空虚，奸民因而肆志，则无事之区又将滋事。即如，四川、湖北之兵，皆以全赴苗疆，邪教遂乘机滋事，岂非明效大验乎？此调兵之害也。"二是增兵之弊。"募兵但取充数，非市井无赖之人，即穷苦无聊之辈，纪律不习，技艺不精，心志不齐，胆气不壮，遇贼唯有纷然鸟兽散耳，此增兵之害也。"三是募勇之弊。"乡勇守护乡里易得其力，若以从征，则非所愿，无室家妻子田庐坟墓之足系其心也，……即或诱之以重利，鼓之以大义，而有勇无刚能，暂而不能久哄，然而，进亦然，而退耳。且乡勇之害也。"（《皇清文颖·坚壁清野议》）继而他又提出剿匪四大困难：一是用兵多而粮食转运难；二是大军所携辎重繁多，行动滞缓，以缓慢之师剿轻捷之匪难；三是以内地平原之兵，剿山地之贼难；四是贼兵游击灵活，随时得以休息，大军进行列队，休息安营，起止从命，呆滞疲劳，以疲惫之师攻灵活之贼难。龚景瀚提出“三害”“四难”，是对当时清廷剿匪政策的大胆否定。那该怎么办呢？他建议，要剿匪就必须先安民，一是要发动群众，依靠群众，使百姓具备战胜贼匪的信心，老百姓都起来反对匪贼，匪贼的气焰自然也就衰败；二是要发动群众与贼争粮，用“坚壁清野”的办法，把粮食藏起来，敌人不来，种田经商，各安其生，一旦贼来抢劫，“闭栅登陴（陴：指院墙）”，相互守卫，使敌人得不到东西。要达到这一目的，官方应干些什么呢？不用派兵，但要做好以下七个方面的工作：一要慎重选择一位好的官员来领导御贼之事；二要了解把握当地敌我形势；三要选择百姓中的带头的人；四要清查保甲，严格执行保甲制；五要训练团丁；六要储存好粮食；七要筹备经费（以上材料皆源自《皇清文颖·坚壁清野议》）。龚景瀚所上《坚壁清野议》被朝廷采纳，要求各省效仿其法，成效显著，有人说评定三省教匪就得力于此法。

村民自治、自保之法、坚壁清野之法对后世影响颇大，道光年间，朝廷将《坚壁清野议》刊印分发各省，让大家学习效法，以此取得乱世中的百姓自保。

原文：五年，始到兰州任，七年，送部引见，卒于京师。其后续编《皇清文颖》，仁宗特出其《坚壁清野议》付馆臣载入。祀兰州名宦祠。自其裕至景瀚，四世皆祀名宦，海内称之。

嘉庆五年到兰州知府上任，七年，由于考核优秀，按照清代引见制度规定，由地方官员推荐给吏部，再由吏部官员引见皇上。长期的军旅生活，使他身患恶疾，不幸逝于北京，终寿五十五岁。《皇清文颖》又称《钦定四库全书荟要》，是《四库全书》的浓缩版，供皇帝参考的《四库全书》之精华。嘉庆皇帝首先是要召见景瀚这位乾隆时期的能臣，龚景瀚死后，嘉庆将其《坚壁清野议》载入《皇清文颖》，足见嘉庆皇帝对景瀚其人的肯定和对其思想的赏识。祀兰州名宦祠和福建省城名宦祠。从通贤龚氏的第十二世龚其裕到第十五世的龚景瀚，龚氏四代皆祀名宦，实属罕见，天下人莫不赞美。

原文：景瀚子丰谷，官湖北天门知县，亦有治绩，不隳家声焉。

龚丰谷是龚景瀚的第三个儿子，知湖北天门县，政绩卓著，继承并发扬了龚氏家族的声望。其实，他的大儿子龚式谷，也是走读书、出仕这条路，为府学廪生，也就是国家按一定名额给予生活补助的府学学生，官至知州，也是一名好官。

至此，大清以来，从龚氏的第十二世龚其裕到十五世的龚丰谷，已有五世被写入大清史《循吏传》中。

读完这篇文章，笔者总感觉到文中有一条清晰的意脉，那就是“传承”二字。“传承”贯穿着文章的始终，“传承”承载着龚氏家族的延续和兴旺。传承的什么？传承的是龚氏家族的家学，传承的是龚氏家族的家风，传承的是龚氏家族的家国情怀。

通贤龚氏家学可以用几个字概括，即：读、写、藏。所谓读，龚氏家族从创立之日起，就把读书作为立德、立身、立家、立族的切入点，世代相传，当然所读书目多为儒家经典。龚氏家族靠读书来丰富自己，提高自己，靠读书进入科举，显耀族群，也就是说，通贤龚氏家族的五世不斩，长久辉煌的根基就是读书，读书成就了这个家族。所谓写，是说龚氏家族的主要成员，无论他的社会地位如何，无论他是布衣还是官宦，首先他是一个文化人。根据相关史料记载，通贤龚氏家族先后著述多达五十七种，刻印诗、词、文赋者也有十多人。通贤龚氏家族从明末走向文坛，至清末三百多年，文风兴盛，打造了一个文化家族。为了“以垂久远”，凝聚族人，通贤龚氏族人不但要写诗、文，而且要写“族史”，即修“家谱”。从明代龚氏四世始创家谱，一直到清末，通贤龚氏族谱经过多次重修，重修族谱的目的就是昭示后人，垂训家学、家风。所谓藏，就是藏书，通贤龚氏家族不仅是因多世循吏显赫于世，他的藏书之举，也为士子惊叹，成为通贤龚氏家声远播的原因之一。通贤龚氏藏书，为福建之最，从龚氏走入文坛开始，藏书也就开始了，到龚一发、龚景瀚，发展到有意识在收藏书籍，到通贤龚氏十九世龚易图时达到了顶峰，藏书量达十万卷。藏书不仅是收藏社会流通图书，同时，也刻印收藏龚氏族人著述；藏书体现了通贤龚氏家族文化的内涵，也承载了龚氏家族文化的传承。

“家风”，也包含家学。家风是一个家族代代相传沿袭下来的，体

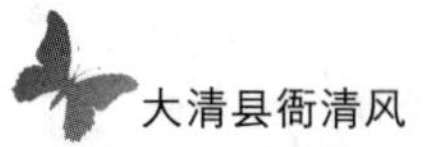

现家族文化的风格。它不一定是全方位的，而是在某一方面能够从正面影响家族后人，为社会认可的家族品格。通贤龚氏家族的家风是“孝友忠厚”。“忠孝”二字，自古被视为大德，友善、宽厚被视为一个人的美德，单从《清史稿·龚景瀚传》中所列五位循吏来看，都是以忠孝为本，廉洁立身，宽厚为人，这就是一种家族品格。也正是坚守这种品格，才使这个家族长盛不衰，也正是坚守这种品格，才使这一家族声望远扬，名人辈出。《福州名人志》中龚氏一族写入《志》者达数十人之多，仅以《清史稿·龚景瀚传》一文中所列五世中，亦有不少龚氏名人，如：龚其裕之长子龚嵘入史，而其三子龚屼，即一发之父，名列闽县诸生，也有《兰所集》行世；景瀚之子丰谷入史，而其长子也为府学廪生，官至知州；等等。更传十九世龚易图官至湖南布政使，著作累累行于世。

家国情怀。家是国的组成单位，有国才有家，国家不可分割。报效国家是通贤龚氏家族的一个发展取向，这种取向仍然来自儒学中的修、齐、治、平思想。读书就是为了入仕，这是通贤龚氏家族不可否认的选择，入仕是为了建功立业。从十二世龚其裕率军平叛，屡建军功，至升两淮转运使，入祀名宦祠，光宗耀祖开始，这条路一路走来，走的坚实、踏实；再到龚嵘、龚一发，从知县做起，胸怀百姓，勤于政事，百姓拥戴，入祀名宦祠，也浸透着他们的家国情怀；从十五世龚景瀚到十九世龚易图，文韬武略，智勇并备，上马杀敌，下马安民，战功赫赫，政绩卓异，岂不是祖上家国情怀的相继。我们且不去追溯通贤龚氏的元、明远祖，从入清以来到晚清近三百年的历史，通贤龚氏家族相传近十代，始终守一，光耀不减，这岂是“君子之泽，五代而斩”所能概括的？

这篇文章为史学传记，以记述为主，要求史学家的笔端平实客观，然而，仔细琢磨，颇显作者技巧。首先，这篇传记的题目为《龚景瀚传》，但是，按照作者意图是要在这篇文章中记述龚氏先后五代人，这就要求作者在谋篇布局上有一些技巧。《龚景瀚传》当然就以写龚景瀚为主，但又要照顾其他人物。文章开篇就写景瀚，报过家门之后，却搁置不写，引出了三代先人，用近乎三分之一的篇幅将其三代先人进行点睛式的介绍，之后又以近二分之一的篇幅写龚景瀚，最

后写景瀚后人丰谷一笔带过。这样写，既突出文章主题，又兼顾一般。开头点题作引，行文自然，最后点题过渡，水到渠成，结构谨严，而无痕迹。其次，文章形式与意脉高度契合。文章意脉笔者给概括了两个字“传承”，体现在形式上，先点题引出三代先人，对三代先人事迹的叙述，就暗含了“传”的作用，重点写龚景瀚，其内容是对前边内容的承接，但对于结尾写丰谷的一笔又起到了“传”的作用。文章主要内容于中，承上启下，恰恰吻合文中“传承”的意脉，使这篇传记文章达到了内容与形式高度统一。

一丝一缕，唯恐伤民 杯水束薪，不以累物

——上海知县任辰旦

清初有一位大学问家叫毛奇龄，他一生著述等身，经史研究、文学研究、方志研究、音韵研究都有建树，诗、词、歌、赋、散文、骈文造诣颇深，我们每每翻阅毛奇龄的著述，总是在慨叹今人在做学问方面的浮躁，对古人那种沉稳、执着、专注的治学精神敬佩不已。毛奇龄一生专注于学问，也曾做过七品翰林院检讨，参加过编修《明史》。康熙十七年（1678），这位翰林院检讨回乡省亲，路过上海看望他的同乡、同学、上海县知县任辰旦。翰林院检讨和上海县知县虽然同为七品，但工作环境、工作对象、工作难度却相差甚远，毛奇龄看到这位同学在知县任上的生活、工作状况时，感慨不已，说："吾观待庵（辰旦，号待庵）吏治，一丝一缕，唯恐伤民；杯水束薪，不以累物。"赞扬这位同学、同乡高尚的官品、人品。

读这两句赞词，总觉得是在说任辰旦为官的心态：一是写任辰旦施政谨慎，千头万绪的工作，都守一个底线，那就是不伤及百姓；二是写任辰旦思想上有一种超脱，那就是不以累物。不以累物，就是不以物累，无论是杯水束薪，还是金山银山，都不为之拖累。庄子所说"物物而不物于物"，不物于物，是说不为外物所驱使、牵累，说的是人的处世方法，欧阳修《归田录》中记载宰相吕蒙正不为物累，说的是吕蒙正的官品，任辰旦不把杯水束薪作为拖累自己的身外之物，也是在赞美他清廉的官品。毛奇龄善于观察，从细微入笔，从宏远处作结，可谓精辟、淋漓。

任辰旦（1623—1692），字千之，号待庵，浙江萧山人。顺治十

三午（1657）进士（按《清史稿》说），康熙初年，授上海县知县。上海县置于元代，隶属松江府。上海是一个大县，“户甲数万计”。上海自古都较繁荣，农业、商业、盐业、航运是其几大支柱产业，据史料记载，上海“多夷贾（海外商人）贸易，漕边富家以奇货相雄”。到了清代，上海除了固有的农业、盐业之外，商业更加发达，刺绣、纺织、印染、米市，各种日用商铺应运而生，琳琅满目。黄浦江船桅林立，唯运沙船就有几千艘。随着经济的繁荣，人口迅速增多，市镇规模不断扩展，到清中叶以后，上海就成了“江海之通津，东南之都会”。清康熙年间，上海县虽然说比不上清中叶以后的繁荣，但其特殊的地理位置已使经济社会发展有了一个良好的势头。然而，就因为上海相对富裕，朝廷也把这个地方当成了聚宝盆和摇钱树，据毛奇龄的《任君集课记》记载，上海每年向朝廷缴纳租赋就高达四十余万。且正赋之外另有杂征，老百姓也是叫苦不迭，加之上海人员庞杂，豪猾僄侠尤多，也是有名的难治之县，因此，前任上海九位知县，皆因施政不力，考课不符合朝廷要求，或被罢官免职，或下狱为囚。任辰旦授上海县知县，可以说是临危受命，其思想及工作压力实在不小。那么，任辰旦又是怎样当好这个知县的呢？

清苦自励。任辰旦有“唯恐伤民，不以累物”的为政底线和思想情怀，因此，当了六年上海知县，他始终都把自己作为一个标杆，以廉率属，以俭示民，清苦自励。据毛奇龄的《任君集课记》记载：“予（毛奇龄）尝入其署，见君衣木棉疏屦，厩马无栈豆（栈豆：马料），日买水二百钱，亲朋宴饮，辄假樏榼（樏揾：盛酒食的器具）于荐绅（荐绅：有官位的人）之知者；屋腐不葺，天雨则持盖行屋下。荐绅之贤者，请其教，却其所餽饷，其介如此。”又载：“予至上海，值王师南征，造鸟船渡湖，……君入乡度木，子妇求观县令者遮道出，且有饷茶及鲜枣，熟艿（艿：芋头）者。既得木，给值，民各辞金，揖让林木间。不得已，命不取值者则散还其木，于是领去。后度商人木，给商值，亦有辞之再者，予亲见之内宅门间。”这段记载真实地描写了任辰旦这位大县知县的生活作风和工作作风。毛奇龄没有谈到任辰旦吃的是什么，这可能是因为任辰旦有这位同学、同乡来看他，饭菜质量肯定不错，不然他怎么会在他的诗中写道“官贫不厌故人来”呢？但毛奇龄却看到了这位上海知县穿的是粗布、麻鞋，招待同学用的酒器都是从有钱人家借来的。住的是茅舍，破旧待修，天一下雨，要撑着伞在屋下行走，唯一的交通工具就是那匹瘦马，马槽里竟找不到一颗喂马的豆料，更有甚者，连喝的水也要用工资去买。可见生活之俭约。《清史稿》卷四百七十六《任辰旦传》中，作者用“清苦”二字形容这位上海知县的生活是极贴切的。即便如此，一些官宦人家要从这里获取一些教益，而想给他一些适当的报酬，却被他一一拒绝。老百姓对这位好知县非常拥戴，当任辰旦奉命为造船到民间按一定标准购买木材时，百姓夹道观看、欢迎，并送茶水、红枣、芋头给知县品尝，然这位知县都一一谢绝；知县买百姓的木头，百姓不忍心要钱，知县就命执事者，如果百姓不要钱，那我们也不能要他们的木材；和商人交易，商人为答谢这位知县对商界的关照，也坚持不要钱，而这位知县在感谢百姓的一片好意的同时，分别按市场值付钱，公买公卖。这一切都被毛奇龄看在眼里，无怪乎他对任辰旦做出“一丝一缕恐伤百姓，杯水束薪不以累物”的评价。

整顿赋税，以防伤民。清初赋税征收基本上是按照明代规定的额度延续下来的，百姓赋税较重，以至于缴纳不起而累年拖欠。顺治末年，朝廷曾颁政令，令各地彻底清查所欠赋税，有拖欠不交者，严加惩办，官府有敢徇私包庇者，也要撤职查办。这道政令，确实有一定成效，多数地区如期完成了任务，然而“卖田典屋清偿积欠”者随处可见。更有一些百姓，征税的登记簿上显示土地若干，由于地理环境变化和诸多原因，百姓现有耕田已远远少于登记簿上的数字，而赋税仍按原来数目征收，百姓哪里会交得起，以至于家破人徙。据《清史稿》记载，上海县当时有六千亩田地被海水淹没，但“赋额未除，输者率破家”。这种情况前任知县也曾派人勘查，但都未查清。任辰旦上任后，奉旨重新勘查。任辰旦非常乐意干这件事，说：“是吾志也。”“日往来泥沙中，篷首垢足，按鱼鳞旧册，履亩丈量，厘其荒者，阅二月悉白。费皆自办，俸不足，银钏棉布偿之，籍上得减除额征有差。”（《清代吏治丛谈·上》）这段记载起码说明几个问题：一是任辰旦广视听、询民情，对赋税伤民情况十分了解；二是解决这一问题并非知县的权限范围；三是得到旨意以后的工作态度。“是吾志

也”四字，充分流露了任公早想解决此事，而苦于无法下手，一旦得到旨令的愉悦的心情，并且不辞辛苦，亲临现场，按照鱼鳞册簿（鱼鳞册：旧时为征派赋役而制作的土地登记证，标明某块土地的所有人，及这块土地长、宽、面积、四邻、四至、形状错落如鱼鳞，故称鱼鳞册）核对勘查，仔细丈量，费时两个月完成这项任务，虽然所需费用均为知县变卖家产筹集，但了却他一桩心愿，那就是老百姓不该上缴的钱不再缴了，伤民的一大毒瘤被割下来了。宁伤已而不伤民。

科学治水，不费民财。吴淞江，原为长江入海前的最后一条支流，因此，长江入海口也叫吴淞口。现在的吴淞江是从明代黄浦江占领了吴淞江故道后，成为黄浦江的一条支流，但长江入海口，至今还叫吴淞口。吴淞江源于太湖，流经吴江、苏州、昆山、吴县、嘉定、青浦等县市，整个苏、杭、常、嘉等地之水都汇集于吴淞，自古以来，多有水患。曾任江宁巡抚的慕天颜，奏请皇上，要求朝廷动用水利经费，再次疏浚河道，并在黄龙浦口附近修建水闸以管控吴淞江水，然而，建成后的水闸不久就被大水冲塌，耗费巨资而无功，参与治水建闸的官员竟束手无策。等到任辰旦知上海县，上级将这件事委托给了任辰旦，这是一项浩大的工程，且为了利用季节、气候条件，上司规定的工期很紧。在讨论如何建闸时，有人提出一套施工程序：“修闸者，必筑坝，如治河法，先用柳梢裹木石沉阑（栏）河中，然后戽水令竭，次第筑址。”简单地说：先拦截江水，然后建闸。他们算了一笔账：“每梢值四十余金，合计若干梢，得若干金。至戽水时则当得牛车若干、桔槔（桔槔：井上汲水工具）若干，夫领夫役若干，伍伯相视、押差监课若干，既廪（既廪：给养）若干。”（《碑传集》卷九十二《任君集课记》）这是一笔多大的费用啊！即便如此，如果在春水来临之前不能完工，则可能会前功尽弃。应怎么办呢？任辰旦在吸取前人施工教训的同时，拿出了自己的施工方案：“乃仿浙地之为梁者，命匠者先范石于陆，识其甲乙，而次第下于水中，使善泅者纵而理之，一如陆地所范者，短长合度，顾未尝竭水也。”（引文同上）他的施工方案是不筑坝、不拦水，而是模仿浙江当地修桥的办法，先让工匠在陆地上按照施工图纸搞模型，长短和图纸要求一样，然后将用来建闸的石条标上序号，再选会水者按照序号放在水中，扣好，这样，完工后，水下建筑就和陆上的模型一样，简单地说，就是不拦江水，而在水中铺闸基。这种方案的成功就在于岸上的准备工作做得扎实、细致。按照这一方案施工，效果如何呢？施工"始乙卯腊月，而告成于丙辰之十月，民不病役，国不糜帑，六郡无水涝之忧，一邑八万户无征输期会之苦。"（引文同上）一是工程如期完成，二是不浪费国家钱财，更重要的是不伤民力，不伤民财，省时、省钱、省力，真是一人智慧，六郡受益。《任君集课记》还说，大闸完工后，邑人为永记任公公德，为任公修建祠堂以供奉。有一位上海的书生叫瞿炯，还专门写了一篇《修闸记》，其中说到任辰旦"甘以官殉，而不忍以百姓殉，故毅然任之而不疑。"说明任知县接受这项修闸任务，且用这种施工方案，承担着丢官、丢命的风险，但为了百姓，他不顾自己安危，毅然接受这一风险颇大的任务。这位书生赞扬的是他为国为民的担当精神。《修闸记》中还不无后怕的写道，第二年春天，江浙一带淫雨累月，洪水滔天，如果按原来的施工办法，先截流再施工，工期延长，遇这种天气，不但工程全部报废，而且不知会有多少百姓在施工中被洪水冲走！当时还有一位进士名叫许自俊，回嘉定老家，路过上海，也写文章赞扬说，吴淞闸关乎嘉定、上海、昆山、青浦四县的百姓安危，现在任公把闸建成了"而四邑安，四邑安而江东十余郡皆安，侯之明德远矣"。将任辰旦科学治水建闸的意义又提到了一个新高度。

为民解怨，春风化雨。任辰旦知上海县，由于前任九位知县都被罢官，乃至下狱，因此积案颇多，毛奇龄在《任君集课记》中说：任公"清民讼，非大狱多以情遣"。这就是说任辰旦基本上把案件分为两大类：一类是民事，另一类是刑事。受理民事，以情以理，化干戈为玉帛，充分显示了这位知县的智慧和爱心。《任君集课记》讲了几个感人的故事：

> 城中有一位叫金娜的女子，经媒人介绍许给了姓王的一家公子，还未成礼，年内选了个好日子送去了一些食品作为定亲礼物，但因家境不宽，没送银钱，恰好媒人死了，王家就想就此把金娜娶过来，遭到金娜谢绝，并剪短了头发。过不久，又有人把

周家公子给金娜提亲，周家有钱，金氏父母嫌贫爱富，极力劝说金娜嫁给周家，辞掉与王家的媒妁，这样，王家就把金家告上了县衙。任辰旦受理此案，询问金家为何收了人家的聘礼而截发反悔，金家却说王家是诬告，媒人已死，无人佐证。任辰旦心生一计，他不在大堂审案，而是先把金娜请到内庭，一方面安慰金娜，不必害怕，另一方面讲明道理：嫌贫爱富拒婚王家要受道德谴责，金娜说："我并无意与王家退婚，剪掉头发是另有原因，并非为了此事。"任公摸清了金娜的心思，随即临案大堂，传金氏父母，大声呵斥说："金娜说你们已经收了王家的小礼，你们为何隐瞒不认，分明是嫌贫爱富，强迫女儿另嫁他人，是何道理！况且你们的女儿谨守妇道，对王家忠贞不贰，你们从中唆使，女儿不好与你们争辩，难道你们忍心毁掉你们女儿的贞节品质吗？"父母遂悟，连忙叩头谢罪，金、王两家重归于好。

任辰旦曾受理一桩旧案：一位姓丁的寡妇，丈夫和儿子都死于仇人之手，诉状上案件牵涉十一人，这十一人都被逮捕下狱，其中就有几位是平时与丁氏不睦而与杀夫害子没有关系的人，丁氏仍以凶犯的名义一并诉讼，其中真凶也被缉拿归案，但因真凶指使从犯抵赖，混淆黑白，致使真假难断，后来真凶因其他原因也死于监狱，这样，案件就搁置了，无法了结。任辰旦上任后，丁氏再次起诉，然而这些嫌疑犯已在牢里关了三年了。任辰旦仔细翻阅卷宗，认真查询案情，觉得不太对劲，其中有四个人与凶杀案似乎无关，于是他采取了特殊的断案方法，在询案过程中，他与丁妇有一段对话很精彩："曰：'踯躅（指告状忙碌）良苦？'丁泣曰：'饥咽不熟者三年矣。'君顾诸囚指而曰：'以视彼累累者何如也？'曰：'彼更甚。'曰：'夫彼之所以贯索累累（贯索累累：在大牢里囚禁很久），喇肌剟肉冻饥拳挛（以上指各种刑罚），十倍于汝苦，极三年而不辞者何则？为杀汝夫与子也。脱或不然，而以无何有之人，徒区区小嫌细故偶不解，而遂令至是，安乎不安乎？'丁愕然不应。君视其幧（幧：头布）类尼服，问曰：'何谓服此？'曰：'吾悔吾生之不辰，以罹此祸也，吾服此，将以忏也。'曰：'吾以汝为犹未能悔祸也，若果悔之，则前此夫之与儿其为受祸者亦既深矣。今復不戒，而以杀平人再种其祸，其为报岂有既耶。’丁初聆君语辄点首，至是则曰：‘吾知之矣。’遂引薄乞供，供其平日与四人嫌怨状，释四人去。而四人者，与其乡人灼臂（灼臂：佛教中一种忏悔方式，此指四人对自己错误反思）诣谢此妇。”

这两起案件的审理，我们似乎没有看到县太爷庭堂端坐的威严，也没听到惊堂拍案，衙役呼威，那些使人心惊肉跳之声，看到的是一副和蔼可亲的面孔，听到的是入情入理的漫谈，而这种特殊的庭审方式带来的却是春风化雨的效果。

前者是不在大堂审案，而是把被告请到内庭，晓之以利害，使当事人思想首先转化，然后矛盾迎刃而解，矛盾多方相安无事；后者实在是一桩大案，也是一桩人命陈案，在认真调查研究的基础上，任公发现破绽，选准了案情的突破点，当丁氏一口咬死这几名“嫌犯”时，任公仍然以漫谈的方式切入。先是嘘寒问暖，对其三年来不停地奔波告状的辛苦表示慰藉，以此调动丁氏情感上的共鸣。继而将话题移到诸囚身上，指出就因为这一案子，他们在大牢里关了三年了，受尽了各种刑罚，她们所受之苦，比之于你丁氏之辛苦如何？丁氏自然会脱口而出：“更甚。”继而任公直切主题，做了个假设：假如不是这几个人杀了你的丈夫和儿子，你却因为一点小事咬定他们是凶犯，让他们受苦，心安吗？这就使丁氏良心发现，“愕然不应”。任公抓住她心理这一微妙变化，继而旁涉，问起丁氏穿戴，当丁氏说出穿尼服是为了忏悔，任公紧追不放，指出你的内心还没有真正忏悔，前日丈夫与人有怨，致使丧命，今又因小嫌而告其杀人，丈夫之祸恐怕还会再来。至此，丁氏悔悟。整个庭审过程，和风细雨，娓娓而谈，动之以情，晓之以理，使之心服口服，供出真相，而其四人也在反思自己的过失，两家握手言和，搁置多年的人命大案有了新的进展。以和为贵，不伤百姓，这是任公调解民事的原则，而要达到这一目的，采用的方法是“以情遣”。然而，一旦遇到刑事大案，或有伤百姓的案件，任辰旦则是非分明，果断决狱，显示他公平，公正、担当、智慧的行事风格。

明敏决断，主持公正。《任君集课记》还记载了两起任辰旦断案故事：城中有位叫孙祥的人，其父孙辛于康熙九年被同邑人徐捨所杀，这个案子也牵涉不少人，徐捨指使其中一人买通证人，让大家证明杀孙辛者就是此人，但经查，此人杀人证据不足，因此，这个案子就搁置下来，不了了之，上司也只好发下指令将其赦免释放。唯独孙家有仇难报，有冤难申，陈尸多年不葬。后来，孙祥觉得靠官府报仇已无指望，便自己想法寻机报仇。孙祥明知杀父仇人是徐捨，因此，他想尽办法靠近徐捨，献上殷勤，以示相好。后来，干脆将女儿嫁给了徐捨的孙子，更加取得了徐捨的信任。机会来了：一次徐捨从外面喝醉了酒回家，由孙祥搀扶着，途中，孙祥拔刀将徐捨刺死，大呼："吾以复父仇也!"随后到县衙自首。这个案件并不复杂，按照大清法律，杀人者死，尽管任公对孙祥为报父仇杀人，及杀人后敢作敢当侠义之风有同情之意，担任知县仍判孙祥死刑，并写判词："挟六年不共之仇，坐一日束身之罪，为父罹辟（罹辟：遭法律制裁），死不愧于九原（九原：指父亲九泉之灵）；持刀杀人，生敢逃乎三尺。"明明白白，该肯定的肯定，该依法治罪的依法判刑。公平，公正，不偏不倚。如遇有伤百姓案件，任公更是为民做主，斩钉截铁，不容置疑。

毛奇龄引用《申浦记闻》一段记载："浦东有屠蚌得大珠者，鄰首之官称珠美，色如含桃。君判纸尾曰：'民自得珠，与官何涉?'首者惭去。"老百姓从蚌中得大珠，招来了附近一小吏眼馋，一纸公文递到县衙，想从百姓手中夺过来。任君见到这些想占百姓便宜的人，气就不从一处来，此案不值得一判，但还是以既轻蔑而又带训斥的口气判定；不知羞耻，既早打消掠夺百姓的念头。其关爱百姓之心，溢于言表。

任辰旦在上海知县任上工作了六年，六年间，以其一颗炽热的爱民之心赢得了百姓的爱戴。康熙十八年，受人举荐调往中央任给事中（七品），后改任大理寺丞（从六品），人虽不在上海，但他与上海百姓的感情没有割断，他曾有一首诗《示沪人——时沪民诣县请留》：

暂离数千里，似隔两三年。

费日攀征马，成云失灌田。
踌躇无可赠，为尔祝平安。

寄托了他对上海百姓的无限深情和永久的怀念。

任辰旦对上海百姓眷恋，是因为上海百姓对他的拥戴，进京之时，百姓到县衙挽留，继而夹道哭送，送别场面催人泪下。百姓之所以对这位知县如此爱戴，是因为任辰旦在上海为官六年，一丝一缕均想着百姓，杯水束薪以洁自身。

囊空犹是当年我
未许妻儿索俸钱

——清苑知县邵嗣尧

清人曾衍东写了一本笔记小说，名字叫《小豆棚》。这本书卷十六有一则关于邵嗣尧的记载，这则记载，有文有诗，诗文相加一百三十余字，却勾画出了邵嗣尧这一人物的大致轮廓，缘于字数较少，谨录于下：

> 国朝邵嗣尧，山西人，庚戌进士。励志好修，尔室不愧，真君子儒也。初为北直清苑令，刚正不阿。妻子来任所，公不许入城，赋诗以却之曰：
>
> 看罢家书意惘然，纷纷相劝置庄田。
> 狼山不卷千年画，鸡水新栽五亩莲。
> 击鼓登堂真说法，燃灯独坐类参禅。
> 囊空犹是当年我，未许妻儿索俸钱。
>
> 妻子阅诗，仍归故里。后公擢御史，督学江南。今崇祀北直名宦祠。

从这则记载中得知，邵嗣尧是山西人，曾任河北清苑知县，妻儿想在家里置几亩田地，到邵嗣尧任所要几个钱，但邵嗣尧却不许妻子入城，更无钱可给，还说：“我在这狼山（狼牙山）脚下，鸡水河畔，公事一天到晚忙碌，囊中空空，如原来在家一样，哪有钱置什么田地。”衙役把邵知县写的诗传递给城外的妻子，“妻子阅诗，仍归故里”。读《小豆棚》这则故事，心中总不是滋味，二百多年前，一位女子从千里迢迢的山西猗氏县（今运城市临猗县，邵嗣尧故里）来到河北清苑（今保定市清苑区），恐怕要历尽千辛万苦，没钱也罢，或是有钱不给也罢，以工作忙为由，不让妻子进城，总说不过去。如果这则故事是真的，那这位邵知县就太不近人情了。思索之余，请读者不要忽略诗中的一个“俸”字，妻子要的是邵知县的工资，并非非分之钱，而邵知县也确无非分之钱。无多余之钱买田，每月俸薪还是有的，好不容易来一趟，钱没多有少，让妻子少住几日，捎几个钱回去，也算尽了丈夫的责任。而邵知县一不让妻子进城，二不给妻子钱，这位知县到底是一个什么样的人呢？

《清史稿》卷四百七十六有《邵嗣尧传》：“邵嗣尧，字子昆，山西猗氏人。康熙九年进士，授山东临淄知县，有惠政，以忧去。十九年，服阕，补直隶柏乡。……或毁于上官，以酷刑夺职。尚书魏象枢奉命巡视畿辅，民为申诉，事得白。于成龙复荐之，补清苑。”根据这段记载，可知这位邵嗣尧曾经任过山东临淄、河北柏乡、清苑三县知县。《清史稿·邵嗣尧传》还记载，康熙二十九年，邵嗣尧被提拔为御史，三十年，又任直隶守道（正四品），“三十三年，江南学政缺，圣祖谕曰：‘学政关系人才，朕观陆陇其、邵嗣尧操守学问俱优，若以补授，必能秉公校士，革除积弊。’时陇其已卒，遂命嗣尧以参议督学江南。……以积劳构疾卒。身无长物，同官敛赀致赙（拿钱帮人办丧事）乃得归葬。士民思之，为立祠肖像以祀焉”。

邵嗣尧前后为官二十多年，以在知县任上时间最长，康熙年间编纂的《临淄县志》中收录了邵嗣尧的一篇“游记”，名为《始见真天齐渊记》，其中说到“予自丙辰秋，备员稷下”。丙辰年是康熙十五年，可知邵嗣尧中进士以后六年才到临淄上任，其间，父亲去世，返里守丧二十七个月，然后“补直隶柏乡”，再“补清苑”。柏乡、清苑之间曾有被夺职一事，时间不长，总算起来，邵嗣尧知三县也就十年有余。在这十余年间，邵嗣尧做了不少有益于百姓的事，他除火耗，减轻百姓负担；兴水利，灌溉万亩良田；赈灾民，全活百姓无数；捐钱捐粟，拯济百姓；以廉率属，整顿吏治，受到百姓拥戴，也得到康熙的称赞。《清史稿·邵嗣尧传》说他当时“循名上达，闻于天下”。然而，他的治绩最为卓异者莫过于断狱，人比包孝肃。

“白面包老”这一绰号是当时百姓给邵嗣尧的赞誉。邵嗣尧执法如山，铁面无私，与宋朝包拯一样，只是脸庞一黑一白之分。《清史稿·邵嗣尧传》说：“县人大学士魏裔介为嗣尧会试座主，家人犯法，严治之，不少贷。”魏裔介何许人也？那可是清朝初期的重臣，直隶柏乡人，四十岁就入内阁协助孝庄太后办理国家大事，因满头乌发，故人称“乌头宰相”。清初一些重要的规章制度多出自魏裔介之手，“清初相业，无出其右”，官至吏部尚书，保和殿大学士，太子太傅。在清初政权频繁更替的情况下，魏裔介对稳定大清政治局面，建立稳定的社会秩序做出了突出贡献。魏裔介曾是邵嗣尧的“座主”。什么是“座主”呢？“座主”兼有老师和仕途领路人的双重含义。这个“老师”，不同于现代意义上的老师，士子参加会试，就拜主持会试的考官为老师，这位考官也是士子们能否顺利进入仕途的关键。因此，“座主”当受到“门生”的格外的尊重。魏裔介之对于邵嗣尧，如宋代的晏殊之于欧阳修，欧阳修之于苏轼一样。然而，当魏裔介把邵嗣尧领上了仕途后，邵嗣尧当上了魏裔介家乡的“父母官”——柏乡县知县，魏裔介家人触犯了大清律，邵嗣尧不顾恩师面子，铁面无私，依法严惩。魏裔介是位大清官，他不但不把邵嗣尧当作白眼狼，反而对他公正执法的精神大加赞许。

《清史稿·邵嗣尧传》还载：“有旗丁毒殴子钱家，入县庭，势汹汹。嗣尧不稍屈，系之狱，移文都统，讯主者，主者不敢承，具论如法。”尤其在大清前期，满族人自视高贵，享有特权，汉人低人一等，在满人面前往往称“奴才”，于是，即使满人的奴仆——“旗丁”也仗势欺人，专横跋扈。《清史稿·邵嗣尧传》中记载的这名“旗丁”欠了汉人的钱，不仅不还，还将债主殴打一顿。被打的债主将这个“旗丁”告上衙门，而这个“旗丁”根本就没把汉人知县放在眼里，气势汹汹，藐视知县，藐视衙门。邵嗣尧立刻将“旗丁”关进牢狱，然后又给管理满人的八旗都统发一封公函，让都统询问“旗丁”主子，“旗丁”的行为是否主子唆使。因为这是一桩违法之事，“旗丁”主人当然不敢承认。那好，既然是与主子没有关系，那邵知县就要按律治这名“旗丁”的罪了。这一手够狠的，一石三鸟：其一，按律治“旗丁”之罪，这是最终的目的；其二，杀一下“旗丁”之主的威风，堵住“旗丁”之主的口，“旗丁”犯法，于主子脸上无光；其三；都统是管理者，在他管辖的范围内出现违法之事，等于狠狠地“搧了都统一巴掌”。在邵嗣尧这位知县眼里，法律是一条准绳，不论满汉，不分贵贱，只要触犯法律，都将严惩不怠！《清史稿·邵嗣尧传》说：“人以包孝肃比之。”

智断疑狱。有人评价邵嗣尧“廉而刚，刚易折，且多怨。”（《清史稿》卷二百六十七《陈廷敬传》），还有人甚至把邵嗣尧说成“简单、粗暴”，酷吏一个。笔者不敢苟同，真如有的文章说的“简单、极端、粗暴”那样，史学家应把他列入“酷吏”之列，而不应列入“循吏”之列。一位饱读诗书，满腹经纶，所到之处，皆有惠政的官吏，恐怕与“简单、急躁、极端、粗暴”的形象不相吻合。邵嗣尧是一位儒者，也是一位智者，无智何以有惠政，无惠政何以受到皇帝和大臣的赏识，何以受到百姓的拥戴！正史里记载邵嗣尧的篇幅都很短小，很难描述邵嗣尧身上的一些细节，以展现这一人物的全貌。但一些稗史、杂闻、小说、笔记中都有片片段段，虽不是正史，也或可补正史遗漏之万一。比如，大清乾隆时期山东福山县的王椷写了一本笔记小说叫《秋灯丛话》，记录的都是一些逸闻遗事，所记遗事细微与正史记载中人物的轮廓颇能融合，从某一角度讲，是对正史一个很好的补充。

《秋灯丛话》中记载了邵嗣尧智断疑狱的一个片段，二零一五年一月十二日，一位名叫“诗酒试年华”的作者，在他的“博客”里发表了一篇《邵青天巧断遗产案》文章，这篇文章就取材于《秋灯丛话》故事梗概如下：

> 说的是大清康熙年间河南某县的一个案子：一位富翁，膝下无子，于是就招了一个倒插门女婿来继承他的家业，说也巧，正在这位女婿十分得意时，这位老翁和他的侍女又生了一个男孩，这算是老翁有后人了。有了这孩子后，有两个人心里犯嘀咕：一是老翁想把家产二一添作五分开，但因儿子太小，怕女婿不愿意；二是女婿在想：本来家产都归自己，现在却又添了个小孩，但小孩毕竟不是嫡出，以后财产怎么分割，老头儿什么打算？心

中七上八下。唉！骑驴看唱书，走着瞧吧。机会的确来了：老翁暴病而死。

于是，女婿便将这位侍女和孩子赶出了家门，意思是说这孩子根本就不是老翁的儿子，并且买通亲戚朋友都来证实他说的是真话。侍女一肚委屈，将“女婿”告上官府，三人成虎，连亲戚都说老翁没有儿子，所以，这个小孩是否是老翁的儿子，很难说清。官司打了很久，不了了之。侍女母子无生活来源，行乞于街巷，悲愤交加，时间长了，有人了解了他们娘俩的身世，给他们指点，说：“现在某某县城新来了一位知县，听说是一位清官，何不再诉一状？”于是乎侍女又一次把状纸递到了邵嗣尧手中。然而，这位原告所述案件并非邵知县管辖范围，因此，向上级请示后方有资格受理此案。

邵知县知清苑县，回到县衙，他暗自思忖：案件的关键是澄清老翁有无儿子，或者说，侍女的小孩是否是老翁的骨血？怎样才能解开案件的结子呢？他思前想后，有了：邵知县命人从狱中提出一个“江洋大盗”，告诉他有一案件需要他配合审理，这也给你一个主动赎罪的机会，大盗诺诺称是，愿意听命。公堂之上，邵知县故意怒斥“盗贼”：“大胆盗贼，你偷盗成性，杀人越货，罪恶累累，所盗赃物，藏于何处？如实招来！”盗贼连忙求饶，指着富翁女婿说，我们这些年所盗赃物都藏在他岳父家，我们不但和他岳父熟悉，就连他家的房屋设施都很了解，现在老头死了，我们都被关进监狱，唯有这位“女婿”坐享其成。“女婿”赶忙说：“岳父生前干的坏事，我实在不知，我只是他的女婿，不是儿子。他儿子不成器，早就不知去向，只剩我来给他撑门面。”邵知县拍案大吼：“一派胡言，你岳父本就无子，怎说他外面还有一个儿子？”“女婿”哀告：“我说的都是实情，岳父确实有一个儿子。”知县问：“如果见到你所说的‘儿子’，你还认得吗？”“女婿”非常自信地答道：“当然认得。”于是邵知县就命侍女母子二人出庭，“女婿”一见，喜出望外，指着那个小孩大叫：“他就是我岳父的儿子。”邵知县说：“确真？没有认错？”“女婿”说：“确真。一点都不会错。”这时邵县令转怒为喜，对着“女婿”说：“既然你认定那孩子是你岳父的儿子，那你为什么还把他们赶出家门，不分给他们财产呢?”“女婿”如梦方醒，低头无语，羞愧难当。至此，一桩久拖不决的疑案就这样轻松了结。

这则故事虽非出自正史，但或可补充说明，作为循吏的邵嗣尧，能受到百姓的真诚的爱戴，除了他一颗为百姓做事的真心，同时还有取之不尽的施政智慧。

智者千虑。一些学者之所以将邵嗣尧说成“简单、粗暴、鲁莽”的酷吏，多是因为清代大文学家方苞为刘古塘写的一篇墓志铭，刘古塘是方苞的朋友，死后，方苞在《刘古塘墓志铭》中有这样一段话：“古塘貌精悍。有与同姓名者，大患乡里，督学邵嗣尧闻之而未察也，按试呼名，忽注视冯怒，榜笞数十。众皆哗，群聚而诟之，嗣尧愧恨，发疾死”。(《方苞姚鼐集》）这几句话的意思是，刘古塘外貌精干勇武，有一个人与他同名同姓，经常祸害乡里，督学邵嗣尧早就听说这个名字，但没有仔细调查，巡视考试叫姓名的时候，突然注视着刘古塘大怒，并把刘古塘鞭笞了几十下，学子们都认为督学无故打人，于是大声抗议，聚在一起辱骂邵嗣尧。邵嗣尧知道自己打错了人，既惭愧又悔恨，发病而死。读这几句话，应该注意两个关键点：一是“邵嗣尧闻而未察”，这确实是智者千虑也有失手的时候，因为同名同姓，又因在同一地域遇到同名同姓的人，还因早就听说此地有此人尽干坏事，于是乎这位疾恶如仇的督学不由怒从中来，搞了一个天大的误会，结果怒笞了无辜者；二是“嗣尧愧恨，发疾死”。当邵嗣尧知道误打了无辜者，悔恨交加，无地自容，得病而死。他的死应是愧疚而死，羞愧而死。如果把这一段话的两个关键点连接起来，就会自然地得出一个结论：做错了事情，葬送了性命。而这一结论又不能离开事情发生的背景，“做错了事情”，是在一定条件下出现的结果，“葬送了性命”是知道自己做错了事情后，心理承受的折射。由此可见，邵嗣尧这种“未察”而“榜笞”的现象是极其偶然的，并非像有的评论者说的是其“品行、性格”所致。如果说“冷酷、凶残”是邵嗣尧的本性，那么，他做错十次事情都不至于悔恨致死，只

有清廉慈惠、办事严瑾之人，偶然做错事情，才觉得无颜以见世人。

笔者认为，不能把对邵嗣尧“廉而刚、刚易折、且多怨”的评价理解为“清廉但粗暴”。刚，这里说的是邵嗣尧的品性，不玩权术，刚正不阿。刚正不阿，就可能多得罪人，多得罪人则易受到挫折。这里并无贬义，反而是对人格、品质的褒扬，只是说这种品性的人，在官场不能做到游刃有余，甚至会招来忌恨。

《清史稿·陈廷敬传》记载了这样一段完整的对话：“上御门召九卿举廉吏，诸臣各有所举，语未竟，上特问廷敬，廷敬奏：‘知县陆陇其、邵嗣尧皆清官，虽治状不同，其廉则一也。’乃皆擢御史。始廷敬尝亟称两人，或谓曰：‘两人廉而刚，刚易折，且多怨，恐及公。’廷敬曰：‘果贤欤，虽折且怨，庸何伤？’”陈廷敬是朝廷重臣，向皇上举荐陆陇其、邵嗣尧的理由是二者都是廉吏，施政方法可能不同，但治绩都很显著。有人善意提醒陈廷敬，说这二人“廉而刚、刚易折、且多怨”，容易出问题，甚至出了问题会连累您陈大人，陈廷敬说：“果贤欤，虽折且怨，庸何伤?”看起来“贤”与不贤与“刚易折，且多怨”没有内在关联。因此，不能把别人评价邵嗣尧这九个字归结到邵嗣尧的品行上，也不便理解为“冷酷无情，凶狠残暴”。

“囊空犹是当年我，未许妻儿索俸钱”，乍读确实觉得邵嗣尧缺乏人情味，没有家庭责任感，但他并非一位自私的官吏，临死时“身无长物，同官敛赀致赙乃得归葬。士民思之，为立祠肖像以祀焉”(《清史稿·邵嗣尧传》)。可见其是一位大清官。

这种苦行僧式的清官是康熙年间“清官群”中的一位，这是特殊历史时期的产物，史学界有“于成龙现象”之说，就是说在康熙时代出现了像于成龙、陈瑸、郭琇、赵申乔等一批清官，也正因为出现了“于成龙现象”，才有了大清的“康熙盛世”。也正是大批清官才谱写了大清辉煌之篇章。

有官贫过无官日
去任荣于到任时

——七县守令陆陇其

公元2010年，中国监察报曾登载一篇题为《去任荣于到任时》的文章，这篇文章以对官员上任之荣和去任之荣的不同解读，再次强调各级官员要树立正确的荣辱观。“去任荣于到任时”，是清朝康熙年间浙江平湖文人俞鹤湖送给嘉定知县陆陇其一首诗中的一句，陆陇其任嘉定知县两年，离任时，俞鹤湖以诗送行，诗中最能表达俞鹤湖对陆龙其敬仰之情的是“有官贫过无官日，去任荣于到任时”两句，这不仅表达了诗人的一种情感，同时，也是诗人对这位知县最好的评价。上联之“贫”，我们不能狭隘地理解为贫穷，应该理解为一种生活状态，一种守约持廉的精神，下联之“荣”，正像开篇提到的那篇文章中理解的有荣幸、荣耀和光荣之分。表面看来，诗的上下两联是孤立的，仔细品味，其间有着必然的内在联系，甚至可以成为前因后果的逻辑关系。只有守约持廉、勤政爱民，才能有“去任荣于到任时”的为官效果。

关于陆陇其，《清史稿》卷二百六十五《陆陇其传》及清人吴光酉等编撰的《陆陇其年谱》、清人陆礼徵等编撰的《长泖陆子年谱》（以下简称《年谱》）都较详细地记载了其人其事。陆陇其，字稼书，浙江平湖新埭人。生于太宗崇德二年（1630），康熙九年进士，康熙十四年授江南嘉定知县，这年，陆陇其已四十六岁。此前他从二十一岁开始，已经做过二十多年的教书先生，也许是二十多年的教书生涯，养成了孤高清傲的性格。尽管在嘉定知县任上颇有政绩，仍然被降职、罢官。一直到康熙十八年，受左都御史魏象枢举荐，陆陇其

人、具绩，才被朝廷认可，康熙二十二年再授直隶灵寿知县，在任七县，擢授四川道监察御史，一年后，即康熙三十一年（1693）卒，享年六十三岁。陆陇其去世后的第三年，康熙曾钦点他为江南学政，当被告知陆陇其已去世的消息，康熙感叹说，本朝这样的人才不可多得！雍正将其列为清代儒者中从祀孔庙的第一位，至乾隆年，追赠内阁学士兼礼部侍郎，几朝皇帝都给予很高的评价，并谥号和封位，然已晚矣！

陆陇其一生从政前后不过十年时间，基本上都在知县任上，官职低微，且中间还因种种原因被免官、罢官，但当时的士人及百姓为什么给他那么高的评价，以至于死后还会有那么大的影响呢？我们不妨对陆陇其人、其事进行剖析、疏理。

为政准则。翻开陆陇其编辑的《莅政摘要》卷上《尽已篇第一》，开门见山说道："莅官之要，曰廉与勤。不特县令应尔也。然县令视民最亲，故廉勤一毫，或亏害于政也甚烈。且人孰不知，廉，吾分内事也。……莅官之日，无异处家之时。……勤，吾职分之当然也。……其要，莫若清心，心既清，则鸡鸣听政，所谓一日之事在寅也；家务尽屏，所谓公而忘私也。勿以酒色自困，勿以荒乐自戕也。今日有某事当决，某牒当报，某赋役当办，禁系某人当释，时时察之，汲汲行之，毋谓姑俟来日，则事无不理，而此心亦宁，此廉，勤之大略也。"这段话或可作为陆陇其治官的指导思想。廉和勤是为官必须遵守的重要原则，也是一个好官必须具备的基本条件，正像陆陇其所说，这是为官分内的事。陆陇其尤其要强调作为县令，因为他最接近百姓，廉勤与否，直接关系到百姓生存及安危，半点懈怠不得，做到清心寡欲，公而忘私，当天事当天办，不推不诿，尽到职责，这才是一个称职的县官。

陆陇其把廉与勤作为当官的准则，且把廉放到第一位，勤紧随之，二者不可或缺，这样想，这样说，他也这样做。

持俭守廉。俭和廉二者之间存在一种微妙的关系，俭者未必就廉，廉者一定要俭。陆陇其既俭且廉，正所谓"莅官之日，无异处家之时"。《陆陇其年谱》记载，陆陇其初到嘉定任上，"不用地方夫役，衙门自行修葺，薪蔬皆现银买办，不累行户"。清代刘献廷的

《广阳杂记》也说，陆陇其“食米均载自平湖，署中隙地种菜，夫人躬治织纫，官舍闻机杼之声”。招待客人“粗粝共食。”堂堂一县之长，粗衣淡饭，无奢无华，俭约如此，实在难得，这大概就是他持廉的起点吧。

廉，是一种品德，是一种气节。陆陇其二十一岁就开始教书，做学问，四十多岁才走上仕途，二十多年理学思想的熏陶，培养了他一个文人金贵的气节。传说陆陇其书教得好，东家很满意，而另一家听说他有学问，且书教的也好，就私下与陆陇其商量，以更加优厚的报酬聘他，陆陇其没有答应，他认为不能因为几个钱就做对不起人的事。恰好后者与前者也熟识，因此，后者找到前者商量，前者碍于面子就答应了他，待与陆陇其商量时，陆陇其却提出一个条件，那就是不得另加工资，否则，决不给面子。陆龙陇作为一位教书先生，不为金钱所动，也被百姓传为佳话。

陆陇其认为，全社会应大力倡导廉洁，尤其是对官吏更应严格要求，他说：“兴廉使天下皆廉吏，则自能抚字以厚民生。”（陆陇其《三鱼堂文集》第四卷）不管官职大小，官吏的清廉与否，直接和民生联系在一起，也是衡量一个官吏好坏的标准。十年的为官生涯，有几件事，的确让人们称道他为官的底线守得好！

第一件事：据《陆陇其年谱》记载，陆陇其授以嘉定知县，还未上任，当地一位富商就设法与他联系，并送去了重金，陆陇其见到这无缘无故的金子，“骇却之”。吓得他连连拒绝。上任以后才知道其中猫腻，原来这家富商有一仆人，凭着主子对他的倚重，仗势欺人，无端霸占了一位樵夫的妻子，打柴人屡告无果，后来，听说嘉定新来一位知县，这位富商故伎重演，贿赂陆陇其。陆陇其察明案情后，立即逮捕犯人，依法责令其向樵夫赔罪，归还樵夫妻子，同时警告富商主仆，不可再犯，主仆二人通过教育皆“感惧，卒为善士”。

第二件事：《广阳杂记》载，浙江巡抚慕天颜寿辰，浙江官吏都去给他祝寿，这是接近巡抚的好机会，因此，携带重金珍宝，借祝寿之名，行贿赂之实。陆陇其也不敢不到场，于是乎也带着礼物前去祝贺，他带的礼物是夫人自己织的布一匹，夫人做的鞋两双，在献贺礼时还说：“此非取诸民，为公寿。”这寒酸而又珍贵的礼物献上后，

慕天颜“笑而却之”。

第三件事：反对捐纳。捐纳是我国封建社会靠卖官鬻爵为收入的一项财政制度。清康熙三十年，朝廷师征噶尔丹，户部以需大笔军费为由，建议启动捐纳制度，时陆陇其刚被任命为四川道监察御史，他极力反对捐纳，他说：“捐纳非上所欲行。若许捐免保举，则与正途无异，且是清廉可捐纳而得也；至捐纳先用，开奔竞之途，皆不可行。更请捐纳之员三年无保举，即予休致，以清仕途。”（《清史稿·陆陇其传》）看来，陆陇其反对捐纳的目的是“清仕途”。这里分两层意思：第一层是反对捐纳的理由：如果不经保举，只要有钱，就可以当官，这就疏忽了选官的重要条件之一，那就是品德。不能坚持以德为先的用人条件，势必会促使人们拿钱买官，当官又去捞钱，形成官场的恶性循环。第二层是提出建议，如果一定要实行捐纳，那也要有个试用期，三年内没有人保举，就要罢官，这是所谓保证官吏队伍清洁的措施。

第四件事：免征火耗。火耗，是正税之外的附加税种，也是滋生官吏腐败的肥沃土壤。清初，朝廷虽然也有征收火耗的规定，但执行起来往往走样，康熙皇帝曾说：“如果州县只取一分火耗，此外不取，便是好官。”（《清圣祖实录》卷二百五十六）可见地方官吏向百姓征收一分火耗者也不多见，甚者达到四五分，给百姓带来了沉重的负担。陆陇其在两地知县任上，禁止征收火耗，这就铲除了腐败的土壤，吹起了一股清风，首先约束的是自己，其次整肃的是县衙官吏，然而惠及的是两县百姓。

陆陇其持俭守廉，以俭养德，以廉立身，以廉为官。然而，陆陇其这种“清操饮冰”的品质，在封建社会的官场难以立身，他曾因用一匹布、两双鞋为巡抚祝寿，先是“坐才力不及”而被降职调换岗位，后是借口陆陇其断案之前不报而“讳盗夺官”，“去官日，惟图书数卷及其妻织机一具”（《清史稿·陆陇其传》）。他也曾因极力反对捐纳，以防止官场腐败，而被冠以“迟误军需”的罪名，差点儿夺了官位，发奉天安置。陆陇其为官十年，职也就七品，然而就因为廉洁，却屡遭责难，岌岌可危，由此，可见大清官场之一斑。

勤政爱民。陆陇其把勤政作为一个好官的要诀之一，他认为勤政

就要清心，心清则寡欲，寡欲则自然无旁骛，一心扑到工作上，这是为官的一种境界，一种态度，也是一种修养。勤于办公事，勤于想公事，这是勤政的基本内容，勤政还是为了百姓。因此，陆陇其主张，鸡鸣听政，当天事当天办完，不能等到明天；考虑问题要周全，不能有遗漏，否则伤及百姓。《清史稿·陆陇其传》记载，陆陇其刚任嘉定，嘉定民风不正，商多农少，流动人口分繁杂，给社会带来不安定因素。陆陇其选准“以德化民”正风易俗的为政突破口，开始治理。这是一项浩大而复杂的工程，他却从一件一件琐事做起：“或父讼子，泣而谕之，子掖父归而善事焉；弟讼兄，察导讼者仗之，兄弟皆感悔。恶少以其徒为暴，校于衢，视其悔而释之。豪家仆夺负薪者妻，发吏捕治之，豪折节为善人。讼不以吏胥逮民，有宗族争者以族长，有乡里争者以里老；又或使两造想要俱至，谓之自追。”这里没有直接陈述陆陇其如何勤政，然而围绕着正风易俗这一目的，他倾注了多少心血。他的策略是通过教化达到目的，而教化是笼统的、宏观的、虚空的，必须有实实在在的、具体的工作去体现。不同的情况，采取不同的办法，或带着感情“谕之”，或依衙门威势“仗之”，或“校于衢”（带上刑具在路口示众），“或捕治之”，或创立“自追法”等，都能起到教化的作用，达到教化的目的。俗话说，人过一百，形形色色，复杂的情况就必须采取复杂的措施，因人、因地而宜，才能取得理想的为政效果。而这种效果的取得，没有勤政这一先决条件，将无从谈起。

俞倩《练川遗爱》记载，陆陇其为官期间，“四鼓而起，签书待旦辰出，理事或至日旰不食，或至深夜而息。规化明发，诸事无留滞，义未安，终夜不寐”。康熙二十九年，灵寿遭灾，陆陇其奉命赈灾，朝廷发了三千两银子赈灾款，陆陇其深知赈灾之中的腐败，因此，亲自“裹粮驰驱，深山雾谷，靡所不到，审其众寡而酌给焉。务使人人得沾实惠，吏胥不敢有所假冒，阅四十五日而毕”（陆陇其《三鱼堂文集》）。钱虽不多，事也不算太大，但陆陇其把它当大事亲自去做，这体现的是一种勤政的精神，彰显的是一种为官的责任，凸显的是一种为民的意识。

陆陇其心中装着百姓，他知道“父母官”对一县百姓的重要性，

因此，在两地知县任上，做了大量的有益于百姓的事情，彰显了他博大的爱民情怀。他兴教化，正风俗，力除火耗，减少赋税，锄豪强，抑胥吏，建粮仓，修水利，赈灾济民等，本文不再一一赘述。我们不妨从百姓对他的反馈来窥视其爱民情怀之一斑。

《清史稿》“本传”说，陆陇其被罢嘉定知县，离任时，“民爱之比于父母”。还载：当“户部以捐生观望，迟误军需，请夺陇其官，发奉天安置”时，当时的顺天府尹卫既齐奏报皇上，说陆陇其深得百姓爱戴，“民心惶惶”。既然是百姓都很清楚他是个好官、清官，这样处置，有违民心。

《碑传集》第十六卷《四川道监察御史陆先生陇其行状》记载，陇其因祝寿送鞋之事，遭上司忌恨，先是降级调任，后以“讳盗”为由革职，消息传出，“邑民益大震，耆老士民，悉诣督府为辩，卒莫省，里民扶老携幼，填塞街市，为先生呼冤。”乃至“罢市，日相率号巡抚门。”等到陆陇其离开嘉定的时候，百姓“架枅（用木头支起架子）结彩燃烛，额手以送。远乡之民，各刻木为位，旌幢鼓吹迎归以祠者，日数辈，凡两月乃已。”《陆龙其年谱》更是提到陇其被降职、罢官，百姓不服，罢市三日。离开嘉定时，嘉定九乡二十都的百姓夹道送行，还有一些百姓甚至一路送到平湖新埭陆陇其的家。

多少年来，朝代更替，嘉定县令也如走马灯一样以不同原因上任、卸任，但能让百姓闹出这么大动静者不多，陇其被降职、罢官，百姓为之喊冤、请愿，甚至罢市；陇其离开时百姓夹道送行；陇其离开后，百姓刻木设位以供奉。百姓在陆陇其身上表现出来的同情和激愤、无奈和爱恋、敬仰和爱戴等复杂而又纯洁的感情，也反射出陆陇其一颗火红的爱民之心。

我们再看看士人对陆陇其的评价。《清史稿·陆陇其传》说，陆陇其在嘉定被罢官后，“左都御史魏象枢应诏举清廉官，疏荐陇其洁已爱民”。其奏疏这样说：“陆陇其清操饮冰，爱民如子，贤声播于都下。臣心窃重之，谓异日可步于成龙之后尘者，此人也。今被议革职，例之所在，臣不敢问。但有此清介之官，正当为群僚做榜样，为百姓作慈母。今之有司守与德为难耳，既知其守与德矣，何不留以长养百姓。”（《熙朝新语》卷二）并赋诗以颂：

我闻陆嘉定，平生甘清贫。
下车甫一载，惠政独循循。
欢声动万户，异绩倾朝绅。
江南财赋地，知尔劳心神。
军兴正旁午，输将弥艰辛。
前令留余蠹，于今见阳春。

一介小小七品知县，何以让百姓这么拥戴，世人乃至皇帝又何以对其评价如此之高，皆缘于他的持俭守廉，勤政爱民。非廉洁，居官生活不会如此俭朴，非勤政，去任之时不会荣于到任。

天下清官第一

——登封知县张埙

位于河南省中西部中岳嵩山南麓，有一座古老而又崭新的县城——登封县城（现为登封市），登封县历史悠久，文化深厚，民风淳朴，钟灵毓秀。登封小县曾以嵩阳书院名誉学界一千余年，更因少林武术名闻中外。登封县虽为山区小县，但历史悠久，据史料记载，中国第一个朝代夏王朝就定都阳城，阳城即登封县的告成镇。公元696年，武则天登中岳嵩山，封中岳，大功告成，因而改阳城县为告成县，金代将嵩阳县和告成县合并为登封县。登封县曾以少林禅宗被誉为佛教圣地，以中岳道观被誉为道教圣地，也曾因嵩阳书院被誉为宋代儒学的发源地。历史上从这个山区小县里走出了不少名人志士，如秦末起义领袖陈胜，大军事家鬼谷子，理学泰斗程颢、程颐等。这些人物，在特定的历史时期，为推动社会发展做出了巨大的贡献，也对后世产生了深远的影响。从全国各地来到登封县为官者，也不乏杰出者，如天文学家、数学家郭守敬，我国第一个天文台就建造于登封县的阳城，成为我国天文发展史上奠基石。这里还曾出现一位被誉为“天下清官第一”的七品知县张埙。

张埙，字牗如，江苏长洲（今吴县）人，自幼聪颖，但科举并不顺利，屡试不第。《清史稿》卷四百七十六《张埙传》说他是“以官学教习议叙知县”。教习，是一种学官，国家从地方未中举人的秀才中选取优秀者入仕，其职责就是教授镶旗子弟，这种取仕的方式明清以前被称为“明经”。明经的意思也就是明习经学，到明清时期，“明经”就成为对贡生的尊称，也就是对秀才的尊称了。因为张埙在教习一职上成绩卓著，所以经有关部门建议推荐作为七品知县。康熙十七年（1679），张埙被任命为登封知县，从此走上了他的仕宦生涯。

知县这一官职，在清代乃至历代官吏队伍中，是最底层的，人称七品芝麻官，但它所起的作用也是举足轻重的，民间还称这一官职为县太爷，那就是说在这一县行政区域内，知县的权利至高无上，得民心者从县官始，失民心者也从县官终，无怪乎说县令是一个国家大厦的基石。张埙从一学官，摇身一变成为登封一县的最高长官，他怎么样去履行知县的职责呢？

为民尚廉的为官原则。当了几年教书先生，虽清苦，而能修身，乍任知县，张埙当有思想准备，是做一个“三年清知府，十万雪花银”的贪婪的昏官，还是做一位为官一任，造福一方的清官呢？张埙选择了后者。他决心“誓不取一钱，不枉一人”（《清史稿·张埙传》）。这是对自身的约束，对社会的承诺，对廉洁、公正的昭示。抱着这种为官的决心，他单骑赴任，没有一任知县的煊赫，没有一位县太爷的威风，他是那样低调，低调地与登封县吏住一家旅馆，而这位县吏竟不知这位旅客就是他的顶头上司。张埙认为自己吃百姓饭，穿百姓衣，自己也是百姓。为百姓办事，他在登封知县任上做出了卓著的政绩。

首先，他大兴教育。教化是中华民族走向文明的必然途径，张埙作为登封县的“父母官”，又是教习出身，所以他对教育极为重视，同时也对登封县的文化底蕴了如指掌，因此，发展教育是他要办的第一件大事。他注重教育基础设施建设，改善并创造良好的办学条件，他出资修复嵩阳学院，使嵩阳学院这座理学教育基地重现历史的光彩，重新发挥他的历史文化的感召力和影响力；他在全县各地建立学校二十一所，在大约350年前的登封县，可以说当时的办学条件是相当可观的。他重视教育内容的选择，他设计的教学内容大致包括三个方面。一是“正句读”以训练学子们的基本功。古代书籍不点标点，因此，读书没有正确的句读，就不知文意，“正句读”是学子识字之后的必修课，只有具备扎实的阅读基本功，才能正确领会文义。二是在思想上“导诸生以程、朱之学”。程朱理学是由宋代程颢、程颐、朱熹等人在一定的历史条件下对孔孟儒学的理解、继承与发展，成为宋明新的儒学流派，也是对后世影响较大的学术流派。张埙将儒家思想作为学生思想教育的根本，是受传统和时代教育思想的影响，有其一定的合理性。三是教授学生“揖让进退之礼”，懂礼让，讲文明，使学生通过接受教育知书达理。他注重选聘最好的教师，构建素质精良的师资队伍。《清史稿》“本传”说他“延耿介为之师”，耿介何许人也？耿介乃登封名儒，顺治九年进士，官至河南按察使，因与权臣不合，绝意仕途，回归乡里，主持嵩阳书院，恰遇张埙兴学，聘为主讲。张埙还相继聘中州名儒上蔡张沐、柘城窦克勤、睢县汤斌、襄城李来章等前来讲学，张埙所聘之人，多为双重身份，一为官吏，二为学者，做官都很有成就，且清正有声，如汤斌官至吏部尚书；作为学者，都是当时名噪一时的理学家。聘请这些人作为主讲，不怕学术思想讲不精透。更可贵的是张埙作为一县主官，亲自到书院讲课。因此，张埙兴学，名师荟萃，一时称盛。他们均以继承孔孟儒道、阐发程朱理学为己任，以嵩阳书院带动全县教育，使登封兴学兴教在中州大地产生了广泛的影响，四方闻风向往，空前高涨。由童子教育到书院的成人教育，形成了较为完整的教学链条。若干年后，产生了巨大的效应，教育不仅大幅度提高了登封百姓的素养，也为国家培养了不少的有用人才。据史料记载，康熙五十年（1711），清朝廷在开封选拔举人，结果是每县不足一名，而登封县就中了五人。张埙的办学施教，继承了宋初登封知县王曾的兴教传统，张埙时期嵩阳书院这座县办高等学府名师荟萃的盛况，也恰似北南两宋时期司马光、范仲淹、李刚、朱熹、二程等诸多名臣鸿儒在嵩阳书院讲学的盛况，从宋代到清初，嵩阳书院的教育一脉相承，它为登封县教育，乃至中原教育做出了永不磨灭的贡献。

其次，他痛革积弊，尚廉惠民。《清史稿·张埙传》记载，张埙上任后，在“衙前树一巨石，镌曰‘永除私派’”。这四个字与当时官场税捐有关，“私派”是和“公派”相对而言，“公派”是朝廷规定，“私派”是地方官吏胡作非为。从明代开始，地方官吏向百姓分派税款，因为有大户有小户，且计算方法不一样，难免要收上来一些碎银，地方官吏再把这些碎银回炉后铸造成一定重量的银锭，在回炉熔化的过程中，银子要有一定的消耗，于是就把消耗的银子称为火耗银。地方官吏自然不会承担火耗的损失，就把这部分负担转嫁给百姓。这个附加费究竟附加多少才合理，朝廷大致也有一个定额，一般为 10% 到 15%，但地方官吏哪肯以这个额度附加，普遍超出了公派定额，而私派的火耗就多少不等了，有的将占原税的 30% 到 40%，更甚者达 50%，这就是“私派”的来源。私派的作用有二：一是无原则地加重百姓的负担，百姓不堪重负，叫苦不迭；二是官吏腐败的滋生地。州县乡里各级官吏一级一级叠加，有明有暗，那么，这些附加收入都用来干什么呢？一是公务消费，二是中饱私囊，三是孝敬上级。上级官吏不能直接私派，就伸手向下层官吏索要，这样形成惯例，不等上级官吏索要，下级官吏就送上门去，民谚：三年清知府，十万雪花银，“私派”是主要财源之一。县衙门前的“永除私派”的巨石镌刻，彰显了张埙要革除这一社会弊端，斩断官吏自上而下的利益链的决心，其中也包括张埙自己的利益。张埙作为一县之长，有智慧以廉修身，有胆魄革除恶习，荡涤污浊，在登封官场吹起了一股清风。

张埙一方面减轻百姓负担，另一方面鼓励百姓垦荒务农，发展生产，他还亲自率领衙吏操耒垦荒以示表率。他倡导科学种田，经常到田间地头，调查研究，指导百姓因地制宜栽培果树，种植棉花。康熙十八年（1679），登封大旱，并发生大面积蝗灾，百姓饥荒，张埙出资组织官民捕杀害虫，同时免费分发赈灾粮米，协助百姓度过灾荒。

再次，公平、公正。张埙赴登封县任三天就开始审理案件，并发誓在断案这件事情上绝不收人一分钱，不让一个人受到冤屈。“衙门门朝南开，有理无钱别进来”，这是民间对封建社会官府断案的真实写照。在封建社会里，一些贪官污吏断的金钱案，问的是人情案，哪管百姓死活，有多少良民百姓因手中无钱，朝中无人而被冤死，老百姓对打官司看得清，总结得更到位。张埙不徇私情，不卖王法，正大光明，秉公断案，不受金钱左右，不受人情驱使，坚持人间大义，坚守为官原则，主持社会公平、公正。威坐大堂，头悬明镜，执法如山，正如叶县大堂对联一样，“我如卖法脑涂地，尔敢欺心头有天”，不使一个好人受到冤屈，也绝不让一个坏人蒙混过关。张埙除在衙门公堂断一些大案外，他还把法庭移到田间，他经常骑着一头小毛驴到田间地头访贫问苦，调解纷争，化解矛盾，这种断案方式就使民间争讼，大事化小，小事化了，有效防止矛盾激化，创造了一个和谐的社会环境。张埙断狱，不为钱只为公。不畏劳，只为民，一身正气，植根百姓，官虽小，而青史永垂。

其四，倡导良好的社会风尚。汉代司马迁专门在他的《史记》里开设了“循吏”栏目，自此，在二十四史中多数都沿袭《史记》的做法。虽然不同时代的史学家对“循吏”的解释不同，选取循吏的角度也不同，但“导”字始终不会游离出“循吏”的内涵。司马迁《史记·循吏列传》开篇说：“法令所以导民也，刑罚所以禁奸也。文武不备，良民虽然身修者，官未曾乱也。奉职循理，亦可以为治，何必威严哉?”法令对老百姓来说是一个导向，能干什么、不能干什么都规定得很清楚，好的官吏就是要奉守法令，遵循人情物理办事，就会收到很好的治理效果。张埙认为百姓大多都是勤劳、善良、通情达理的，为什么会出现有些与法理相悖的事情呢？关键是官府要进行教化开导，平时不注重教育，一旦百姓做出违法之事就加以重典，那不是爱民的做法。因此，张埙对于百姓违法案件都要加以分析，对一般民事案件采取轻缓刑罚，重在开导教育。《清史稿》“本传”举了几个例子：一是选取贤人逐级落实化导措施。县西有一个叫吕店的地方，当地百姓告状成风，大事小事都要告到官府，闹得社会很不安定。张埙就考察了此地有一位叫张文约的人，他有修养、有本领、有威望，于是就任命他为乡里官吏，主要任务在于民风教化，效果非常明显，不久就使此地的世风为之一变。二是树立楷模，奖励先进。有一位里长，因工作不力，欠缴课税，按律受到杖罚，但此人在路上拾到别人丢失的税金，却宁愿自己受罚，把拾到的钱又还给了失主，张埙知道了此事，登门表扬，将其树为道德的标杆，以导民风。三是以解决实际问题的方法化解矛盾，化导民风。农民高鹏举死了，妻子年轻，舅舅想把她强嫁出去，女子不肯，守着丈夫坟头哭泣，并欲寻短见，张埙微服出访，问明原因，送给钱粮，免除徭役，并每年派官吏慰问，以此，家人不敢再逼，也以此强逼改嫁之风逐渐消失。四是以身作则，为一县官吏做好表率。张埙作为一县最高长官，一身正气，廉洁自律，同时设举报箱，这些举措给登封官场带来是清风爽意，“奸伪无所容”。他大力倡导良好的社会风尚，旌表道德模范，使百姓都知道应该弘扬什么、鄙弃什么，明确了方向，社会风气大为好转；他尤为注重农业的发展，亲自耕作垦荒，使县衙小吏效法，“退则操耒耜为农”，因为知县清正，小吏也无浑水可趟，无钱可挣，因此，有暇时只得返里耕作，从另一角度说，也使他们真正践行了吃百姓饭，穿百姓衣，自己也是一百姓的为官箴言。

张埙在登封知县任上五年，五年间将登封治理得井井有条。首先是他带出了一支清廉的官吏队伍，使百姓得以信赖；其次是他引导老百姓走上了正道，百姓的日子日益富足；最后他营造了登封社会良好的风尚，登封人民对以张埙为首的县衙充满了感激和赞誉，百姓满足于这太平盛世，于是在各家的门额上书写“官清民乐”的匾额。主持嵩阳书院的中州名儒耿介，目睹了登封五年前后的变化，也目睹了当时整个官场的零零碎碎，再想到面前的知县张埙和登封的百姓，不由得发自内心的感叹：“年来嵩洛间，别一世界矣!”（《清史稿·张埙传》）这感叹，有对张埙的敬佩和赞誉，有对登封百姓的庆幸，有对登封过去乃至全国社会的思考，有对登封现实社会的认可，还有对登封乃至整个社会的迷茫，因为张埙要擢升调离登封，怎不使这位清流儒士五味杂陈、感叹再三？

康熙二十二年（1684），张埙因为才能卓越被提拔为广西南宁通判，离任的那一天，百姓自发遮道送行，拦路哭泣，难舍难分，这场面着实感人，这场面也给了这位知县在任五年的政绩评价和感情慰藉。然而，张埙还是离开了登封，百姓为纪念他，在四乡为他建立了祠堂，挂上他的肖像来敬奉他，并竖以“天下清官第一”的匾额；当然张埙也忘不了登封百姓，因为他在这片沃土上洒尽了汗水，和百姓有深厚的感情，据说他几次应邀或路过登封，登封人都夹道迎接，以能招待这位昔日的“父母官”为荣幸。

康熙三十三年（1695）张埙因病在北京去世，亲朋故交闻讯到家里祭奠，见其家中清贫，无不感动得流泪，噩耗传至登封，登封百姓持香火供品哭祭于四乡之祠堂，并将其衣冠葬于嵩山脚下，其后在祠中为其塑像，年年以时祭奠，称为“张公”。

如今，在登封的嵩阳书院中，在厢房边的石壁上，还保留着一块张埙衣冠冢碑，上有清康熙题的“天下清官第一”六个永不褪色的

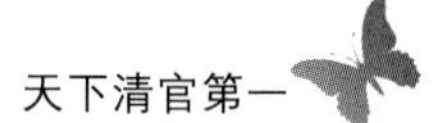

大字，登封百姓永远忘不掉曾经为登封人民做过好事的大清知县，据说苏州荆门外黄石桥，也就是张埙的故乡有座“张公”墓，墓前竖有一块高大的“天下第一清官”墓碑，墓旁还建有“张公祠”，张埙的家乡也以出了这样一位清官而骄傲。

常言道，为官一任，造福一方，凡是能为人民做点好事的，百姓永远不会忘记，中国的老百姓就是这样的朴实、忠厚。

他污不染体，清风自洁身

——吴江知县郭琇

《清史稿》卷二百七十《列传》将康熙年间直臣郝浴、杨素蕴、郭琇三传并列，卷终有论曰：“郝浴、杨素蕴秉刚正之性，抗论强藩，曲突徙薪，防祸未形，甘窜逐而不悔。郭琇抨击权相，有直臣之风，震霆一鸣，佥壬解体，盖由聖祖已悟其奸而琇遂得行其志。然以浴之廉，蒙议于身后；素蕴居官爱民，不终于位；琇则横被诬陷，废置十年，始获申雪。得君如圣祖，犹不克善全，直道难行，不其然哉？”这是《清史稿》作者为三位直臣作传后，所发的感叹。郝浴、杨素蕴分别官至广西巡抚、两广总督，在吴三桂反迹未显之时，都以不同形式上疏朝廷弹劾吴三桂，并建议朝廷当防微杜渐。三人为国直陈，奋不自顾，刚肠正气，拳拳忠心，日月可鉴，但最终都不能全身而终其位。尤其是郭琇从一个七品知县，靠“三疏”扶摇直上，官至湖广总督，也因“三疏”弹劾权相明珠结党营私，被人诬告再三，夺官罢职，几近丧命。作者一赞这些直臣为国家无私无畏，二叹这些直臣结局悲惨，康熙圣世时还是如此，可想其他历史时期更是如此。作者最后从他们身上得出一条结论：“直道难行。”这或许就是封建社会官场的一条规律。

三位直臣中，郭琇影响尤大，故有“彭鹏、郭琇，劾人无救”之说；郭琇的情况也最复杂，因为他不畏权贵、直言抨击，确实也推翻了一些像明珠、高士奇一类的权臣，同时，也招来了疯狂的报复和诋毁，甚至对他的清廉都进行怀疑。

这本书的名字叫“县衙清风”，那么，姑且抛开郭琇离开吴江县之后的是是非非，着重考察一下他在吴江知县任上的所作所为吧。

郭琇，字华野，山东即墨人。康熙九年进士，十八年，授江南吴江知县。材力强干，善断疑狱，征赋行版串法，胥吏不能为奸，居官七年，治行为江南最。这是《清史稿》“本传”对郭琇的名号、籍贯、学识及初入仕途吴江县任上显示的治行才能及政绩的简要交代。既然是“治行为江南最”，那是经过考核才得出的结论，是有案可查的。传统的对干部的考核指标，一般是按德、能、勤、绩、廉等标准进行评价的，这种评价指标体系在周朝就有了雏形，周公制定的所谓“六廉”官吏评价指标，被后来几千年在对官吏的考核中借鉴和沿袭。清朝也不例外，既然是基本上按照“六廉”标准进行考核的，结果又是江南最优秀的基层官吏，而且因此被大清官汤斌发现并举荐，从此便成为朝廷重臣，那么为什么就郭琇的清浊问题，后世还有那么多争议，甚至说他是先浊后清，这个“先”字，也正是指的他任吴江县令时期，我们既然是称颂的县衙清风，那么，有必要为郭琇洗去身上污点。

最早说郭琇曾是一个贪官者，是主要生活在清乾隆、嘉庆年间，道光元年去世的昭梿著的《啸亭杂录》，其中卷四《汤文正》一文中记录：“郭总宪（左都御史）琇时任吴江令，以贪渎闻，公（汤斌，谥文正）檄至省，教以贞廉。郭曰：‘琇所以贪酷者，以供前任某抚军（指巡抚余国柱）之欲故也。今公既以清廉自矢，请宽一月之期，如声名犹若昔，请公立置典刑可也。’归，自洗其堂庑，曰：‘前令郭琇已死，今来者又一郭琇也。’其政为之一变。”后来徐珂的《清稗类钞》中《郭琇自洗堂庑》一文也有与其内容类似的记载。《啸亭杂录》是一部清代笔记，虽然有一定的史料价值，甚至在某些方面有补益正史的作用，但其中个人主观因素较浓，与正史的可信性有一定差距；而《清稗类钞》是清末民初徐珂汇集野史遗文编纂的一部书籍，两部书虽然影响都不小，但对郭琇这位大清官的记载着实令人生疑，以至于后来以讹传讹，丑化郭琇者更多。我们在论及吴江县衙清风之前，有必要为郭琇辩诬。

其一，“正史”“碑传”里没有郭琇贪腐的记载。本文开篇摘录了《清史稿》中关于郭琇吴江县知县任上的记载，不见贪渎二字；《清史列传·郭琇传》与《清史稿》略同，也不见贪渎二字；《即墨县志》（同治版）有这样记载：“郭琇，字瑞卿，号华野。……康熙庚戌成进士，谒选得吴江令。赋繁俗悍，琇莅事七年，弊绝风清，循声为东南第一，以荐授监察御史。”《莱州府志》（乾隆版）与《即墨县志》内容大同，语言更为简约。其中也不见贪渎二字。避开郭琇家乡修志者乡土之嫌，再看《吴江县志》（乾隆版），洋洋洒洒七百余言，找不见郭琇的贪渎，吸引读者眼球的是“为政明敏果断，不畏势权，能除积弊”简练而又能突出个性的几个字。乾隆版《江南通志》更无贬损之词。清钱仪吉的《碑传集·卷六十八》收录了沈廷芳作的《郭琇像赞并序》，谈到他任吴江县令时说：“初宰吴江，即以廉能为汤文正公所重。”诸多“正史”“碑传”都不见描述郭琇的“贪”字，那么曾经的一个贪官不知从何说起。

其二，“先贪后廉”之“先”没有着落。郭琇是康熙十八年授吴江知县，按《啸亭杂录》和《清碑类钞》所说，郭琇自任吴江知县，以贪渎著称，是汤斌到江宁任巡抚后，加以训诫，才改贪为廉。根据有关史料记载，汤斌是在康熙二十三年六月被任命为江宁巡抚，入冬抵达苏州，正式就任；郭琇是康熙十八年二月任吴江知县，此时已在知县任上干了六个年头了，如果说这六年知县都以贪渎闻名，那么，按照清朝对知县的考核制度，三年考核一次，考核标准是在古代“六廉”标准的基础上，进一步归纳为三个字：清、慎、勤；更加具体的分为“四格、八法”，“四格”之首就是官吏的操守，其主要内涵就是是否清廉的内容。“八法”是从另一个角度对官吏进行考察，“八法”之首就是“贪”字。按照这个考核标准，郭琇在任六年已被考核两次了，如果这六年来都是一个贪官，汤斌到任一年半郭琇就迁江南道御史，而且考核的结果是他是江南最优秀的知县，就不合情理、法理了。

其三，“郭琇洗堂”一事实为虚构，且不符合逻辑。记述这一事件的有以下几个关联词语：先是“贪渎闻”，汤斌训诫后，“请宽一月之期”暂改名声，接着是“归洗堂庑”，然后“其政为之一变”。好像一个人的声誉一朝一夕就可形成，而一朝一夕又可改变。郭琇从遇汤斌后思想突然转变，回到县衙后以冲洗堂庑发誓由贪变廉，一个月后贪腐的臭名销声匿迹，清廉之声远播一县，这种描写不但显得轻

率，而且更不符合事物发展的内在逻辑。

其四，稗史遗闻中的记载与“正史”中记载的内容的矛盾，细读可辨真伪。《啸亭杂录》与《清稗类钞》等书说郭琇“贪渎”，而《清史稿》“本传”说他考核为“江南最”，“卒，寻祀乡贤，并祀吴江名宦”。《清史列传》记载，乾隆四年，吴江县人把郭琇列入吴江县名宦供奉祭祀。《吴江县志》（乾隆版）记载，康熙三十八年，皇帝南巡过吴江县，此时郭琇已被夺官多年，万民跪迎圣驾，皇帝问：当年郭琇在吴江当知县，此人官当的好不好？众人回奏：“好！连呼不绝口。”《江南通志》记载郭琇“清而能”，稍晚于郭琇的彭绍升曾撰《汤文正公事状》，其中曾谈到汤斌于康熙二十四年秋，也就是任江宁巡抚刚刚一年，整顿吏治，就弹劾罢免了一批府县官吏，如赵禄星、张万寿等八人，其主要罪名就是“贪酷”，却“举廉能知县刘滋，郭琇二人”。凡此种种记载，给读者一个莫大的问号，如果郭琇当了六年贪官，为什么大清官汤斌在处罚八个贪官的同时反而以廉能举荐他？如果郭琇在吴江以贪渎闻，为什么百姓异口同声说他好？如果郭琇是一贪官，为什么吴江县人还以名宦来祭祀？这一连串的问号只有一个答案：几本稗史遗闻中记载是虚构的，或者正像有的研究者说是因为郭琇的廉直而引来的污蔑，遂以讹传讹。然而，瑕不掩瑜，他诬终不染其体。

《清史稿》卷二百七十《郭琇传》说郭琇在吴江知县任上“居宦七年（有史料说是八年，是按年头计算），治行为江南最”，这应该是对郭琇考核的结果。清代以“四格、八法”考核官吏，“四格”是从正面考核官吏的守、才、政、年，四格中以官员的操守排在第一位，操守中又以“清”为最高之要求，清廉是为政之本，然后才考察他的能力和工作态度，即才与政。官吏的提拔重用首先注重的是操守。“八法”包括：贪、酷、不谨、浮躁、疲软、才力不及、年老、有疾，是从反面来考察官吏给予处分的。与“四格”相对，贪、酷、不谨、浮躁侧重官吏的操守，其次才说才能、年龄及身体状况。处分官吏也把操守放在第一位，而操守中“贪”是惩治官吏的首要标准。那么，郭琇考察结果为“江南最”，并得到了擢升，可见郭琇在吴江县知县任上与贪字无缘，而是以廉能著称。

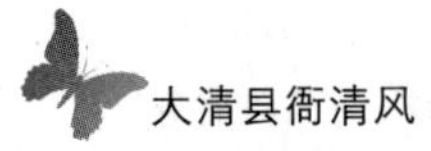

创立版串法，防止衙役敲诈百姓，营造清廉的施政氛围。《吴江县志》（乾隆版）有这样一段描述："往时，收额征（应征税额）银，给活串（空白凭据，可自由填写征额），奸役得多方侵蚀，琇乃创为版串，十限一连，各书征银数，由单如之。先期给单于民，令依数封银投柜，输若干限，遂如限数截与版串。"《江南通志》也载："征输行版串法，分为十限，俾民以限完纳，又置戥县门，使民自称投柜，胥吏无所假手。"什么是"版串法"？笔者赞同郭琇第十九世孙郭显平的解释：先将该纳税的百姓进行统一登记注册，而后由县衙统一发放版串凭证，数截留县衙作为底子和入库凭证，剩下几截则由百姓带回家，将税银包和一截凭证包好，直接投到县衙门口的银柜里，中间不再经过衙役，也就剪掉了衙役的盘剥，减轻了百姓的负担。总的来说，"版串法"是限制胥吏贪腐，保护百姓的税收办法。应该说这种办法行之有效，百姓欢迎，该缴的税赋不再层层加码，百姓愿意缴，缴得快，并呼之为郭青天。同时，也使吴江县衙气正风清。

不畏权势，疾恶如仇。郭琇的家乡民间传颂着一个故事，说的是，郭琇在吴江知县任上的事。有一天，提督派了一个把总来吴江县督修战船，郭琇知道后，就派了一个衙役去帮助这位把总，也便协调当地事宜。谁知这一把总是个兵油，每借此差，就要向地方官吏索贿，而郭琇衙门里的差役既不敲诈别人，更没行贿的习惯，使得这位把总没油水可捞，非常恼怒。于是，这位把总找茬将这位衙役捆起来吊在船桅杆上，衙役也不甘示弱，说："我不犯法，何故捆绑我？"把总说："我不但捆你，我还要用鞭抽你。"在闹得不可开交时，郭琇闻讯赶来，见此情景，大声斥责把总："大胆！本县派他帮你监工修船，又不曾犯法，何故如此横行霸道，辱打衙役？"把总也有些害怕，但他还是壮着胆子，把提督搬了出来，说："提督大人有令，凡本把总外出，军务职责以内的事，有临行决断之权。今此衙役竟敢顶撞本官，就要拿他问罪。"郭琇一听大怒："混账东西！竟敢拿提督招牌欺压本县，我受皇上重托，来为吴江百姓效力，岂能让你一把总在吴江撒野！"说着上前一把揪住把总的衣领，左右开弓一顿耳光子打的把总两眼直冒金星，只管求饶。郭琇怒气未息，命人放下衙役，索笔写道：索银不得，自改工期，辱打衙役，触犯法律。连同把总一

同押送提督府，百姓高呼：“郭青天！”虽然这是民间传说，但在《吴江县志》《苏州府志》中都得到了印证。《吴江县志》中说：“提督杨捷遣弁至吴江督修战船，大索贿遗，缚县吏于舟，琇往谕不听，且出不逊言，遂批其颊，坠之水中。”

清朝的把总，是陆军的低级军官，官秩七品，与知县同级，况还有高出七品数级的提督的招牌。然而，郭琇不畏权势，视贪如仇，敢于在众目睽睽之下，掌批把总，真可谓正气凛然，让人拍手称快！

《吴江县志》和《苏州府志》都还记载郭琇怒斥知府之事：“知府某（时任苏州知府赵禄星）数求馈贿不得，则强属以枉法事且威胁之，琇愤曰：‘吾岂作此盗贼事！’卒不从。”好一个知府，多次向属下索贿不得，竟胁迫属下做些利己违法之事，受到下级郭琇的严厉呵斥，而这个知府后来也被汤斌弹劾罢职，落得个身败名裂的下场，而郭琇不畏权势，怀忠独立，浩然正气却永载史册。

关于郭琇的这种清刚之气，在郭琇离开吴江县任后表现得尤为淋漓尽致。著名的《河臣蠹国疏》《大臣结党疏》《近臣招摇疏》，史称“三疏”，参倒了像明珠、余国柱、高士奇之类的权臣，震惊朝野，同时也有“一代直臣”之誉。这已超出知县范围，不是本文讨论的话题。

关于郭琇的政绩，史料里记载的着实不少，但绝大部分篇幅都在记录郭琇离任吴江后的为官政绩，尤其是任御史及湖广总督时的官场风采，至于七年吴江知县的政绩确实简之又简。《清史稿》“本传”中只用了二十个字：“材力强干，善断疑狱。征赋行版串法，胥吏不能为奸。”就连《江南通志》《苏州府志》及《吴江县志》中记载的都不具体，但是，《清史稿》说：“居宦七年，治行为江南最。”“江南最”都从哪些方面体现呢？细读有关史料，也或可以理出个头绪。

其一，史料里的正面记载。首先，国史，方志里凡涉及郭琇，都少不了要说他的版串法，也是记述最多、最详的一件事情。为什么版串法这么有影响呢？本文认为郭琇创立的版串法有一石三鸟之功效：一是版串法是用制度来预防、约束胥吏贪腐，郭琇以廉率属，带出了一支廉洁队伍，在县衙兴起了一股清风正气；二是版串法减轻了百姓的负担，体现了知县一腔爱民情怀，受到了百姓的拥护；三是国家赋税得以顺利完成。而这三者正是朝廷最为看中的，充分显示了知县郭琇的智慧、才干及对国家的忠诚。其次，史料里记载虽然零碎，但是，相对集中的是记载他对治安的整治和断案的果决、公正。《吴江县志》《苏州府志》都有这样记载：“有积盗恃豪强为窟穴，无敢诘者，悉擒之伏法。”“民以讼至者，片言立断，无徇情。”这些字数不多的正面记载，可以看出郭琇七年知县任上，清廉为官，依法从事，上能圆满完成国家下达的任务，下也受到百姓拥戴，治安状况良好，申诉者立即得到公正处理，这样的知县应该是一位优秀的知县。再次，从另一个侧面也可以察觉到郭琇优异的政绩。《清史稿》卷一百十《志八十五・选举》：“康熙年间屡诏部臣行取贤能，内用科、道。吴江知县郭琇、清苑知县邵嗣尧、三河知县彭鹏、灵寿知县陆陇其、麻城知县赵蒼壁，皆以大臣荐举，行取授御史，得人称最。”行取，是清代从地方官，尤其是从知县中选拔高级官吏到中央任职的一种制度，通过地方高一级官员的推举保荐，按规定数额考核确定后到京城任职，这是选拔高级官吏的模式之一，根据上面的记载，郭琇无疑是这种模式擢升的代表，在数以千计的知县中，能以这种途径脱颖而出者，非政绩卓著者是不可能的。另外，百姓的爱憎也更能反映知县的政绩好坏。郭琇于康熙二十五年离开吴江县，迁江南道御史，到康熙三十八年，郭琇离开吴江县已有十三年了，而且还是罢官归乡赋闲十年，然而，当康熙南巡路经吴江问及郭琇是否一个好官时，吴江百姓齐声说“‘好’！连呼不绝口。”（《吴江县志》）有史料上说，康熙路经吴江，见吴江为郭琇建生祠，才有康熙的发问。其实康熙早就知道郭琇是冤枉的，否则也不会下旨不让充军，而这一听民声，便授予他湖广总督，可见康熙是知道郭琇的底细的。十三年间，笔者没有考察换了几任知县，但百姓对郭琇仍牢记在心，或者为他建祠堂供奉，四十年后，吴江百姓又把郭琇列入名宦祠堂来祭奠，可见郭琇在百姓心中的地位。

通过对史料记载的分析，郭琇迁升途径的考察，以及他在民间的影响的了解，毋庸置疑，《清史稿》为郭琇这个知县定格为“治行为江南最”，不但准确且内涵丰富。清者自清，浊者自浊，任凭他污点点，清风自洁其身！

食禄于君，不食佣于民

——昆明知县张瑾

“食禄于君，不食佣于民。”出自《清史稿》卷四百七十六，《张瑾传》，原文：“民旧供县公费日十金，瑾曰：‘吾食禄于君，不食佣于民。’革之。”张瑾在清初曾被朝廷授予昆明县知县，此前，多任知县都是从老百姓那里每天索要十两银子以供县衙开销，形成了一个惯例，张瑾到任后，“革之”，并出此语。笔者认为，此语至少包含以下两层意思：一是张瑾对官吏合法收入的理解、认识与界定。官吏唯一的合法收入是朝廷给他的俸禄，这就是所谓的皇粮，用现在的话说，国家按照有关规定每月发给的工资是在某一职位上的公职人员应得的薪酬，是合法的，这就是“食禄于君”，其实这一“禄”，仍来自于民，只是国家将其规范化、合法化了。除此之外，官吏就不得再向百姓敛财，即“不食佣（此指金钱）于民”，否则那无疑是一贪官。二是张瑾作为知县对社会的承诺和决心。由此可知，能出此言的张瑾定是一位廉吏。

关于张瑾的史料，笔者能够查阅到的不多，暨南大学历史系教授马明达先生，曾在2005年发表过一篇题为《清初回族循吏张瑾史迹》的文章，比较系统地对张瑾进行了研究，尤其是对其家世探讨得较为深入，结论是：“明初西域人阿不都拉因善射被明太祖赐姓为张，其后裔世居扬州……张瑾是他的后代。”

《清史稿》“本传”云：“张瑾，字去瑕，江南江都人。康熙二年举人。十九年，授云南昆明知县。……居三年，病卒。”除此之外，还有与张瑾同时代人周彝的《张涤园行状》及宋和的《张涤园墓志铭》，以及后来的焦循《张君瑾治昆明记》等都是记述张瑾事迹的重要史料，然就从这些史料里，也很难还原张瑾一生的行事轨迹，比如，从康熙二年张瑾考中举人，到康熙十九年知昆明县，中间这十七年行踪都较模糊；还如，张瑾享年几何？马教授在文中说："康熙二十九年（1690），已经年届花甲的张瑾，被任命为云南昆明县一职。""康熙三十三年（1694）正月二十三日，张瑾因为积劳成疾，猝死衙中。"这些记载与《清史稿》中就不相符。按《清史稿》记载推算，张瑾赴任应在五十岁，死时应是五十三岁。康熙十七年（1676）吴三桂死，康熙十九年（1678）张瑾赴任，这符合《清史稿》说的"时吴三桂初平"的历史事实。然而就是这样一位连家世、生平都还有很大的探讨空间的人物，而且资历不深、官职卑微、任职短暂，却能从多如繁星的知县当中脱颖而出，载入"国史"，定有他的过人之处。本文从现有的资料里理出个头绪。

为官以廉。从周朝开始，对官吏的考核，就把"廉"作为基本内容，所谓的"六廉说"，即考核官吏的六条标准，都以"廉"字为基础。本文的命题"食禄于君，不食佣于民"，是笔者借用了张瑾在昆明知县任上，辞却"民旧供县公费日十金"时的一句话。虽然只有九个字，然而，透过这九个字，我们看到的是一个端坐在昆明县衙大堂之上，堂堂正正的知县形象，他懂规矩，守规矩，该属于自己的自己得到，不属于自己的分毫不取；他有严格的为官底线和清晰的价值观念，为官不贪，这是最基本的原则，失去了这个原则，也就丢掉了为人的价值，更没有了做官的社会价值。为官廉，是张瑾任上坚守的信条，也是对昆明百姓的承诺。

为人以直。张瑾为人耿直，在他心里，只有直理，无有权贵，直理直推，正事正办，从不屈从。这种性格、品质被他顶撞的上司也不得不认可，不得不称誉。《清史稿·张瑾传》就记载了这样几件事：

> 昆明池受四山之水，夏秋暴涨，怒流入闸河，沙石壅塞，水乃溢。浸濒池田，岁劳民力濬之。晋宁州境毗于昆明，受东南诸箐之水，旧迹有河道入江，上官议凿之以通闸河。瑾按地势为图白之曰："闸河独受昆明之水，已不能吐纳，沙石旁溢为害，岂可更受晋宁水乎？且其地高若连瓴，沙石荦确尤甚，殆不可治。"

台司持之坚，则指图争曰：“高下在目，何忍陷民于死！”总督范承勋曰：“令言是也。”议遂寝。

兵备道欲以流民所垦田牧马，求之期年，不与，久亦称其直。

将军仆杀人，按察史置酒为请，阳诺之，退而正其罪。

巡抚朴子谋夺士人聘妻，即县庭令士人行合卺礼，判曰：“法不得娶有夫之妇，妇乘我舆，壻乘我马，役送之归，有夺者治其罪。”

第一段记载了张瑾与他的上司据理怒争一事。上司决定将晋宁州的诸箐之水并入昆明的闸河，张瑾以理据争不可，然上司枉顾张瑾的理由，仍然坚持自己的意见。一般情况下，下级与上司的意见不同，争而未果，恐怕也只有保留，没有必要与上司闹得很僵，然而，张瑾见自己的上司固执己见，大怒，用手指着图纸说：看看图上的地形，已一目了然，可你仍然坚持你的意见，难道你忍心陷百姓于死地！胸中怒火喷薄而出，且站在百姓生死的高度，厉声斥责上司，这需要的是胆量、气魄，其结果是被总督认可，遂罢其议。

下面记载的几件事，涉及道台、将军、按察使、巡抚等人，这其中的人物官阶最小的道台，也要比知县至少大三级，道台是介乎省、府级别之间的地方官，应为四品及以上，至于按察使、巡抚，用现在的行政级别衡量应分别是副、正省级。在大清初年，特别是三藩之乱刚平，实际上吴三桂余党还未剿灭，云贵还处于战火刚息的状态，这几位大员若是气量狭窄，都足能使张瑾死上一百次，而张瑾怎么样处理这几位上司给他下达的“任务”呢？四品官兵备道想在垦田里放马，“求之”，什么求之，四品官能向七品乞求吗？那是谦逊的说法，实际那是“任务”，然而张瑾“不与”，让这位道台确实没有面子，但因为是无道理的要求，只好伸伸脖子咽了这口气，翘起大拇指说，你真行！将军的仆人杀人了，杀人偿命这是公理，然将军袒护仆人，想在下面周旋一下，化了此事，还恐自己面子不够大，将副省长都搬了出来，设宴来请张瑾，张瑾虽说耿直，但是总得给省长个台阶下，酒宴上许诺了省长，可酒席一罢，按律“正其罪”。下面这个案子更是办得有声有色：巡抚的仆人的儿子，看中某士人已经聘定的女子，那就仗着巡抚衙门的威势，阴谋夺去，状告到张瑾处，张瑾干脆就让这对男女就在县衙大堂举行婚礼，并下判词：按律，人不能娶已有丈夫的夫人，有敢违者，就治他的罪。并让新娘乘他的车，新郎骑他的马，派差役护送他们回家，如此等等。

小小一个县令，不畏权势，敢于三番五次逆忤上司，为民做主，秉公执法，充分体现了张瑾威武不屈、大义凛然、为民请命的忠直形象。

有人不禁要问，史料上记载张瑾断案，为什么总是和上司有关系呢？我们推测可能有两方面的原因：一是史学家要突出张瑾耿直的形象，选材上就有侧重；二是做昆明县令，所务政事也确实复杂，这是客观事实。焦循的《张君瑾治昆明记》说："昆明一县辖于二大府、两司、三道。"这两大府指的是总督府、巡抚府，或称大府、制府；两司指的是布政司、按察司，都属于省级衙门，布政使和按察使都属于督抚的属官，官居三品；三道，指的是诸道员，是两司的下属，分为守道和巡道，官四品。还有一道应是指的云南府，府衙都在昆明。这样，昆明城内的二品、三品、四品大员随处可见，哪位大员都比昆明县令大上好几级。这些大员，居而久之，就与当地士绅豪族，阴阳两道有着盘根错节的关系，由此可知，一个小小的七品县令，要想在昆明县城内秉公办事，是何等的困难。如果你贪赃枉法，上面有好多双眼睛盯着你，如果你公正无私，有时会触及这些上司的利益，他们将会伸手干涉，昆明县令不好当！然而，张瑾凭着一身正气却使这些大员们一个个折服，这又是何等的不简单。

爱民以抚。焦循在将要完成《张君瑾治昆明记》一文时，对写这篇文章又是抱怨，又是庆幸，抱怨的是，在他写这篇传记之前，有关张瑾的史料可阅者甚少；庆幸的是，张氏家乘藏于焦循家里，借此得以完成了这篇颇有价值的文章。这篇文章无非就是记载了张瑾知昆明时的点滴，其价值何在？焦循作了回答："次序为此篇，以明吾乡中有不畏上官而爱民如子，处兵燹之后百利俱兴如张涤园（张瑾号涤园）者，或亦可为后之师范也欤？"这是焦循撰写这篇文章的目的，也是这篇文章的价值所在。除了记载张瑾对战后的昆明全面治理以

外，更重要的是昭示张瑾，“不畏上官而爱民如子”的官品和人品。

张瑾爱民如子，重在“抚”字，他曾说：“平百里之政，要在长者截之，短者补之，偏重均之，罅漏塞之，梗者锄之，枝蔓绝之，如是而已矣。”（《张君瑾治昆明记》）这是他为政的方略。他爱民，一是对百姓心理抚慰，要使百姓感觉到这是一个太平、和谐的社会，使他们有安全、平等、和睦的感觉，那就要平衡社会，长的要截掉，短的要补上，漏洞要堵塞，梗阻要疏通，减掉枝蔓，不偏不倚，这样，社会才会安定，百姓才有幸福感。《清史稿》“本传”记载他招流亡，垦荒田，均赋税等为民减负的做法，正是基于这种思想。

这种思想还见诸张瑾爱民、抚民之细微。《张君瑾治昆明记》载：“涤园每行县，见儒之贫而美者，富人之有女者，则劝为婚姻，往往富人得佳婿，贫儒得富妻。”昆明学生郝维时曰：“夫子莅仕甫阅岁，而老者安，少者育，饥者食，劳者息，死者殡，男女贫无家者，庶民顽不率教者，子弟穷而不能学者，夫子皆婚之、嫁之、化之、导之，非所谓因民而利，务实而不务名者哉！”堂堂知县，竟充当了月下老人，然而，就连当月老也不忘平衡术，穷儒生与富家女，在当时应是最佳搭档，互补性很好，各有所长，各有所短，各有所得，皆大欢喜。学生郝维时所说张瑾在昆明知县位置上三年涉及百姓的琐事，也是截长补短。一位县太爷，能关注并参与到百姓的婚丧嫁娶，衣食劳作，赡长育幼等小事而又是百姓的大事中，这位“父母官”也算是名副其实了。

《张君瑾治昆明记》还记载一件事：“有市井豪侮乡缙绅，陈县惩之。涤园适道谒客，过豪之门，停舆执之，杖将下，闻其妇病乃止而系之。明日缙绅为求释，如其请。或问之，曰：‘豪贫而戾，且家有病妇，杖之益与缙绅仇，缙绅如处女者也，终不足以胜豪，我执之而使缙绅释之，则怨解矣。’”

一个小小的民间纠纷，作为县令，既能以事论事，又能着眼大局和长远，巧设机关，化解矛盾；既有效的惩罚了豪强，又使缙绅卖一人情，使豪强感恩于对方，达到和解的目的，张瑾可谓用心良苦！张瑾爱民如子，似春风吹拂万物，昆明之百姓亦“爱之如父母”。《张君瑾治昆明记》还载，昆明城误传张瑾要辞去昆明知县一官，“一城大讹，拥制府马后叫留数日”。

为政以智。张瑾是一位智者，这与他忠直的品格并不矛盾，这源于昆明县这一特殊的行政区域，还源于昆明知县这一特殊的七品岗位，在这一特殊的地域和特殊的官位上，非智者很难按照自己的思想行政，想更多地为百姓做些事情也并非易事。《清史稿》“本传”与《张君瑾治昆明记》都记载，张瑾上任伊始，就因为昆明赋、徭繁重，民不堪负，故向上司请求“减赋税”，而得到的答复是“不可”。一方面是知县主观上要为民减赋，另一方面是上司不允许，那该怎么办？要么是听从上级指示，摒弃“减赋”这一念头，要么是违背上司的旨意，我行我素，最后可能就无法收场。张瑾二者皆不取，他另辟蹊径，“乃画其疆，招徕流亡，给牛种，薄其赋，以舒军卫之赋，一年垦田千三百七十亩，三年得万余亩，于是均其瑶，使庶人在官者不能隐庇，他户、僧户、道户不能恩免，游手游食者不能逋逃。既均矣，又使里蠹不能科派，奸民不能包收，城狐社鼠不能侵渔为弊”(《张君瑾治昆明记》)。如此一来，既达到了减轻百姓负担的目的，又不伤上司脸面，该纳税的不得逃避，百姓得到了实惠。一箭数雕，靠的是张瑾的为政智慧。

《张君瑾治昆明记》还载，昆明县处在这样一个特殊的地理位置，高官大衙多，尤其是“两大府不相下，出则并驾”，总督、巡抚的这些排场，使昆明县城的街道显得狭窄了，于是上级就给知府下令拆掉云津桥南北的民房，引起了百姓的哗然，“涤园驰往止之，知府曰：‘不去屋，将去太守。’曰：‘当去县令。’疾走军门，抚军曰：‘县令何如?’曰：‘无事。闻大府、制府将出甲，恐有命。’徐之曰：‘出甲何如?’曰：‘滇承大乱，猺、猓蠢蠢，所谓耀武观兵、震慴之也。’曰：‘闻六千军同出一门，然否?’曰：‘然。’曰：‘自迫于隘，巷战之兵也，不如制府以一军出南门，大府以一军由小东门背出，其旗鼓一军腹出之，会于鹅房，观者不测，可耀十万军容也，’抚军悦，屋不得毁。”原来这里要进行一场特殊的、高规格的阅兵仪式，其目的是震慑还在进行军事活动的吴三桂余党，这可是件牵涉西南边陲安定的大事，要显示军威，昆明城中的道路就显得狭窄了，尽管拆除民房遭到百姓反对，但毁民房与靖边陲相比，孰轻孰重不言自喻。怎么

样既能保住民房不毁，百姓利益不受损害，又不影响阅兵大事呢？知府没有办法，不毁民房就要丢掉知府的官帽，但张瑾有办法，上面一段对话惟妙惟肖，活生生刻画出一副饱含智慧的知县形象。当张瑾听说要拆民房，疾驰阻止，碰到知府，知府毫无办法，“不去屋，将去太守”。张瑾知道知府解决不了问题，做不了大主，便急匆匆应答了，既不失上下之礼，又饱含怨气和鄙视的一句话：“当去县令！”就是说，哪能罢你的官呢？应该撤县令的职。马上见到能够当家做主的抚军（巡抚），和抚军的对话与知府的对话判若两人，与知府对话，显得张瑾火急火燎，刻不容缓，而与巡抚的对话，又显得是内紧外松，悠闲自得。漫谈之间，为巡抚提出建议，这个建议的核心是“可耀十万军容”，同时可以避免“自迫于隘，巷战之兵”之嫌，句句都中巡抚下怀，博取巡抚的欢心。巡抚采纳了县令的建议，达到了“耀军”的目的，而张瑾保护民房的真正愿望也得以实现。整个过程是那样的自然、轻松，和颜悦色，不露痕迹，不显声色，天衣无缝，水到渠成。为了百姓，充分展示了这位“父母官”的大智大勇。

张瑾，这位发誓“食禄于君，不食佣于民”的昆明知县，仅仅治昆明三年，就累死在官任上。“涤园治民不言劳，日晷虽数寸，曰犹可坐庭，必庭空而后退食。其子谏之曰：‘大人积劳忍饥，曷少缓？’曰：‘我何为一饭，不使百姓早出城乎。’”（《张君瑾治昆明记》）他心中想着百姓，胸中装着百姓，为百姓鞠躬尽瘁，死而后已。他深深地爱着他的百姓，百姓也深深地爱着他。“死之日，士民闻之，数千人奔哭，不听其殡，曰：‘万民请命，上帝必再生。’”“昆明城内外皆图其形”，“请祠，祠之日，诸司与祭，为立遗爱碑”。“康熙甲戌润五月，其子以丧归，昆明人空城泣送。”（《张君瑾治昆明记》）悼念这位清廉、正直、一心为民的七品知县，此情此景，感天地，泣鬼神。

笔者读张瑾传记，至此，不禁暗暗自问，一位天命之年才步入仕途，仅仅任了三年的芝麻小官，怎么会在百姓中间享有这么高的威信呢？这个问题永远值得当政者深思！

人品洁似玉，官品贵如金

——三合知县彭鹏

一部作者署名为“贪梦道人”的公案小说——《彭公案》，曾几何时风靡市井里巷，几乎家喻户晓、妇孺能论，书中主人公彭鹏的清正不阿、执法机敏的形象更是为人津津乐道，心存敬仰。而这一艺术形象的原型正是康熙年间被称为四大廉吏之一的彭鹏。

《清史稿》卷二百七十七有《彭鹏传》，彭鹏，字奋斯，福建莆田人。自幼聪慧，“顺治十七年，举乡试。”“康熙二十三年授三河知县。”《莆田县志·人物传》说得更详细：“彭鹏，字奋斯，一字无山，又字古愚，号九峰，小横塘（今黄石镇，横塘村）人，生于明崇祯八年（1635）。少时曾读书于城西门外安福村宝树庵。顺治十一年（1654），鹏应学使者试，考取第一名。十七年，应福建乡试中式。……二十三年，鹏被选授三河县（今属河北廊坊市）知县。”从以上记录的年代可知，彭鹏是四十九岁才以举人身份被朝廷任命为知县的。到三河当知县，那也不是个简单的事情。一是地处旗、汉杂居要冲，社会矛盾复杂；二是京畿拱卫，责任重大；三是皇城脚下息息之间，朝廷有闻，须格外谨慎；然而从沿海乡村走出来的智者，竟从这里登上政治舞台，而一发不可收拾，官至广西、广东巡抚，且所任之处，皆有善政，受到当朝皇帝的褒奖，深受各地百姓爱戴，位列广东名宦，后来的雍正皇帝以“操守廉直，治行卓越”给予很高的评价。这一切均来自他的人品和官品。

高洁的人品。彭鹏赴三河县上任已经四十九岁了，即将步入天命之年，也就是说，他的人生观、世界观、价值观都已经形成，用“三观”之说评价古人，似乎距离有点远，但“三观”内涵就现在来说

也能从一个角度体现一个人的品位、品质、品格，简称人品。我们还是先看看彭鹏出仕以前的人品吧。

有恩不忘。彭鹏出身一个官宦世家，相传曾祖曾官至广西布政司左参政（布政使副职，从三品），祖父任广东阳山县令，皆清白相传。至其父，家境中落。清顺治五年（1648），朱继祚（明朝官吏）起兵抗清，围攻莆田，城中大乱，彭鹏这时十三岁，随家人逃难。《清史稿》“本传”说：“有与其父仇，欲杀鹏，走匿得免。”这就是叛军当中的一位军官，曾对彭鹏父子两个捕杀，要斩草除根，幸得躲过劫难。彭鹏生在乱世中，家境无计，令他终生难忘的是他的乳母俞氏。在他的《古愚心言·中元哭乳母俞氏词》中，刻骨铭心地诉说奶母的恩德。在彭家遭难之时，彭鹏求学不得，是乳母俞氏带他到莆城应的童子试；彭鹏身体弱小，亲戚不肯收留，是乳母在危难中寻找居所，照顾衣食。彭鹏出行不便，又是乳母背负。应试时，五更把他背负到考场，直到看着彭鹏进入考场才离去，中午又准时在场外伫立等候；彭鹏的一切开销都是奶母用打工钱资给，后来，奶母因思家离去。彭鹏听说奶母已故，撰写祭文，追忆其功德恩惠，哭祭奶母，撕心裂肺，感人至极。其祭文至暮年皆能背诵，可见其情发自于内，其恩永志肺腑。

有节不屈。《清史稿》“本传”说：“耿精忠叛，迫就伪职，鹏佯狂示疾，椎齿出血，坚拒不从。”这件事在杭世骏《道古堂文集》卷三十七《彭无山遗事》及《莆田县志》中也有记载：康熙十三年，耿精忠为策应吴三桂，在福建起兵反清。大清初定，起兵反叛，这是不得人心之事。耿精忠要建立他的伪政权，扩大地盘，就需要大量的人才为他办事，于是，他就胁迫闽中士绅与举人为他做官，彭鹏作为举人，固在其列。彭鹏守节不从，佯装有病，在床一躺就是三年，耿精忠曾先后九次派人打探，彭鹏以手藏尖锥刺破牙龈，以示咯血，骗过来者。以至于齿血凋竭，牙龈崩露，且食不入腹，仅以豆汤养命，面黄肌瘦，体质虚弱，多次昏死，甚至才四十岁就给自己准备了一口棺材，自撰墓志铭及祭文。意在誓死不为叛贼效命。这一“卧床千日，拒伪绝粒”的故事，表现了彭鹏作为一位士人坚贞不屈、有节不弯的高尚品质。

福建还出了一位大清官，就是安溪的李光地，官至吏部尚书，文渊阁大学士。据有关史料记载，当时李光地在朝做官（翰林院编修），回乡省亲，恰遇耿精忠反叛，本来光地可以避险，因为打探消息而去了福州，被耿精忠“请”去，他的同学、同事《古今图书集成》的编者陈梦雷，也因返乡省亲被软禁，二人曾在耿精忠处密谋上疏朝廷以表清忠，建议朝廷发兵，他们好做内应。这一疏议由李、陈二人签名以腊丸做封，由李光地设法偷偷携带进京上呈的，而李光地并未马上赴京，而是“游移观望”，半年后，见耿精忠大势已去，才将陈梦雷名字删去，上呈朝廷。虽然由此飞黄腾达，但后人对李光地的品行褒贬不一：一是对其观望态度表示质疑，二是说他“蜡丸卖友”（陈梦雷因密疏中删去了名字，无法辩解，定为死罪），虽然现在有人说发现了新的证据，要为李光地翻案，但李光地这种道学的假面孔形象，却深深印在人们脑子里，这与彭鹏“佯狂绝粒、拒伪不从”的大义大节形成了鲜明的对照。

有志必显。彭鹏自幼聪慧，六岁能诗，二十岁中秀才，二十四岁中举人，胸怀大志，报国为民。然而，从顺治十七年（1660）到康熙二十三年（1684），二十四年中没有得到一个报国为民的政治平台，但儒家修齐治平思想的火花在他胸中始终没有泯灭。《莆田县志》记载：“鹏未仕时，曾倡修木兰陂水利，设粥厂济民，极力支持办学。”木兰陂是我国古代大型水利工程之一，始建于北宋，是防止上游洪水冲刷，下游海潮倒灌，保障木兰溪两岸兴化平原安全的水利枢纽，据说，由于常年失修，汛时常为水患，百姓苦不堪言。彭鹏虽不为官，但为了百姓安危，率众修复木兰陂，以除水患。设粥厂赈济灾民，兴办学校，虽非分内之事，而胸怀报国为民大志的彭鹏却将其视为义不容辞的责任，充分彰显了他博大的胸怀和以天下为己任的宏伟志向。

贵重的官品。康熙二十三年（1684）彭鹏终于登上了施展政治抱负的平台，被授予三河县知县。《清史稿》“本传”说：“三河当冲要，旗民杂居，号难治。鹏抚循惩劝，不畏强御。……治狱，摘发如神，邻县有疑狱，檄鹏往鞫，辄白其冤。二十七年，圣祖巡畿甸，召问鹏居官及拒精忠伪命状，赐帑金三百，谕曰：‘知尔清正不受民钱，

以此养尔廉，胜民间数万多矣！’寻顺天府尹许三礼劾鹏匿报控案，命巡抚于成龙察之。成龙奏：‘鹏讯无左验，方缉凶，非不报也。’吏议夺官，诏镌级留任。嗣以缉盗不获。累被议，积至降十三级，俱从宽留任。”这段记载概括了彭鹏为官三河六年的官品政绩和经历。一是说他执法公正，二是说他廉洁自好，三是说他遭劾降职。

廉为官德之首，我们还是先从“廉”字说起吧。

清廉有约。彭鹏为官，奉行祖训，清白俭廉。康熙皇帝知道他清廉，故赏养廉银三百两以资鼓励。《清史稿》没有记载他如何清廉，查有关史料，方知康熙皇帝褒奖之内涵。彭鹏为官，所到之处，皆有自约，谨录几段。

《临沟笔约》：“尔一硃而民之膏血视之，尔一墨而吏之刀锋随之。毋曰宰卑，硃而不甚惜也，毋小墨而无甚重也。宰，亲民者也。思民之膏血，而不可不惜此一硃乎？虑吏之刀锋，而可不重此一墨乎？硃墨，尔所得而专之也，又非尔所得在意而专之也。吾与尔约：临池审顾，损人者勿下，欺人者勿下，利己而害人者勿下，类至尽乃濡毫。”（《古愚心言》册四）

这则笔约，体现了彭鹏清醒的认识，他既知自己官职卑微，还知道自己在此一方权力极大，于是告诫自己，对权力要敬畏，用权力要慎重，于是自约：损人者、欺人者、害人者之事不能做，这是廉正的自白。

《门约》：“心如水而门如市者，水即市也。市者，古愚之所深恶。如或非议而请，非道而陈，蝇营狗苟，辞勿入；如或狭策而前，缓颊而至，需同影响，请勿入；如或巧言欲簧，厚脸欲甲，子弟陷而不知，习俗移而不免，拒勿入；如或毒能为蛇，鬼能为蜮，巨蠹而怙，终奸猾而凭借，叱勿入。勿入，则门不为市；不为市，则水即心也，去其如之见可矣。”（《古愚心言》册四）《门约》是彭鹏三河知县任上所作，阐述了为官者心与水、水与市之间的内在关系，直白地亮明自己的观点：厌恶门庭若市。自约四种人不受欢迎，拒之门外。除去若市之门，那么心静如水，一心考虑公事。《门约》告诫自己接人交友要慎，彰显了他清正端直的为官品质。彭鹏一生撰写了关于衣、食、礼、俗等诸多条约，条约既表达了彭鹏为官清廉的思想境

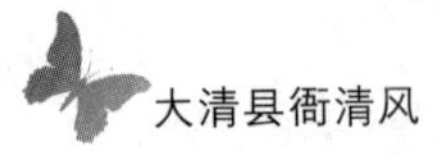

界，时时警示自己保持清正的为官品格，同时，条约也是对社会的庄严承诺。

有约必行。说到做到，有约必守，这是彭鹏官品的可贵之处。史料记载，彭鹏在三河知县任上，倡导俭朴，反对奢华，且以身作则。他布衣粗食，“寒不坐乘，暑不张盖”，外出办公，远路骑驴，近道步行。三河民间俗一日两餐，彭鹏入乡随俗，改三餐为两餐。他不请吃，也不吃请，来客必自备饭菜招待，不花公家钱。康熙皇帝因其廉，赏其三百两银子，彭鹏欣然接受，但他并没有装进自己的腰包，而是用于三河县学学宫的修建上，还很欣慰地说：“君以养廉，臣以建学。”康熙二十五年，也就是彭鹏就任三河知县的第三年，彭鹏五十寿辰，三河官吏、绅士、富豪都说要来为其祝寿，被彭鹏断然拒绝，他说自己“性不喜誉，亦不喜祝，且誉者毁之媒，祝者诅之引”。这说明彭鹏虽在官位，始终保持着清醒的头脑，对誉与毁，祝与诅之间的辩证关系了然于心，警示于口。当来者一定要为他祝寿时，彭鹏说：“必相强，俟持幛至，即焚诸堂前，如拜。”并作《丙寅五十自祝词》：“自祝者，不受人祝也，亦以自儆也。”（《古愚心言》四册）按说，祝寿是晚辈对长辈的尊敬、祝愿的一种表达形式，也是中华民族的传统风俗，封建社会里，有点声望、有点地位的人过寿诞也是再寻常不过的事，但彭鹏能够认真分析对待祝寿二字，为官者，下属吏民为其祝寿，其背后或失去了原有的纯真，所以，辞却祝寿是他的自律自爱，作词自祝，一方面是表达他辞绝祝寿的决心，另一方面也表现了他自警自省的为官品格。

彭鹏不仅自己做到廉洁从政，清白做人，而且教育家人要立正站直，不为权势所累，不为名利所累，谨摘录他给他弟弟一封信中的一段叮嘱：“普天下争于名利关头，营营恋恋。汝寡兄胸中，绝无此二字，所以造化老子，直置诸无名无利之地，处以极难极苦之地，以为非此不足以杌（杌，安置）我也。贫者，士之常；清白者，吾家祖训。为儒食贫，为吏清白，咬断菜根，万事作得，耐之而已。”（《古愚心言》册四《寄仲弟季弟语》）他以肺腑之言告诉弟弟，自己胸中绝无名利二字，希望弟弟也要不畏艰难困苦，牢记祖训，宁贫而清。当官者清正无私，咬断菜根，一心为国为民，说起话来就有底气，办

起事来就有胆气，一身正气，何惧之有！无怪乎后来彭鹏离开三河县后先后上疏朝廷，“论陕西、山西、河南，三省有司不恤民状，语甚切”。“奏泾阳知县刘桂剋扣籽粒，猗氏知县李澍杖杀灾民，磁州知州陈成郊滥派运价，夏邑知县尚崇震派银包运，南阳知府暧昧分肥”。劾“顺天乡试舞弊”、李光地“贪恋禄位，不请终制”（皆出自《清史稿·本传》），等等。他是那么放胆无惧，这种官德官风伴随了他一生，他曾一天连奏三本，以除权邪，人送绰号彭三本，这些都来自他为官清正的底气。

勤勉为民，治行卓异。《清史稿》关于彭鹏在三河知县任上政绩记载得很笼统，却强调了三河县地理位置的特殊，社会状况的复杂，是一个有名难以治理的地方。彭鹏上任后，确实下了一番功夫。

不畏权势，秉公执法。由于地理位置特殊，提高了三河案件的复杂性和治安治理的难度，旗人、汉人杂居，旗人的优越感十分明显，又处皇城脚下，街匪市霸与宫中都有千丝万缕的联系，因此，前边几任知县审不了、不敢审的案子都积压下来，彭鹏顶住各方压力，仔细取证，快刀斩麻，执法如山，很快使几个大的积案得以判决，百姓拍手称快。他整顿保甲，抑制豪强，常常不顾自身安危，跨马带刀，亲自捕匪捉霸，使邪恶得以敛迹，正义得以伸张，三河县治安状况明显好转。

移风易俗，除污剔垢。他反对并严厉打击挟妓卖淫，捣毁妓院，下令禁娼；破除迷信，揭露迷信的伪装欺骗的本质，净化民风，荡涤污浊，使陋习得以革除。

此外，彭鹏在三河还兴教办学，据史料记载，彭鹏在三河六年，建义学六所，为三河以后的教育发展，奠定了良好的基础。彭鹏一面整顿社会秩序，一面发展农商经济，改变传统的农业经济模式，同时除火耗、减赋税、赈灾民，做了一些有益于百姓的善政，受到百姓的拥护和爱戴。

关于彭鹏在三河的政绩，《清史稿》及“地方志”记载都较宏观，倒是一些野史逸闻中记载了不少他勤政爱民的故事，虽不能依此为据，但也有几分可信，不然，康熙二十九年正月，彭鹏刚刚离开三河县，朝廷举天下廉能官吏四人，彭鹏怎会推为第一呢？三河名人胡

继芳曾为彭鹏撰写碑文，详细记述他在三河六年的政绩，谨摘其要："我公敬士崇儒，以斯文为己任。文庙飘摇仅三楹，公次弟新之无缺，典未尝募一铢罚一钱，正供代办，以兴多士。春秋粮未设一卯，比一役而火耗杂费悉革之，并列入纳票内以为例。又曰：我公宁人息讼，据理剖判，从无罚一粟一铢。岁终催报赎锾则云：'三邑自无地丁，岁终计费七十金，旧例也。'我公云：'使公苦，毋使官苦，须自捐一切派累。'下车即除驿马，刍料。平如民价，从无加称淋斛。人命坐真凶，株连不问，盗案非赃明证确者不坐。昔东省与直隶谳贼，籍公会讯，得白马兰兵民争地籍公质成得明；通潞武清水旱，□北饥荒，籍公勘且赈；其他附会错案，被诬得释，狱成平反。……保甲行而尊亲长，弥盗诘奸出于此，然少不善而流弊亦甚，吾公分邑为八路十五乡，命名亲、睦、礼、让、仁、义、忠、信，尝云：'愿尔曹顾名思义。'设守望楼八百处，楼各树旗，书'守望相助，传锣相应'八字。颁之数年内概无县役下乡，鸡犬不惊，盗贼潜踪，夜扉不阖……"这段碑文将彭鹏在三河知县任上方方面面、点点滴滴，记述得较为全面、翔实，且有述有评，字里行间充盈着作者赞誉、敬慕之情。尤其是谈到为政效果，盗贼潜踪，夜不闭户，上下不扰，百姓安居乐业，这种社会状况与刚上任时"号难治"的社会环境相比，其政绩不能说不卓异。

屡挫不馁。彭鹏在三河为政并非一帆风顺，反而政绩越高，受挫越多。康熙二十七年，康熙皇帝东巡过三河县，曾褒奖彭鹏为官清正，据此，受到顺天府尹许三礼的嫉妒。康熙二十八年，许三礼弹劾彭鹏，隐藏瞒报百姓控告案状，朝廷派巡抚于成龙调查，结果是："审无佐验，方缉凶，非不报也。"尽管如此，还是给彭鹏降两级留任的处分。接着又"嗣以缉盗不获，累被议，积至降十三级，俱从宽留任"的处分。关于捕盗不获，《清稗类钞》有一段记载："窦开山，乳名尔墩，一曰二东。兄大东，皆献县剧盗，能舞枪，使人对面放镖，十镖齐发，尔墩能枪锋抵镖锋，俱使反射，十不失一。舞双刀，尤压倒侪辈。尝劫一巨室，官捕之急，侦得其所在，往迹之。尔敦持双刀闪舞而前，捕卒未见其人，但若有白练一尺，旋行而过。遥望之，隐隐然犹在目，不知其已远数十里外矣。捕卒等视所骑马二十五

匹，其尾尖俱截去尺许，始恍然叹其艺之精，非所敌也。”这个故事大概指的就是所劾“缉盗不获”这件事吧。按说，这件事彭鹏究竟有多大过错，一是有盗并非不捕，而是非常重视，光骑兵就派了二十五人，以二十五人抵一人不可谓敷衍不力；二是剧盗武艺精湛，依小县之武力捕而未获，也属常事；三是捕而未获或可再捕，然史料记载盗亦敛迹。许三礼借此累积降十三级，实在难说是依法办事。十三级是个什么概念呢？知县才是七品官。据《清代官职品级简表》显示，清代设官品九品十一级，八品官是最低品阶。从七品知县再降十三级是一个什么官，恐怕连许三礼自己也难以说清，简直是荒唐滑稽之极。虽仍从宽留任，那这样的结论简直是对彭鹏的侮辱，也为他继续施政造成无形的尴尬。就在彭鹏受到累积降十三级带有侮辱性的处分时，却有康熙亲自点名擢为工科给事中，成为康熙身边近臣，这其中之奥妙，令人费猜，又不能不为康熙帝的御人之术咋舌。然而，尽管彭鹏屡遭挫折，但他并不气馁，反而更加奋起，为国为民，不惧权臣奸贵，这真应了他《寄仲弟季弟语》中的话：“为吏清白，咬断菜根，万事作得。”

彭鹏离开三河县，授工科给事中，官虽不大，却给了他施展抱负的更大的舞台，他曾一天三本，弹劾贪官污吏，后任贵州按察使，再升佥都御史，巡抚广西，再调广东巡抚，在两广任上，他省刑布德，减税轻役，赈灾济民，鞫讯冤狱，表现了他居官为民的博大情怀。同时，对于贪官污吏，肉鱼百姓之徒，更是直言弹劾，直至绳之以法，当时传有“彭鹏，郭琇劾人无救”之语，更加彰显了他疾恶如仇、无私无畏廉直的为官品格。

誓不以一钱自污

——庐陵知县陆在新

历史上的庐陵，曾由秦始皇二十六年（公元前211）始置庐陵县，属九江郡，后来或置县，或置郡，随着朝代更替而变化，且治所也在不断变迁。不管如何变化，庐陵这一江西中南部一隅，总能名誉华夏。庐陵山清水秀，环境幽美，庐陵自古人才辈出，名士荟萃，庐陵文化底蕴深厚，素有“金庐陵”“江南望郡”“文章节义之邦”的美誉。今天的庐陵，属吉安市，广义上说，吉安可称庐陵，因为庐陵是“文章节义之邦”，文化底蕴深厚，因此，能够从一个侧面彰显庐陵文化的亭台楼阁在这一区域星罗棋布，据有关资料统计，光庐陵古亭就有四十七座，虽有不少因年久已废者，但我们仍能从现存，甚至已经破损的古亭骨架中，领略到庐陵文化的深厚，窥视到庐陵历史的辉煌，或能从中悟到中华传统文化精粹。在宣化乡蒋坊南岭，就傲立着一座息亭，据史料记载，息亭是大清康熙年间，当地名士蒋元亨建造，建此亭的目的是在亭上设茶招待来往客人，用自己的钱去接济行旅，可谓一大善事，因此，时任庐陵知县的陆在新亲自为小亭书写匾额——醍醐永沛。一方面赞扬蒋公之善举永沐后世，另一方面也表达自己从息亭的内涵中受到启发。

说起陆在新，《清史稿》卷四百七十六有《陆在新传》：“陆在新，字文蔚，江南长洲（今江苏吴县）人，康熙五年，以策论取士，在新夙讲经济，遂得举，除松江府学教授，……巡抚汤斌察其廉勤，以卓异荐。是岁江南七府一州诸长吏被荐者独在新一人，时以此服斌之知人。二十五年，擢江南庐陵知县……”据说，陆在新自幼聪颖好学，刻苦自励，出仕之前，在家乡过着耕读生活，他闻鸡即起，点燃柴薪代替蜡烛照明，写完一篇文章后，天才大亮，做完功课，一身轻松，他仰天大啸，以抒胸中闷气，然后到田间劳作，日复一日。康熙五年，陆在新以策论取仕，策论是以议论时政为内容的文章，目的是向朝廷献策。陆在新的文章被朝廷评为优秀，以此，他被朝廷录用，吃上了皇粮。这说明陆在新并非死读书、读死书的书呆子，他时刻关注着社会和时政。然而，陆在新却被任命为松江府学教授，成了一名教书先生，在此任上一干就是二十年。他不是雕章琢句的庸儒，而是教学生以“质行”“经济”，让学生学会如何做人，如何经世济民。真可谓脚踏三尺讲台，胸怀万方黎庶。康熙二十五年，陆在新遇到了伯乐——汤斌，由汤斌举荐，他被提拔为江西庐陵七品知县，从此走上了他真正的为政生涯，开始实现他官场的人生价值。

“誓不以一钱自污”，这是陆在新在庐陵知县任上的一句誓言，也是他为人为官的信条。

陆在新被举荐为知县是非常荣耀的，因为这次汤斌在江南七府一州这么广大的区域内考察官吏，被考察者众多，唯陆在新一人被提拔，人们赞扬清官汤斌有眼力，又识一位清官。陆在新没有辜负巡抚汤斌及百姓的期望，知县一官虽小，但他决心在这一位置上实现自己的政治抱负。

“誓不以一钱自污”，这句誓言饱含丰富的内容。封建社会一些庸官、俗官、贪官，他们当官的目的不是经世济民，而是为一己私利，他们贪污受贿、腐化堕落、欺压百姓，作威作福。尤其是七品知县，他们最有条件直接接触百姓，知县的好坏直接关乎百姓冷暖，直接关乎社会的稳定。清代当官可与发财画等号，这已成为不争实事。陆在新的性格是光明磊落，崇尚气节，公平、公正，一身正气，这是汤斌看中的最主要的原因，因此，当官发誓不收一钱的贿赂，这既是他为政的决心，也是对朝廷、对百姓的郑重承诺；再者，这其中隐含着陆在新的金钱观和价值观，在他看来，钱是用来养家糊口、维持生活、延续生命的必需的东西，当官的拿朝廷俸禄，天经地义，这是该拿的钱，拿了钱仍是清清白白、堂堂正正、心中无愧。清代七品官吏一年俸禄银子是四十五两，这四十五两银子干干净净，如果再从百姓手中多要一分，就不应该，这就违背了为官的宗旨，卖掉了自己的良心，

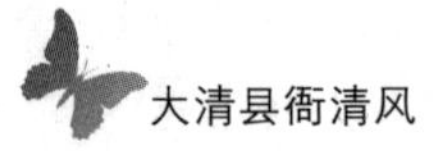

玷污了自己的人格。为官的价值在于充分发挥自己的政治智慧，为国家、为人民做出自己的贡献，这既是为官价值，也是一个人实现自身价值的必经途径。如果当官就是为了发财，捞取不正当的利益，哪怕是多占一分钱，那也是自己往自己脸上抹了一把灰，自己往自己心灵上撒了一把土，是自己玷污了自己，绝不是别人把你放入了染缸里，一旦获取了不干净的钱，就失去了为人、为官的价值。

陆在新是怎样在这个知县位置上实现人生价值呢？

体恤民情，关心民生。

“钱谷耗羡，革除都尽。”这是陆在新上任后做的第一件大事。钱谷指的是钱币谷物，一般借指赋税；耗羡是指赋税的加耗部分抵补了实耗部分还余下的钱谷，因此，耗羡还称羡余。耗羡的征税方式在我国很早就出现了，汉代就有每征一石粮加耗两斗的说法。《梁书·张率传》载：“在新安，遣家童载米三千石还吴宅，既至，遂耗大半。率问其故，答曰：‘雀鼠耗也。’率笑而言曰：‘壮哉雀鼠！’”后来就把征收抵补粮食运储过程中消耗的部分的赋税称为“雀鼠耗”。征收百姓赋税，有的交的是碎银子，当基层官府把这些碎银融化后铸成银锭然后上交国库时，过火时消耗的银子征税时一并按一定比例补加，这就是所谓的“火耗”。火耗和雀鼠耗加在一起统称为耗羡。如果按照实际消耗的比例加征赋税，也不无道理，问题是地方官府打着征收耗羡的幌子，大肆搜刮民财，中饱私囊。清康熙年间，朝廷给出的参考值是加征百分之十五到百分之二十，而有的县衙却不顾百姓死活，甚至加收到百分之四五十，愈演愈烈，百姓不堪重负，因此才有后来雍正皇帝“耗羡归公”的改革。雍正的改革目的在于打击地方官吏任意摊派的行为，在某种程度上起到了积极的作用，但未从根本上解决州县官吏贪腐问题。陆在新在松江教书二十年，以质行、经济为主要教学内容，眼睛盯着社会，心中想着民生，对耗羡的危害痛在心里，因此，他上任的第一件大事就是革除耗羡，这就彻底铲除了滋生腐败的土壤，减轻了百姓的负担，只有发誓不以一钱自污，才有勇气、有决心割掉耗羡毒瘤。

深入民间，寻访民意，解除民困。

《清史稿》卷四百七十六《陆在新传》记载，陆在新“时裹粮历山谷间，劳苦百姓，轸其灾患而导之于善”。同时“建问苦亭于衙

西，访求民隐”。陆在新为寻民意，解民困，采取了两种措施：走出去，请上来。走出去是他要深入百姓中间调查研究，真正了解百姓的生活状况，随时指导、解决百姓的困惑。即便是深山野岭，他也想看个究竟，因为知县者，就应该知道一县事。请上来，就是设专门接访站，“问苦亭”就是让百姓专门诉说心事的地方，而这位接待百姓上访者正是陆在新。七品知县官阶虽小，但对老百姓来说，那可是太爷，是一县的“父母官”，而作为县太爷为了解民情，自带干粮深入山区，访贫问苦，解决疑难，这需要的是爱民如子的情怀，需要的是“父母官”的担当精神，更需要为百姓鞠躬尽瘁死而后已的品质。《清史稿·陆在新传》中说他“傍水设五仓，便民输纳”。正是为民解惑的具体事例。按规定老百姓要向县衙缴纳粮税。有的山高路远，非常不便，陆在新就根据人口分布及地势情况设立五座仓库，方便百姓，减少百姓交粮的成本。

亲赴洪灾，救民于水。

康熙二十六年，也就是陆在新任庐陵知县的第二年，赣江洪水泛滥，大量农田被淹没，民房被冲毁，百姓溺死者众多，陆在新出资紧急招募船只，奔赴灾区救援，他不但作为一县最高长官亲临一线指挥，而且亲率船队，置生死于度外，出入洪涛骇浪之中，救起百姓无数。我们读《清史稿·陆在新传》，文中只有寥寥数语：“江溢，民多溺。在新急出钱募民船往救，躬自倡率，出入洪涛中，全活无算。”而当时抗洪抢险的惊险场面如在眼前，这位驾舟往返于洪涛之中的抢险队长，正是县长陆在新。这位刚刚上任一年的知县，先前曾是在松江任过二十年的教书先生，而这位文弱儒生怎么一下子就变成与洪水搏斗的勇士呢？陆在新头上戴着一顶知县的官帽，这顶官帽既是一个耀眼的光环，同时也是一位清官身上的千钧责任，帽子戴在这位清官的头上，而百姓始终装在这位清官的心里。由此，一介文弱儒生，关键时能变成上山伏虎、入海擒龙的勇士也就不足为奇了。

办学兴教，导化于民。

办学兴教，是古今有识之士的一个共同的、永恒的课题。陆在新作为一县知县，办学兴教，导化百姓不仅是他的为政职责，而且是他的专长。尤其是在庐陵这一文化氛围较为浓厚的地方当官，继承前代文化余脉，弘扬庐陵优秀文化传统，也是他曾有过二十年教育经历的不可或缺的为政内容。因此，他设四门义学，并刻《孝经》《小学》作为教材颁发学堂。所谓义学，是我国在晚唐就有的一种办学模式，略等于现在的义务教育，由官办经费或私募经费办学，学生不交学费，所教的内容为德行、言语、政事、文学艺术等。陆在新所刻教材《孝经》《小学》也属德行、言语之范畴。这让交不起学费的贫民子弟有了接受教育的机会，这不仅仅是陆在新的一大善举，同时也彰显了这位七品小官的远见卓识。汤斌识才，在江南七府一州中就看中了陆在新这位英才，其中就包含他的育才之才。

鞠躬尽瘁，结局凄惨。

陆在新在庐陵县任上，可以说是为国为民，尽职尽责，鞠躬尽瘁，然临终却极为凄惨。《清史稿·陆在新传》记载：“以受前官亏币盈万无所抵，忧卒。”用现在的话说，他是被亏欠国家的债压死的。这一笔债不是他这一任亏欠的，而是他接受了前任知县的亏欠。据有关史料记载，在陆在新刚刚接任时，就知道前官亏钱过万，这在一般的知县来说，要将这个亏空填上，也不是多大的困难，因为他可以肆意向百姓增派耗羡，因此，有的县吏就劝他：接受下来吧，我们会帮助您还上这笔债的。分析这些县吏之所以劝陆在新接受这笔巨债，出于两方面的考虑：一是前任的这笔巨债或与他们有关，如把这事呈到上面自己也难脱干系；二是觉得像前任或者众多知县那样，亏空的可以从百姓身上再取，也不难填补。谁知陆在新上任后，一改前任的为政作风，耗羡尽除，满衙清风。待要向上级报奏征收赋税情况时，庐陵不加耗羡，因此也就无法抵补。这给陆在新造成了莫大的压力，遂成咯血重疾，不治而卒。实质上，这位庐陵小县一代清官就死在前任贪官之手。临死之前，他面向北方叩首谢恩。这一个“谢”字，却饱含了他将要撒手人寰的复杂的心情，他感谢朝廷对他的信任，感谢清官汤斌的知遇，他为不能继续这个任上为国出力而愧疚和惋惜，他更为一位清官不能适应这个浊世而感到无奈。谢罢朝廷，他又手持他亲手制定的庐陵地方法规（教条），劝谕百姓，遵纪守法，修身向善，发展生产，过太平日子。一位小小七品知县，在凄凉无助中离开人世，此前，还上不忘国家，下顾眷百姓，官位虽小，精神不可谓不太矣！

知子莫若父，知父也莫若子。

陆在新在赴庐陵任时，他的儿子陆孔奂知道他的父亲清廉、持正、尽职，又加上有年纪，对他就不放心，他说：“吾父此行，必殉于是官矣。”在朝廷不同意的情况下，陆孔奂还是坚持一起与父亲到了庐陵，为此，陆孔奂在父亲去世后还受到了朝廷的处罚。陆在新死后，无钱以葬，儿子孔奂卖了几箱书籍，为父亲买了口棺材，可谓悲矣，惨矣！陆在新以勤廉而死，和前任知县的庸腐形成了鲜明对比。陆在新以勤廉而死是对清代封建制度的抨击和控诉，陆家父子的结局更是对清朝廷的莫大的讽刺。

老百姓心中从来就放着一杆秤，陆在新体恤民情、关注民生、勤政廉洁，自然受到百姓的爱戴。《清史稿》“本传”记载，陆在新死后，庐陵人万人会哭于街道，自发罢市三日来悼念这位清官，并把他的牌位请入名宦祠供奉，他的家乡也把长洲有这位好官作为骄傲，将他的牌位供在乡贤祠中，世代祭祀。

生平赋性不犹人
纵到为官依旧贫

——台湾知县陈瑸

“生平赋性不犹人，纵到为官依旧贫。”这两句诗出自大清康熙年间大清官陈瑸的《偶遣》诗（《清端公诗文集》卷八）。诗的上句说，上天赋予他的秉性与众不同，下句说得更直白，即使做了官仍然是贫苦。这是陈瑸的自我写照，落脚点是为官清贫。我们读这两句诗，觉得不那么简单，上句说的上天赋予他的“性”，指的是什么，其内涵是啥？“不犹人”，都在什么地方“不犹人”？至于“为官依旧贫”那只是选取的一个镜头、一个角度、一个特写。然而，也正是他的“性”，也正是他的自我特写，让时人尊敬，后人仰慕。史载，曾国藩、康有为都读过陈瑸的诗，读后唏嘘再三，康有为还说：“荣誉在焉，敬礼在焉”，其敬仰之情溢于言表。康熙皇帝也曾发出赞叹：“陈瑸居官甚优，操守廉洁。清官朕亦见之，如伊者，朕实未见。……诚清廉中之卓绝者。”（《清圣祖仁皇帝实录》）陈瑸，何许人也？

陈瑸，字眉川，广东海康（今雷州附城南田村）人。康熙三十三年（1694）进士，历任福建古田县、台湾县知县。康熙四十二年，授刑部主事、刑部员外郎，后出任四川提督学政，调台湾、厦门道，擢升湖南巡抚、福建巡抚等职，一生为官清明，政绩卓著，爱民如子，受到百姓爱戴和朝廷的褒奖。康熙五十七年（1718），卒于官，康熙下诏，追授他为礼部尚书，赐祭葬，并亲自撰文以示追念（《陈瑸诗文集》有《御祭福建巡抚陈瑸文》《御祭福建巡抚陈瑸碑文》），历史上将他与明朝的海瑞和邱浚同称为“岭南三异人”，谥号清端。

陈瑸自己在诗中说他“性不犹人”，康熙皇帝也称清操卓绝，

"朕所罕见，恐古人中亦不多得也。"（《清史稿》卷二百七十七《陈瑸传》）自古以来，官清者不计其数，那么，陈瑸的"不犹人"处何在呢？

卓异的志向。史载，陈瑸从小受两位老师的影响很大，以至于使陈瑸终生难忘。一位是启蒙老师黄瞿滗，另一位是应试老师吴马期，二人都是当地名流。陈瑸所学都是儒家经典，诸如"四书""五经"等，两位先生不但教之，而且以慈爱之心养之，时时鼓励，因陈瑸聪颖好学，两位先生以教之、养之自豪，并坚信"后必成大器"。另外，他还受清官洪垂万点教，这些都使陈瑸少年时就立下了"不在温饱"的大志，儒家修齐治平的思想牢牢地扎根于他的脑海，成为他一生努力践行的目标。陈瑸还受他父母宽容、慈爱的影响，著名的"陈瑸晒粮"的故事，一方面说明陈瑸专心好学，另一方面表现了母亲的慈爱与宽容。有学者将陈瑸母亲之慈，与海瑞母亲之严做了个对比研究，归结出两位大清官终生受到母亲影响的结论。陈瑸与其他儒臣清官不同的是他不但要"学儒者之学"，而且要"行浮屠之行"（丁宗洛:《陈清端公年谱》），也就是说，陈瑸的思想，以儒为主，同时也有佛。儒学的核心是仁，仁者，爱人。通俗地说，一个人当了官，就要履行济天下的责任，去爱天下的人；佛的思想核心是慈，虽然说从某一角度讲，仁、慈有相通之处，但在方式上、程度上及思想内涵上是有很大区别的。陈瑸的志向在于以儒学为基础，在实现他的儒学志向时吸纳佛家慈善因素，因此，在陈瑸的"性"中，少了一些一般儒者具有的"刻"字，多了些佛家具有的"慈"与"和"字，表现在无比融洽的上下级关系、为政以智、对民以慈等方面。这也是后世对他崇拜有加的原因。雷阳举人陈元起评价陈瑸"乐善好施，罕与伦比"（丁宗洛《陈清端公年谱》）。康熙帝就喜欢这种性格，他说："清官诚善，唯以清而不刻为尚。"（《清史稿》卷二百七十七《陈瑸传》）用现在的话说，陈瑸的志向极为远大，陈瑸的人格近乎完美。

苦行僧式的俭。"苦行僧"是康熙皇帝对陈瑸称谓，其中有褒扬，也有皇帝对这样大臣的怜悯。《陈清端公文集》记载：康熙五十四年，陈瑸觐见康熙皇帝，陈瑸回答皇帝所问："臣止带有仆一两人，妻室在家不能搬动。……臣儿子不相见十多年了，因为无盘缠，不能来往相看，只有第二个儿子在四川任上，看来臣回去，今又隔数年了。臣今年由台湾到福建便少盘缠了，蒙抚臣给臣盘缠赴任……”康熙叹息说：“如竟是苦行老僧一样。”《清史稿》“本传”也记载：“上目之曰：‘此苦行老僧也！’”

康熙五十三年，陈瑸已被擢为巡抚，这么大的官赴任竟无盘缠，史上也绝无仅有。

陈瑸做了一生二十多年的“裸官”。陈瑸之裸官和现在所谓的裸官，有本质上的区别，现在之裸官有为贪腐事发后逃跑作准备之嫌，陈瑸之裸官是持俭守廉的表现。清朝知县年俸是四十五两银子，有人就为他们算了一笔账：四十五两银子除以十二个月，每月得银三点七五两，按当时一般生活标准，可供三个半人生活，带上家眷、仆人、马匹等根本不够用，所以才有俸银之外的养廉银之说。不知何故，乾隆年刊本《古田县志》记载，陈瑸任古田县知县时“俸银只有二十七两四钱九分”，养廉银年一千两，他分毫不取，只靠俸银实难维计，这恐怕是他做“裸官”的理由之一吧。为官二十余年，只身在外，妻子不能相见，在一般人看来，简直不可思议。即便一人在外为官，生活也极为俭朴。关于陈瑸俭、苦的记载，有不少史料均有详述，诸如：布衣粗食，官厨唯进瓜蔬，以桂园和老姜充饥，办公厅、室共一等。这些描写，好像与一“官”字风马牛不相及，连皇上都说他是苦行僧。然而陈瑸却不这样认为，比如上任台湾知县，他何尝不知哪里的俭与苦呢？他在《寄子书》中说：“自厦门开船至台湾，有一千二百里。汝父此行，不但不知有身家，并驱亦付造物矣。然人生之平险，不尽在山川也。汝兄弟切须勇往发奋以成名酬生我，则与汝父之国而忘家所以酬成我者同一揆矣，岂在朝夕问视间矣！”他把俭与苦看作报效祖国应该承担的条件，他把父子分离看作互相勉励，共酬国家的一种必然。什么是苦？什么是乐？陈瑸有其自己的苦乐观。据《陈清端公年谱》记载，康熙四十六年五月，陈瑸到兵部任郎中，其间给儿子写了一封信，信中说：“汝父以本月二十八日到驾部郎中任，人莫不谓：‘居此官可不苦矣！’自汝父处之，其况味不甚相远。大凡居官，苦乐存乎其人之胸次，非官能苦之乐之也。汝兄弟在家自相师友读书，可谓至乐，然不可不苦心求之，苦心读书，方得读书乐

处，否则，只见其苦耳。”又云：“屡次家信，多以家计艰难为言，汝试思之，今虽艰难，较汝父诸生时之艰难，不亦少差耶？人生富贵，本自有时，亦各有分限，圣人所以示人不处非道之富贵，不去非道之贫贱，盖以贫者士之常，贱者吾之素耳。”这段话我们至少可以解读三层意思：一是说苦乐应是一种主观意识，为实现自己理想，再苦，都是快乐的。这一层阐明了陈瑸的苦乐观；二是说苦乐都是相对的，苦与更苦相比，就变成了乐，这一层阐明了他的辩证观；三是说要把自己看成一个平常之人，平常之人贫贱都是常事，当官的不应是以富贵为目的，而是要实现济天下的目的。这一层折射出的是他的价值观。由此，在一般人看来，陈瑸的为官生活苦不堪受，连皇帝都说他是苦行僧，而他自己却不觉得苦，“恬然处之”，为什么呢？就因为他心不在苦乐，胸如大海，心如平镜，坦荡无私，志在济世。

损己利他式的廉。陈瑸为官清介，这是公认的实事，有人称他是廉洁癖。这就是说他的廉洁与其他清官有别。康熙皇帝也说他与别人不同，称他“清操特著，风规卓然”（《御祭福建巡抚陈瑸文》）。雍正帝说他“秉志清严，禔躬廉价”，“流芳竹帛，卓然一代完人”（《赐闽抚陈瑸入京师贤良祠致祭文》）。两朝皇帝对陈瑸清操的赞誉无以复加。陈瑸清廉何以会做到如此境界呢？

请看陈瑸对“官”的解读。他曾在《寄子书》中说：“做县令，乃为公家守财，为百姓分忧之日，断无自守之而自盗之，不为百姓而为家计之理。汝父誓不寄银回家为此也。”他认为，当官的一个主要职责，就好像一个仓库保管员，国家的钱财都取之于民，当官理所应当的就是要为国家看管好财物，如果当官的贪钱与物，那等于监守自盗。他在赴古田任上还对儿子说：“盖世人之所谓好地方者（与古田比较），不过以其多得钱，为身家计耳。汝父此念，自一出门时已断绝了，又何嫌于其地之难为！用是，一切陋规，尽行革除，与民休息，总自劝纳正供外，不欲多费民间一文，此私心之时时用自慊者也。”这里主要阐发的论点是当官为了什么，当官如果是为了荣华富贵，那就必然要与贪、奢连在一起，当官如果是为了平天下，济苍生，那就不会计较物质和环境条件，为人民做些好事情就应该很满足了。他向儿子表白心迹，自己从走上仕途起，就已经断绝了物质享受的念头。

陈瑸对廉的标准的认识。《清史稿》卷二百七十七《陈瑸传》记载："康熙五十三年，……诏嘉勉，谕以躬行实践，勿骛虚名。旋入觐，奏言：'官吏妄取一钱，即与百千万金无异。'"这是陈瑸对廉的标准的认识。一分不取，是标准，也是底线；只要贪，多与少没有不同，性质一样，只是量上有别而已。守不住这个底线，那就有可能千里之堤，溃于蚁穴。陈瑸这种廉的标准在旁人眼中近乎刻薄。康熙皇帝就不完全赞同这种标准，他认为只是这样近乎刻薄的廉，还不能算是个好官，更重要的是"任事有为"。他一面倡导为官要清，同时并不强调清至于刻，所以，他对像汤斌、张伯行、李光地等人所谓的清官，也是看其大节，略其小节，甚至还赐以钱财以示嘉奖。清初，尤其是康熙年间，由于社会原因及官吏晋升制度等原因，涌现出了像于成龙等一大批清官，学者称之为于成龙现象，而在这些清官中，由于对廉的标准的理解不同，所以，像陈瑸一样的清苦克己的廉吏为数也不多见。

陈瑸对廉的践行。陈瑸之廉，不仅停留在思想及认识上，更可贵的是落实在他的实际行动中，且终生如一。首先是体现在他日常生活、工作中的廉。关于这方面的记载，在有关陈瑸的史料里，触目能见，诸如："布衣粗食，食不兼味""衣冠俭朴，马后老仆三人，负敝簏以从""桂园充饥""老姜充饥""日常用品，俱发现银，照价平买"等，都在说明他的俭与廉，俭是廉的基础，是性之所致，廉又迫使他必须俭。其次，革除耗羡是体现在他为政中的廉。耗羡制度在一定历史时期起到过一定的积极作用，但是，地方官吏借此尚方宝剑，无节制的摊派，又成了盘剥百姓的弊政，同时，也是官府腐败之来源。陈瑸革除耗羡，剔除弊政，也断绝了自己的财源。康熙皇帝对革除耗羡的做法，都表示担心："火耗尽禁，州县无以办公，恐别生弊端。"（《清史稿》卷二百七十七《陈瑸传》）难怪陈瑸生活那样简朴。陈瑸发誓不为家寄钱，似乎不近人情，仔细琢磨，一是仅凭县令俸银，也只能维持清苦的生计；二是他的父母在他二十岁之前都已去世，后来，老妻离他而去，出仕之前儿子皆已成人，更重要的是他无钱可寄。但到后来，官越做越大，俸银越来越多，而他的生活仍然是

那样清苦，即使不贪一分钱，那他的俸银怎么也用不完。看一下他的账单，引出了我们要谈的第三个问题：损己利他之廉。谨录以下记载：

> 在古田县任。春，捐修圣庙。记云："余莅邑之明年，诸事粗举，乃谋兴筑，爰捐薄俸为倡，诸弟子员踊跃输助……是役也，不科民钱，不动公帑。"
>
> 条陈台邑事宜十二条内，其改进文庙，捐盖仓廒费无所出，查邑有余羡些须，向系各衙门陋规，某方在革除，尽为建学，修仓之费。
>
> 捐俸修整道、府、县衙署，不费民财；尊师重道，捐俸建立明伦堂，不费民财民力；捐俸筑盖仓廒，不费民财民力。
>
> 五十年，拨养廉麻租一项，修筑文庙围墙。……又于明伦堂后另建数楹，为教官廨舍。
>
> 官庄所入，悉以归公，秋毫不染。
>
> 五十三年旧例有应得银三万两，悉屏之。
>
> 捐马价银三千两，又捐银两万两，以充西事军需。
>
> 捐置福州府学田一百十四亩，闽县学田八十六亩，侯官学田六十三亩。
>
> 五十七年，十月初二日，将任内应得银两，令接任抚臣解京充饷。奉旨："陈瑸将伊应得银一万三千余两奏请充为兵费，银一万两着留藩司库，以充兵饷，其余剩银三千两零，给予陈瑸之子。"
>
> 还有，捐修圣祠、捐修台湾学宫、捐修雷州堤岸等。（以上罗列均见《陈清端公年谱》）

看了这个账单，或可知晓陈瑸银钱的去向。虽然知县官俸很少，仅维生计，但朝廷允许支配的一年一千两银子的养廉钱不是个少数，随着官位越来越高，俸银和养廉银越来越多，这些可都是合法的收入，然而，仔细琢磨这些银两的去向无非有二：一是拒收充公，例如五十三年一次就放弃了三万两应得收入，充为公用；二是捐献，所捐银钱皆用于公，临死前还把二十余年为官的积蓄捐给朝廷，若非皇帝御批给他儿子留下三千两，那他真就当了一辈子“裸官”了。陈瑸从出仕那天起，就把自己交给了国家，私欲二字似乎与他无缘，无怪乎康熙皇帝都极为感动，“谥清端”，称“国之祥瑞”，“清廉中之卓绝者”。

为政以勤，为政以智。康熙不太欣赏“洁己”的清官，欣赏的是既清廉又有政绩的官，陈瑸就属于后者。他从走上仕途那一刻起，就已经下定了忘家为国的决心，一心要把七品知县当好，因此，勤政就是他为官的一大特点。在《陈瑸文集·谘访利弊示》中说：“今日随一官一邑，皆可尽心尽力，使饥者得食，寒者得衣，有衣食者知礼仪而重廉耻，将一邑之人心风俗渐敦古处，狱讼衰息。”古田上任伊始，他就有一个非常明确的为政态度，那就是“尽心尽力”，其目的是让这一县百姓，保证生活，懂得礼仪，社会安定。古田县任上一年有余，但他对古田县的治理可以说是全方位的。《条陈八事》中说：一、刊布上谕；二、清丁田；三、摘比积欠；四、实行保甲；五、均差役；六、除蠹书、蠹役；七、建义学；八、举行乡饮等，大有百废俱兴之光景。尤其是前任积欠的粮食征收问题最是困难，陈瑸把这事作为重点，亲自带队征粮。他在《寄子书》中写道：“汝父自九月二十一日往乡间征粮，历尽川岩险仄，真禹迹所不到之地，私心不无惊恐，幸而所至小谷，民皆欢呼攀辕，顶香迎接，如赤子之恋慈母。所欠钱粮，不动一板，经宿即皆完纳，以是又自喜，信直道果在人心也。十月二十四日回署。”这种不畏险阻，不畏艰难的勤政精神，得到了百姓的谅解、支持。他自带干粮，在山间工作一月，不但任务得以完成，而且近距离接触山间百姓，更多了解了百姓的苦乐，自己感受颇多，写诗十六首以记事、抒怀。

康熙四十年奉调台湾，一到台湾知县任上，他就向上级《条陈事宜十二条》，全方位治理台湾，这十二条，归纳起来有以下几项：建学兴教、通商济民、编制保甲、发展农业，同时，革除弊政、陋习，等等。从农商并重，发展经济，到学、庙共建，以图长远；从革除弊政，与民休息，到加强治安，以靖地方，方方面面无不涉及，真可谓政务缠身，把他忙得不亦乐乎，因此，他尝尝鸡鸣即起，伏案工作，

早晨只用几个桂园充饥，一日两餐，一直工作到夜至分半。真是废寝忘食，公而忘我。

陈瑸不仅是一位廉者，而且是一位智者。他要解决执政中的重大问题，多不采取强硬的手段，而是充分发挥智慧潜能，以柔化的方法达到最好的效果。古田、台湾两项重大改革中充分体现了他的为政特点。古田素称难治，其中蠹书、蠹役也算难治之一。所谓蠹书、蠹役，就是县衙中负责文书和跑腿的一些杂役。这些人经历一任又一任知县，成了胥吏油子，且他们之间关系盘根错节，形成一股难以扼制的地方势力，为非作歹，危害百姓。随着时间推移，这支队伍越来越庞大，据史册记载，清初古田县衙只有胥吏十四名，到陈瑸上任时，竟有一百五十八名之多。陈瑸在《古田县条陈八事》中说："差役下乡，分路搜索，如捕大狱，宁不骚扰!""分乡分路，四处骚扰，所过鸡啄一空。"其危害之大，可见一斑。陈瑸上任，决心割掉这一毒瘤，从官吏队伍自身建设处进行改革，然而，多任知县明知胥吏之害，却奈何不得，如果硬来，或有改革不成而身陷虎狼之口之灾，然而陈瑸用他的智慧解决了古田历史上人事制度改革的第一难题。陈瑸用考试的方法，公开招聘胥吏，确定考试内容，制定运作规则，预定录取人数，通过这一方式，使胥吏减少一半。一方面显示了选吏的公平、公正；另一方面消除了臃肿的机构，减轻了百姓负担，一个害民甚重的不治毒瘤，就这样被陈瑸轻易融化，充分彰显了他为政的决心、胆魄与智慧。

台湾的官庄，积陋已远，至陈瑸任台湾知县，其危害之大已经显现，陈瑸赴台上任，决心进行革除。所谓官庄，是指康熙年间，文武官员在台湾任上创制的产业，多来自两个方面：一是收复台湾的官员接受明末郑氏集团的田产；二是后来官员们自己置办的田产。这是台湾初归版籍的产物，在大乱初定，朝廷无法保障官员供给的情况下，起到了一定的稳定作用。然而，随着台湾的逐渐稳定，官庄之害越显突出，陈瑸说，官庄之利在官，官庄之害在民，因此，他列举了官庄十大危害，决心革除官庄弊端。革除这一弊端，是直接剥夺官员利益，其难度之大可想而知。陈瑸用文火不用烈焰，采取三步走法：第一步，申报。因为官庄是当时朝廷应允的，所以官员申极、登记并不忌讳，这一步很顺利。第二步，倡导把官庄收入全部捐出，用来整修衙署、学宫、仓廒，圣祠及其他公共设施。这是衡量一个官员的道德、素养、社会责任的重要标志，因此，碍于这些，即使有不同意的官员也不好提出反对。第三步，革除官庄。陈瑸带头将自己官庄归公，其余官员也就无话可说。当然，革除官庄一事，从陈瑸为台湾知县就发现弊端，决心革除其弊端，直到知台湾厦门道任上才完成，这其中也有其廉威所在。改革这种恶性的顽症，不仅需要他为政之决心，更多地需要他为政之智慧。

陈瑸一生，志在国民，俭约清苦，为官二十年，政绩卓著，人格耀人。所有这些，不管当时或后世都成共识。二十年仕途，在县任上七年，所到任所，都有声威。在古田仅一年半，古田人要为他建生祠；在台数载，台湾人民为其塑像以祀，百姓称为“陈青天”。康熙五十七年十月初三日，一代清官陈瑸卒于福建巡抚官署，享年六十有三。《福建通志》“本传”记载，陈瑸死时，“当属纩（用丝棉放在鼻上验其生死），一绨袍，覆以布衾而已”。查点他的物品，也就一件丝绸棉衣，还有一条被子盖着尸体。这是头一天陈瑸将终生积蓄一万三千两银子献给朝廷后的一幕。为官二十年，就这样悄悄离去了，真是当官惟携报国志，死后不留一文钱。“属员入视，莫不感涕，民有相向哭于途者。”噩耗传至台湾，台湾百姓顿足捶胸，悲痛万分，哀哉！惜哉！

漫话陶公事，东篱始称心

——昌化知县陶元淳

我们从高日旦的《菊花》诗中摘出十个字作为这篇文章的题目。《菊花》诗只有四句：

三月菊花开满林，朝朝扶酒向亭阴。
时人漫话陶公事，何必东篱始称心。

这首诗是清康熙年间曾任海南昌化县知县的高日旦为他的继任者陶元淳写的赞美诗。诗的头两句写的是诗人离任昌化知县后的生活，海南的天气花开的早，在满园菊香的园圃里，诗人悠闲自得，天天喝上几杯浓烈淳厚的美酒，顿感飘然之意，然后到小亭歇凉；他欣赏着菊花，不由联想到接任自己昌化县知县的陶元淳，现在街谈巷议的可都是陶元淳哪！他那像菊花一样高洁的人格，挺风傲雪，不畏强权，为民请命的官品，值得大家称道。最后说，陶知县用不着镶杆称挂在家里以自警，世人已自有公论了。

昌化县是汉武帝年间所置，历史上几易其名，几易归属，1987年改为现在的名字——昌江黎族自治县。昌江县，以昌化江流经境内而得名，如今的昌江县是海南岛西部一颗灿烂的明珠，这里居住的汉族、黎族、苗族，不同民族和谐相处，亲如一家；这里环境优美，旅游资源丰富，成为海南旅游的黄金景区。然而，三百多年前，尽管史称康熙盛世，而这里却是满目荒凉，一片凋敝的景象。陶元淳就曾在这个荒凉的小县任过四年知县。

陶元淳乍入仕途想当一个好官，而士人及百姓评价他也确实是一位清官。传说陶元淳曾专门定做了一杆秤，挂在家里，意谓我心如秤，做官也如秤；他还专门铸了一面铜锣，后来，这两件东西作为传家宝留给了他的后人，意在告诫后人：为人做事要像秤一样公平。铜锣是用来召集大家时使用的，遇到疑难问题，自己解决不了，集中大家的智慧，召集大家时，铜锣就派上用场了。据说，这两件宝物现在仍然保存在海南陶氏后人手中，作为永远值得传世的无价之宝。

陶元淳以秤秤心，百姓心中也有一杆秤，《菊花》诗中“时人漫话陶公事”就佐证了这一点，官心如秤，民心自有秤秤之。

陶元淳（1648—1698），字子师，江苏常熟人，康熙二十七年（1688）进士，三十三年授广东昌化县（时昌化县属广东）知县，《清史稿》卷四百七十六有《传》。清人冯景作《陶子师传》说：“君性刚，临事敢言，其遇人必以古道相处，生平不能容人过，亦不肯以非义干人。”这种性格也就决定了他要以称称己，也要以称称人。

民贫官亦俭。陶元淳康熙二十七年中进士，六年后任广东昌化县知县，次年又代署崖州事。当时的昌化县是满目荒凉，一片破败景象：北风一吹，万瓦皆飞，城中沙粗，莫养苍生之谷，井中水沥，淘尽赤子之肠。就是当时的写照。陶元淳曾赋诗描写百姓生活状况：煮饭不如煮粥香，各人忍耐度饥荒。一餐分派三餐吃，一日分开九日粮。老百姓生活如此困苦，使这位刚刚莅任的知县着实同情。陶元淳“到官则节衣缩食，署中尝至绝粮，日韭菜一束”（《碑传集》卷九十四《陶子师传》）。《清史稿》“本传”也说：“元淳自奉俭约，在官惟日供韭一束。”按说，作为一个知县，且次年又代署崖州事，朝廷给他的薪俸还不至于让他日食韭菜一束，甚至断炊，那为什么史料记载陶元淳生活如此寒酸，分析有两个方面的原因：一个原因是陶元淳是一位廉洁知县，上任伊始的革新项目之一就是“裁革杂征”，不从百姓身上揩油，只靠国家的俸禄，也实难有多少剩余；更重要的一个原因就是看到百姓忍饥挨饿，一顿饭的粮食分成三顿吃，艰难度日，作为一县“父母官”，他怎么忍心去过那种酒肉生活泥？父母之于儿女，知县之于子民，二者之间始终都用陶元淳心中这杆秤权衡着。与民同甘，首先就要与民同苦，否则，他心中的称就会失衡。

陶元淳是位有名的廉吏，廉，就一定会俭，陶公既廉且俭，这是

历代循吏的基本品质，是最受百姓欢迎的官吏。

为民请命。陶元淳到任后，为尽快进入角色，为政有的放矢，他常常“步行村落间，问民疾苦”（《国朝先正事略》卷五十），进行调查研究，他把了解到的问题进行归纳，厘清轻重，逐一解决。

首先是请免浮粮。何谓浮粮，浮粮或称虚粮，是超出定额以外的田赋。征收浮粮，是封建社会由来已久的社会积弊，是官吏盘剥百姓的一种手段。一方面是正额之外再加浮粮，百姓饱受之苦；另一方面，百姓缴不起繁重的赋税而流徙他乡，使田赋拖欠。因此，一些地方就出现了多年欠缴，甚至十多年欠缴赋税的情况。另外，各种情况都在不断变化，而再用额定田赋，就不符合实际，就又产生不少浮粮。《清史稿》“本传”载：“昌化额田四百余顷，半沦于海，赋不及二千，浮粮居三之一，民重困。元淳为《浮粮考》屡请于上官，乞豁除，无应者。乾隆三年，元淳子正靖官御史，疏以入告，竟获俞旨免焉。”陶元淳作为知县，为百姓不平，为地方官府不平，他仔细核清虚实，昌化县额定计入纳粮纳税的田地共四百余顷，据说，这是沿袭一百多年前的额定数目，但现在已有一半田地被水淹没，与海连成一汪，而朝廷仍按四百顷田地的田赋征收，怎么会收得起来？老百姓怎么会交得起？实际上，称得上浮粮的就占田赋总数的三分之一还多。于是，陶元淳就向上级打了一个报告，这个报告就是他撰写的《浮粮考》。他要为民请命，请求上官免除这些浮粮，以减轻百姓负担。打了几次报告，都石沉大海，问题得不到解决，因官微言轻，他无可奈何，一直等到他的儿子陶正靖官任御史，向乾隆皇帝上奏疏再请乞免，问题才得以解决，然而，时间又过去了四十多年了。

其次是请免贡木。黄花梨木是我国稀有树种，曾几何时就作为宫廷家具原料的上品，据乾隆时期曾在广东做官的李调元的《南越笔记》记载：“花榈色紫红，微香，其纹有若鬼面，亦类狸斑；又名花狸。”道出了宫廷对这种木材青睐的原因：一是色泽好，类似紫檀；二是香味浓，可与降真香比美；三是花纹自然美丽，如鬼面，类狸斑；还有是木质坚实。因此，据说从明代开始就有进贡花狸（花梨谐音）之记载，似乎成了一条不成文的惯例，虽有改朝换代，此项仍不得免。《琼州志》说“花梨木产崖州昌化陵水”黎山之中。深山老林中，在当时交通不便、运载工具落后的情况下，如何能把它运出来呢？据说黎山之外的人谁也不知道这个秘密。外人去取，一不识路径，二不得技法，如此庞然大物，“取之必由黎人”。花梨从山中运出，然后漂洋过海运抵上京，耗人耗资不可胜计。不仅如此，当地贪官污吏借此“尚方宝剑”，随意敲诈黎民，滋扰百姓，黎山百姓苦不堪言。陶元淳看在眼里，疼在心上，随即上书，请免贡木：“昌化上供花梨木，岁岁采办，不敢有违。但产木之所皆在黎峒，属崖儋二州管辖。昌化近黎之地，止有数村，不过五支山之余支，二州之边幅耳。虽少有所产，自充贡以来，斩伐殆尽。今所存者，径围小，不中程度。顷年采办，皆责之土舍转贸他境。地既绝远，加以重岗复岭，路绝峰回，往往颠坠涧谷，人罢牛死，不能绠引而出。黎人深以为苦，……叩首哀诉求免此役。……伏乞大人怜其凋敝，准赐豁免。”（《南崖集》）陶元淳在给他的上级的“请示”中阐述了种种理由：一是资源匮乏，近乎枯竭；二是转贸他境无限艰难，为解黎人之苦，请求豁免此役。然而，上司只顾逢迎朝廷，哪顾百姓死活，报告打上去后，杳无音信，无人理会。

次年，陶元淳就贡木之事再次上书：“每岁装运花黎木，勒要牛车二三十辆，所过村落，责令黎人放牧，或遇重岗绝岭，花黎不能运出，则令黎人另采赔补。”（《南崖集》）再次请求免除贡木，仍无回音。

虽然陶元淳屡次上书不被理会，但作为一位地方小官，敢于不遗余力为当地百姓请命、呐喊，实属不易，也再次证明，这位知县，心中装着百姓，敢为百姓担当，无愧为百姓心中的“父母官”。陶元淳为百姓请命，实际也是为大清社稷着想，他深知水能载舟，亦能覆舟的道理，但他无能为力，临死都成为遗憾。果然，在他逝世后的第二年，当地就爆发了黎人因为反对进贡黄花梨木而发动的一场武装起义，起义虽然最后失败，可也给朝廷敲响了警钟，更进一步佐证了陶知县屡次上书请免贡木的智慧和卓见。

浮粮、贡木之事，非陶元淳这位小小知县能够左右，他也只能尽心力为百姓呼吁，然而，凡知县职责范围内的事他却不误日时，雷厉风行。例如：厘清田亩，按章纳税。由于昌化地处偏远，社会环境混

乱，当地豪强趁机霸占田地，而又不按自己拥有实际土地数纳粮，造成普通百姓少地种而纳税多，拥有土地的多种地而不纳税的不公平局面。为除这一弊端，陶元淳重新丈量土地，登记造册，使土地有主，赋亦有主。

奖励垦荒，率民耕作。他动员由于没有土地而逃亡到外地的百姓返乡耕作，供给一些生产工具及种子，同时亲自下田耕作，以显示知县对垦荒的重视。他规定，凡返乡垦荒的百姓，所垦土地不纳赋税，如此一来，极大地调动了百姓返乡垦荒的积极性，据冯景的《陶子师传》记载：陶元淳刚上任时，昌化城人口不足千人，城中居民仅七十余家，村子里也很少看到炊烟，全城一个月只宰一头猪就够了，到陶元淳革弊推新之后，“市有醉人，民始知有伏腊宴会之乐”。市有醉人，说明城中酒肆生意兴旺，百姓安居乐业；每逢过年，乡亲、家族在一起团聚，到处都是欣欣向荣的景象。昌化县施政措施收到了很好的效果，据记载，流亡人员回乡复耕者就达一千多户。

无畏执法。法律，在任何时候都具有调理当时各种社会关系的作用，若执法者随意偏废，社会就会在某种程度上失衡，社会失衡后的最大受害者，还是老百姓。陶元淳作为一县最高长官，敢于秉公执法，不畏强权，充分表现了他正直的人品和敢为百姓撑腰做主的官品。《清史稿》及其他有关陶元淳的史料记载，都没有漏掉崖州人的一句口头禅：“虽有余虎，不敌陶公一怒。”这十个字蕴含着崖州人妇孺皆知的一个真实的故事。

陶元淳莅任昌化的第二年，朝廷委任他主政昌化，并代理崖州事。到任以后，他了解到海南部队官兵，骄横恣肆，无所忌惮，其中，以崖州地区驻军更甚。崖州游击将军名叫余虎，这位官从三品的武将，在这偏远一方为所欲为，无人敢问。他的下属叫黄镇中，是一名守备，官居五品，随意杀人，而余虎视而不见，不管不问，这是利益所系。他们对黎人迫害尤甚，每年强迫黎人额外为他们纳贡，稍有不满意，就严加惩罚，黎民敢怒而不敢言。等到陶公代崖州事，人们听说陶公是位清官，就有人壮着胆子将余虎、黄镇中告上了州衙，陶公本是一位七品知县，委以崖州事，最多也是一个六品官，而要受理三品、五品官员的案子，着实需要胆量和勇气，但为了心中这杆秤，

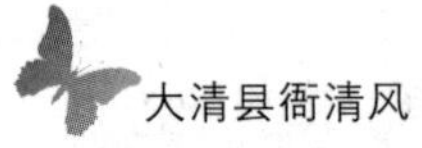

他毅然受理此案。他根据百姓诉状，列举了余虎六条罪状：一是侮辱政府官吏，擅自干预政事；二是直接干预征粮，从中谋利；三是纳民于兵营管理，以逃避应纳赋税，从中渔利；四是在黎村中私设“粮长”，搜刮民脂民膏；五是虐害百姓，强迫百姓交纳当地特产；六是强迫黎民贸易，恶意欺诈，从中勒索。这六条罪状，条条属实，句句有凭，比如：第三条纳民于兵营管理，就列举了“州城内遵道一坊，居民一百一十余户，当民役者只有两家，其余悉充‘余丁’”。指出这是营将占丁之害，这些百姓归属兵营管理后，不承担政府赋役，但他们要纳的赋税比政府征的还多，这些钱粮流到哪里呢？可想而知。这是既坑百姓，又坑国家的祸事，这是彻头彻尾的违法乱纪。

当游击将军余虎听说有人状告他们违法，且代理知州受理此案时，轻蔑一笑说：“吓我邪，欲多得钱耳。”所以“漫投百金为寿，君峻却之”（《陶子师传》）。当余虎想用金钱堵住这位比自己官职小几级的陶公的嘴时，谁知这位陶公严词拒绝。余虎虽然官大，但在这位一身正气，秉公执法的小官面前也开始有些害怕了，他开始出损招：第一招是他编造谣言，散布陶公坏话，并故意让广东总督知道，从而惹怒总督。这招真灵，总督便下令让镇守海南的总兵调查，并责令陶公到总督府接受会审，不料却遭到陶公的断然拒绝，并上书说：“窃谓是非本一定，耳目难尽塗。若其公论犹存，卑职不应有罪，私谒不应发审，镇臣不应侵官；若徇奸弁之谋，挫执法之气，灰任事之心，某宁弃此一官以全政体，不能蒲伏武臣以贻州县羞。”（《陶子师传》）陶公在这篇公文中，尖锐地指出：“是非屈指百姓都听得见、看得着，你如此庇护属下，将是公理不存；再者，你这样做，有违大清审案程序：私人密告，不能发审，武官更不能审理文官政事。如你非要一意孤行，干扰行政官员执法，那我宁愿丢弃官职，也要保全国家的行政体制，不能使武官任意侮辱文官。”这是在和一位正二品官员对簿，他怎么这么大的胆量呢？因为他身怀正义，心怀正气。于是总督大怒，要罢陶公的官，其罪名是“昌化检验失实。”恰好广东巡抚萧永藻到任，总督不便越过这位省长的门槛，便向萧巡抚说陶公坏话，希望萧巡抚免掉陶公的职，谁知雷琼道台已把陶公的情况向巡抚做了汇报，所以，巡抚对总督说：“我听说陶知县是一廉吏，我刚到

此就任，就罢了一位廉吏的官，以后无法领导其他官员，你再向道台了解一下陶知县的情况吧。”当这位道台将陶公的情况如实向总督汇报后，总督觉得自己对此事处理得有些不妥，沉默了良久才说：“我知道昌化县令没有罪，只是我招他来而被他拒绝，着实没有面子，所以才想治他的罪。”就这样，此事就平息了，然而，陶公受理余虎的案子并没有停息，余虎和陶公的较量也没有停止。

余虎、黄镇中听说陶元淳虽然差点儿被总督罢官，但仍然没有放弃对黄镇中命案的受理，因此，就来了他们惯用的，也是最得心应手的第二招——武力威慑。冯景的《陶子师传》中有一段极为精彩的描写：陶元淳“奉徼往理镇中命案，镇中阴命甲士百人带刀突入，欲因势恐吓，士民观者千余，皆警骇狂走，尘埃涨天。左右执役亦欲奔，君叱之曰：‘若不得动！’乃目镇中曰：‘守备反邪？吾奉命治事，而令甲士劫持，非反而何！’镇中气缩，挥使去，君录问自若。”这短短不足一百字描写，刻画了几类不同人物的形象：黄镇中看软的不行，就来硬的，依仗余虎撑腰，带兵闯入崖州府大堂，以武力威胁陶公，妄图以此使陶公屈服，一个骄横跋扈、为所欲为、无法无天的兵痞形象跃然纸上。因为黄镇中这种做派并非偶然，而是一贯作风，甚至殴打文职官吏，所以，当地百姓乃至大堂执役无不相信这位武官厉害，故有“警骇狂走”“欲奔”的被吓怕了的一群小人物形象的出现。在这样的情况下，唯独陶元淳毫无惧色，端坐大堂之上，手拍大堂公案，首先震的是执役，“若不得慌乱！”这是大清朝的大堂，你们是大清朝的执事，你们在为大清朝廷当差，必须保持大清官衙的威严。就这一招，就使黄镇中的下马之威顿减三分。接着二目圆睁，寒光逼人，怒叱这位武官：“守备反邪？”这四个字对黄镇中来说是五雷轰顶。真落得个大清朝的反叛，其后果黄镇中再清楚不过，那是少不了灭族之灾的。陶元淳进一步为他口中迸出的四个字找依据：我奉朝廷之命办事，你带兵私闯大堂，意欲劫持朝廷命官，非反而何！这是一个七品知县代署六品州事，或者说顶多是一个刚刚任命的六品官在呵斥一位手握兵权的五品官，这需要的是胆魄，需要的是豪气，需要的是智慧，而这一切都来自陶公的一身正气，邪气永远都压不住正气。当黄镇中听说自己的作为被这位陶公上纲上线，定为谋反朝廷，忤逆上官，蔑视天子之罪时，慌了手脚，“气缩”而退，听候处置。黄镇中之所以敢如此骄横，除了自己手中握有兵权之外，更重要的是他背靠余虎这棵大树，谁人敢撼动这棵大树？谁人又能撼动这棵大树？没想到遇到了陶公这颗克星，只刚刚过招，就被陶公的正义利剑斩断了这棵大树的旁根，悲夫！无怪百姓都说：“虽有余虎，不敌陶公一怒。”

陶元淳不畏强权，秉公执法，一身正气，大义凛然，也来自他心中的那杆秤，如果他贪了黄守备之赃，枉了国家之法，那他心中的天秤就会失衡，挂在他家里墙上的那杆秤就失去了保存的意义和价值。他既不怕高官，也不怕丢官，最怕的是对百姓不公，自己的秤心之秤不平。

黎、汉百姓“一权量”。《清史稿·陶元淳传》记载：昌化县“与黎为界，旧设土舍，制其出入，吏得缘为奸，元淳立撤去。一权量，定法度，黎入便之。”储大文《陶先生元淳墓表》（《碑集传》卷九十四）也载：陶公“僻市通商，槲榔诸税胥蠲之，而遇黎尤有恩。揭膀山峒俾得自诣邑诉理，土舍弊始绝。同权量度，市始莫之欺”。昌化汉人与黎人相邻，汉人乃至官府对黎人不公，他们设土舍，限制黎人出入，管制黎人。什么是土舍呢？本文不准确地定位叫“三不像”，即：是官而又非官，是吏而又非吏，是民而又非民，介于少数民族土司制度框架下的土官、土吏、土民之间，土官因种种原因可降格为土舍，土舍因不同原因也可升为土官，他们是老百姓，而又与百姓有区别，是少数民族最基层、最低端的管理者。这似乎也是少数民族自治的一角。然而，这些土舍往往被一些不法官吏所利用，变成了欺诈黎族百姓的工具，陶元淳为之不平，下令撤销危害黎族百姓的土舍，使黎、汉百姓享受同等待遇。他鼓励黎、汉通商，对于产于黎山深处的槟榔、椰子免税交易，同时张榜告示，如有黎人再受到欺负，可到县衙诉讼。这些措施表现了一位颇具政治眼光的县令的胸怀，也使这位知县心中的那杆秤保持平衡。

陶元淳一心想做一位为国为民有用的官，凭良心施政，哪想，却在走上仕途的第二年差点儿丢了官，天理何在？幸亏遇到了新任巡抚萧大人，才得以留任。为了答谢这位主持正义的长官，他给萧氏写了

一封信，信中申述了他奋志报国为民的志向，倾诉了他主持正义而险遭不测的委屈，说明了任职昌化以来，由于环境恶劣、物质匮乏加上精神之压力造成的身心状况，最后还表达了为国为民尽微薄之力的决心与愿望，读之感人至深。在萧公正要举荐这位忠直之士时，不期这位廉吏竟因操劳过度而“卒于官”。享年五十有三。

《陶子师传》记载，陶公卒后，“二子扶柩渡海，途与粤士科举赴广城者百余人，知为君柩，皆随行莫敢先。路过阳春，有悍卒争渡，汹汹索斗，诸生怒，大哗曰：‘此吾师也，谁敢无礼者!’卒惧而窜，其得士心如此”。

陶元淳为官四年，得民心，得士心，皆缘百姓与士子心中有一杆秤；陶元淳一身正气，两袖清风，为国为民，鞠躬尽瘁，也缘于他心中藏着一杆秤心之秤。

正气传吹鬼，青天德在人

——西安知县陈鹏年

1962 年，《人民日报》曾经登载过清朝康熙年间大清官、诗人陈鹏年的书目诗卷，郭沫若先生题诗为赞："正气传吹鬼，青天德在人，一时天下望，万古吊中珍。"郭老是一位大文豪，读报有感，览卷思人，诗中以生动而浪漫的"吹鬼"故事来赞扬、缅怀二百多年前凛然正气、备受世代敬仰的清官——陈鹏年。

陈鹏年，字北溟，又字沧州，湖南湘潭人，康熙三十年进士，历任浙江西安知县、淮阴山阳知县、迁江宁知府、苏州知府，官至河道总督，是大清著名的水利专家，一生著述颇多，《清史稿》卷二百七十七有《传》。

郭沫若先生用"吹鬼"故事赞扬陈鹏年又是怎么回事呢？这源于清代文人袁枚《子不语》中的一则小故事——"陈鹏年吹气退缢鬼"。故事是这样讲的：一个秋天的傍晚，陈鹏年到老乡家闲聊，老乡家境穷困，但很热情，想让夫人准备点酒菜与陈鹏年小酌几杯，遭到夫人拒绝，因此自己外出买酒。陈鹏年等待之时，只见一个女人蓬头垢面、衣冠不整来到老乡家，见陈鹏年在，又缩了回去，过一会儿，又出现了。陈鹏年看见她袖中藏着一根带血的绳子，知道这是一个吊死鬼。那妇人怒气冲冲向陈鹏年走来，站在陈面前，张着大嘴向陈鹏年吹气，这使陈鹏年顿觉阴风逼人，毛骨悚然，浑身打颤。陈定下神来，暗想："鬼尚有气，我独无气乎？"想到这，陈鹏年鼓足气向鬼吹去，谁知那鬼不堪一吹，当即烟消云散，化为乌有。这个故事，讲的是陈鹏年未发迹时的事情，固然是作者虚构，但告诉人们的是邪气不压正气的道理。郭老这里借此故事赞美的是陈鹏年一生为

官，清正廉直，无私无畏，襟怀坦荡的浩然正气。当然，郭老在1962年写此诗以赞陈鹏年，也有其特殊的时代背景。

关于陈鹏年，后人有不少传说，尤其是陈鹏年这个名字，就连乾隆年间长沙的余廷灿，这位既通经史又曾在数学领域有一定造诣的学者，都在他的《陈恪勤公鹏年行状》（以下简称《行状》）中把鹏年这一名字来由写得神乎其神："母罗孕公，梦人采云吞月华，将娩，又梦大鸟挟青衣童子至，已而异香满堂，经日不散。明经以青鸟兆祥也，因公之生，命名曰鹏。"其字"北溟"，也来自庄子《逍遥游》中"北溟有渔，其名为鲲，……化而为鸟，其名为鹏"。我们不必把这些神话记载当真，但透过陈鹏年这一名字神话，可以看出这个家庭对陈鹏年寄予的厚望。果然不负祖上，陈鹏年一生，也像一只大鹏鸟一样，有展翅之时，也有折翅之时，时而被鬼吹，时而猛吹鬼，道路虽坎坷，但他的一身正气，为国为民的宽广情怀，永远被后人铭记敬仰。

誓为清白吏，忠孝终自勉。几乎与陈鹏年同时代的清官张伯行，曾为陈鹏年撰写《墓志铭》，其中说：陈鹏年"康熙辛未（即康熙三十年，时鹏年二十八岁）成进士，丙子（康熙三十五年）授浙江衢州府西安县知县。公刚方有大节，不可干以私，莅任之日，即焚香告天，矢为清白吏，又书'清、慎、勤'三字榜于室。"陈鹏年刚刚上任，即烧香向上苍发誓，要做一个好官、一个清官。具体内容是什么呢？余廷灿的《行状》一文记得更详："自今伊始，鹏年服官行政有不弱于天理，不即于人心者，明神殛之。"这里陈鹏年说的是从走上仕途这一刻开始，当官行政做的每一件事如有不合乎天理，不顺乎民心者，当受到上天惩罚。什么是天理，什么是人心，清朝周安士这样解释："天理"二字与人欲相反。"天理者，做事之准则，犹匠士之有规矩，射者之有正鹄。……此与下句，文义互见。言做事则出言亦在其中，犹下文言顺人心，则循天理亦在其中也。"（《周安士全书·发明》）"人心"，本来是不复杂的概念，却被不同时期的哲学家解释得深奥莫测，笔者认为，周安士解释得就很简单明了。二者互文见义，天理就是规矩，当官就要守当官的规矩，国有国法，依法、依规办事这就是天理，遵循规矩办事即为公，偏离规矩即为私。人心即民心。天理中有民心，民心中有天理。循天理，顺民心，是陈鹏年当官伊始的誓言，也是对世人的承诺，做到这两点，尤其是在康熙盛世时期，显然就是一位清官、好官。陈鹏年从三十三岁为官，到六十一岁死于任上，近三十年来，不管一路多么坎坷，处境多么艰难，从未突破他为官的底线，时刻牢记为官的誓言和对世人的承诺，一身正气，两袖清风。雍正元年，这位已官至河道总督、兵部侍郎、都察院右副都御史的廉吏，因为国为民，治理河道积劳成疾，死于自己的岗位上。弥留之际，嘱咐家人将先帝所赐之物一并奉还朝廷，并口授遗表向皇帝陈达河道之事，然后“移榻正寝，北向坐”。遗憾的是没有见到远在淮地的母亲，更谈不上在母亲身边尽孝，故“太息曰：‘忠孝谓何?’长吁而卒”，好不悲切！无怪乎“役卒皆哭，士民相吊失声”。陈鹏年舍小家为国家，舍小孝尽大孝，也正是他循天理、顺人心为官誓言的最终体现。

恪勤政事，官清民安。“恪勤”是雍正皇帝赐予陈鹏年的谥号。《清史稿》卷二百七十七《陈鹏年传》载：“雍正元年，（陈鹏年）疾笃，遣御医珍视。寻卒，上闻，谕曰：‘鹏年积劳成疾，殁于公所。……此真鞠躬尽瘁、死而后已之臣。’褒锡甚至。……谥恪勤。祀河南、江宁名宦。”陈鹏年一生为国为民，辛劳成疾，累死于工作岗位上，这种情况在众多官吏中也是少见的，无怪乎雍正皇帝评价他“鞠躬尽瘁，死而后已”，谥封“恪勤”，也是对他一生工作业绩、工作态度的充分肯定和最高褒奖。张伯行的《恪勤陈公墓志铭》中记载，陈鹏年任西安县知县四年，又曾转任江南山阳知县，作为基层官吏，为老百姓做了大量的有益的事情，清声、政声显著，因此，百姓在门前挂上“官清民安”匾额，以示政通人和，百姓安居乐业。

我们且不谈他在苏州、江宁两府任上的辉煌政绩，也不谈他任河道总督治河佳话，清声起于县令，恪勤缘于县令，百姓于县令最近，看县令最清，恪勤为政，官清民安还是先从知县任上说起。

察民情，探民意。用现在的话说，陈鹏年为了践行他为官伊始的循“天理”、顺“人心”做一个好官的承诺，为了施政有的放矢，他深入民间调查研究，史料上尽管没有更多的这方面的记载，但从他知

县任上写的诗中可以窥见他的为政踪迹。仅录小诗两首：

重过山家

隔年重访老农家，（禾罢）秋场敢竞夸。
旱后仅余荞麦浪，霜前先透柏林花。
茶瓜丈宝松寮迥，箭栝参天鸟道斜。
自叹初衣迟岁月，帽檐狼藉软尘遮。

浮石即事

江郭春残雨乍晴，恰乘微雨看春耕。
孤村响送樵风暖，十里青浓麦浪平。
到处重檐闻疾苦，隔年傲吏减逢迎。
香山遗迹停轩处，揽辔真惭谷水清。

这两首诗都是写农村所见所感。第一首诗写的晚秋季节深入农村察访，诗人选取了最典型的景物——荞麦、柏树花。荞麦喜水怕旱，而大旱之后，其他庄稼都不见了，唯余怕旱的荞麦还在干旱的天气里摇摆，可见收成不佳。这位知县走累了，就在一间小屋里歇息，随从端来了茶水和西瓜，但远望松林里那间酒屋，因年成不好，已冷落无人。栝树倒不怕旱，仍是密密麻麻，以至于鸟通过都困难，但那不能济百姓饥渴，由此而生怜悯；百姓之苦谁来拯救，叹息自己出仕太晚。（初衣，当官前的衣着）接下来拉一下帽檐遮蔽一下尘土继续考察，暗示为民解困的决心。第二首诗是写陈鹏年暮春季节到农村察访的见闻。春雨贵如油，微雨过后看见农民忙于耕作和麦浪滚滚的情形，喜悦之情流露于字里行间，然而，转眼一想，赋税繁重，即使丰年，百姓生活仍然很苦，决心革除弊政做一清官。

我们从诗中可以看到，陈鹏年知县任上的一项重要工作就是察访，只有知民情、解民意，施政才有基础。针对百姓现实状况，陈鹏年进行了卓有成效的施政。

其一，整顿田赋。《清史稿》卷二百七十七《陈鹏年传》记载：“当兵后，户口流亡，豪强率占田自殖。鹏年履亩按验，复业者数千户。”这件事情在有关地方志及碑传中都有记载。陈鹏年任西安知县时，“三藩之乱”平息不久，人口锐减，陈鹏年到任后，努力招徕流民，然而回来的流民无田种，有田的豪强匿报田数不纳税，陈鹏年对全县的土地进行了一次大清查，重新丈量所有土地，使所有土地有主，拥有土地者按章纳税，安置流民垦荒，并免除他们的赋税，这样一来就避免了有地无主，田赋不符的弊病，同时，使回乡的农民有地种，有饭吃，西安县人口也得到了迅速恢复。

其二，兴修水利。陈鹏年称得上一位水利专家，在两县知县任上，已初步显示了他这方面的天赋。在封建社会，人们完全靠天吃饭，好年景百姓还填不饱肚子，遇到天灾，更是可想而知。陈鹏年首任知县是衢州西安县。唐代诗人白居易就曾描写过这里受灾后的社会惨相：“是岁江南旱，衢州人食人。”陈鹏年就任伊始，下乡察访就遇到了大旱天气，因此，他非常重视水利建设。据史料记载，石室堰渠是当时西安县用以灌溉的重要的水利设施之一，年久失修，几乎废弃，陈鹏年决定修复该渠，为民造福。他勘察设计，精心施工，疏浚河道，并建分水闸，旱时灌溉，雨时蓄水，百姓由此受益。因此，命名此闸为“陈公闸”。说陈鹏年是位水利专家，原因还不单单在于他重视水利设施的建设。更重要的是，对已修缮的水利工程他懂得保护和管理。他将洛河两岸受益农户组织起来，分设若干护堰管水小组。每组设负责人若干，政府一方面要减少这些负责人的赋役之类的任务，另一方面也让他们承担一定的责任。如此一来，从修到管，到用，形成一个完整链条，保证水利建设永久为民造福。山阳县发大水，陈鹏年力排决堤泄洪之议，亲率百姓，奋战在抗洪一线，结果保住了大堤，大堤以东数以万计百姓免遭洪水之苦。

其三，平反冤狱。《清史稿》“本传”记载：“烈妇徐冤死十年，鹏年雪其枉，得罪人治诸法。”说的是一个名叫郑祖荣的人与他的亲戚死于冤狱，妻子徐氏多次申诉无果，碰碑而死。由于冤案始终没有昭雪，徐氏灵柩放在城西铁塔下七年未葬，冤魂不散。陈鹏年闻状，决心复审此案，结果是冤狱得以平反，并为徐氏建墓立祠，题曰：“孝烈”，而罪犯绳之以法，百姓拍手称快。人们为了赞颂为民做主、伸张正义、不畏艰难、恪尽职守的好知县，有人将这件事情编成戏

曲，搬上舞台，取名《铁塔传奇》。

其四，去除弊俗。张伯行《悋勤陈公墓志铭》为陈鹏年画了一个像："公身长七尺，美鬚髯，目光如电，声若洪钟。燕居衣冠必肃，言笑不苟，人望而畏之，接见则蔼然春阳，胸无畦珍，喜怒不形于色。危疑患难中神气愈闲整。发覆钩情，洞见毫发，故所至政绩咸卓卓可纪。"俨然一个不怒自威的正人君子，胸无杂念，目不容沙，因此所到之处，即以循天理、顺人心为己任，革弊兴利。他革耗羡，戒奢靡，驱娼妓，惩赌徒，树正气，立新风，重视教化，民风、官风一清，邪风陋俗遁匿。有关陈鹏年的史料上多有记载，衢州之地有民俗，重男轻女，因此，生下女婴多被溺死，不知这是多少年传下来的坏风俗，百姓憎恶这种习俗，但无能为力，尤其是妇女，深受其害，饱受其苦。《清史稿》"本传"："禁溺女，民感之，女欲弃复育者，皆以陈为姓。"民之所怨，官之必除。陈鹏年以地方法规的形式下达了禁止溺女令，这一道禁溺令，不知道挽救了多少无辜的生命，特别是生了女婴虽未被溺死而也以不同方式遗弃，有些被弃女孩在禁溺令下达后，重新回到父母身边，为感激陈知县法定的善举，她们都以陈为姓。这种恶俗害民之深，罄竹难书，恶俗被除，影响之远，至今永记。

其五，整饬吏治。陈鹏年清正廉洁，勤勉务实的政治品格及工作作风，不仅受到同僚的赞誉，同时也受到了皇帝褒奖。陈鹏年死后，雍正皇帝悼伤不已，"诏曰：'陈鹏年洁己奉公，实心为国。'"史学家也把他列为廉洁的典型，《清史稿》卷四百七十六《循吏一》就说："圣祖平定三藩之后，与民休息，拔擢廉吏，如于成龙、彭鹏、陈瑸、郭琇、赵申乔、陈鹏年等，皆由县令荐历部院封疆，治理蒸蒸，于斯为盛。"这是说，之所以出现康熙时期的盛世，正是因为有一批从基层干起、既廉洁又能干事的官吏，陈鹏年自然是其中的代表之一。这些人不仅自己廉洁奉公，更不允许其属下贪赃枉法，因此，所到之处，整饬吏风，以廉率属。他除耗羡，禁奢靡，驱官妓，惩赌徒，一系列措施，多数都是为了整饬官风、吏风。西安知县任上短短四年（数年头四年，实不足三年），能把西安县治理得井井有条，为百姓称道，最主要原因是官风正、吏治清。《碑传集》卷七十五张伯行为陈鹏年写的《恪勤陈公墓志铭》中记载："先帝稔知公清廉，特命宰淮安之山阳。公抵任，黜羡耗，绳胥吏以法，舞文贪赃者畏而归农半焉；关吏亦守法，不敢于常税外取一钱。"史载，陈鹏年为山阳知县不足半年时间，半年时间到一个新的岗位能干点啥？陈鹏年干的第一件事就是整肃官吏队伍。耗羡，首先是知县的一块肥肉，其次是胥吏的一碗肉汤，除耗羡，就是把自己的肉盘和胥吏的汤碗一并打碎，一批不法的官吏被惩办，因贪赃而被罢职驱逐出县衙者占官吏的一半，可见动作有多大，手腕有多硬。整顿以后的县衙，大家老老实实办差，规规矩矩办事，想贪而不敢，如此，百姓才得以安宁，这就是循天理。只有循天理，才能顺民心。

官爱民，民亦爱之。余廷灿《行状》中如此评价陈鹏年，并记一则遗事："其清操亮节，勤事惠民，即道路童孺负贩，也靡不津津称道感激，乐为之死。当修书京师，岁就除，遣人市米潞河，米人叩使：'自京师何官所来？'曰：'自某官所来。'叹曰：'某官廉太守，廉太守今尚市米为食耶？'归其使并还其值，未几辇米至门。"这段记载可作三层意思理解：一是陈鹏年的清廉勤勉在百姓中的影响，妇孺皆知，成为路人美谈；二是陈鹏年因公废私，以至于要过年了连米面还没准备；三是说百姓对这位清官的爱戴。问清买米者来历之后，不但不要米钱，还亲自将米送到陈鹏年家门口。有资料还说，这位卖米者，一不收钱，二不留姓名，只是留下一个纸条："天子必再用公，公宜以一节始终，毋失天下望！"百姓之爱，百姓之盼，都在这粒米、寸纸之中。

据苏州《娄葑镇志》记载：陈鹏年在苏州任知府时，曾到娄葑镇察访，当时一个村子流行瘟疫，陈鹏年亲自察看（据说陈鹏年懂医术），紧急拨款救治，还带头捐款购置药品，结果救活了五万多户人家性命，村民感激救命之恩，就在村里为其建祠、塑像，早晚供奉。

传说康熙皇帝南巡，曾在江宁织造府见一小孩玩耍，康熙见他可爱，上前问道："小孩儿，你知道江南有没有好官？"不料小孩脱口而出："知道，有一个陈鹏年。"据说，这个小孩就是后来《红楼梦》的作者曹雪芹。可见这位清官在社会上的影响之大。

陈鹏年因性情刚直，不事阿谀，更不以钱财贿上，因此，曾在江

宁、苏州两次被诬入狱。“民至痛哭罢市，持薪米相饷遗者壅衢巷。”“苏民呼冤者数万人，更烈于公在江宁时。”（《碑传集》卷七十五张伯行撰《恪勤陈公墓志铭》）《碑传集》还载有一篇曹一士代郑任钥写的《陈公墓志铭》中也描述了有这种场面：“方公拘幽江宁城中，市昼闭，哭声遍野，诸生匍匐吁留，旗兵营卒争醵钱具牛酒诣公愿一见。移勘江淮，山阳、海州父老愿身代公系者数千人。”多么感人的场面，百姓对陈公的情之深，爱之笃，可见一斑。

陈鹏年死后，儿子扶灵柩往清江，途中“士民莫不路祭巷哭。初发，南北壩尾官弁及居民服役数万人，相率绕棺一哭，声震郊原，河流呜咽。可谓生荣死哀者矣。西安立祠于烂柯山，江宁合祀于海忠介（海瑞）祠，武陟立祠于郊外嘉应观右”（《碑传集》卷七十五《陈恪勤公鹏年行状》）。官爱民一尺，民还敬其一丈。陈鹏年为百姓累死在任上，百姓为其惋惜、悲痛。其情其景足以感天地，泣鬼神。老百姓最懂得感恩，滴水之恩，永志不忘。凡陈鹏年工作的地方，百姓都为他建祠堂，敬之以神，在江宁还与大清官海瑞并祀，真可谓廉吏誉千古。

循天理难，顺民心也难，当一位清官更不容易。陈鹏年自走上仕途，立志做一个清官，他的一生，践行了他的诺言，官阶也从一个七品知县，上升到一品总督，一路走来并非一帆风顺，两次遇“鬼”吹，大起大落，险些丧命。陈鹏年先后两任知县，以廉能被提拔为江宁知府，他的上司是江南、江西总督阿山，这是一个贪赃枉法阿谀谄媚之徒，曾因一桩自己造成的冤案被新任知府陈鹏年依法再判，与陈结下了怨仇。康熙南巡，阿山奉命迎驾，为了摆阔，讨好皇上，决定增加税收以供开支，遭到陈鹏年的极力反对，阿山怀恨在心，当康熙车驾至南京，阿山迎驾安排有疏漏（据说是康熙坐了一个有污垢的坐垫），康熙大怒，阿山把所有责任推到了陈鹏年身上。阿山这个大鬼只一吹，险置鹏年于死地，如不是曾任文华殿大学士兼吏部尚书的张英出来讲情，陈鹏年的一生将就此画上句号了。“上问江南廉吏，举鹏年；复询居官状，英言：‘吏畏威而不怨，民怀德而不玩，士式教而不欺，廉其末也。’上意乃释。”（《清史稿·陈鹏年传》）陈鹏年险躲一劫，同时康熙已暗中对这位陈鹏年有了初步印象。接着阿山来了个第二吹，康熙在江边检阅水师，要搭建一个观礼台，仅限一天搭成，风大浪急，施工困难，阿山将此任务又交给了陈鹏年，这又是一个置其于死地的好机会，谁知陈鹏年面对这样艰巨任务毫无惧色，亲临现场与民工一起施工，竟如期完成，以他的智慧和能力又躲过了第二劫。阿山还不罢休，来了第三吹，其核心是弹劾陈鹏年利用废弃妓楼举办乡约讲堂，宣讲圣谕，“大不敬”，判陈死罪，下狱待刑，这第三吹真把陈鹏年给吹倒了。然而，阿山屡次说陈鹏年坏话，康熙心有察觉，问李光地阿山为官如何，李光地说：“臣尝与同僚，廉干，果于任事。其失民心，独弹陈鹏年一事耳。”（《清史稿·陈鹏年传》）康熙似乎明白了一切，于是下令，罢了陈鹏年的知府，进京入武英殿当编修官。还是因为陈鹏年是个好官，皇帝救了他第一命。

康熙四十七年，陈鹏年二次被起用，任苏州知府，代理江苏布政使行事，陈鹏年以廉能受到江苏巡抚、大清官张伯行倚重，而张伯行与两江总督噶礼有隙，因此，噶礼欲把怒气撒到陈鹏年身上。陈鹏年又遇上了一个恶鬼，他对噶礼贪赃枉法行为早有所闻，鄙视有加，因此，见到总督时不向噶礼下跪行揖。噶礼说：陈鹏年，你的生死前程都在我掌中，见我安敢不跪。鹏年回答：“彭年果有罪，虽幸赐宽假，寸心具有斧钺，如其不然，君使之，百姓安之，生死不在公也。”（曹一士代郑任鑰《陈鹏年墓志铭》）不卑不亢，掷地有声，此举激怒了这一恶鬼。他状告陈鹏年在查处有关宜思恭及粮道贾朴案件中有不实之报，吏部罢了陈鹏年的官，将其发配到黑龙江。这个恶鬼只轻轻一吹，险就把陈鹏年由江苏吹到了黑龙江。又是康熙发诏，入京再做编修官，皇帝救了他第二命。噶礼仍不罢休，猛吹第二吹：翻出了陈鹏年于康熙四十二年写的诗《重游虎丘》，其中有“代谢已怜金气尽”，强加附会，说诗中有反清意向，密奏皇上，欲置陈于死地，这就是有名的“虎丘诗案”。幸好这位明君已有察觉，并指出：“噶礼曾奏陈鹏年诗语悖谬，宵人伎俩，大率如此。朕岂受若辈欺耶?”（《清史稿·陈鹏年传》）恶鬼这二吹，虽用力不小，但未曾撼动这位清官，其反而被朝廷再次起用为河道总督。

陈鹏年一生近三十年的为官经历，两次遇大鬼，多次被鬼吹，然最终能化险为夷，靠的是什么，靠的是一身正气、廉洁奉公；靠的是

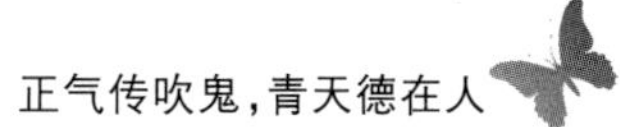

循理奉法，恪勤为民，靠的是“清、慎、勤”的为官准则。唯有如此雄厚的为官基础，才能立得直，站得稳，不怕鬼吹。

我们不禁暗想，陈鹏年是一个幸运者，其幸运是他生活在康熙盛世，非如此，将是另一种结局。但我们也坚信，正气永远会战胜邪恶！

操比寒潭洁，心同秋月明

——临颍知县沈近思

“操比寒潭洁，心同秋月明”，语出谢灵运《九日从宋公戏马台集送孔令》一诗，诗曰：“凄凄阳卉腓，皎皎寒潭洁。”后来王勃在他的《滕王阁序》中化了用了此句：“潦水尽而寒潭清。”二者都是写秋天的景色，其用意各有不同。谢灵运是送别诗，诗中未免有借秋景而抒离别之凄凉，而王勃则是登高望远，写秋天的静谧和空旷。“操比寒潭洁，心同秋月明”，这两句诗既无离别之意，又非远眺之感，是雍正皇帝赠给他的大臣沈近思的赞美诗，诗以秋水、秋月来比喻沈近思操守和心志。能够得到雍正这样的评价，实在是难得！

沈近思，字位山，浙江钱塘五杭（今运河镇）人。九岁丧父，孤贫无以维持生计，送灵隐寺为僧。近思聪颖好学，敏思过人，主僧甚爱之，使其读书应试。康熙三十九年（1699）中举人，次年考中进士。康熙四十五年授河南临颍县知县，在任七年。康熙五十二年，迁广西南宁同知，不久，因病归家休养，这一返里，又是七年。康熙五十九年，调回朝廷改任，先后任本裕仓监督、台湾知府。雍正元年调吏部，任吏部侍郎，旋即提拔为左都御史，雍正五年卒。追封礼部尚书、太子少傅，享年五十六岁。

沈近思从小受儒家思想熏陶，具有较厚实的儒学功底，史料记载，沈近思七岁就给他的父亲沈大震提出儒家思想的核心问题：什么叫仁？就连他的父亲感到惊奇。可惜九岁丧父，不得不进入与之思想和追求乖离的佛门，有幸的是他遇到了具有慧眼的主持石揆大师。《灵隐寺志》引用《新齐谐》中一段话，大致意思是：石揆见了沈近思后，感觉这个孩子有灵气，于是延师教读，且不记佛规，“儿欲肉

食，即与之肉，儿欲衣绣，即与之绣，不削发也”。他读的是儒家通世之书，享受的是凡俗学子的待遇。二十一岁入钱塘县学，成绩优异，他后来的岳父项某看他有奇才，就把女儿嫁给他，等到完婚时，主持石揆后悔了，要给他剃发为僧，时已晚矣。后来沈近思考中进士，走上了自幼向往的仕途。当然，上面所述，多出自稗史逸闻，不足为据，但是，从寺院里走出来个进士有史可查，也足见沈近思身在佛门心向儒道之志向。

沈近思从康熙四十五年（1706）任临颍知县，到雍正五年（1727）逝世，走上仕途总共不过二十一年，这二十一年中，基本上有七年时间因病告假赋闲在家，这样算下来，连同临颍知县的七年共计执事十四年。那么这短短的十四年时间何以让雍正皇帝给予其如此高的评价呢？翻阅沈近思的有关史料，我们给他总结了三点：一是爱百姓，二是忠国家，三是清正无私。

爱百姓。爱百姓还是要先从他在知县任上说起，因为知县是清王朝官府机构的最基层，离百姓最近，对百姓的爱是实实在在，体现得尤为明显。读《清史稿·沈近思传》及其他有关史料，归纳一下，他在临颍县任上做了三件大事。

第一件事：筑堤治水，未雨绸缪。《清史稿》“本传”载：“颍水经许州东入临颍，许州孔家口下距临颍境仅百余步，堤屡圮，水入临颍，害禾稼。近思请筑堤，临颍任夫十之七，士民争输谷。日役千三百人，人谷二升，二十日而堤成。水至不患，岁大熟。”据虞铭《沈近思年谱》（以下简称《年谱》）推算，这事应在康熙五十年。《年谱》中引钱仪吉《书沈端恪公神道碑后》说，颍水“岁入临颍，害禾稼无算。公请于州，愿筑堤。……或尼之曰：‘方饥兴大役，是厉民也。’公曰：‘吾前以隶许，故不早治，而害吾岁，今更不为，水复出，厉孰甚焉?’乃出谷二百五十石召夫，而士民皆乐输。”上述记载起码说明两个问题：一是颍水岁入临颍，多年已成常害，如果不是难度太大，恐怕早就得到了治理。因为工程浩大，几任县令不治，任凭“害禾无算”。二是沈知县下决心治理颍水也并非没有异议，较为亲近的人都善意地劝他不要承揽这一工程，更何况是在灾荒之年，这对百姓来说是有害的，其言入情入理。然而，近思下决心，要治百年之水害，为民造福。沈近思做的究竟是好事还是坏事，百姓最清楚，工程开始，百姓热烈响应，每天出工者一千多人，二十日大堤筑成，这年水又来了，但不再淹没农田，迎来了第一个丰收年。临颍地处河南中部，地势平坦，是一方沃土，威胁百姓生存的主要有两大害，即旱、涝，沈近思除去每年危害临颍的水灾，或许就减掉临颍灾患概率的三分之二，且沈近思治水，并非水来方堵，而是在春季少雨之时开工，省钱、省时、省力，可知其治颍是久有谋划，成竹于胸。

第二件事：捐建社仓，赈济饥年。彭启丰《沈端恪公墓志铭》记载：沈近思于康熙四十九年“建社仓七所，积谷四千余石”。社仓，是一种粮食储存的制度，隋朝就已出现，历朝历代体制不一。清朝初年，朝廷推行社仓制度，但因难度较大，以至于到康熙朝，效果甚微。雍正皇帝潜心推行，至乾隆朝才有显著的效果。社仓的基本特点是：朝廷倡导、民间捐建、民间保护、民间管理运营，官府不介入；社仓多设在村镇，不一定都是新建仓库，可利用民间闲置房舍储存；设立社仓的目的是弥补官仓（常平仓）之不足，以本地富户之粮赈本地灾民，这是很好的一项便民措施；社仓有严格的管理体制，正、副社长对社仓负责，正、副社长多是由里社百姓选举德高望重者担任，这些人官府在赋役方面也有一定的优惠待遇，老百姓信任他们。社仓对于官仓来说优势很明显，一是官仓是官府管理，容易滋生腐败，清朝就出现了不少粮仓腐败案。社仓是民间捐粮，管理者多为百姓选举看好的人，不易滋生腐败；社仓运作程序简便，没有官仓运作的烦琐的文牒；再就是社仓距离百姓最近，减少百姓籴粮成本，方便百姓。治水防涝，岁获丰收，沈近思就带头捐建社仓，仅康熙四十九年就建仓七所，推断在雍正极力倡导社仓建设时，沈近思怎会没有作为呢？丰收之年，劝说富家捐建社仓，以防荒年，以赈灾民，用社仓的形式调剂粮食的余缺，来保证百姓生活，谁能说这不是一位知县的爱民之举呢！

第三件事：立学兴教，正风易俗。《清史稿》“本传”记载：“近思立紫阳书院，教士以正学。县西葛岗村俗最恶，近思为置塾，课村童，立书程簿，躬教督之。化行于其乡，俗日驯。”钱仪吉《书沈端恪公神道碑后》更是对他办教育的目的、勤政督教的精神及教育的效

果记述得更加详细：在县西葛岗村办学的原因是“其俗悉”，其目的是通过教育导化百姓，正风易俗。在办学过程中，沈近思亲自督查，清点学生人数。有逃学的学生家长看知县这么认真，都坐着牛车到县里向沈近思汇报学生补课情况，近思还规定要到村子里定期检查，着实认真。效果如何呢？“愈年，村之子弟多识字。扈扈然，其长者日驯逊，早纳租税，耻争讼。”通过教育，人们树正气、驱邪气，社会风气明显好转。“及公去临颍，师皆率其弟子，长幼雍容，坐牛车皆来送公，眷眷然，其效于民者如此。”教育给百姓送去了文明，教育也让百姓尝到了甜头，难怪百姓“眷眷然”舍不得这位“父母官”离开临颍，史料里把沈近思在葛岗村办学作为一个典型范例，以此可窥斑见豹了。

《沈端恪公墓志铭》还记载沈近思于康熙五十年建岳忠武、于忠肃祠，修宋统制杨再兴墓。岳飞和于谦都是民族英雄，是忠义的化身，沈近思建双忠祠，意在昭示忠义，其教育意义及效果犹如春风化雨。为杨再兴修墓，是为宣扬这位民族英雄的壮举。杨再兴作为岳飞部将，就在临颍县南小商河中被金兵乱箭射死，据说从杨再兴身上拔出的箭镞就有两斗之多。这位抗击金兵的民族英雄死得是如此悲壮！沈近思为其建坟修墓，正是要告诉当地百姓，英雄就在眼前，忠义要永驻心中。

关于为杨再兴建墓，民间还有一个传说。说是沈近思到临颍赴任，在过一条河时，误上了一条贼船，行至河心，船上三条彪形大汉要劫财害命，正在他命悬一线毫无办法时候，船上突然出现一位白面将军，将三个劫匪打入河中，沈公问恩人家住哪里，姓甚名谁，这位白面将军只告诉了他的居所，瞬间消失。沈公赴任后，按照这位将军所说的居所去查，结果查到的是杨再兴的庙宇，沈公为了报将军救命之恩，故修建杨再兴墓。这不过是一个民间的传说，格调虽然不高，但其中也包含了人们对这位英雄的怀念和敬慕之情。

由于沈近思为临颍百姓办了许多好事、善事，得到了百姓的爱戴，康熙五十二年，沈近思迁广西南宁同知（即知府副职），离开临颍时，临颍百姓“攀车洒泣，道不得行”，场面也极为感人。

即便如此，雍正皇帝也不会轻易将“操比寒潭，心同秋月”这几个字赐给沈近思，让雍正最欣赏的不仅是沈近思的爱民，更重要的是他对朝廷的忠直。

忠社稷。沈近思对社稷、对朝廷、对皇帝之忠心似寒潭秋月一样清澈见底，洁白无瑕。怎么样才能把这位臣宰看得这么透呢？这首先源于他忠于职守的卓越的政绩，当然也包括七年临颍县任的惠政，更重要的也是由他的性格决定，他不掖不藏，不掩不盖，抱着对国家的忠心和责任，不畏权贵，不畏淫威，直言上谏，一吐为快。相关史料里也记载了以下几件事。

第一件事：作《远虑四论》。康熙五十九年（1720）在家赋闲了七年的沈近思被浙江巡抚朱轼举荐二次起用，被任命为本裕仓监督。本裕仓是国家直接管理的十三大粮仓之一，据说这个地方管理混乱，有浑水可趟，而沈近思一上任就“严立规条，搜剔奸蠹，积弊一清”(杭世骏《沈公神道碑》)。结果整顿不到两个月，朝廷任命他为台湾知府。沈近思还未就任就对如何治理台湾作《远虑四论》：“台湾为沿海诸省保障，鹿耳天险，澎湖孤悬，非若内地之可以臂指使也。以两千里幅员，止设三县，……莫若取台湾析为数县，俾各治其地。每县中各分都图（都、图，都是乡以下行政单位）、保甲、统领约束，絲连绳贯，易于稽查。一道，一镇弹压府治，驻兵三千；游、守、千、把分防各县。又取民壮之才勇过人者拔置行伍，严加操练，迨兵多之后，潜移内地以充各标。其余流杂之民，必审其籍贯，稽其家口，方许授田土，否则，悉驱过洋：自可化顽暴为淳良，变海岛为礼义矣。”（杭世骏：《沈端恪公神道碑》）沈近思作为一个刚刚任命而未赴任的从四品官吏，就敢于向朝廷陈奏所谓的治台方略，可称狂妄。然而，沈公的“四论”，先从分析台湾实际形势入手，设想出一套关于台湾区域的合理划分、管理体制的构架，台湾防卫、治安及户籍管理等既宏观又具体的治台方案。这“四论”呈上以后，不但没有受到雍正的斥责，反而觉得他的“四论”言之凿凿可行，不是纸上空谈，因此采纳他的建议，并命按沈近思方略治台。尽管沈近思还未上任就被调任吏部，但通过这件事有三点使雍正看得清楚：一是他的胆魄和气节，忠直敢谏；二是心怀远大，脚踏实地；三是忠于国事，诚于朝廷。这给雍正皇帝留下了不错的印象。雍正元年（1723）

调任吏部文选司郎中（吏部的司长），第二年被提拔为吏部右侍郎，后三年，即雍正四年，“转吏部右侍郎沈近思为左侍郎”（《世宗实录》卷四十六）。又一年，即雍正五年，“升吏部左侍郎沈近思为都察院左都御史，仍兼理吏部侍郎事”（《世宗实录》卷五十二）。官越升越大，与皇帝接触的机会也就越来越多。

第二件事：反对耗羡归公。耗羡归公，或称火耗归公，是雍正皇帝为整顿吏治，防止地方官员贪污及百姓负担过重的重大改革，其实质内容是把地方官吏收取的正税之外的附加税收回朝廷所有，再由朝廷按一定比例返还地方官吏，其用途是弥补办公经费不足、设置俸薪之外的“养廉银”等。这项改革虽然说出发点是好的，但因为牵涉面比较广，加上耗羡制度已延续多年，特别是康熙皇帝的晚年，火耗之弊愈演愈烈，火耗归公的实施时机是否成熟，有待进一步论证，因此，沈近思明确反对火耗归公。因为这项改革关系重大，雍正自然谨慎对待，于是乎就把这件事情交给廷议。廷议只是一个形式，雍正改革的决心已经下定。《清史稿·沈近思传》这样记载：“及耗羡归公议起，上意在必行，近思独争之，言：‘耗羡归公，即为正项，今日正项之外加正项，他日必至耗羡之外加耗羡。臣尝为县令，故知必不可行。’上一再诘之，近思陈对侃侃，虽终不用其言，亦不以为忤也。”当沈近思在众朝臣面前极力争辩反对这项改革时，皇上虽未发怒，但也在紧紧追问，追问什么呢？全望祖《题沈端恪公神道碑后》中给予了补充：“世宗曰：‘汝为合亦私羡乎？非私也。非是且无以养妻子。’世宗曰：‘汝学道，乃私妻子乎？’公曰：‘臣不敢私妻子，但不能不养妻子。若废之，则人伦绝矣。’”沈近思极力反对耗羡归公，而且拿自己亲身为县令的感受去否定这项改革，雍正追问，你既然当过县令，想必你也喜爱收耗羡？沈公直言，那是用来养活妻子的。雍正说，看来你是非常偏爱你的妻子了。沈公对答说，谈不上偏爱，但不能不养，不养妻子则人类无法传继了。敢于在大臣面前和皇帝争辩顶撞的能有几人？别说是当事者，就连在场的听者也无不汗出脊背。那么为什么沈近思敢于在这样的场合与皇帝争辩，且是皇上力行的重大改革，而雍正虽不用其言却不加罪于他呢？我们分析有如下原因：其一，沈近思是直臣，这一性格皇帝知道，大臣也知道，这种性格是历朝明君既畏惧又喜欢。其二，沈近思反对耗羡归公，并非没有道理，耗羡本身是附加税，今天以法定形式布告天下执行，就将这种附加税项变成了正项，那么以后就可能派生出“耗羡之外加耗羡”的众多的副项变正项的税种，这不但减不了百姓负担，反而加重百姓负担。沈近思争辩的理由也是为国为民，只是考虑问题角度不同而已。其三，如果说沈近思不向下级索要，又不接受下级官吏的孝敬，那么，耗羡归公与否与他没有直接的利益关系，沈近思的争辩不是从自身利益出发。至少鉴于以上三点，沈近思走得正，立得直，敢于与皇帝力争，而雍正皇帝也正是看中他的忠直所以才屡屡提拔，他的争辩并非出于私心，因此，雍正不但没有加罪，反而发现了一个御史的角色。

第三件事：劝皇帝为尧舜不为释迦。《清史稿·沈近思传》记载：“近思少孤贫，为僧灵隐寺。世宗通佛理，尝以问近思，近思对曰：‘臣少年潦倒时，尝逃与此。幸得通籍，方留心经世事以报国家。亦知皇上圣明天纵，早悟大乘，然万机为重，臣愿皇上为尧、舜，不愿皇上为释迦。即有所记，安敢妄言分以睿虑？’上为改容。”真乃大胆直臣！雍正是一位改革家，国事千头万绪，再加多年来萧墙之争，朋党之祸，使雍正朝政压力大、性情火气很旺。雍正常借佛理来释负、消火，熟知近思曾在灵隐寺归佛，便想与他讨论一些佛理，不料却被他拒绝，反而又对自己进行规劝，真是扫兴，且丢尽面子。这一年应是雍正三年，沈近思才是一个吏部的副职。

一般情况下，皇上主动与大臣探讨事情，这是大臣与皇上沟通的好机会，大臣不但不会拒绝，反而觉得是求之不得的好事。更有阿谀之徒借机奉迎、苟合上意。然而沈近思却不给皇上这个面子，这就是沈近思。皇上本想以讨论佛理放松一下，也可借此与臣宰亲近，不想沈近思在皇上面前也这么没有人情味，心中着实恼火，尽管“改容”，还是怒而未发。雍正为什么能容得下这位三品侍郎如此无礼呢？因为雍正非常清楚，儒、佛是格格不入的两种思想学说，雍正以极大的勇气改革、图治，是儒家思想的范畴，以出世思想为核心的佛理与之背道而驰，在国事繁重，改革如火如荼的政治环境下，与大臣讨论佛理，不合时宜。所以，尽管恼火，不便发作，况且，稍加冷静，就

会意识到这是一位忠直之臣对自己善意的提醒，因此，也就咽下了这口难咽之气。作为沈近思来说，也着实大胆无礼，或者说听到雍正与他讨论佛理，他也是一肚子火气。他的一番话实质上是说，知道你懂一点佛学，与我讨论，对不起，无可奉告。并敬告说，我不希望你成为释迦牟尼。初登大位，国事千头万绪，不倾心于政治，反而留意与佛理，岂有此理！沈近思为社稷以诚劝之，雍正为江山以忠纳之。尽管雍正有一时不快，但一位忠直大臣的形象又一次在他心中树立。

关于查嗣庭案，沈近思明确的表态引起后人褒贬不一。查嗣庭是浙江人，案发后沈近思上书说："浙省乃有如嗣庭，景祺者，越水增羞，吴山蒙耻！"这显然是公开支持雍正对查氏采取的措施，并以此得到了雍正的夸奖。查嗣庭于雍正四年出任江西乡试正主考，其中有两道试题为"正大而天地之情可见矣""百宝盈止，妇子宁止"。有人诬告查嗣庭有意把"正"和"止"联系起来，暗喻斩雍正之头。雍正逮捕查嗣庭，判凌迟处死。这是一个世人皆知的冤案，雍正皇帝何尝不知，但他毫不手软制造了这起冤案。历史学者认为，雍正之所以制造这一冤案，是因为查嗣庭是隆科多举荐到礼部的，是隆科多的党羽。隆科多是雍正皇帝的舅舅，在拥立雍正登上帝位中立下了汗马功劳，受到雍正的尊敬和重用，但他居功自傲，擅权结党，收受巨贿，自称拥立雍正正像诸葛孔明白帝受命。任命官员他只想一手把持，天下皆称"佟选"（隆科多姓佟佳，汉化姓佟）。隆科多所作所为已经影响了雍正的皇权，雍正四年失势，五年，被逮捕论罪，死于狱中。查嗣庭案几乎和隆科多是并案，或者说是隆科多案的延伸，说到底是雍正借考题事件之名，行的是剪除隆科多党羽之实。

沈近思上书拥护雍正对查嗣庭的处置，他明明知道"试题事件"纯属附会，为什么表示拥护呢？这与其秋水一般的品行很不相符，所以，后世学者有人就对沈近思的操行开始怀疑，说他是落井下石。其实，用不着猜测推究，只要把查氏案件与隆科多案件联系起来，将其上升到雍正皇帝与朋党之间的政治斗争上，作为吏部侍郎，对曾任吏部尚书的隆科多所作所为在某些方面与雍正同感，那么，查嗣庭案发后，沈近思作为耿直之士，为社稷故，明确表达拥护雍正的决定也就不足为奇了。

雍正五年（1727）十二月十三日“都察院左都御使沈近思故”（《世宗实录》卷六十四）。他死后，“家无余赀”。这位为官二十余年的沈近思，一生忠直，两袖清风，无愧于雍正皇帝对他的嘉誉。

官足给饔飧而已

——钱塘知县芮复传

浙江省台州市东南有一个美丽的小岛，这个小岛有一个美丽的名字叫玉环岛。关于这个名字的来由，目前仍是众说纷纭，抛开一些历史传说，依岛上有山，“状如玉环”“上有流水，洁白如玉”之记载，应该是以山形山势加绕山流水的点缀而命名更为形象可信。

民国初年，政府在这个岛屿上置县，叫玉环县，现在的玉环县美丽而富饶，已是经济强县、文化强县，被定为首批“小康县”。然而，漫游在这个美丽的海屿小城中，穿越历史的时空，似乎仍然可以体察到二百多年前关于玉环山开发的那场激烈而美丽的纷争。

这次玉环山土地开发之争的时间，起于雍正年间，争论的双方是浙江总督、雍正帝宠臣李卫和温州知府、清官芮复传，争论的焦点是开发与否，其结果自然是总督李卫占了上风，而温州知府自然落了下风，也就是说，环山是按李卫的意见进行开发，芮复传极力反对，但无济于事。这不奇怪，因为这就不是一个层次上的纷争，从纷争开始，就已决定胜负，这个胜负是就行政意义上的胜负，而其深层意义上的胜负，一百多年后，历史学家也在为此事和着稀泥，请看《清史稿》中的两段记载：

> 《清史稿》卷二百九十四《李卫传》：“温台接壤，濒海有玉环山，港嶴（嶴，音奥，山坳近水处）平衍，土性肥饶。前总督满保因地隔海汊，禁民开垦，卫遣吏按行其地，奏请设同知，置水陆营汛。招民垦田，于本年起科；设灶煎盐，官为收买；渔舟入海，给牌察验；鱼盐征税，充诸项公用。……定海多旷土，卫

令察丈清理。上虞濒海潮汐没民田，卫为奏请除额；县有夏盖湖，积淤多已成田，卫令察丈，许民承业升科。”

《清史稿》卷四百七十七《芮复传传》：“天台山东南有山曰玉环，在海中，总督李卫欲开田设治，檄复传往勘，以徒费无益，陈请罢之。卫怒，檄他吏往，意必行。时山中田仅二万亩，乃割天台、乐清两县民田隶玉环，经费不足，则捐通省官俸，又加关津一切杂税以给之。驰山禁，渔者往来并税，曰途税。既而，渔者不入，山者度关纳税，亦征其途税。复传争曰‘是重税也’，具牍凡七上。卫益怒，以为阻挠玉环垦田事，蜚语颇闻。刘统勋奉使视海塘，过温州，语之曰：‘君与李宫保，两雄不相下，不移不屈，君之谓乎？’”

李卫从国家大局出发，将迁弃的荒山重新开垦起来，按垦田多少征收官税以充公用，遇到海水淹没田地，还奏请朝廷为百姓免税，如此，国家、百姓都能得到好处。《李卫传》的作者把这一事件作为李卫的功绩之一给予肯定。

芮复传认为山上可垦田地不多，得不偿失，垦荒费用全省官吏捐献工资，这损害了官吏的利益，垦荒后的玉环山，打鱼要收税，种田要收税，过路也要收税，损害了百姓的利益，因此，连续七次上奏反对开发玉环山。芮复传有什么不对？所以《芮复传传》的作者也把这件事情作为体现芮复传的不畏强权，敢为百姓争利的品格加以肯定。

同样是《清史稿》，却以史学家的角度把矛盾对立的两个方面都给予肯定，写入国史，这本身就证明这场纷争是精彩而美丽的。

李卫是一位清官，他身后有一位力图改革的雍正皇帝支持他，芮复传也是一位循吏，而他不畏权贵，敢于直争的精神又受到时任宰相的大清官刘统勋的赞扬，所有参与者，从历史角度看，都应是明君、贤臣，而争论就在他们中间进行。他们的出发点都是为国、为民，所以称这场纷争为美丽的纷争。回过头来，再用现在的眼光去看那段历史，不能责怪史学家对二者的中和，也没有必要说清在开发玉环山这场争论中谁是谁非，只是觉得芮复传作为一个知府还不及总督高瞻远瞩，二者所处位置不同而已。

作为一位从四品的知府和一位从一品的总督杠上了，芮复传怎么敢不执行李卫开发环山的命令，致使李卫不得不从仁和县调来张坦熊来执行这一任务，而且胆大包天，连续七次上书反对李卫的开发玉环计划，芮复传究竟是一个什么样的人呢？

芮复传，字依亭，又字宗一，顺天宝坻人，远籍江苏溧阳。他出身官宦世家，据《芮氏家谱》记载，他的七世祖曾在明代官至二品，后世各辈皆有履职者。芮氏家庭视读书为正途，代代相传，到芮复传父辈，伯父芮济、父亲芮淮，虽未正式走入仕途，但对下代的教育从未放松。他们教育下代，要勤俭持德，不恋富贵，安于清贫，要多为百姓做好事，做一个清官。芮济与弟弟芮淮年龄悬殊，芮济视弟如子，芮淮视兄如父，兄弟终生不分家，康熙版《宝坻县志》将既不是重要官员，又没有惊天动地事迹的芮淮写进县志，重在弘扬他的人品和素养。芮复传授这样家庭的熏陶，勤奋苦读，力图在仕途上有所作为，立志做一名报效国家、谋福百姓的好官。

官足给饔飧而已。这是芮复传当官后对生活的要求，也是一种生活态度。《清史稿·芮复传传》说，芮复传于“康熙四十八年进士，授浙江钱塘知县。悉除诸无名钱，曰：‘官足给饔飧而已。’”数年苦读，一朝入仕，封了个七品知县，芮复传上任的第一把火就是革除陋规，下令不准再收“无名钱”。什么是“无名钱”呢？笔者理解，国家规定税种以外的征、捐项目都叫“无名钱”。这种钱来路不明，不在“正项”之列，收起来也不光明正大。其实“无名钱”都有征收名目，基层官吏随意命名，随意征收、摊派。蒋致中在《牛运震年谱》中说，牛运震知秦安县，到任后革除陋规，并立《禁陋规碑文》以警示，刻在碑文上禁止的摊派项目就有十多项，包括春节衙门贴对联的裱糊费，夏天衙门使用的伞、扇的修理费等；署徽县，除三蠹，曰：官吏的书信费、文书抄写费，官吏下乡的向导费，甚至县衙大堂上用的“喝威棒”钱都要从百姓身上搜刮，真是名目繁多。而此类有名有目之钱，都被芮复传视为“无名钱”。“无名钱”实际上就是县衙的小金库，是基层官吏腐败的基础。在上面所引《清史稿》的记载中，芮复传烧了革除“无名钱”这把火，似乎还有省略的潜台词：有人劝他不要革除，一是这是以前数任知县的惯例，二是有了这

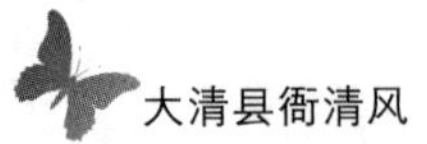

笔钱，您知县大人使用起来方便。所以才有芮复传的回答：“官足给饔飧而已！”《康熙字典》解释饔飧，“熟食也。朝曰饔，夕曰飧。”这种解释和上古的生活习惯有关。《墨子》一书中记载，士兵每天都吃两顿饭，即早饭和晚饭，早饭为饔，晚饭为飧。具史料记载，随着农业生产的不断发达，从汉代开始，人们由一天两餐变为三餐。后来使用饔飧二字也多指一日三餐。唐柳宗元的《种树郭橐驼传》：“吾小人辍飧饔以劳吏者，且不得暇，又何以蕃吾生而安吾性邪?”这里也是说的辍弃一日三餐。芮复传的回答是当官的一日三餐保证供给，还要那些“无名钱”干什么呢？这看似平平的一句话，包含丰富的内容。其一，体现了儒家修身、齐家、治国、平天下的思想，对质朴生活的追求，和对物欲的鄙视，充分说明“俭以养德，廉以修身”的观念在他脑子里根深蒂固；他受儒学熏陶，受家世影响，俭和廉是他迈向仕途的第一道坎，他似乎永远都不会忘记伯父芮济的教诲：要耐得住清贫，做一个清官。其二，隐含着他为官的目的。当官为了什么，这是一个人的人生观、价值观所在，芮复传当官的目的就是要借官署这一平台，上报国家，下安黎庶，实现自己的人生价值。这与存一己之私，向往的是“三年清知府，十万雪花银”目标，格格不入。要实现自己人生价值，就要心无旁骛，一日三餐足矣。其三，为县衙胥吏敲响警钟：他要以廉率属，过去是过去，现在是现在，从现在开始，那些曾经从损民肥己中尝到甜头的官吏，必须丢掉幻想，先从县衙院内刮起一股清风。这一把火烧得旺，烧出了一个清官形象，也烧出了芮复传的名望和声望，连世宗皇帝都知道有位清官叫芮复传。

为民请命，无私无畏。俗语说得好，无欲则刚，无私则无畏。芮复传心底无私，便不惧权贵，敢于大胆直言，为百姓讲话。《清史稿·芮复传传》和朱筠的《浙江提刑按察使司副使分巡处道芮君复传墓碣铭》（以下简称《墓碣铭》）都记载着同一件事：康熙五十八年，杭州一带大旱，芮复传亲自到田间勘查受灾的情况，登记造册向上级报告，谁想上官因为钱塘是第一例，怕引起其他县的连锁反应，就想把灾情压下来不再上报，芮复传见状非常恼火，撂出了一句狠话：“大清律有规定，捏造灾情和隐瞒灾情都是有罪的，您既然说没有灾情，那就请治我个捏造、谎报灾情罪吧！”言外之意说，我今天以实相报，而你反而隐瞒不报，那你就不怕告你个匿灾不报罪吗？这是一个七品知县在和他的上司讲话。清代知县的直接上司应是知府或同知，少说也应是个四品官吧。官差几级，而竟敢顶撞，并以法律相要挟，这需要多大的勇气和胆量。芮复传不怕这一个，他一不怕丢官，二不想求财，走得正，站得直，为老百姓说话腰杆挺得硬，莫说是在知府面前讲话，如果碰上一个不顾百姓死活的巡抚、总督，他也会无所畏惧地去争辩。

恰好，仁和县的老百姓知道了芮复传为老百姓请命之事，上千人围了知府的官署，说："钱塘为民父母，仁和独不父母我耶?"上官以此感动，最终将灾情如实上报。经批准，打开永济仓赈民。芮复传下令在全县十二个乡设立粥厂二十七处，每处粥厂的运作，都派有经验、愿为大家服务、百姓信得过的人去管理，芮复传微服察巡，感觉运行得很好，非常高兴，为这些管理者点赞。芮复传让百姓自我管理，主要是防止衙门胥吏借机吞蚀赈粮。上官以为这种赈灾模式很好，"帑不费而赈溥（溥，广大，普遍），其令他县以为法"（《墓碣铭》）。因为让百姓自我管理，所以用不着花钱聘请管理人员，而百姓得到了普遍的赈济，这种做法，值得其他县学习效法。

芮复传坦荡无私，光明磊落，为百姓敢与上司叫板，对危害百姓的社会渣滓更是毫不留情。《清史稿》"本传"及《墓碣铭》都载：钱塘县有一名叫金三的人，专走上层路线，收买勾结上层官吏，行不法之事，藐视县衙，原来几任钱塘知县拿他没办法。待芮复传知钱塘，调查清楚这个地痞的劣迹后，立即下令逮捕金三，这个金三就没把一个知县放在眼里，认为他在省里有人，你怎么抓我，还得怎么把我放了，于是，他咆哮县衙，说："某有罪无案，公奈我何?"芮复传也极为轻蔑地说："你有罪，这不容置疑，但你不知道赎罪，今天我就为你赎罪吧!"说罢，喝令左右："杖刑伺候!"一个狂妄至极、作恶多端、危害一方的恶棍，就此毙命于县衙大堂的杖刑之下，当地官民拍手称快!

《清史稿》《墓碣铭》还载，当地的驻防部队有人骑着马在百姓的农田里奔驰，踩踏不少庄稼，老百姓看在眼里疼在心里，敢怒不敢言，事情反映到钱塘县衙，芮知县向总督署上书，申明情况，要求惩治这些军卒，得到了总督的默许，因此，每遇军卒蹂躏庄稼，芮复传下令“缚躏者，立鞭之”。于是百姓奔走相告：“卒不踏吾田，畏公黑头鞭。”

芮复传在温州知府任上时间虽然不长，但有两件事足以使其美名渐著，一件事就是本文开篇所谈玉环山开发之争，另一件事就是为织造府贡柑橘之事。浙江温州一带盛产柑橘，品相俱佳，因而形成一个惯例，每年柑橘成熟时要给织造府送柑橘。织造府主官织造，官位并不高，充其量也就是个五品官，然而，他的职责是直接为皇宫置办丝织品，少不了与宫中人物多有来往，因此，他的权势可与总督、巡抚诸大员相比。由于权势显赫，每年老百姓为他选的柑橘要求标准很高，“择色择枚，中斤中两”，给百姓带来很多麻烦，百姓怨声颇多。芮复传知道这件事后，下令进贡柑橘者，不得择色择枚，不得按设定重量来挑选，只是需要多少斤，按规定数量送够就是，老百姓非常感激，在府衙门前立碑称颂。

雍正十年，芮复传升为道台（介乎巡抚与知府之间的地方长官），但他仍然关注百姓的甘苦，他曾在道署内立《道宪芮禁钓碑》，明确规定，官吏胥役，在百姓水塘中垂钓，不得盘剥百姓，违者重罚（见《温州历史年表》十二）。作为正四品大员，连到百姓鱼塘中垂钓之事都立碑警示，可见在他心中百姓的事无小事。

芮复传成了名副其实的百姓的“父母官”，百姓利益的守护者。

芮复传不仅时刻关注百姓的冷暖，守护着百姓的利益，同时他也没忘记一个儒者本分，那就是对百姓的教育。他曾“捐官俸千两，购买民地，在积谷山麓谢灵运古迹康乐祠旁重建东山书院。……额曰‘名教乐地’”。（《温州历史年表》十二）聘请教师教授学子，研讨学问，为温州教育的发展，和儒学文化的传承做出过很大的贡献。百姓为纪念这位清官学者，曾在江心屿浩然楼侧为其立祠绘像，早晚供奉。

芮复传在道台任上，刚好遇到当地铜矿业多年累积的弊病败露，芮复传依法对不法铜商进行了整治，上奏朝廷弹劾温州知府尹士份失职，尹士份反而诬告芮复传阻挠铜矿业的发展，总督李卫在开发玉环山一事上对芮复传非常恼火，加上尹士份的诬陷，最终罢了芮复传的官。乾隆皇帝登基后，重新启用芮复传，仍然让其管理浙江铜矿业，待芮公父母卒，奔丧，从此不再复出，居家三十余年，终寿九十四岁。据说，芮复传殡天前三日，将其子孙叫到床前，作了一番有关家风传承的嘱托，然后低吟曰："百年寄，一旦归，吾何悲；百年劳，一日逸，乐何讫。"再次表达了他达观乐适的人生思想境界。

芮复传多年为官，没有离开浙江，赢得了浙江百姓的拥戴，当芮复传被诬解职要离开时，"士民闻公将去，则书幡于山上，……旦夕集幡下者益众，则拥君馆中，积石塞其门，夜则爇（点燃）火以守途巷。君谕之。佥（皆）曰：'吾侪安敢违公？欲吁上官请于朝，留公治我耳。'君召父老曲谕，若不得尔。则巷哭失声，爇香奉酒走送君，自府沿江干数十里，睎（远望）舟之行，人人伏地不能起"（《墓碣铭》）。

士民听说芮公被罢职还乡，群情激愤，要留芮公，他们将芮公拥入馆舍，用石头堵塞馆舍的门，晚上点燃火把，把守各个路口，这种举动现在看来实在令人费解，然而，一旦芮公耐心对他们解释，劝他们不能那样做，士民送别芮公的场面也着实令人心碎。

百姓总是牵挂清官的命运！

勤慎廉平，宽和为治

——福建三县知县王时翔

南宋时期吕本中写了一本书叫《官箴》，开篇就说："当官之法，唯有三事。曰清，曰慎，曰勤。知此三者，可以保禄位，可以远耻辱，可以得上之知，可以得下之援。"吕本中提出的这为官三要诀，影响深远，清代乾隆皇帝曾以此三字训诫百官，作为百官施政的座右铭。中国历史上唯一的一位女皇帝武则天也编写了一本书叫《臣轨》，书中说："理官莫如平，临财莫如廉。廉平之德，吏之宝也。"《官箴》所说"三事"是就普遍意义上来说，当官起码要做到"清、慎、勤"这三点，才能基本上算一个合格的官，而《臣轨》中所说"廉平"，是从一个角度强调它的重要性，强调为官者谨守"廉平"之底线。清雍正、乾隆年间，江苏镇洋王时翔就曾被钦差刘公赞以"勤慎廉平"，并题匾相赠。廉平是为官的法宝，是当官的道德、法律底线，这里所说的"平"，指的是公平、公正。其实，平字涵盖的意义远不止这些，为官之"平"还包含平和、平稳、宽和等。因此，王时翔的同僚在归纳王时翔施政的特点时，用的是"宽和为治"。

《清史稿》卷四百七十七有《王时翔传》。王时翔，字皋谟，一字抱翼，号小山，江苏镇洋人。为人修洁，诗才俊逸，更有经世之略。他屡试不第，然名声渐张。雍正六年选守令，兴化知府沈起元举荐时翔，授福建晋江县知县，继而调任政和县知县、瓯宁县知县。后提擢为漳州同知，转任山西蒲州同知，擢任成都知府，乾隆九年，卒于官任，年七十。

识大体，坦荡磊落。清代学者、曾任四川南充知县的刘绍攽曾为王时翔作《王先生时翔传》（以下简称《时翔传》），评价王时翔

“性狷介（正直），非义不染”。虽然王时翔秉性耿直，不喜欢与人搞一些毫无原则的拉扯，然而，他在处理与同僚乃至上下级关系时却有高招。《时翔传》记载：“乾隆元年，大臣荐，召见，補蒲州同知。时布政使某由大中丞降授，恣睢暴戾，性复忌刻，属官畏之如虎，晋抚亦降心从之，独与先生善。人问其故，先生曰：‘程子云今之监司多不与州县一体，监司专欲伺察，州县专欲掩蔽，不若推诚心与之共治。’又云：‘令与簿不和，只是争私意。令是一邑之长，若能以事父兄之道事之，过则归己，善则唯恐不归于令，积此诚意，岂有不动得人？吾之获上，以此而已。’”山西省的“副省长”倚仗大中丞（巡抚别称）的权势，目中无人，暴戾恣睢，不但下属视之如虎，与同僚的关系闹得也很僵，然而与蒲州同知关系很好。王时翔耿介之士，为什么能与这样的上司处好关系呢？他道出了“玄机”：一是要顾大局、识大体，把公事放在第一位，如果不以公事为前提，监督者每日设法找别人的毛病，被监督者挖空心思掩盖自身瑕疵，同朝为官，防之若贼，那怎么会干好工作呢？不如以国事为重，同心协力把工作做好。二是要待人以诚，给自己定好位，作为副职、下级，首先要尊重上司，工作中出现差错要主动承担责任，工作中的成绩要归功于上司，如此，则县令与主簿就不会产生矛盾。

其实，王时翔这里讲的不仅仅是以诚相待的问题，更重要的讲的是一个人的胸怀和气度，一个人的品质和修养。为官者心底无私，名利不藏，坦荡磊落，以诚待人共事，何隙之有！

《时翔传》和沈起元的《朝议大夫成都府知府镇洋王公墓志铭》（以下简称《墓志铭》）都记载：王时翔任成都知府时，当时的政治生态非常不好，成都府所属十六个州县形成一股歪风：拉党结派，朋比为奸，党派之间相互仇视，相互攻击，“合已者助之，否则排之，或陷以事，全省为动，近邑尤受毒”。“君凝然独立，以廉率属，持大体，审机要，上下翕然信之。”朝廷赞扬王时翔“勤慎廉平”，其“慎”字在这里体现尤为明显，历史上的朋党之乱，朋党之祸教训颇深，拉帮结派，结党营私的结果是误国害民，是历朝历代之大忌。王时翔如何在这样的政治环境中站稳脚跟，开展工作？他选择的是一个“慎”字。他不站边，不入派，保持中立，抑制歪风邪气的蔓延，把握大局，审视关键，以自己的人品、官品做幕僚的表率，使投机钻营者逐渐失去市场，“官方自是一振”。

守官法，勤政廉洁。当官之法在“清”、在“慎”、在“勤”。“清”是为官之底线，突破这一底线，或许官将不官，民将不民；“勤”是为官的职分，也是为官的操守与品质，勤以补拙，慵则误事。王时翔出身并不富裕，父亲先为处士，有子九人，家境贫寒。然而，他自幼受儒学熏陶，又加秉性耿直，视名利如烟云，当他屡试不中，落魄潦倒时，有人推荐让他修三朝国史，以保不饥，被他谢绝。当官后，他不讲排场，不摆阔气，麻衣蔬食，轻车简从，即使做了漳州同知，离任时“行李萧然，漳民念之，餽贶者蒲伏罗于门。先生悯其意，但取米一掬（捧），松薪二尺而已”（《时翔传》）。一棒米、一根柴，所值无几，但其饱含的是百姓一片深情，彰显的一种官品，这种情，这种品却贵为无价。

王时翔曾先后任三县知县。知晋江，晋江是个大县，社会秩序混乱，诉讼案件多如雪片，而王时翔在晋江知县任上只有几个月，社会秩序就有好转，告状者日衰，连他的上司都妒忌其能；知政和，政和县狭小，民贫土瘠，盗贼遍布，时翔任职不久，便“野无一盗，狱无一囚”。知瓯宁，瓯宁地广事繁，野蛮成习，时翔治之，百姓感恩戴德。为什么王时翔所到之处皆有政绩？靠的是他的勤奋与智慧。《时翔传》记载：“先生辨色而兴，夜分而寝。”在山区当知县，为了了解全县的真实情况，他经常微服深入山区，询问民间疾苦，哪怕是最偏僻、最难走的地方，他一定要到达，发现弊端努力革除。沈起元《墓志铭》记载，王时翔七十岁卒于官任，卒前，“病卧犹治事无间。卒之日，犹召成、华二令入内署讯狱，口为定谳讫（定罪结束），遂卒”。王时翔对官事的勤奋，来自他对国家的忠诚，来自对百姓的爱，来自他高度的责任感，堪称生命不息，奋斗不止！勤既是为官者的职分，也是为官者应具备的智慧，不智者未必去勤，智者之勤，勤中有智，能有办不好的事情吗？

爱子民，宽和为治。宽和为治是儒家仁政思想在施政中的具体体现，宽和的前提是要有一颗爱民之心。《清史稿·王时翔传》记载：时翔授福建晋江县令，当时福建吏治颓废，一些官吏处理政事草草，

不负责任，朝廷派大员到福建巡视，撤换了不少基层官吏。王时翔任知县的晋江县，社会混乱，告状者很多，有人主张王时翔用峻法来烧几把火，时翔曰：“此吾赤子，忍以盗贼视乎？”因此，“一以宽和为治。坐堂皇（指大堂），呴呴（和悦恭敬）作家人语，曲直既判，令两造（指原告、被告）释忿，相对揖，由是讼者日衰”。王知县“以宽和为治”，首先有一个对“治”的认识问题，“治”的对象是什么呢？老百姓。除却杀人越货、欺男霸女、为非作歹的社会蠹虫当杀当关之外，多数打官司者都是良民，用现在的话说，那是人民内部矛盾，优秀的官吏爱民如子，对待孩子，即使有错，怎么能像对待盗贼一样呢？其次是如何看待知县与百姓关系，百姓呼知县为“父母”，知县呼百姓为子民，“父母”之于“子民”有爱，有抚，岂有用严刑峻法之理！

沈起元《墓志铭》记载了这样一件事：王时翔先后任三县知县，考核优秀，被提拔为漳州同知，在南胜（今平和县南胜镇）办公，当时的南胜居住着不少的少数民族，人称蛮夷之地，山高林密，老百姓都居住在崇山密林之中，若有人从中挑衅，就会揭竿而起，手持兵器，与官府抗衡，前任官吏不敢过问。王时翔到任后，幕僚建议派兵镇压，其中的首领名叫赖唱，常聚众抢劫钱财，欺压乡里，王时翔决心逮捕赖唱。他多次张贴告示，告诉百姓官府的意思，然后，自己亲自进山。“漳人素闻君名，谓此必能活我者，夹道跪迎，赖姓万丁随其族长房老出。君为宣德化，陈利害，痛切开谕之，诸赖感服。未几，赖唱自缚至，遂系之出，往返六日，行万山中，所至观者如堵，无不屏息立。君于是叹：‘民虽犷，可教也。’察所犯可原，白上官，薄其罪，峒民从此帖然。”

这是一起典型的以德化民的事件，要解决前任官吏不敢解决的事情，首先是王时翔对以德化民的宽和政策的自信，没有这种自信，面对凶悍山民和像赖唱一样的一些歹徒，他不可能不用兵，没有这样的自信，面对崇山峻岭和如林的刀枪，他也不敢亲自进山，这种自信，是其为治的出发点。其次，要进行德化教育，以肺腑之言，向广大山民陈明利害，晓之以理，动之以情，达到宽和为治的效果。最后，依法办案，有罪必惩，胁从不问。尽管赖唱投案自首，但仍依法押解归案，然而，念其自首有悔改之意，请示上司减轻其罪行。至此，官府不动兵甲，百姓不受兵劫，首恶已办，百姓安服，南胜大治。多年难解的结子，让王知县化解了。无怪乎巡抚听说后夸奖说："此王丞儒术之效也。"

清代学者俞越的《荟蕞编》中有一篇专门介绍王时翔宽和为政的文章，刘绍攽的《时翔传》称为《乡征记》。谨录于下：

闽之建宁，属县二，曰建安，曰瓯宁，境域辽远，民多山居，岁竟或不入县（城）。令是者，率季冬历村落，督逋赋（督促逃避交税者），名曰乡征。雍正十年，镇洋王公时翔令瓯，将举是，约一篑舆（简易竹轿），一童一役往。客争之曰："君行日主进，夜必会（总结）之。民多道遮行乞判状，须二记室（文书）与俱，仆从胥徒（办事人员）数十人，毋省舆马。饮食问甲长，意重烦之（意思是让他们感到十分烦恼）俾知吏来不易，早急公也。"逮令亦期往，盛驺（骑马）从，且偕牙侩（经纪人）、疠丐（长有恶疮的乞丐）行。太守闻之，急召公曰："国家惟征，在此一役，君儒者也，约己惧无以集事（约束自己，恐怕办不成事情），何弗询建令？"公皆谢之，太守宾客，相与笑之曰迂。

比出舍（官府），甲长道见公，色大沮，呼之逡巡（徘徊不前）。甲长敛赋者也，令行贷供县（县令出行要求他们供应酒食），甲长借肆侵吞，闻公捐（摒弃）旧例，则无以鱼肉。公知其意，诣人聚，集父老子弟曰："乡征所以便汝曹（你们这些人），无跋涉，省粮也。顾（考虑）舆从厮役，粱肉刍茭（指酒肉饭菜）供自甲长，甲长于汝曹取盈，视粮费倍数，吾故单车弗挟客，会计（会审统计）判状力能办则决不待时，否则归而治之非晚。日需饭一盂、蔬一盘，令自治之，安事厉民为（为什么要来损害百姓呢）？于是甲长束手，不敢哗于乡，父老子弟，固已心感公矣。而建令到乡，重锤楚（杖击、鞭打），民惮之，皆亡走山谷石间，令不得民，则棓锁启扃（砸坏门锁，打开门闩），搜取鸡啄牛马米盐之属，牙侩估（通沽、出售）入赋，巨室则令

疠丐卧其户，骂之。瓯民以相戒争输。”

是时瓯民德公，而建民畏其令如螫（毒虫），既匿不复见，令停数日无所施。及归，鸡啄牛马米盐之属盈庭，而不可作赋，侩持适市，则市满酬贱。疠丐卧其户，卒无得，亦窃散去，赋终虚。而瓯民携钱持镪（银子）来者，踵接肩摩，至道不得行。甫决旬而赋完。公上考，建令坐下第。太守宾客，乃相与叹公之不迂，儒之可用。

这篇文章通篇用的是对比手法，用来突出一个鲜明的主题。其中有三比：第一比是比认识、比理念。在征赋这项工作中，其对象是老百姓，王知县把老百姓当作子民，而建安县知县把老百姓当成刁民，子民、刁民，一字之差，是认识上的不同，由于对工作对象的认识不同，提前的准备工作也不一样，时翔知县是轻车简从，“一童一役”而已，而建安县令则“盛驺从，且偕牙侩”，前呼后拥，更甚者还带着一帮身上长满恶疮的乞丐，其做派迥异。一位是唯恐吓着百姓，一位是以“威风”来震慑百姓。认识不同，工作理念也不同。第二比是比措施、比方法。瓯宁知县王时翔是重教育、用德化、讲道理，以理服人，以情动人，以诚感人，以廉示人，使用的是柔化政策；而建安县令采取的是“重锤楚”“掊锁启扃，搜取鸡啄牛马米盐之属”，更甚者到一户稍富裕的人家，“则令疠丐卧其户，骂之”。杖刑鞭打，坏锁启户，入室抢劫，这种行为是官是匪很难界定，如果还原到“乡征”二字上，那他采取的措施是名副其实的横征暴敛。不能说他用的方法全部都是强征、暴征，还有就是赖征。按照国家规定，向百姓征税，带那些身上长满恶疮的人干什么，又让这些人躺到百姓家里指鸡骂狗的干什么，这是官府的行为吗？可是，官府为了达到征税的目的，就是这样安排的，因此说，建安县令采取的是强征、暴征加赖征。其与瓯宁知县相比，诚为天壤之别。第三比是比效果。由于认识不同，采取施政方法不同，得出的效果、结果也不同。瓯宁百姓感恩知县王时翔，都带着银钱来缴赋税，路上缴税的人摩肩接踵，非常自觉、积极，不到十天工夫，瓯宁县的赋税任务已完成；建安知县凶残暴戾，百姓都害怕他，藏起来不敢见他，知县见不到老百姓，怎么能完成征税任务呢？入室抢劫那些牛马猪鸡、零零碎碎，让经纪人拿到集市上去卖，也换不成个钱，征赋的任务最终还是没有完成。年终上司对两县进行政绩考核时，瓯宁知县考核为上等，而建安知县考核为下等。

通过这“三比”，告诉人们一个方法与道理：当官为治要宽和，对待百姓要像对待自己亲人一样，百姓一时不解的地方，要以教育、感化的方式德服，凡是用粗暴的方式对待百姓的，都不会有好的结果。水能载舟，亦能覆舟。

官情厚，民情亦笃。中国的老百姓最善良、最纯朴、最知恩，也最知感恩，滴水之恩，常涌泉相报。王时翔历任三县知县，爱民如子，为百姓办了很多好事、实事，也和百姓结下了深厚的感情，实施宽和政策，即便在大堂上断官司也“呴呴作家人语”，加上他正直、坦荡的人品与廉洁无私的官品，使百姓感到能遇到这样的知县是多么幸运。即使他官任知府，胸中仍然装着百姓，时刻想为国家、百姓尽到一份责任，因此，王时翔每到一处，都受到百姓的拥戴，离开时为百姓感念。刘绍攽《时翔传》有一段记载极为感人：“先生莅三邑，晋与政皆未及期月（一整年），瓯独二载。初去晋，士民挽之不得，诣县请见，牵衣哭，日负束薪、斗米、鲑菜之属，叩头置门外，拭泪去，趾相错也。就道，倾城出祖（饯送），至洛阳桥三十里不绝，多泣下。士大夫歌詠其事，或绘《洛阳泣别图》为故实。去政，惜其去者如晋。政故名官推高公、于公，高有祠，于有碑，乃为先生设位高祠，复立碑与于并峙。及去瓯，瓯人奉以尸祝（指最崇拜的人），争建去思碑，地远弗获与者，携石工增名碑阴之隙，至无可增，则彷徨叹息去。先生亦重念瓯人，遍召诸父老，设酒果于庭，与之坐言家常事，诸父老泣。比行，悬彩焚香饯于路者三十余所，观者填溢，篚舆不得前，晚乃解散。”

刘绍攽先写王时翔任三县知县的时间：晋江、政和二县都不足一年，瓯宁也不过两年，总共也就三年有余。再写离开三县时的场面与氛围：离开晋江时，晋江百姓跑到县衙，带着土产品来和知县叙旧情，牵衣拭泪，等知县上了路，送别、饯行者，三十里不绝，气氛十分隆重悲凉；离开政和县，政和人为其立碑，与政和名人并位祀奉，

愿留念者争之不及；离开瓯宁时，瓯人和晋、政一样用最隆重的形式表示感念。王时翔也舍不得离开瓯县百姓，他也将瓯县父老邀请到县衙，开一个离别座谈会，拉家常，叙旧情，与百姓同乐、同悲，难分难舍之情萦绕在知县与百姓心中。难能可贵的是这段文字记载的开头，任三县知县的时间总共也就是三年有余，这么短的时间，能和百姓产生这么笃厚的感情实在难得，这是知县、百姓二者高度契合的结果。

现在读这段文字记载，或者会觉得作者似乎有点夸张，或许二百多年前，百姓对一位清官的最直接的感念方式就是如此。抛开这种感人的场面和氛围，应该能够清楚地看到的是一位爱民如子、勤慎廉平的清官和百姓的心是紧贴的。

立誓于神，承诺于民

——新宁知县窦容邃

现存四川省《新宁县（今为开江县）志·艺文篇》记载着大清雍正十一年，新任新宁知县窦容邃的一篇《告城隍文》，值得一读，笔者试着译成现代文。

雍正十一年（1733）八月初六日，新任新宁县知县窦容邃，恭敬地以焚香纸、供美食的祭祀仪式，在本县城隍庙神灵前祭拜，并向神灵祷告：守护一方的神啊，您尽您的职责，保护我新宁县黎民百姓，幽暗的地方无不被照亮，光明的地方无不显得更加条理。您主管的这里的官员，和您一样的心意，所采取的种种措施，都和您真心诚意相默契。今天，新任知县窦容邃，本是朱阳书院一儒生，来自中原的一名七品小官，自幼受家训教诲，长大成人也颇识大义。初次任命知县，管理一县百姓，只是学了些知识，还没有实践。寻思承蒙乡里举荐，如今已到而立之年，年龄虽然在不断增长，志气总是不可改变。严格遵循吏部文书要求，为朝廷办事。奉朝廷之命，来到四川，努力做到，简易行政，治理、管理，调补到这个小县，我以往的情怀仍不更替。恭敬地告诉神啊，我要发出内心的誓言。

誓言说：一个县里，所有责任都在知县，人无论年龄大小，政事也无论大事小事，见到好事，一定要去做，知道是坏事，就一定要除去。抚慰这里的百姓，供奉这里的宗庙，假如用以祭祀的牺牲品办得不好，盛放谷物的器皿不整洁，达不到神灵依附的要求，应当责罚我窦容邃有轻慢神灵的罪过；假如宣讲圣人告诫的道理没有遍及全县各个角落，教化、开导愚昧顽钝者，长久不见成效，达不到振兴道德，匡正人心的目的，应当责罚我窦容邃有欺骗的罪过；假如盘剥百姓用

来自己享用，损害下级而使上级得到好处，一有机会，凭借权势使百姓愁苦产生怨气，应当责罚我窦容邃有残害百姓的罪过；假如学校风气得不到整肃，学生的学习及行为态度不端正，致使文化教育昏暗不彰显，没有办法去宣扬美好的思想道理，使光明的东西休止，应当责罚我窦容邃有缺少教育意识的罪过；假如土地边界划分的不清楚，田地没有完全开辟耕种，房舍不能使百姓安居，储藏不严密，致使农田耕种不断被干扰，并且囤积储备没有办法，不能备荒年和拯救贫穷，应当责罚我窦容邃有渎职怠慢之罪；假如刑事处罚有失公允，审理案件有失公正，致使沉冤无处申诉，是非颠倒，应当责罚我窦容邃有滥用刑罚的罪过；假如不能严格管理、利用保甲，盗窃案件不断发生，赌博行为还未根除，私自宰杀耕牛不能禁止，不能使游手好闲之辈销声匿迹，豪强奸猾之人还能够肆意毒害他人，应当责罚我窦容邃有放纵坏人之罪过；假如品行端正的君子，对他们不够崇敬，阿谀奉承的小人变相地得到袒护，致使对偏邪不正的东西好恶不分，不能去扶持美好善良的，抑制谗佞奸邪的，应当责罚我窦容邃埋没贤能，纵养奸邪的罪过；假如贤能、孝义、贞洁、刚烈之人得不到及时表彰，鳏、寡、孤、独之人不能得到努力拯救走出困境，致使建立功勋、为天下榜样的人不被彰显，穷苦的百姓无处申诉，应当责罚我窦容邃背弃恩德、暴虐狠毒之罪过；假如有好的东西应当提倡、推行，而害怕麻烦而中途停止，不好的东西应当革除，又害怕豪强蛮横不讲道理，从而姑息宽容，致使好的东西日渐消亡，坏的东西日渐滋长，应当责罚我窦容邃迟延拖拉、贻误大事之罪过。哎呀！藏匿一个私心的念头不能克服，那便是自己欺骗自己；用一个狂妄狡诈的行为去诬陷别人，终属于品行恶劣的人。思考先人留下的教诲，二程和朱熹的理学应该继承。

拿着朝廷的俸禄，应当整饬世风，培养端方的品行，接受老师、朋友的监督、鞭策，实现忠孝目标，是士子和百姓的希望，就是凭借这些，我窦容邃是怎样的人呢？刚刚接受管理新宁县的重任，就似乎使人觉得有违背家训的感觉，传达上级许多嘉奖功绩的命令，无形中就成了甘愿辜负贤明之人，而愚弄了百姓。还可以红着脸站在人间吗？自此以往，行为有不好的，只能神去追查、去责罚。所幸没有大的罪过。只有神能帮助，冒昧说出心里话，希望得到鉴别。

恭敬对神立誓。

附原文：告城隍文

维雍正十一年八月初六日，新任新宁县窦容邃，瑾以香楮庶馐之仪，致祭于本县城隍之神前，曰：维神，职司保障，卫我黎庶，幽无不烛，明无不文。宰司土者，混同一气，凡百措施，精诚默契。今邃，朱阳竖儒，中州下士，幼禀家训，长识大义，居官莅民，学而未试。计叨乡荐，历三十祀。齿虽加长，志不可易。凛遵部檄，中枢从事。钦命来川，事简易治，调补兹邑，夙怀罔替。敬告神明，盟心作誓。

誓曰：一邑之中，备责长吏，人无大小，政无巨细，见善必为，知恶务去。抚兹民人，奉兹社稷，其或牺牲之不成，粢盛之不洁，不足以灵爽之式凭，当责邃以慢神之罪；其或宣讲圣喻而未偏穷谷，化导愚顽，而历久如故，不足于兴礼让，而正人心，当责邃以欺枉之罪；其或剥民以自奉，损下以益上，使闾阎愁苦含怨，当责邃以虐民之罪；其或学校之不整，士习之不端，使文教晦而弗彰，无以鼓吹休明，当责邃以寡昧之罪；其或疆理之未清，土田之未辟，室庐之未安，蓋藏之未谨，使农田纷扰而积储乏术，无以备凶荒而拯困穷，当责邃以怠忽之罪；其或刑罚之不中，狱讼之不平，使覆盆莫白而是非倒置，当责邃以滥刑之罪；其或保甲之不严，盗窃之不靖，赌博之不除，私宰不禁，使游惰潜纵，而豪滑得以肆毒，当责邃以纵恶之罪；其或正人君子，而不加钦崇，谄媚群小，而曲为袒护，使好恶偏僻，无以抚善类，而抑谗邪，当责邃以蔽贤养奸之罪；其或贤孝节烈，而不急为表扬，鳏、寡、孤、独而不力为拯救，使闾范无闻，而穷民莫告，当责邃以孤恩残忍之罪；其或利所当兴，畏烦恼而中止，害所当除，惧强横而姑容，使利日消而害日滋，当责邃以因循贻误之罪。呜呼，一念之私匿而弗克，便是自欺，一行之妄矫以诬人，终属败类。伏念先人遗训，洛闽是继。

朝廷禄养，廉隅是饬，师友督策，忠孝两致，士民企望，为

怙为恃，邃何人斯？甫膺司牧，辄显违家训，而上干功令，甘负仁贤而下愚黔首。尚得面然自立于人世乎？自兹以往，行有不藏，惟神是究是殛，幸无大庆；惟神是辅是翼，敢布腹心，用冀鉴察。

谨誓。

这篇《告城隍文》是窦容邃上任伊始，率全县官员，为治理好新宁，做一个百姓拥戴的好官，面对神灵发出的誓言，也是在神灵面前对百姓的承诺，同时，也是对自己为官的约束和挑战。窦容邃究竟是怎样一个人呢？

窦容邃，字闻之，自号樗村，祖籍山西沁水窦庄人，后迁居河南柘城，其父窦克勤，世称静奄先生，曾任泌阳教谕，康熙十七年进士，选授庶吉士、检讨等小官，以父老乞归，在柘城创立朱阳书院，终生讲学，是中原著名的教育家、理学家，著述颇多，《清史稿》卷四百八十有《传》。窦容邃出身举人，雍正十一年（1733），改授四川新宁县知县，先后两任新宁，官至忻州知州，为官清廉，考核优秀。窦容邃继承父亲及祖上遗业，重视教育，自康熙四十七年，接管其父的东阳书院，讲学四十余年，著述颇丰。其实，窦氏家族从窦容邃曾祖窦如珠开始，到窦容邃，四世讲学，“循中州学脉，绍伊洛之传”，前后长达百年，可以说是一个教育世家。窦容邃受正学、家风的影响，出仕初衷就是想做一个好官，这种思想也集中表现在他的《告城隍文》中。

我们梳理一下《告城隍文》所述内容。这篇文章由三部分组成：第一部分写这位知县率领诸县吏来到城隍庙，在神灵前祭拜祷告，先是进行自我介绍，然后向神灵说明前来拜祭的目的，是向神灵立誓的前奏；第二部分是“誓言”，是“文告”的核心内容；第三部分是对上任以来的反思和对神灵的冀盼，是文章的尾声。抛开前后两部分附加内容，还是来解读一下这位知县的誓言吧！

“誓言”采用了反面设喻正面立言的方法，连续用了十个“其或”，假设了十个条件，十种情况，由此，而得出十大罪过，这其中隐含正面回应。假设这样做，结果才是“罪过”，而我这位新任知县在施政中绝不这样做，这就是他在神灵面前的誓言，是对自己的警示，也是对全县百姓的承诺。

这十个假设，坐实的是十大罪过，阐明了这位知县的十个观点，论述了知县与所辖领域内的各种关系。

第一罪是轻慢罪，论述的是知县与神的关系。对神不诚，不恭，即谓此罪。其隐含的观点是，对神灵要虔诚、恭敬，不可亵渎。有人把这里的神，理解为百姓，也大可不必，这就是在城隍庙神前的誓言，因为，在封建社会中，神在人们的心目中是至高无上的，也是无可替代的，如果用现代的思维去理解，把神说成百姓，那就是更深一层的含义了。

第二罪是欺诳罪，论述的是知县与推行教化的关系。推行教化不力，社会效果不明显，要获此罪。其隐含的观点是，知县必须要大力推行教化，倡导道德，匡正人心。

第三罪是虐民罪，论述的是知县与百姓的关系。盘剥百姓，中饱私囊，就是虐民罪。其隐含的观点是，知县一定要清操自守，绝不能贪腐。

第四罪是寡昧罪，论述的是知县与一县教育工作的关系。校风不整，学风不正，圣人之道无法得到传授，即谓寡昧罪。其隐含的观点是，知县一定要努力办学、兴教、传道授业。

第五罪是渎职怠慢罪，论述的是知县与民生的关系。不能安排好百姓的生产，不关心百姓春耕、夏耘、秋收、冬藏，和百姓的吃、住，即获此罪。其隐含的观点是，知县必须关注民生。

第六罪是滥用刑法罪，论述的是知县与法律的关系。审案不公、断案不明，依仗权势，颠倒黑白，不能依法办事的行为就是滥用刑法罪。其隐含的观点是，知县一定要秉公执法。

第七罪是纵恶罪，论述的是知县与一县社会治安的关系。不能严格社会治安管理，致使治安案件不断发生，社会恶习弥漫，坏人横行乡里，即获此罪。其隐含的观点是，加强社会治安管理，保证良好的社会风气。

第八罪是蔽贤养奸罪，论述的是知县与端正世风的关系。君子得不到尊重，小人得不到应有的惩罚，美的东西得不到弘扬，丑的东西

得不到抑制，是非不分，善恶不明，即谓此罪。其隐含的观点是，要弃恶扬善，弘扬正气。

第九罪是孤恩残忍罪，论述的是知县对待正义和弱者的态度问题。正义得不到伸张，榜样得不到及时彰显，弱势群体得不到及时救助即谓此罪。隐含的观点是，知县一定要及时彰显正气，扶危济困。

第十罪是因循贻误罪，论述的是知县对待为政的态度问题。为政怠惰，推诿拖拉，不勤奋，不担当，造成不良后果即谓此罪。其隐含的观点是，知县为政要勤，敢于负责，勇于担当。

这段誓词，假设了在不同的条件下所获的十大罪过，也是窦容邃面对神灵从不同角度表明的施政态度。其实，窦容邃从十个方面的表态，简而化之，可以归纳为两个方面：其一，表明了他为官的准则。一是廉，二是勤。这是为官的基本底线，在第三假设中，谈到如果知县盘剥百姓，搜刮民脂民膏，那就犯了为官之大忌，那将是万民唾骂的贪官，窦容邃发誓要做一位清操自守、百姓拥戴的好官。在第十假设中谈到惰政造成的不良后果，所以，历朝历代都把“勤”字作为考核官吏重要指标之一，窦容邃面对神灵发誓要做一位勤政爱民的好官。其二，表明了他作为知县应该承担的责任和态度。首先是民生问题，这在第五“假设”和第九“假设”的部分内容中说的都是这一问题，要使全县百姓有田种、有饭吃、有衣穿、有房住，这是他作为知县为之努力的目标之一，也是向百姓做出的郑重承诺；其次是教化、教育问题，第二“假设”和第四“假设”都是谈的教化、教育问题，要使百姓在不愁衣食的前提下，接受教育，懂道理，知礼仪，这是他作为知县为之努力的又一个重要目标；再次是社会公平和社会治安问题，第六、第七“假设”可归此类，这是关系社会是否稳定，评判社会是否公平、公正的大事，作为知县是两项评判标准的关键，这里，窦容邃也向神灵和百姓发出了誓言；最后是社会风气问题，第八“假设”为此而誓，要使社会上正气得到弘扬，邪气得到抑制，逐步形成是非分明、风清气正的良好的社会氛围，这也是窦容邃为之奋斗的又一大目标。

誓言是决心，誓言是态度，誓言也是承诺，窦容邃在神前起誓，更是向百姓庄严承诺。一位岁届而立之年的青年，上任伊始，就敢立大誓、承大诺，他的胆魄与底气又在哪里呢？他在“誓文”里作过说明，在《告城隍文》中，他提到，他的出身——朱阳书院一儒生，几次提到他秉承“家训”，这应该就是他的思想基础。翻阅有关窦容邃的家世资料，可用四个字概括，那就是“亦学、亦官”。从窦容邃祖父窦大任起，以下四代，柘城窦氏家族至少出现三位进士、九位举人。关于窦氏家族的学术渊源，中州理学家耿介，称其“远绍孔孟，近接朱程”。耿介，字介石，河南登封人，顺治九年进士，清初大儒，曾主持嵩阳书院，讲学传道，窦氏家族曾有数人师从于他。窦容邃的祖父窦大任一生就热衷于儒道，不专为科举而学，他曾与容邃之父窦克勤一起兴办朱阳书院，耿介就曾称誉他“为世醇儒”。柘城窦氏家族承传之学，是濂、洛、关、闽之学，且先后几代学研颇精，融会颇深，著述颇多，被后人誉之谓“累世儒者”。窦克勤所著《理学正宗》中，就将宋代的周敦颐、二程及关内张载、福建朱熹所论列为“道统正宗”。关于“誓文”里两次提到“秉承家训”，现代学者指出，确有《柘城窦氏家乘》，乃窦容邃之父窦克勤撰修，窦容邃续修，乾隆年间容邃之子窦纾刻印，共十卷，其中第九卷为“家训”。其实，这个“家训”应是写在窦氏家谱中，形成具体文字的狭义的“家训”，“誓文”中所言“家训”，其实际意义更为广泛，可理解为窦氏家族代代相传的儒家道统，这其中自然也包括怎么样做官，怎么样做人。

柘城窦容邃之家族，为学有宗执着，而为宦却不专注，《柘城县志》记载，窦容邃之父窦克勤就“慨然有志于道，不专为科举之学”，其他窦氏族人最高官至知州。然凡为官者皆要办学，一有机会即退出官场，从不留恋；凡从官场退出者皆又要讲学传道，这好像就形成了他们的一个家风。

窦容邃作为青年才俊，主政一县，在神灵面前信誓旦旦，也在百姓面前许下大愿，然而，“誓文”毕竟是一纸空言，在实际的主政期间，他是否兑现他的承诺呢？

在清人王绂作的《直隶忻州知州窦公容邃墓志铭》（以下简称《墓志铭》）中，有这样的记载：“蜀之新宁……四年中七易令长，莅兹土者视若传舍，莫可施为。”这就交代了窦容邃署政新宁的大背景，

四年换了七任知县，谁还有心在那干事，即使有心干事，更换知县那么频繁，谁还能够干成事？《墓志铭》接着说："公下车为文誓神曰：'令有不明，唯神启之；令有不公，惟神殛之。'一时利兴弊绝，号称极治。"这里记载的窦公在神前发的誓言，大概就是"誓文"的概括吧。治理的怎么样呢？"利兴弊绝，号称极治"就是答案。这种治理背景，又能出现这种治理效果，其中凝聚着这位青年知县的心血，除了他一系列施政之策之外，一个"勤"字是无论如何少不了的。《墓志铭》还载：窦容邃"平生清操自励，致政后囊橐萧索，怡然自适"。这是对窦容邃一生为官对待金钱和自持精神的描述。窦公做了八年知县，又做应州、忻州知州，按民间"三年清知府，十万雪花银"之说，窦公应腰缠百万，而他却囊橐空空，这其中最能体现他为官之"廉"，而其本人却"怡然自适"，毫无失落、后悔之感，这也基于他的家训，更是对神前誓言的践行。相传他在知州任上时，曾在府衙大门前撰一副对联："枉道行私举步怎能无错处，爱民洁已做官哪得有钱来。"下决心要当清官，对金钱就没有渴求，所以囊中空空也是预料之中，怡然自乐也是本心所在。

窦容邃非常关注民生，他善于和百姓近距离接触，经常下乡到田间地头与百姓攀谈，询问农事情况，了解百姓生活，甚至和百姓一起在田间劳作，和百姓同吃、同住，为百姓解决实际困难。他兴修水利，整修道路，架设桥梁，想百姓所想，急百姓所急，做百姓所盼，视百姓为"衣食父母"，而不摆"父母官"大架，对百姓百般体恤，无隔无阂，百姓安居乐业，这在新宁乃至现在的开江及所履应、忻二州传为佳话，也验证了他上任时神前的誓言。正像他在衙门中撰写的另一副对联中的上联一样，"准民心为已心百般体恤只求应感无殊远尔（迩）"。

窦容邃十分重视教育，为了改变新宁文化落后状况，他"修学宫，创建宕渠书院，置经书，立规条，进邑中子弟而教之，立品制行，卓然有所兴起，人比之文翁之化蜀"（文翁，江西庐江人，西汉官吏，曾在蜀地兴教办学，效果显著）。这是窦公《墓志铭》中的一段记载。窦容邃出身儒门，为教育世家，一是对办学兴教情有独钟，二是对这项事业轻车熟路，他模仿朱阳书院的办学模式，在新宁创办宕渠书院，招收弟子，还定期亲自到书院讲课、传道授业，立品立行，起到了很好的效果。

办学育人，只是实行教化的一种方式，窦容邃还通过宣传、施政，达到教化百姓、净化社会环境、改恶向善的目的。《忻州志》中记载着窦容邃向社会的两则谕示，其一是《劝谕示》：“人性皆善，谁甘为恶？只缘气禀拘于生初，物欲蔽于生后，遂致习俗相染，效尤成风。或有善端发现，因奖励不明而辄自遏抑，或有恶念乍萌，因惩戒未加而遂致横流。此岂人性之本然，世风之难化耶？”其二是《禁止陋俗示》。当地每年在三月廿八日、五月初五、五月十三等固定的日期，百姓有到泰山庙、城隍庙、关帝庙等庙宇中焚香许愿的习惯，且子女为其父母许愿，总是脖子上戴着枷锁，手脚都戴着镣铐，情形惨淡，针对这一陋习，以行政手段晓示社会：“忻属既有此等陋俗，自应禁革查拿。但积弊已久，合亟出示晓谕。嗣后如有因病许愿者，止许虔备香楮诚心叩谢，永不许男女拖绳拜道、负枷带锁。倘敢故违，除将该犯及妇女夫男重处外，定将该庙住持及守门之人一并按律治罪，决不宽贷。”

第一“谕示”是以劝谕的方式，向社会宣传。好的社会习俗应该得到尊重和表彰，坏的东西应该得到制止，如此，世风才会不断好转。第二“谕示”是以行政的手段向社会宣示，必须执行。要革除以残酷的形式为父母请愿的恶俗，这是政府令，违者将受到惩罚，两种方式都是为了达到教化的目的。

窦容邃身怀正气，不畏强权，依法主持公平正义。《墓志铭》及其他有关史料中都记载着这样一个故事：县城内有一恶霸叫张拔，见民女周氏貌美，遂起异心，指派手下爪牙明目张胆抢走周家女儿，周老汉到县衙告状，谁知前任知县早已收受张家贿赂，反诬周家赖婚，滥加刑罚，致使周老汉死于冤狱。路不平，有人踩，百姓将此案上诉到达州知府，达州知府也早被知县通融，以驳回上诉，维持原判了事。窦知县到任后，觉得此案定有冤情，于是微服私访，调查原委，重新审理。达州知府大怒，处处阻挠刁难，官司打到省府，窦知县以充分的证据推翻原判，为周老汉昭雪申冤，并将恶霸张某及原任知县一并依法治罪。

另有狐朋狗党冒充总督差官，到州县招摇撞骗，搜刮钱财，一些官员唯恐得罪总督，忍气吞声，舍财求安，有甚者借机讨好。这帮人到了新宁后，窦知县非常憎恶，怒其做事不端，但不知其人之伪，尽管如此，他冒着触犯总督的风险，将这帮人一并擒拿，并依法处置。此事后来受到长官的称赞："若窦令者，可谓不畏强御矣！"

现代学者贾载明先生，近几年来对几部《开江县志》（《新宁县志》）做了点校、注释、翻译，进行了较为系统的研究，《新宁县志》其中的乾隆二年版本，正是知县窦容邃亲自编撰的，因此，贾载明先生对窦容邃也有较深的研究，他在《校注清代同治版〈新宁县志〉后记》中，这样评价窦容邃和他的《告城隍文》："窦容邃这个县令最值得今天开江人怀念、敬仰、宣传和学习。……窦容邃在任期中，十分重视农业、道路、桥梁建设。特别重视教育和文化建设。乾隆二年版《新宁县志》就是窦容邃亲自采编撰写的……"尤其是窦容邃为政清廉和倡导廉洁的价值观十分可敬，他的《告城隍文》令人震撼，值得今天的为政者一睹。

贾载明先生对窦容邃的评价十分中肯，对《告城隍文》的评价极为精辟，凸显了这篇"誓文"的历史价值及现实意义。

生有父母之号　死有甘棠之思

——陇地知县牛运震

打开网页，在“百度”或“搜狗”中输入“牛运震”三字，铺天盖地的信息使你目不暇接。打开山东兖州政府网站的“历史名人”栏目及甘肃秦安、徽县等县网站的相关栏目，“牛运震”三字也会赫然入目，争相宣传这位历史名人，其甚至被制作成文艺作品搬上舞台。翻开有关牛运震的历史资料，如《清史稿》《清史列传》《滋阳县志》《兖州府志》《秦安县志》等都有牛运震事迹的详细记载，此外，还有一些“传记”“碑刻”“年谱”也都客观、翔实地对这一人物进行了评述。牛运震何许人也，这样受一些史学家、文学家青睐？牛运震是一位大清官，清得令现在的人刮目相看，难以置信。

牛运震，字阶平，号真谷，因著《空山堂文集》，又号空山先生，山东滋阳县（今兖州市）人。大清雍正十一年（1733）进士，乾隆三年（1738）授甘肃秦安知县，兼摄徽县、两当县知县，后又调移平番，兼任古浪两县知县，政绩卓异，受妒于上司，被弹劾罢官。牛运震在甘肃知县任上干了十年，官虽七品，却政摄三县，其权利相当于一个知府吧！然而，就是这位政摄三县，任上十年的知县，当接到被罢官通知还乡的时候，竟无盘费返里，只好到甘肃皋兰书院打工讲学，两年后，攒够了盘缠才东归返回山东。牛运震是一位清官，但也不至于清至于此，然而史料上都是这么记载的。《清史稿》卷四百七十七《牛运震传》说：“有忌者摭前受‘万民衣’事，劾免官。贫不能归，留主皋兰书院。”民国蒋致中编《牛空山先生年谱》（以下简称《年谱》）说：“罢官，无饔飧（指生活）计，门生百姓竟以柴米遗之。”清代藏书家孙星衍曾为牛运震作《墓表》（《碑传集》卷一百

二），说牛运震罢官以后，“窘不能归，上官聘君主讲皋兰书院”。众口一词，可见牛运震被罢官后，确实是囊中羞涩了。

牛运震在知县任上十年，卸任时怎么会“落魄”到这种地步呢？我们来给他算一笔账。人们常说：“三年清知府，十万雪花银。”这说的是“清”知府，那就是说，即使不贪，作为一个四品官，一年也要有三万两银子的进项。人们还常说：“不贪不滥，一年三万。”说的也是四品知府的收入，看起来这两种说法数字是吻合的。一个七品知县一年的俸禄是多少呢？各种资料说法不尽一致，但大体上差别不大，基本工资是四十五两俸银和四十五石粮食（一般指大米）。一石粮食大约是二百斤，四十五石也就是八九千斤粮食。按每人一年食用四百五十斤粮食，那么一位七品知县的俸禄中的粮食部分就能养活二十人左右，根本用不着用银子去买粮食吃。如果人口众多，必须用银子买粮食，一两银子能买多少米呢？清朝粮食市场米价波动也很大，据《履园丛话》说，康熙末年每升（一公斤）米大约七文钱（一两银子等于一千铜钱），也就是说三点五文钱就可以买一斤米。到乾隆中后期，米价就翻了一倍。按高价计算，七文钱买一斤米，一两银子也能买一百四十斤米。用不着再往下算，可以断言，一位知县，国家工资中的粮食部分用以全家果腹应该是没有问题的，即使人口较多，用俸银再作补贴粮食，那也微乎其微。

工资之外还有一笔收入，那就是皇帝发给的养廉银。养廉银来自于“耗羡银”，清雍正年间，为了制止基层官吏在征收国家规定的额度以外，乱加“火耗”，实行了一项大的改革，那就是“火耗”归公。这样多收的“火耗”就进入了国库，再由国家以养廉银的名目发给各级官吏，本文不评价养廉银的利弊得失，只需探求个数字。养廉银发放的具体数目，是根据官位品级，主政区域及政务繁简而定的。雍正皇帝定了个原则：“令该抚（省长）酌量官职之大小，府州县地方之繁简，秉公派定数目奏闻。”（清王先谦《东华录·雍正十一》）也就是说根据皇帝定的原则，由各省巡抚拿出一个方案，然后上报朝廷被批准后执行。据《清会典事例》卷二百六十一载，七品知县的养廉银是每年四百两至两千两。这个数字最低也是知县基本工资的十倍，最高可达近五十倍。按照养廉银的分配原则，外官多于京

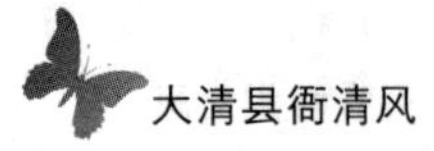

官，文官多于武官，照此推测，牛运震为官的甘肃，地处偏远，山壑纵横，土地贫瘠，环境恶劣，又长摄政三县，政务繁重，定当以七品最高标准定额，即每年两千两。养廉银用途有三：一是“补无著之亏空”，二是“各官定养廉之资”，三是“为公事留办理之费”（《清实录·十》）。没有着落的亏空并非普遍现象，办公经费不足倒是普遍现象，养廉银可用于补缺，但最主要还是用于私费。

读者不禁要问，牛运震一年光白银收入就能达两千多两，况一身摄三县，朝廷是否分外加俸？笔者不得而知，但有旁例：雍正七年五月，雍正就批准田文镜在拿河南巡抚养廉银的基础上再领属山东的一万两，尽管田文镜不贪，最终谢绝，但这起码说明，兼署两地是可以得到两份养银的（事见雍正朝《朱批奏折》雍正七年五月初四，田文镜折）。如果牛运震也照田文镜之例，那他的年进白银就相当可观了。

即此，牛运震还有一大笔收入没算进去，被他以“革除陋规”的名义给“革”掉了，让给了老百姓。《年谱》引《秦安县已行过地方事宜禀各宪文》记载：秦安地处偏远，历来军役较多，地方官吏就借公事大肆敛财，向百姓摊派，久而久之，形成了一些不好的规矩，老百姓缴纳这些额外费用像缴纳正供一样，不得拖延。牛运震到任后，仔细了解这些情况，决心革除这些陋规，为民减负，于是两年内查出乱收费项目十余项，向全县颁发文件，禁止这些乱收费现象，同时，他将禁止摊派的项目刻在石碑上，立在县衙门口，以警胥吏。蒋致中在《年谱》中说：《禁陋规碑文》其榜为禁条者：

1. 革除岁底裱糊衙门，修理伞、扇杂费。
2. 革除帮贴轿夫工食，并赴兰、赴岷，每名盘费。
3. 革除帮贴卫皂隶（衙门中的办事员）工食。
4. 革除开仓开征公礼。
5. 革除起解钱粮驮运脚价。
6. 革除修补仓廒，并铺垫杂费。
7. 革除盘粮仓粮摊派夫价。
8. 革除雇赁民仓摊派房价。
9. 革除陇城镇地方，十三堡地方，摊派夏满城规礼。

乾隆六年，牛运震兼摄徽县政事："除徽县三蠹。"他在《徽县寄究郡亲友书》中写道："徽县有三蠹，与徽俱立。一曰里书之纸费。一曰柜胥（掌管文件档案的小吏）之钞锐。一曰图差（相当于导游）之脚粮。民供于三，岁骏其膏，加以正赋，四之一也。运到徽，条厉而榜诸衢，去其里书、图差之二，而留其一于柜胥为之大减其额，俾民惟正之供。"

"除僧税之烦碎者。"牛运震在给家乡亲友的信中还说："僧税烦碎，摧及毛丝，虽鬻饼、弹絮不遗。运为清覆一切，而蠲其苛末太甚者。"

"禁革徽县陋规。"《年谱》引《徽县应行与革事禀各宪文》："卑县征收地丁钱粮，每纳户完银一两，给户书大钱三十文。征收本色屯粮，每屯民完粮一石，给仓书大钱十五文。计卑县额征钱粮三千七百余两，共给户书大钱一百一十余千（文）。额征屯粮一千九百余石，共给仓书大钱三十千文。名为使费，实则加派，积习相沿，深为民累。卑职署任伊始，即行查明禁革。"

调任平番县，革除陋规。牛运震兼任平番县知县，到任后张贴告示，革除历史上沿袭下来的陋规。以前，衙门里吃的鸡，大堂上用的"喝威棒"都是固定专人供应，胥役从中克扣，牛运震下令一并革除。

从史料中看到牛运震所到之处，陋规尽除。这些所谓的规矩，是正项之外县衙官吏随意加给百姓的，真是多如牛毛，细如齑粉，连春节贴副对联的糨糊，给家里写信用的纸墨，都摊派到百姓身上。这些杂费，看起来数额并不会太大，但是积累起来可就是个不小的数字，只徽县一县的征银、征粮数字就大得惊人。牛运震说得明白，这些钱、粮的征收"名为使费，实则加派"，巧立名目，搜刮百姓。有的项目设立实在是可笑、可恶，官吏用的扇子、伞子坏了，为什么让百姓为你拿修理费？况且，这种项目的修理费用能有几何，而以此为名向各县百姓摊派的钱又有多少？公家使用民房还要百姓出租赁费，简直是无耻至极。

如果是牛运震将这三县正额之外的杂费都收起来据为己有，那可是个不小的数目，即使用到衙役们的身上，那岂不就将他养廉银省下来了吗？“可惜”牛运震把这份厚利让给了百姓，确切地说是还利于民。

即便革除了这笔浮财，按照当时合法收入，干了十年，怎么会连回家的盘缠都没有呢？是否生活太奢侈，抑或其他开销太大呢？

牛运震视“俭、简、检”三字为当官座右铭，所谓俭，就是生活上的简朴，以简养廉，这是一位循吏最起码要做到的。他是这样想的，也是这样做的。刚到秦安不久，他在《寄兖郡亲友书》中谈到秦安社会生态混乱时说：“上俭而下侈，势并不得为廉吏。”说明他时刻都在以座右铭来对照自己、约束自己。简，包含内容很丰富，为政简约，提高施政效率；不讲排场，轻车简从，衙门胥吏、杂役使用从简等。俭是为了节约，简也是为了节俭。检，主要是检查自己，反思自己。以这三个字为座右铭，说明牛运震并非奢华之人。

当然他也有一些开销，比如，一家四口（大儿子是他就任秦安时出生，起名秦安，小儿子是移任平番时生，取名平番），两个大人两个孩子的衣食开销。还有就是雇的随从、轿夫、厨师、保管等。他们的工资也是从养廉银里出，国家只给县衙配备几名额定人员，其余人员都由县太爷想办法，这也是清朝用人体制的弊端。有的知县喜欢讲阔气，就会用很多人，钱不够就移嫁到百姓身上。当然，这些杂役工资都很低，对养廉银来说，开销只是微乎其微。而牛运震又是如此的俭、简，推测他的开支不大。剩余的钱都到哪里去了呢？翻开有关牛运震史料便一目了然。

“乾隆四年，捐俸设龙川书院，朝夕讲贯，常至夜分。”

“乾隆五年，捐资开邑西陇水，脉土之宜，为九渠；溉田万余亩，民食共利（《年谱》）。《年谱》还引《秦安渠道记》云：运（运震）吏秦之年，巡行县原脉土之宜，得陇水可渠状。其明年，鸠（纠合）丁壮，具畚闸，视水所往，因势而弦矩之。三月工竣，为渠长短九道……灌田万六千亩，亩可岁一种，缘川之田，称沃埌焉。”

“乾隆五年，捐栽树株。”（《年谱》）秦安地处山区，但树木甚少，所用木料，从外县购买，极不方便，于是牛运震带头捐栽树木八百余株。以后每年捐栽。并号召各乡、保百姓栽种，全县栽种四万五百八十余株。

“乾隆七年，劝捐秦安社仓。”“共捐仓斗粮二百四十二石五斗。”(《年谱》)

“乾隆八年，修秦安学宫。捐俸金置买秦安学田一十五亩。”(《年谱》)

“乾隆十一年，……开引渠道十一里五分。引水灌田一百八十余顷。并于沿渠上下捐栽杨柳树三百株，以为表道护渠之需。”(《年谱》)

“乾隆十二年，……县有五道岘灾，告馑！捐粟赈之，民赖以安。感其事，人输一钱，制衣具幣以献。辞之不获，乃受衣返币。”(《年谱》)

据不完全统计，牛运震在甘肃任职十年，捐资十笔，其实不至十笔，比如捐资栽树，是每年栽，每年捐。有的项目工程还较大，比如，在秦安捐资改造陇水，修渠九条，三个月的工期，耗资绝非小数目。

如果把这些捐赠项目归一下类别：一是赈灾；二是农田水利建设；三是改善环境，植树造林；四是捐献教育，设书院，修学宫。从这些项目来看，明显呈现两个特点：其一，每个捐赠项目都是民生工程；其二，每个项目都是着眼长远的基础工程。

牛运震之所以政摄三县、为官十年而落得个两袖清风，一无所有，甚至连回家的路费都没有，主要取决于两个字，一是“还”，二是“捐”。革除陋规，还利于民，倾其所有，捐于民生。牛运震之所以这样做，来自他出仕的初衷，他在《与李侍御元直书》中写道：“古来循良之吏，三代吾不知己。两汉之隆，此道为盛……每览先后汉《循吏列传》，十有六人生有父母之号，死有甘棠之思，未尝不淋漓感激，踊跃纸帛。然自揣耳目寡昧，才力驽弱，万万不能得当于此。然常夙夜蹶然，此志终不可灭。”《空山堂文集》这里就清清楚楚、明明白白地表明心迹，陈述志向，那就是要做一个循吏，做一个生不愧百姓“父母官”称号，死后被百姓永远怀念的好官。

乾隆三年，他接到了“晋京谒选”的命令，怀着一颗报国安民的雄心壮志，他来到北京，然而，在吏部，他却抽到了到秦安任知县的签。秦安地处甘肃东南部，地瘠民贫，又处四川、陕西交界，环境恶劣，社会混乱，难以治理。亲朋故友听说要到秦安当知县，都替他惋惜，认为，像牛运震这种有才华的人到那里去实在有些不公，甚至有人劝他，托辞不就，等待时机。牛运震却不这样认为，离京前给他叔叔写了一封信，信中说：“人亦有言：‘仕途中无天理，正人安不住。’运以为，此力量不足，而故为愤激之论耳。凡人果真有真实心地、本领，而又能随俗，变通出之，虽蛮貊可行。……既拿定四两铜，为上司担忧、分难，为百姓偎干就湿，就要把这个进士、官，并胸中数卷书，三两篇别致文章，一齐看轻了，漠然无有，如此，亦何地安不住？”（《空山堂文集·京中呈叔父书》）

到了秦安任上，实际情况要比他想象的更糟糕，面对秦安这种状况，他想念家乡，想念亲人。然而，他毕竟是怀揣着远大志向走向任所的。黄昏时分，妻儿不在身边（妻儿次年才到），劳累一天，只灯孤影，他不断给亲人、朋友写信，诉说自己的心志。在《寄兖郡亲友书》中说：“莅事两月，政务纷纷，遗忘日见，过失随之。每怆然深念：秦安四五万户，竭膏脂衣食我，尽丝粟舆马我；我仰瞻公堂，俯察茅屋；饥寒满昼，我不能为秦安谋一生路，宵窃满夜，我不能为秦安除以患害；摧科捶楚而已；断狱口语以争，以至法慢而刑残，势将不得为仁人；上俭而下侈，势并不得为廉吏，罪尤猬集，不可殚述。回忆曩者别家门，赴任所，告祖宗，质朋友，曷尝不奋跃激发，为当今良吏。以今观之，竟何如耶？……”（《空山堂文集》）信中述说了牛运震刚到任上，政事如麻，辛苦劳作，功效不显的苦闷，流露了他急于为国分忧，为民解难，建功立业的心情，为此，也有深深的自责。下面这段话也发自肺腑，更加深刻：“自念一行作吏，当官而行，果能为朝廷执法，为百姓造福，为父母立清名，虽极劳苦，吾亦何敢自爱！……念秦安人衣食我，供奉我；吾处其宅，出其途，役其力，耗其财，平心自问，实不能为秦安兴一利益，除一患害，犹靦然使秦安百姓早晚父母我，兴思及此，何胜怵惕！”（《空山堂文集·秦安示诸弟乃门人颜怀敞书》）

在牛运震心里，知县并不是高高在上的大老爷，当知县是为朝廷效命，为百姓谋福，百姓是知县的衣食父母，知县应怀着一颗感恩之心为百姓办事，为百姓卖力，只有能为百姓兴利、为朝廷分忧的知县

才配做百姓的“父母官”。

抱着做一个循吏，做一个“生有父母之号，死有甘棠之思”的愿望，牛运震在这荒僻的地方一干就是十年，这十年，他殚精竭虑，倾其心血，不辞劳苦，为他的子民谋福利，政绩卓异，当上了名副其实的“父母官”。牛运震这个“父母官”，为百姓不贪不吝，还利于民，捐利于民，倾其所有，如父母之于子女。

人云：“仕途中无天理”，牛运震还为之辩解，认为那是没本事人发的牢骚，然而，在牛运震身上真被人言中了，尽管他为官清廉，为人清操，心志清正，尽管他为官任上，不辞劳苦，除陋规，革弊政，治水灌田，办学兴教，平反冤狱，做了大量的利民、便民、惠民的事情，正像他诗中所说：“一身三县宰，憔悴小甘州”，但他还是被罢官了，罢官是由一件衣服引起的。牛运震兼署平番，平番十年九旱，牛运震察看实情，带领百姓疏浚河道，引水灌田一百八十余顷，并捐钱在沿河堤栽上杨柳以护堤坝。乾隆十二年，遇大灾，牛运震捐粮二百石赈济，救活了好多百姓，事后，百姓为感谢这位“父母官”，每人捐献一文钱，做了件衣服，命名为“万人衣”，剩余的钱铸成银子赠给他们的“父母官”，牛运震再三辞谢，百姓盛情难却，不得已，他收下了那件“万人衣”，把银子退还给百姓。乾隆十三年，却因“万民衣”事被弹劾罢职。其实被罢职的真正原因《真谷先生传》中说得明白：“督抚称其能，将擢之，忌者乃摭拾前受‘万人衣’事劾罢之。”有人嫉妒他的才能，借“万人衣”事而故意发酵，弹劾他受贿，据说这个人正是他的上司。一件衣服，比他刚刚捐给平番百姓的二百石米、三百棵树还值钱吗？真是“仕途无天理”。命运不公，天理不公，社会不公啊！这下子牛运震相信“仕途中无天理”这句话了，他写了一首《偶成》：

老至犹徇禄，青山归去迟。
平生真自许，世路竟何宜。
家破边霜后，官休秋雨时。
自怜摧损甚，空叹羽毛奇！

表达了他罢职以后的凄凉心境。而这一年他才四十三岁。平番百姓听说牛运震是因为“万民衣”被罢官的，“聚哭于庭，欲赴省，保留”。牛运震极力制止，说：“你们这样做，是为我又加上了一桩罪。”（《年谱》）于是平番百姓才罢休。

牛运震于乾隆十三年秋被罢职，乾隆十五年六月离开皋兰书院东归，在书院讲学不足两年，凑足了路费返回家乡，从此居家著书立说，成果颇丰，乾隆二十三年，一代廉吏、师儒牛运震带着无限的遗憾溘然长逝，享年五十三岁。

牛运震病逝的消息传到甘肃后，“秦安、平番士民设位哭踊，不期而会者千人”（《平番县知县牛君运震墓表》）。三十年后，秦安人为了纪念这位“父母官”，曾立德政碑，铭刻牛运震署秦安时期开九渠、教民种植法等政绩。约六十年后，曾任两江总督的孙玉庭为他撰写《牛真谷先生传》。《秦安县志》《滋阳县志》都为其作《传》，运震逝后约一百六十年，他的事迹被记入了国史——《清史稿》，民国蒋致中为其写成了一部详尽的《年谱》，他的著作被后人搜集、整理、出版，现代媒体上屡屡出现牛运震名字和他的事迹。

牛运震辞世二百六十年了，然而，人们没有忘掉这位七品知县，在大力倡导精神文明、加强廉政文化建设的今天，牛运震仍然可以作为当官者的榜样，老百姓永远怀念这样的清官。

几束萧萧竹，一腔爱民情

——诗情、竹品，潍县知县郑板桥

山东省潍坊市郊，曾是延续五百多年的古潍县所在地，大清乾隆年间，著名的“扬州八怪”之一郑板桥曾在这里任知县。关于郑板桥，史料里多有记载：

> 《清史稿》卷五百四有《郑燮传》，将其列为“艺术”类，其《传》曰：“燮，字板桥，江苏兴化人，乾隆元年进士，官山东潍坊知县，有惠政。辞官鬻画，作兰竹，以草书中竖长撇法为兰叶，书难分隶法，自号‘六分半书’。诗词皆别调，而有挚语。慷慨啸傲，慕明徐渭之为人。”

《清史列传·郑燮传》这样记载：“郑燮，号板桥，乾隆元年进士。知范县，爱民如子。绝苞苴，无留牍。公余辄与文士觞咏，有忘其为长吏者。调潍县，岁荒，人相食。燮开仓赈贷，或阻之，燮曰：‘此何时？俟辗转申报，民无孑遗矣。有谴我任之。’发谷若干石，令民具领券借给，活万余人。上宪嘉其能。秋又歉，捐廉代输，去之日，悉取券焚之。潍人戴德，为立祠。燮有奇才，性旷达，不拘小节，于民事则纤悉必周。尝夜出，闻书声出茅屋，询知韩生梦周，贫家子也，给薪水助之。韩成进士，有知己之感焉。官东省先后十二载，无留牍，亦无冤民。乞休归，囊橐萧然，卖书画以自给。文宏博雄丽，诗宗范、陆，词尤工妙。书出入汉隶中而别开生面。以余事写兰竹，随意挥洒，妙趣横生。其需次春明也，慎郡王极礼之。一缣一楮，不独海内宝贵，即外服亦争购之。著《板桥诗钞》诸书。”《清史列传》的作者却把《郑燮传》放在了“文苑”类里。

读这两段关于郑板桥的史料，不难发现史家对郑板桥的记载侧重有不少差异，《清史稿》侧重于记载郑板桥艺术上的造诣和成就，用较大篇幅写他的诗、词、书、画，而记载他十二年知县任上的政绩，只用了三个字：“有惠政。”《清史列传》则不然，把郑板桥放在“文苑”类，“文苑”就比“艺术”涵盖的内容宽泛。《清史列传·郑燮传》用绝大篇幅述写郑板桥为官的政绩、政声，而将其诗、词、书、画的成就作为附笔来写。《清史稿》记载郑板桥的政绩，简约、笼统，《清史列传》则记载具体、翔实。

郑板桥是我国历史上一位杰出的画家，对于他的绘画成就，古今中外还没有不同的评判声音。他善于把诗、词、书、画，有机融合到一起，以喻征品行，以明达心志。然而，也正因为他在这方面的成就太突出，人们似乎会遗忘他十二年为政的政声。《清史列传》为郑板桥在官十二年画了像。“爱民如子”，说明郑板桥在处理官与民这对既对立又统一的矛盾中，做到了妥帖、顺畅、和谐，是一位称职的“父母官”。“绝苞苴，无留牍”，苞苴，本意为裹鱼肉的草苞，后来成为行贿的代称。“绝苞苴”，拒绝不同方式的贿赂，说明他为官之廉；“无留牍”，是说案头没有未处理完的公文，说明他为官之勤；“为官十二载，无留牍，亦无冤民”，说明他为官公正；潍县闹灾荒，人相食啖，板桥来不及上报，私自“开仓赈贷”，并承诺：“有谴我任之。”说明他为百姓敢于担当。一位廉洁、勤政、公平正直，关心百姓而又敢于为百姓承担风险的知县，当然受到百姓的爱戴，无怪乎百姓要为郑板桥建生祠。也正是郑板桥对待百姓有“人饥己饥，人溺己溺”的情怀，并有对待官场的庸俗风气的乖、怪行为，在封建社会里，这样的清官很难在仕途上顺风顺水，他为百姓得罪了巨室，落下一个赈灾不当的罪名，这位知县，心灰意冷，无意于仕途，毅然辞官返里，题诗一首：“进又无能退又难，宦途踞蹐不堪看；吾家颇有东篱菊，归去秋风耐岁寒。”表达了他当时无奈中的旷达心情。

尽管六十一岁的郑板桥从此弃官归隐，着意于他的诗、词、书、画，以卖画为生，又十年而终寿，然而，人们也从他的诗、画中永远铭记着他为官的形象，因此有这样一首“清诗”，曾经从他的潍县县

衙中飘出，像一朵彩云，永远漂浮在历史的上空，像一尊塑像，永远镌刻在人们心中。诗曰：

> 衙斋卧听萧萧竹，疑是民间疾苦声。
> 些小吾曹州县吏，一枝一叶总关情。
>
> ——《潍县署中画竹呈年伯包大中丞括》

这是一首题画诗，是郑板桥送给山东省巡抚包括的一幅画上的诗。年伯，古称同榜考取功名者为同年，称同年的父辈为年伯。包大中丞括，中丞，明清时对巡抚的称谓。包括，钱塘人，时任山东布政使，署理巡抚之事，固称中丞。

这首小诗，不艰涩，不聱牙，平白如话，心迹流露自然。首句是说，郑板桥在潍县衙府中休息，听见窗外风吹竹林的萧萧声，由此联想到百姓饥寒号啼之声，由百姓在饥寒中挣扎哀怨之声，联想到自己的身份和职责。最后说，我们官位虽小，但百姓的一个举动，一个表情，都牵动着我们的心。全诗表现了郑板桥不忘民生疾苦，牢记为民解忧的情怀，诗中矗立着一个急民之所急、苦民之所苦的封建社会清官形象。

小诗在托物取喻中体现忧民情怀。这首诗从表现手法上说，最大一个特点就是有虚有实，虚实相兼，托物取譬，抒情言志。

第一句："衙斋卧听萧萧竹"。多数赏析者解释为，郑板桥躺在县衙书斋中休息，听见窗外风吹竹叶发出的萧萧之声，萧萧，象声词，风吹竹叶之声。仔细品味，觉得其中另有深意。这其中有两个关键词，一是"听"，二是"萧萧"，这两个词紧密相连，将诗的意象激活，同时，使诗歌的意境不断扩展，含义不断深化。诗人的这首诗是题画诗，首先有画，其次才有诗，而这幅画又是送给他的上司、长辈包大人的，因此，从逻辑上推论，郑板桥在县衙中休息，对画的接触，首先应是视觉，审视、端详着这幅画竹子的画之妙处，由于他的特殊地位，复杂经历，想着马上拿上这幅画要见到更大的官员包中丞，使他浮想联翩，慢慢地，面对斗室里画中的竹子，他的视觉不自觉地转移到听觉，这一转移，使诗的意境无限地扩大，诗的内容无限地拓展，他听到的是风吹竹林发出的响声，这是眼前之竹，是窗外之竹，是旷野之竹，是幽谷之竹，谁也说不清，这是被激活的意象的不断跳跃，而在这不断跳跃的意象中，诗人用“萧萧”二字，恰如其分，用意颇贴。“萧萧”二字，简单解释可说成是象声词，风吹竹叶之声，而“萧萧”二字还带有浓厚的感情色彩，可解释为冷漠、凄清等。其实，这两种解释法一般情况下很难截然分开。《易水歌》中“风萧萧兮易水寒，壮士一去兮不复返”。萧萧，是象声词，也是感情词；陶渊明的《咏荆轲》：“萧萧哀风逝，淡淡寒波生”，萧萧，是象声词，也是感情词；就连杜甫的《兵车行》：“车辚辚，马萧萧”中的“萧萧”，可解释为马鸣声，烘托军队出征的盛大场面，然而读下句：“爷娘妻子走相送，尘埃不见咸阳桥。牵衣顿足拦道哭，哭声直上云霄。”还有谁说这里的马叫之声不带感情色彩呢？至于杜甫的“无边落木萧萧下，不尽长江滚滚来”中之“萧萧”，更难说清它是写景还是在抒情。因此，本诗中，作者由视觉移到听觉，听到的是风吹竹叶的萧萧之声，这一跳动的、无限扩大的景，却深深寄寓着作者凄清、沉郁的心情。

第二句“疑是民间疾苦声”。由上句而来，诗人由凝视，转换为静听，从看到的画上之景，转换为听到的想象之景，景为情设，情由景生，萧萧之景，烘托着凄清之情。为什么会由眼前画上之实景，联想到画外之虚景，并有虚景生实情？原因是，他把画外之虚景进一步拓展、深化，由风吹竹叶的萧萧之声，继而联想到百姓疾苦，一个“疑”字，是虚景延伸的标志。然而，民间疾苦之声虽是诗歌跳跃的又一个意象，是联想，是虚写，但它深深地根植于现实之中，与南宋诗人陆游的《十一月四日风雨大作》中“夜阑卧听风吹雨，铁马冰河入梦来”异曲同工，无怪乎有人评价郑板桥“诗宗范、陆”。郑板桥一生坎坷清苦，虽出身书香门第，然家境中途败落，加之亲人相继去世，因此，青少年时期的郑板桥就饱尝人间辛酸，了解民间疾苦。尤其是在知县任上，对民间疾苦更是了如指掌。有史料记载，郑板桥由范县调任潍县知县，那是乾隆十一年，正遇潍县闹灾荒，连续五年，先是大旱，庄稼颗粒无收，继而海水倒灌，毁民田产，瘟疫流行，死者无数；乾隆十二年，大旱之后又连大雨、大涝，潍县诸地赤

地千里，饿殍遍野，“人相食”“斗粟值钱千百”，百姓外出觅食讨饭，路有饿死者不计其数，这种情形，作为潍县百姓的“父母官”，他是历历在目，刻骨铭心。因此，他才不顾风险，未经申请，擅自开仓赈济。作为文人，在他的作品中如实记录了当时的惨状。他的《逃荒行》是一首长篇叙事诗，也是一幅目不忍睹的荒年流民图。“十日卖一儿，五日卖一妇，来日剩一身，茫茫即长路。……道旁见弃婴，怜拾置担釜，卖尽自家儿，反为他人抚。”讨饭的流民，一路朝关东走去，卖儿鬻女，舍妻抛子，卖掉自己的儿女，而见到路旁别人丢弃的孩子，唯恐饿死，反而把他们捡起来。诗中塑造了一群既可怜又可敬的逃荒者的形象，字字血泪。郑板桥从范县转任潍县，骑着毛驴上任的路上就遇到这种场面，在潍县七个年头，就有五个荒年，局外之人也会潸然泪下，而作为潍县的“父母官”，这样悲惨的场景，使郑板桥一刻也不能忘怀，因此，从所见画面之竹，跳跃到画外风吹竹叶的萧萧之声，又从风吹竹叶的凄清之声，跳跃到百姓的哀号凄苦之声，虽然诗歌意象在跳跃，但诗中抒情却平顺自然。白居易曾有一首诗叫《新制绫袄成感而有咏》，其中有两句诗这样写：“心中为念农桑苦，耳里如闻饥冻声”，也可为“衙斋卧听萧萧竹，疑是民间疾苦声”作注脚。亦动亦静，亦虚亦实，亦物亦人，在托物取喻中寄托诗人忧民情怀，在诗意延伸中体现责任与担当意识。

第三、四句“些小吾曹州县吏，一枝一叶总关情”（些小，小小；吾曹，吾辈）。这句说，像我们这些小小的县吏，这是继一、二句之后，正面将诗中主人公推出，“一枝一叶”是双关语，是说竹子的一枝一叶，这就回到了“题画”这一题目上来，照应了第一句；同时“一枝一叶”也暗指百姓大小事情，上承着第二句。小诗的三四两句，从实到虚，而实中有虚，虚中有实，实实虚虚抒发了一位知县的为政情怀。正像康熙年间内乡县知县高义永撰写的对联一样，“勿说一官无用，地方全靠一官”。尽管官职卑微，为官一处，就要为百姓造福，这是一种责任，更是一种情怀。作为七品知县，几乎是封建官吏构架中的最底层，但他面对最多的、最直接的是百姓，百姓喜怒哀乐，安危祸福，衣食住行，柴米油盐，大事小事，都牵动着七品知县的心，这是他的职责所在，也是他的官品所在。

郑板桥以诗言志，而他为官也确实如此。乾隆七年，他被任命为范县知县，范县是一个贫穷、荒凉的小县，地处黄河之滨，时常受水灾之害，百姓吃饭问题是范县的头等大事，郑板桥上任后，主要任务就是下乡深入田间考察指导农民的生产，县衙大院几乎找不到他，有一首诗中描述了当时的情景："几回大府来相问，陇上闲眠看耦耕。"上级官吏来范县检查工作，县衙竟然找不到郑板桥的影子，而他总是在田间，累了，甚至就在田埂上打个盹，他关心的是农业生产，关心的是农业收成，最根本的是农民的吃饭问题。

在潍县，正值潍县闹灾荒，"人相食"，从他赴潍县任上那天起，连续五年间，潍县旱、涝、蝗、疫等灾害交替侵蚀百姓，致使潍县饿殍遍野，尸相枕藉，郑板桥不顾一切，开仓济民，强迫富户平价粜粮，将自己的养廉银分发给灾民，潍县百姓感恩戴德，建生祠供养。《碑传集》卷一百三《书潍县知县郑燮事》中记载了一个故事：说是潍县几个商人遇到一起闲聊，谈及知县郑板桥，说："郑令文采风流，施于有政，有所不足。"有人问：郑令是否因作诗、饮酒荒废了政事了？商人说："喜事。丙寅丁卯间岁连歉，人相食，斗粟值钱千百。令大兴工役，修城凿池，招徕远近饥民就食赴工，籍邑中大户开厂煮粥轮饲之，尽封积粟之家，责其平粜……"这几个商人认为，郑板桥当知县的缺点不在于懒政，而在于多事。大灾之年修什么城池，官府拿不出粮食，却让几家大户轮流出钱出粮，供农民做工者吃饭，而且将富家仓库封存，逼着人家平价卖粮，这岂不是多事！他们哪里知道，这位知县是为了百姓的生存所采取的非常措施。没有地方一官的责任意识，没有正确的价值观念，这位地方小官是不会"多事"的。

《清碑类钞·吏治类》载一个小故事：郑板桥"宰范时，有富家欲逐一贫婿，以千金为寿。板桥收其女为义女，复潜蓄其婿在署中。及女入，拜见，因出金合卺，令其挽车同归，时称盛德。"说的是这一富家，嫌贫爱富，欲毁婚约，准女婿将其告上县衙，为了打赢官司，富家给郑大人送去了千金，以祝寿为名进行贿赂，郑板桥毫不犹豫地收下了金子，并认富家女为义女，富家非常高兴，板桥谓富家说，我再为女儿择一贤婿如何？富家一听知县为媒，当然没有差错，求之不得，于是将女儿带到县衙，谁知郑板桥预先将那贫婿藏于府

中，待女儿入，相见，仍是前婿，板桥当即令二人成婚，备车送夫妻还家，并把富家送来的金子作为嫁妆钱送给这对夫妻。这个故事虽载于稗史，且原本是对势利富人的讽刺，可从另一个角度说明这位郑知县“喜事”“多事”，多到百姓的婚丧嫁娶的琐事。《清史列传》还记载郑板桥资助贫家子弟韩梦周读书一事。在那个时代，读书人有几个，读书不读书，读起书读不起书，似乎与一位知县关系并不紧密，然而，这些民间琐事，在郑板桥认为就是百姓的大事。从百姓生存的大事，到百姓生活中的点点滴滴，郑板桥都挂在心上，藏于胸中，都看作“父母官”的职责所在，这也正是“一枝一叶总关情”的内涵。

这首小诗由看到听，托物取喻，由萧萧竹声，联想到民间疾苦之声，作为知县，听到百姓痛苦的呻吟，又有何感受，一步一移，画面、意象的移动、转换，使诗意不断延伸，读者从诗意的延伸中体会到诗人的担当意识。作为知县，官虽小，责任大，主政一方，担当一方，百姓之事，无有小事，敢于为百姓解忧，敢于为百姓担当，才配得上“父母官”之称谓。《清史列传》记载他在潍县，为救灾民，不经上级批准，私自打开国库，赈济灾民，这是承担着很大的风险的，因此，有人好心相劝，要郑板桥上报申请，待批准后再开仓赈济，郑板桥却说：“此何时？俟辗转申报，民无孑遗矣！有谴我任之。”非常时期，非常处理，非常时期若按正常程序处理，那是不担当、不负责、求安自保，其造成的结果是老百姓饿死。一边是私自开仓可能承担的罪责，一边是看到的在饥饿生死线上挣扎的数以万计的百姓，作为百姓的“父母官”，他毫不犹豫地选择了风险，“有谴我任之！”这样掷地有声的语言，展示了一个为百姓顶天立地、敢于担当、勇于承担风险的刚直形象。还有，大灾之年，人相食啖，正是富豪奸商发难民财的好机会，而郑板桥却利用手中的权力逼迫储粮大户，平价出售，甚至开设粥厂，轮流赈济灾民。在那个社会里，百姓是一个弱势群体，商贾富豪多有靠山，郑板桥为了百姓生计，置个人安危于不顾，宁愿得罪有钱有势者，也要把百姓从死亡线上拉回来，这是什么精神？这是为官的担当精神。吾曹县吏，官虽不大，然“丹毫一点，乃吾民利害攸关”，百姓的“一枝一叶”不可不挂在心上，以上所举小例，或许从某一角度折射出“些小”两句诗的内涵。

“些小”两句诗细品起来还有一层深意，那就是对中丞的劝勉。因为这是一首题画诗，且连画带诗是要送给山东巡抚包括的，因此，在自己抒怀明志的同时，不无对包括的劝勉之意，意谓作为我们州县小吏，百姓的一枝一叶都牵动着我们的心，我们要为百姓分忧，为百姓担当，那作为朝廷的封疆大吏，又该如何呢？这一层意思既是画竹呈年伯包大中丞的寓意所在，同时，也紧扣了诗的题目。

这首题画小诗，只短短的二十八个字，甚至诗的题目就占全诗字数的二分之一，然而，这首小诗从手法上说，虚实并用，层层延伸，上下环扣，首尾相照，浑然一体。尤其是在内容方面，更值得称誉，它展现的是关爱百姓，同情百姓的忧民情怀，折射的是为民负责、为民担当、敢于负责、勇于担当的精神，塑造的是一位廉洁、勤奋、刚直无私、为国为民的清官形象。

诗虽小而义深，官虽卑而品正，在人们脑海中装着“衙门口朝南开，有理无钱莫进来”的概念的情况下，郑板桥的这首小诗，如一股清风，从令人恐惧的县衙中飘出，送给人们的是舒适与清爽，带给人们的是永远的自勉和自励。

为官五十载，解组无立锥

——五县知县谢仲坃

阳春县（市）位于广东省西南部、中国大陆最南端，这里居住着汉族、瑶族、壮族等不同的民族。阳春意取漠水之阳，四季如春。这里景色优美，山水迷人，人称广东“小桂林”。大清雍正年间，从这个偏僻小县走出来一位知名的进士，一百多年后，这位进士又走进了“国史”，他是阳春县第一位，也是唯一一位走进“国史”的人，他的名字叫谢仲坃。

谢仲坃，字孔六，号耳溪，阳春县轮水村人。生于清康熙四十一年（1702），雍正元年为广东乡试第一名，雍正五年参加会试，登明通榜进士。所谓明通榜，即在录取正榜进士之外，在会试落第的举人中选取一定数额文理明白通达者，另出榜，谓之明通榜。被授四川长宁教谕，后任广东崖州学正，先后当了十二年的学官。乾隆四年（1739）被任命为湖南常宁知县，两年后调湖南平江知县，继而又调任莱阳知县、衡阳知县、衡山知县，算起来，先后在五县知县任上又是十二年。乾隆十六年（1751），谢仲坃升任湖北荆州通判，继而升任湖南常德府同知，先后代理襄阳、宝庆、宜昌、武昌、永顺、岳州、永州七府知府。乾隆三十七年（1772），因在永州实行盐务改革受阻，托词眼疾，解印辞官。谢仲坃辞官返乡之前，曾被朝廷任命为湖南道台（正四品），掌管湖南驿站交通、盐务及长沙府、宝庆府政务。然而，从雍正五年，到乾隆三十七年，一生为官长达四十七年的谢仲坃，已经无意留恋那种如履薄冰的官场生活，毅然返乡，当得知家里还是原有的九间破房里已经寓居着儿子（过继侄子）谢方则一家二十口人时，料想自己回家仍无立锥之地，便留居“禺山书院”

以讲学糊口，五年后，仙逝于书院，享年七十有四。

清风染濡代代清。谢仲坃家境不太富裕，据说只有祖上留下的薄田四十余亩，但谢仲坃的父母对孩子的教育还是非常重视，于是送谢仲坃到学堂读书。距离轮水（今冈美镇）不远的三甲堡新楼村办有一所“瑞云书院”，其院长就是阳春县名人刘裔炫。这位院长曾于顺治年间参加广东乡试，得中举人，康熙二十九年，被授山东济阳县令，在任三年，清正廉洁，仁善爱民，颇有政绩，在百姓中有很好的声望。任满还乡后，倡导教育，带头捐款举办“刘氏书院”，后改名为“昌后义学”。阳春县令聘请他到县学“瑞云书院”掌管一院事务，他以“四书”“五经”为主要教学内容，宣扬儒家入世思想，鼓励学子立志奋发学习，考取功名，做一位上报国家，下安黎庶的清官。刘院长绝对不是枯燥的说教，他有三年县令的亲身经历，讲起来更生动，更容易被学子们接受。勤奋好学的谢仲坃遇上了这位曾经是一位清官的老师，目染耳濡，润物无声，受益匪浅。而这位先生又非常看中这位品学兼优的青年才俊，于是谢仲坃竟成了刘院长家的新姑爷。

《清史稿》卷四百七十七《谢仲坃传》记载：谢仲坃“初官长宁教谕，乾隆初，擢授湖南常宁知县，峻却餽遗。履乡自裹行粮，嚼生莱菔（萝卜）供馔。月两课士，以节行相劝勉”。谢仲坃娶刘氏为妻，生下一位女才人谢方端，走上仕途后，他就带着妻子、女儿一起辗转南北，他谨记老师的教诲，做一个为国为民的清官，因此，他从不收礼，“峻却”，那是以非常严肃的态度拒绝，甘心过他们清贫的生活，一家三口，闲暇之余垦荒种菜，一年四时自给。刘氏夫人还将自种的萝卜腌制成萝卜干，每逢下乡考察、调研，从不吃请，总是自带干粮、冷水，当然更少不了自制的萝卜干咸菜。他不仅自身做出很好的表率，还在每月对士子的两次考核时，以节操品行与士子相劝勉。

谢仲坃在湖南、湖北为官四十多年，官至四品，四十多年来从无钱向家中邮寄，更谈不上置买庄田，家中仍是祖上留下的几间破房和几十亩薄田，由儿子谢方则居住和经营。谢仲坃离开家时，谢方则年纪尚幼，如今已有二十口人，过着贫困的农耕生活。这位名义上的儿

子，几十年也不曾见过父亲一面，更没受过父亲一文钱的接济。经历了近五十年的风风雨雨的官场生活，皇帝终于批准谢仲坃退休了，然而，当年从阳春走出来的二十多岁的青年，如今已是六十九岁高龄的老翁了。他孑身一人，唯有书籍相伴。早在湖南衡山知县任上，他的千金谢方端已到谈婚论嫁年龄了，于是他把谢方端许配给他老师刘裔炫的侄孙刘宗衍为妻，并命夫人刘氏带女儿返乡择日完婚，这一走，到仲坃退休，辗转各地为官，身边再无一位亲人。退休返乡前，他给儿子谢方则去了一封信，让儿子到长沙接他回家，谢方则接到父亲的家书后，立即派人请大姐谢方端到娘家一起商议接父亲返里之事，谢方端自从与刘宗衍结婚，就再没有与父亲见过面，但毕竟她跟着父亲生活了近二十年，深受父亲的影响。也是方端命运多舛，她与刘宗衍青梅竹马，结婚后夫妻恩爱，可惜婚后不久丈夫就去世了，从此方端抚养儿子，侍奉公婆，后来儿子进入仕途，她也只好随儿子辗转。此时的谢方端已是儿孙满堂，她无法与弟弟一起去接父亲返乡。谢方则带两个家人，赶到长沙，父子彼此都不认识，从湖南乘船回广东，谢仲坃一路问及家中情况，房还是自己离家时的老房，地还是祖上留下来的薄田，唯有人已二十口了。谢仲坃陷入了沉思，他想，当了几十年的官，从没给儿孙们寄过一文钱，儿孙们从来也没有沾上自己一点光，自己亏欠这个家庭；再者，现在的房舍已使家人拥挤不堪，哪有自己的立锥之地，思念已久的家无法回去了。不回家又能往哪去呢？思来想去，自己唯一能做的就是教书，于是他决定留居“禺山书院”，不再回家。谢方则将父亲安顿好，回去将这些事情向姐姐谢方端一一讲述，谢方端感慨万千作七律一首《家君自楚解组归留寓羊城感赋》：

湘帆初转遂归时，三径荒芜返棹迟。
父有恩泽留梦泽，楼台无地起天涯。
七番赐郡多殊锡，廿口为家少立锥。
廉吏可为而未可，渊明何日返东篱。

诗的首联似乎是在感慨父亲一生为官，为国事忘却了家事，如今退休返乡，这一刻来得太晚了。是埋怨，是懊恼，还是怜悯，复杂的感情流于笔端；颔联调子高扬：父亲为官一生，没有照顾好儿孙，退休后竟无立锥之地，然而，他把恩泽留给了云梦大地，家无立锥，楚有高台。他造福于荆楚大地，那里的百姓拥护他，爱戴他，这又值得骄傲与自豪；颈联又回到现实生活中，父亲权知五县，历署七府，就为官时间，所属地域，那是值得荣耀的，官至四品，退无立锥，更值得荣光，父亲是位大清官。在荣耀的同时，作为女儿怎么会不为父亲孑身清苦而伤怀呢？尾联是表达谢方端复杂矛盾的心情：自古廉吏值得称颂，但是，廉吏的结局如何呢？诗人用孟优扮演孙叔傲的故事来说明廉吏的悲惨结局。最后用陶渊明只做了八十天彭泽令而毅然辞官的故事，再次为父亲终生为官，不问家事而惋惜。惋惜归惋惜，悲伤归悲伤，清官的女儿饱受清风沐浴，她的儿子受母亲的谆谆教诲，也是一位清官。

据说，谢仲坃准备寓居“禺山书院”，先到广州，广州税关听说是曾任七郡太守，卸任于道台的大官路过于此，又看到船上载的二十只大木箱，认为钓到了一条大鱼，重重讹诈一笔。税官命人开箱验货，当二十只大箱子都打开后，这位税官傻眼了，箱子里全是书籍及日用所有，竟找不到一锭银子，甚至连一件不带补丁的衣服都找不到。于是，他们才真正认识了当今皇帝曾表彰过的清官，无不惊讶万分。

谢仲坃逝于书院，方则、方端姐弟俩赴广州料理丧事，临别时谢方端赋诗一首《暮春送舍弟方则旋里》，其中少不了抒发姐弟离别时难以割舍的亲情，因为姐弟二人都已过天命之年，真是相见时难别亦难。但颇识大义的谢方端突然将笔端一转，从离愁别苦中跳了出来，“耄年姊妹难为别，廉吏儿孙莫厌贫，犹有诗书遗泽在，可将家传早铺层”（《小楼吟稿》）。勉励弟弟，要继承清廉家风，永传后世。

番薯知县。番薯即我们常见的红薯，其叫法多达十几种，据学术界研究，番薯最早传入我国是在明代，至于从什么地方传入我国，目前至少有三种说法：一种说法是来自琉球国，这种说法依据是《清稗类钞·植物类》：“番薯……本出琉球国，闽中后亦有之。”第二种说法是来自菲律宾，这种说法的依据是《福州府志》：吕宋国（菲律

宾）“有朱薯，被野连山，不待种植，夷人率取食之。”第三种说法是来自越南，依据是广东《白电县志》。每一种说法后面都有一段美丽动人的故事。尽管番薯的来源说法不一，但是最早在我国广东、福建落户的记载大体是一致的。

番薯传入中国较早，但在我国推广速度较为缓慢，“康熙时，圣祖命于中州等地，给种教艺，俾佐粒粮。”（《清稗类钞·植物类》）皇帝号召种植番薯，主要是为弥补粮食不足。大力推广番薯的种植面积，和清代人口猛增有关系，据人口研究资料所示，我国人口最多时是明永乐年间，人口总数达六千七百万，“康熙盛世”使人口增长速度加快，到乾隆初年，人口已突破一亿，到乾隆五十五年，已突破三亿。人口的高速度增长及不断出现的灾荒，使民食犹显不足，才有朝廷号召种番薯之事。

谢仲坃是广东人，番薯引进广东已多年了，因此，对番薯种植较为熟悉。乾隆四年，谢仲坃调任湖南常宁知县，继而，调湖南平江县知县。上任伊始，施政大刀阔斧，如：设义学，修柳毅神庙，加强教化；禁赌博，查盗贼，整顿社会治安，最重要的是他极为重视民生。就在谢仲坃出任平江知县时，平江连年大旱，加上山多田少，种植品种单一，百姓衣食无着。谢仲坃深入民间了解灾情，立即采取措施，开仓放粮，赈济灾民。同时从长远考虑，根据平江地理特征，他号召百姓要改变传统单一的种植模式，在充分利用山地的情况下，引进家乡的番薯。他向全县张贴告示，号召农民栽种番薯：“番薯原系蔓生，截蔓为秧，约长以尺，起土作列，秧横列中，上覆浮土，拌以灰粪，初种水浇数次，嗣是听其蕃昌，根下结实累累，十月掘之，亩可数石。充饵作羹，杂米为饭，且可熬糖，叶亦堪煮以当蔬。费功甚微，为利甚薄。”（《平江县志·劝种杂粮示》）读这段文字，不觉得是县太爷颁发的告示，反倒觉得是一本说明书。从番薯的性能，到番薯的栽培的每一个环节；从番薯种植的效果，到番薯食用不同做法，简直是一位杰出的农艺师和一位手艺精巧的厨师在向学员讲课，细致入微，明白易懂。

谢仲坃一面以“告示”的方式向百姓宣传种植番薯的价值及方法，同时动用行政手段，分头遣差，备苗栽种，并从家乡请来有经验的农民做技术指导，自己也亲自到田间察看种植情况。谢仲坑不仅号召农民栽种番薯，在县衙空地上，他与夫人、女儿垦荒栽种，以作示范。为切实保护红薯秧苗，谢仲坑下令，牛马牲畜不得践踏秧苗，违者严惩，绝不姑息。

番薯适应半墒生长，在少雨而又是山地的平江县，番薯连续三年获得大丰收。遭受旱灾严重的邻县官员与百姓也到平江来取经，谢仲坑设番薯宴招待他们，这也使番薯栽培迅速推广到邻县，使数以万计的百姓受益。谢仲坑在平江知县任上，用一颗爱民之心和一颗“父母官”的责任心拯救了一县灾民，也为平江及邻县造下了永久之福。

平江任满，谢仲坑被调往莱阳县，临行前，百姓到省府要求仲坑续留，巡抚不准，百姓只好夹道相送，洒泪而别。为了纪念这位百姓心中的活菩萨，平江百姓捐资为谢仲坑修建生祠，叫“谢侯祠”，又因祠中谢仲坑塑像手拿番薯，故又叫“番薯县官庙”，人们四时祭拜，香火旺盛，番薯知县永远留在平江百姓心中。

谢氏青天。《清史稿·谢仲坑传》有这样一段述评的语言：“仲坑官湖南先后三十年，长于折狱（断案），大吏倚重。历奉檄鞫狱（审案）二百余，多所平反，以直戆名。”这一小段文字至少说了三层意思：一是说谢仲坑具有断案的智慧和才能；二是说别人问不了的案子，或有冤情的案子，上级命仲坑重审的不少，且冤案都得以纠正平反；由以上两层意思引出第三层意思：谢公落得一个戆直之名，也正因为其戆直，不善周旋，只认法理不认人，所以才有“谢青天”之称。

《清史稿·谢仲坑传》从谢公审理的无数案件中，选取了三件记入史册。

其一，仲坑调任衡阳知县时遇到的一个复杂的案件：衡阳县前任知县李澎额外征收漕运浮粮，被主管粮食的道台谢济世发觉，并检举揭发，而湖南巡抚因受李澎之贿，也以敛收浮粮之名向总督诬告谢济世，总督孙嘉淦为不得罪巡抚，也就顺了巡抚的意思，结果李、谢二人同时被罢免。御史官在朝廷发表自己的看法，朝廷就命一位侍郎阿里衮再查此案，署粮道仓德是被调查的对象，因此，布政使提前给仓德写了一封信，让其篡改衡阳征收浮粮的凭据，以此向上汇报。事发

后，皇上命彻底追查此事，因此，李澎不惜重金贿赂相关人员，包括阿里衮，想让其翻案，重新恢复自己与谢济世的官职，未成，巡抚许容因诬陷谢济世而被夺官，其余诸官皆受惩处。这一案子似乎不是谢仲坃直接受理，只是因为李澎是他前任知县，所以他会参与其案的审理过程，又因所涉及人员都要官大他多少级，所以他无权审定此案。但是当他弄清案情原委时，他最恨的是李澎，李澎以卑劣手段，搜刮民脂民膏，行贿腐蚀各级高官，使之上下勾结，贪污腐败，枉法害人。因此李澎被定为丁役之罪时，谢公重治李澎，结果也以杖刑过当被弹劾罢官，旋即调知衡山县知县。从这起案件中可以初步看到谢公疾恶如仇，有恶必惩的性格特征。

其二，《清史稿·谢仲坃传》说："逾年，特起为衡山知县。以谳巴陵狱，巡抚与按察使互奏，奉旨引见，擢荆州府通判。又以归州纵盗冤良之狱，自巡抚、按察以下皆被重谴，仲坃承审时，坚不会印，特旨召对。""归州纵盗冤良案"是怎么回事呢？谢燕颉先生在《乾隆亲审归州纵盗冤良案探秘》一文中讲得较为详细：这起案件应该发生在乾隆十六年湖北归州，当时谢仲坃任湖北荆州府通判（从五品），主管刑事、民事案件。荆州府西邻宜昌府，归州于雍正七年升为直隶州，雍正十三年降为县级州，隶属宜昌府。荆州历来就是沿江重镇，为兵家必争之地，归州位于西陵峡北岸，人称长江咽喉，这里历来就是江上盗贼出没的地方。谢仲坃知荆州通判时，这里发生了一起江上大盗抢劫商船案，五名盗贼抢劫一艘商船，杀人越货，被长江水师巡逻队擒获，连同作案物证一并送往归州府衙，有待审理。这伙大盗使用惯用的伎俩，向归州知府（县级）的上司宜昌知府以重金贿赂，并对一些关乎这一案件人员进行打点，同时又在民间寻找"白鸭"。"白鸭"就是愿意用命换钱的人，多是极度贫穷而子女又多者；长江大盗是愿拿钱换命，二者是需求契合的一对。买通归州知府和宜昌知府后，五名"白鸭"自认是杀人劫货者，被投进了牢狱，而五名真正案犯都逃之夭夭。被捕获的五名大盗中，其中有两名是荆州府籍，于是荆州府通判谢仲坃就参与办理此案。巡警当场捕获大盗，交于归州，然后投入大狱，大狱中五位嫌犯供认不讳，签字画押，案件很简单，结案上报待批准后斩首完事。然而按规定还要履行程序，即由荆州、宜昌两府共同在案卷上盖章，呈湖北提刑按察使批准盖章，再呈刑部批复后才能对犯人处以极刑。

谢仲坃翻阅了归州转来的卷宗后，有些疑点弄不明白，于是决定提审荆州户籍的两个案犯。在审讯过程中，他发现几个问题：一是这五位大盗本是同伙，而问起荆州籍二犯与归州三嫌犯如何筹划并共同盗劫商船时，荆州籍二嫌犯所答有出入；二是在讯问他们如何登船、劫货、杀人细节时，二者同样回答不上来；三是去掉枷锁让他们表演一套拳法时，二者竟不会拳法，这些都让谢仲坃脑子里形成一个结论：这不是所说的武功了得的江上大盗，这是两只“白鸭”。为了找到证据，挖出真凶，根据二位“白鸭”的供述线索，谢仲坃顺藤摸瓜，走访调查，弄清楚了案件的真相。

此时归州、宜昌催促谢公签印甚急，谢公回答是：“此案疑点颇多，不宜马上结案，应发回新重审查。”宜昌知府一听大怒，恶语威胁仲坃，仲坃说：“卑职经过复审、调查、牢狱中囚犯并非真犯，真犯也并未在监狱，其中必定有猫腻，恕我不能会印。”事情通到了省府，湖北省掌管司法的按察使亲自到荆州来，命令谢公立即会印，不得延迟，并说这一案件已向巡抚汇报，得到了巡抚的批准。谢仲坃气从中来，但是在上司面前仍不失礼，他不慌不忙跪在按察使面前，摘下顶戴缨帽，义正词严地说：“我虽官职卑微，但依法问案，勤于职守，问心无愧。长官若要勉强仲坃做出违法之事，可向朝廷申报，免我官职，若朝廷不夺我通判之职，对于‘归州大盗案’的目前的结论，我绝不会印！”众人拿他无奈。恰好人称“包公”的八府巡按施世伦巡察至此，谢仲坃将案情向施公一一陈述，并提供相关证据。施公觉得此案蹊跷，定有冤情，于是召集湖北按察使及相关州府官员再次会审此案，捕获了真正的杀人凶手，释放了五名“替身”。施公捧出尚方宝剑，代替皇上宣布湖北主管司法的按察使、宜昌知府，归州知州等三名主要官员，贪赃枉法，草菅百姓，纵容大盗等罪行。扒掉三人的官服，除去顶戴，戴上刑具，押送北京交刑部处理。至此，湖北“归州大盗案”画上了一个句号。乾隆皇帝对在此案中敢于坚持正义，不畏权势忠勇廉直的谢仲坃进行表彰，并亲自接见了这位荆州通判，传旨吏部，对谢仲坃年度考核记作优秀，升任五品知府，将其

事迹通报全国以作示范，百姓呼之谓“谢青天”。

其三，《清史稿·谢仲坃传》载：“乾隆三十七年，在永州议改淮引食粤盐，格于例不行，遂以目疾请告。”我国自古就是盐业专卖，到清代食盐销运体制实行是“引岸制”。所谓“引岸制”，就是将食盐贸易划分为几个区域，每个区域又分为几个中区，每个中区又分若干小区。各个区域贸易不得交叉，必须按政府指定的供应商，核定的额度来供应，这在《清盐法志》及《清史稿·食货志》中都有记载。“引岸制”的弊端在于营销渠道的阻塞，造成流通中的极大浪费，以至于抬高食盐成本，加重百姓负担。谢仲坃退休前是在湖南道台岗位上，主管食盐交通等事务。根据“引岸制”划分，湖南应由淮盐供食，但如湖南南部之永州、郴州等地，显然距广东较近，而划定食淮盐，就存在一个远、费、慢、差的情况，使食盐价格居高不下，加重了百姓负担，且有的百姓偷着买粤盐食，这样，规定淮盐份额又无法完成，官府就要受到处分，这种一不利民，二不利官的事情被作为主管道台的谢仲坃要求改革，革除弊病，便民便官。然而，这是惯例，又是制度，上司不批准，行不通。于是谢仲坃不忍看着在自己主管的业务范围内危害百姓，愤然托疾请辞，告别了将近五十年的官场生涯，实现了一位知识分子无奈的解脱。

谢仲坃一生为官近五十年，他那为国为民，勤于职守，不畏淫威，法理为天的官品，永远载入史册。他那清正廉洁，刚直无私，质朴无华的形象也永驻后人心中。

汉家循吏，苗民知音

——理瑶小吏李大本

位于湖南西南边陲，有一个城步苗族自治县，它西邻湖南怀化通道县，南接广西龙胜、资源二县，与广西的桂林和湖南的邵阳等距离，隶属邵阳市。这里叠峦重嶂，风景奇秀，丰富的人文景观和壮美的自然景观吸引着中外游人观赏；这里有苗、汉、侗、瑶等多个民族居住，基中苗族人数占百分之五十以上，在国家民族政策的引领下，各族人民和谐相处，共同弹奏着民族与民族，人与自然，共同发展的优美的协奏曲。

苗族历史悠久，距今已有四千余年。中国漫长的封建社会，以中原正统自居，视边陲之地为蛮夷。城步苗人居住的地方也被称为蛮地、南蛮、蛮荒等。蛮，被解释为粗野、凶悍、不懂道理，这是封建统治者对少数民族的蔑称。新中国成立以来，国家视少数民族为中华民族大家庭中的一员，1956 年，国务院批准撤销城步县建制，建立城步苗族自治县，从此，城步苗家及其他少数民族，在祖国大家庭的呵护下，得以发展，旧貌换新颜。

近几年来，不少学者对城步苗民的历史进行了深入全面的研究，不少文章读后使人心情沉重，一字字，一行行，血泪斑斑，深刻揭露了封建社会统治阶级对苗民的无情压迫和残酷的剥削，同时也赞扬了城步苗民及其他少数民族，反抗压迫，敢于抗争可歌可泣的大无畏英雄气概。

早在明代中叶，朝廷为了进一步统治苗民，就实施了改土归流的重大措施。什么是改土归流呢？“土”，这里指的是苗民的土司制度，土司，是苗民的首领，唐宋时期，朝廷承认各少数民族的首领的地

位，予其官职头衔，准许世袭。土司制度的核心就是以土官治土民；“流”，即不固定的官员，这些流动而不固定的官员由朝廷委派，改土归流的核心内容是由土官治土民变为由朝廷委派官吏统治少数民族，其目的主要是革除土司割据的积弊。然而，朝廷流官乃至兵勇管理苗民又是什么状况呢？明代曾任城步知县的谌廷锦在他的《驭苗论》中就说道，官府兵勇进入苗区，“入峒（峒，少数民族居住的地方）戏侮其妻子，诈骗其财物，稍拂所欲，设计吞噬，或倾一家，或败一族，恶可胜言哉？”官府的压迫，迫使苗民奋起反抗，据清道光修撰的《宝庆府志》（宝庆府，今邵阳市）第二卷《大政纪三》载，从明英宗正统元年（1436），到明武宗正德元年（1506），七十年间，苗民起义多达近二十次，平均三年就有一次苗民的起义，但均遭官府血腥镇压。

清王朝建立后，继续推行“改土归流”的政策，对于苗民的盘剥和压榨，比明王朝有过而无不及，为了防止苗人的反抗，清朝政府对苗民实行严密的监管措施，又以雍正、乾隆时期最甚。《清史稿》卷二百八十九《迈柱传》载，雍正年间，时任湖广总督的迈柱曾向雍正上疏，建议继续推行云南提督张国正创立的对待苗民的“雕剿法”。所谓“雕剿法”，就是一旦发现苗民有不符合官府规定的举动，则“携兵驰往，围寨搜擒，如雕之捕鸟，取其速而鸟可必得”。还将“土苗所用环刀、标枪，亦令给价收缴”。雍正皇帝说：“所奏深得卖刀买犊之意，环刀、标枪自当收缴。”并规定，“苗与民为市，于分界地设市，一月以三日为期，不得越界出入。民以物往市，预报地方官，知会塘汛（关卡）查验”。可见清官府视苗民如囚徒，从各个方面强行限制苗民的行动自由。哪里有压迫，哪里就有反抗。从明代中叶，一直到大清初期，苗民的反抗斗争从未间断，大小规模的苗民起义数十次，到清中叶雍正、乾隆时代，达到了高峰。据《宝庆府志》记载，雍正末年及乾隆初年，城步苗、瑶等少数民族曾发动了多次起义，几乎每年都有一次，起义军抱着“五峒连天地，苗瑶共生存”的奋斗目标，高呼“既举义，为同胞，天不怕，地不怕”等口号，英勇奋战，严厉打击了官兵的嚣张气焰，取得了一个又一个胜利。但也招来了官府对苗、瑶等少数民族的血腥镇压，他们派重兵围剿苗寨，不论老幼，全部屠杀。仅乾隆五年，总理苗疆钦差大臣张广泗，就统帅清兵一万五千多人，血洗城步苗区四十八寨，杀戮少数民族同胞五千余人，劫掠妇孺五千余口，使苗区村寨血流成河，家家停尸。这种灭绝种族的血腥屠杀，确实使不少苗、瑶村寨变成了无人区，到处是白色恐怖。

清官府对苗、瑶少数民族进行惨无人道的镇压后，加强了对城步苗、瑶人民的统治，赵益兴先生曾于1992年在《中南民族学院学报》发表的一篇题为《城步雍乾苗民起义与改土归流》的文章中，将城步苗民起义失败后，清廷对城步苗民统治的强化归纳为十个方面，本文认为，最主要的还是两点：一是在峒寨腹地常驻重兵。常驻重兵，就意味着所有村寨都进行了军事管制，百姓失去了人身行动自由，像囚犯，像奴隶，一个小小的长安营（地名，现为一乡镇名），能设置游击将军（从三品），不少村寨设千总（从五品），可见兵卒林立，布防森严。二是掠夺苗瑶土地。田地是苗民生存之本，大山深处土地本来就不多，清官府歧视少数民族，因此，以不同的方式掠夺苗民土地，尤其是当地驻军，将肥沃之田全部占有，加上官府扶持的当地恶霸、苗奸的抢占，使百姓只剩少许瘠薄、小块田地。失去了人身自由，失去了赖以生存的土地，苗、瑶百姓自比罪犯而不如，能够生存实属不易。

就在城步苗、瑶少数民族百姓哭天不应、呼地不灵，近乎灭族绝种之时，一些官吏对苗、瑶百姓痛苦不闻不问，对百姓唯恐压之不深、榨之不尽。然而，有一位官员，敢于挺身而出，为苗民请命，奔走呼号，他就是李大本。

《清史稿》卷四百七十七有《李大本传》："李大本，字立斋，山东安丘人。雍正十三年举人。乾隆九年，铨授（选官制度的一种，六品以下官员，按规定，通过一定程序选拔授官）湖北枣阳知县，改湖南益阳。居官自奉俭约，勤于吏事。益阳人不知蚕，大本教之树桑，后赖其利。调长沙，迁宝庆府理瑶同知。……二十一年，题请升授知府，因病足归，卒于家。"这段记载，简单介绍了李大本为官之阅历，曾任枣阳、益阳、长沙三县知县，后升为专管苗、瑶少数民族事务的小官，等到提升知州官的时候，他已无意于官场，以脚病为由辞官还

乡。第二个内容是介绍他为官的德行和政绩。李大本为官“自奉俭约，勤于吏事”。“俭”，不仅表现的是一种生活态度和方式，更重要的是体现一种修养，一种品德。古人往往把生活的俭约作为培养自身品德的重要内容，“俭”往往又和“廉”有割不断的内在联系，但以俭来培养自身品德之人也很少去贪；“勤”，被封建社会视为为官之要，即使当今或今后，人们永远不会喜欢懒官惰官，为官只有勤勤恳恳，才有可能履行好他的职责。大清康熙皇帝曾经表扬过一位臣子，说他“居官三十年，并无小过，可称完人”，并赐以匾额，上书：“清慎勤”三个大字，这三个大字总结了这位官员为官的特点，这个特点也正是康熙皇帝所提倡的，要求臣子们要遵奉的。这位官员就是浙江海宁官至礼部尚书的许汝霖。据有关史料记载，许汝霖为官清、慎、勤，治家孝、俭、廉，康熙皇帝的褒奖，也使许汝霖成为康熙以来官吏的楷模。《清史稿·李大本传》概括的“自奉俭约，勤于吏事”，正是对李大本官德的肯定和赞扬。关于李大本在三县任上的政绩，史家总结了三点：其一，教民植桑养蚕。“益阳人不知蚕，大本教之树桑，后赖其利。”这是解决百姓的吃饭穿衣问题；其二，禁止巨猾开矿。“邑多山，有巨猾谋开矿，以利啗公，公叱去之，因陈开矿之害于上官，请勒石戒后。”（《碑传集》卷一百三《湖广宝庆府同知文郎李公大本行状》以下简称《行状》）李大本以国家和人民利益为先，不为利动，以防巨猾掠夺国家财富，侵害百姓莊田；其三，明敏断案，为民做主。《行状》记载着这样一件事：“二生与邻人黎甲相恶，甲有心疾，自撞户扉死，其子控二生杀之。二生诬服，系狱三年矣。其乡人有为之诉于上官者，使公往鞫。公廉得其情，单讯黎子百端，自昏达旦，伺其倦极假寐，遽呼曰：‘黎某事已觉，何诬他人?’遂瞿然应曰：‘实撞死’二生遂得白。”主持公道，平反冤狱，为民做主，是百姓所盼所愿。因此，当李大本要离开时，“老幼焫香送者数千人”。受到百姓的尊敬和拥戴。同时，当年户部对地方官吏的考核，李大本“为湖南最”。百姓拥戴，朝廷认可，按说应该被提拔重用，果然，皇帝要提拔他为知州，而巡抚却说，他现在的岗位很重要，再留任三年吧，如此，干得好倒成了李大本晋阶的障碍。

四年后，李大本被提拔为宝庆府理猺同知，治所就在城步县的长安营。同知是什么官呢？同知就是知府的副手；猺，是对山居少数民族的蔑称，理猺同知，是在宝庆府设一副职，专门管理苗、瑶之事。这个职位不大，实际权力可不小，因为这一岗位特殊，它是专门针对少数民族的，这一岗位上的官员的管理思路与视觉也特殊，正像《清史稿》卷三百三《孙嘉淦传》中所说：“历来治苗之官，既无爱养之道，又乏约束之方。无事恣其侵渔，有事止于剿杀。剿杀之后，仍事侵渔。侵渔既久，势必又至剿杀。”甚至连一武弁，一进苗区，权威无限，为所欲为。“内地武弁，不得干预民事。苗疆独不然，文员不敢轻入峒寨，但令差役催科，持票滋扰而已。争讼劫杀之案，皆委之于武弁，威权所及，摊派随之。于是，因公科敛，文武各行其令，因事需索，兵役竞逞其能，甚之没其家赀，辱及妇女。”以上是时任湖广总督的孙家淦在奏疏中向皇帝反映的真实情况，从官员治苗的指导思想，到文吏武弁的为所欲为，这哪里是在管理苗疆，分明是对苗、瑶等少数民族的任意蹂躏和践踏，这也正道出了苗、瑶不断起义的原因。

李大本又该如何治苗呢？效果又是怎样呢？《行状》说：“公抚之以恩，结之以信，皆贴然怀服。”以恩抚之，以信结之，这既是李大本治理苗疆的指导思想，又有治苗的具体措施，这与孙嘉淦所说的历来治苗之官的治苗理念和行为大相径庭，因此，也有两个不同的结果：一是群起抗争，二是“帖然怀服”。史料里记载着关于李大本治苗的几件事。

第一件事，李大本智保苗民。《行状》载：“所隶通水峒有苗僧行贾临桂，意为贼党。吴方曙者，从马朝柱谋反，时方绘图悬购者也，僧畏刑诬服，又讯朝桂所在，妄言在峒中。广西巡抚定长立上奏，率兵出，命大本从行。大本曰：‘僧言真伪不可知，大兵猝至，苗必骇，且生变，请潜访之。’既而白僧言实妄，巡抚疑未释，复欲以兵往，大本力谏乃至。后廷讯苗僧，果诬如大本言。”一位苗家僧人，做生意到临桂（现在桂林市），而这位知县一看是从临界大山中走出来的苗家僧人，就认为是“贼党”，当时所谓的“贼党”指的是清乾隆十五年，湖北蕲春人马朝柱于罗田山中秘密组织农民反清起义，打着“统掌河山，普安杜谡”的旗号，联系范围涉及湖北、湖

南、河南、安徽、四川等省，后由于泄密，起义失败。然而这件事情给清朝廷很大的震惊，曾派大军剿杀，死伤无数，马朝柱因提前得到消息，逃匿山中。朝廷绘图通缉，马朝柱、吴方曙等都在通缉之列。这位田知县，捕风捉影，草木皆兵，一方面严刑逼供，认为捉到了一条大鱼，立功的时候到了。如此，立即上报广西巡抚，而广西巡抚，宁可信其有，不可信其无，宁可错杀一千，绝不放走一个，在奏准朝廷后，以马朝柱藏于苗寨为由，立即派大军围剿苗寨。县官不如现管，这里还有一位专门管理苗事的同知李大本，碍于隶属关系，不得不邀请李同知一同前往。李大本极为镇静，他对大军“剿贼”既不敢不支持，但又不甘仅凭大堂之上苗僧的供词就对苗民肆意杀戮蹂躏，于是就向巡抚陈述了自己的观点：先是提出疑问：苗僧的供词是真的吗？这一问就抓住了问题的要害，逼出来的供词，究竟有多大可信度，那位田知县心里清楚，巡抚更是心如明镜，因此，谁都不敢有一个肯定的答案。接着，李大本向前进了一步说，如果僧人说的不是真话，那么我们突然率大军进剿，那不是逼使苗人造反吗？这是触动巡抚心灵的质问。一个马朝柱搞的大清风声鹤唳，如果僧人口供是假，而大军骤至，逼使苗人造反，其责任可谓大矣！这两句话是绵中藏针，柔中有刚，迫使巡抚不敢贸然行动。然而，巡抚毕竟是官大自己几级，又涉“剿贼”敏感之事，李大本一方面要给巡抚一个台阶。另一方面还要给自己留下回旋余地，因此说：“请潜访之。”先做一个暗地调查，如果马朝柱真在苗峒，再剿杀不晚，如果僧言是假，也就没有必要采取行动。这一席话，句句在理，有规劝，有阻止，还有震慑，使这位巡抚不得不收兵回府。后来证实，苗僧之词果真是假。李大本怀着一颗爱民之心，用他的勇敢与智慧使苗民躲过了一劫。

第二件事，为民请命。《清史稿·李大本传》与《行状》记载得都比较详细。大意这样说：大山里的苗、瑶山民都很贫困，经常向官府呼吁粮食，李大本想尽办法赈济这些山民，他一方面鼓励山民生产自救，另一方面本自己所能为山民筹措粮食，但这都不能从根本上解决苗民的温饱问题，因此，他大胆为民请命，向上级要政策，为百姓求生计。他向上官陈奏：“伏查九峒苗、猺，沐浴皇仁，久已向化，唯横岭峒系逆渠所居之地，剿除后安插逃散余苗，在事文武恶其人，遂薄其产，每口授田三十穦及四十穦不等，每穦上田可获米六升，中田五升、下田四升。以中田率，四十穦者，获米二石，三十穦者获米财一石五斗耳。此峒之田又最瘠，其稍腴者尽与堡卒，极恶者方援余苗。岁入不足以自给，男则斫柴易米，女则劚蕨为粉，以苟延岁月。年来生齿繁衍，资用不足，又柴木渐竭，米价益昂，饥饿愁叹，深可怜悯。苗民驯则人，怒则兽，坐视其困而不为之所，恐不能相安而无事也。查原有入官苗田，一千三百四十八亩，久募汉民佃种，出租供饟，奸良不一，屡经淘汰，请于苗氏中家贫而口众者，稽核存薄，遇有汉佃应退，即以存薄之丁次第受种，出租如故。如此，则以苗地养苗民，而兵饟亦无所亏，补救之一端也。”

读李大本这篇为苗民请命的“报告”，文字不多，寓意颇深，且很讲究技巧，分析一下，大致可分为以下几层意思：第一层，盛赞皇恩。报告苗、猺及其他少数民族的百姓在皇恩沐浴下生活得都很好，这为下一步提出问题，做了个铺垫，打了个前哨，作为问题的导入。第二层，点出横峒岭苗人之苦。首先分析了横峒岭之苦的起因，那正是乾隆五年由城步侗族粟贤宇和苗族杨清保，为反抗官府的压迫，领导的苗瑶等农民大起义，起义最终失败，清军血洗了城步苗区四十八寨，戮杀苗、瑶、侗等少数民族同胞五千人。事态平息后，文武官吏仇视这里的百姓，对他们进一步掠夺压榨，因此，这个地方的苗民生活异常悲惨。苦到什么程度，李大本为苗民算了笔账：官府分给每人三十赞、四十赞土地（每赞合0.01亩），每赞上等田可收入六升，中等田、下等田，分别只能收入五升、四升了，都按中等田计算，每人每年收入约一百五十斤粮，平均每人每天不足半斤。怎么能维持生计呢？土地都到哪里去了呢？乾隆苗民起义失败后，官府为了更加严格地监督苗氏，于各村寨驻扎兵卒，谓之堡卒。据《宝庆府志》记载，城步小县当时常驻兵达两千二百四十九人，分散到各村寨的防兵，将肥沃田强行占有，每人占地达六到八亩，是苗民的二十倍到三十倍；另外，战争过后，一些苗民的土地被官府没收，成为官田。这些田地官府租给汉人，由汉人交租供饷。苗民靠田地收入无法维持生计，只好到山中砍柴换些粮食，妇女们也只好挖些蕨草制成淀粉来充饥，而且这些东西慢慢地都被用光了，苗民生计没有着落，苗民的生存状况着实令人可怜。第三层，提出警示：

“苗民驯则人，怒则兽”，是说官府不能将苗民逼到绝路上，逼急了他们还会像猛兽一样咬人，其潜台词是：官逼民反，民不得不反。第四层，在接连铺排的前提下，“报告”提出了解决问题的方案：那就是将原来没收苗民的官田，租给苗民中特别困难户，登记造册，加强管理，租子照交。第五层，这个方案的利弊得失有两个方面：一是对苗民来说，“以苗地养苗民”，使苗民获得赖以生存的基本条件；二是对官府来说，租子照交，官府收入不亏，更重要的是，国家由此而获得一个安定的社会局面，真可谓一举数得。

这篇小短文，从问题导入，到提出问题、分析问题、解决问题及如此解决问题的意义，层层深入，环环紧扣。提出问题直截了当，分析问题深刻入微，解决问题，观点鲜明，措施妥帖，处理结果利国利民。文章立意高远，结构紧凑，入情入理，它像城步黑暗的上空点燃了一星火花，它像苗、瑶沉寂的深山鸣响了一声马嘶，它给苗区百姓带来了一丝生存的希望。然而，这个“报告”打上去结果如何呢？“议上，不许。后巡抚陈宏谋见之，曰：‘此识时务之言也。’将陈其事，会他迁，未果。”（《清史稿·李大本传》）

如此于情、于理、于时皆以善称的“报告”，呈到上司案头，竟不批准，可见这一上司于情、于理、于时只能以恶称。稍后的巡抚倒是赞成李大本的观点，然恰逢他升迁，哪能顾及此事，只能是“未果”。一“不许”，一“未果”，态度不同，结果一样。

李大本作为大清雍、乾盛世的小官，谨遵为官之道，奉法循理，持廉守约，为官之处，造福百姓。尤其是在治理城步苗疆的任上，他能够将汉人与苗、瑶等少数民族同胞平等相待，同视为大清子民。在雍、乾苗民起义失败后，他同情苗民生活，关注苗民的生存状况，为苗民奔走呼号，替苗民呐喊请命，这在大清治苗的官吏中实不多见，更与视苗民如草芥，仇视、压迫、掠夺苗民的官吏形成鲜明对比。尽管李大本利国利民的愿望没有得到落实，但史册上还是给这位循吏留下了浓重的一笔。李大本为苗民奔走请命的结果，留下了深深的遗憾，通过这个遗憾，人们或许能从一个侧面审视大清帝国的封建制度和雍、乾盛世的社会实质。

奋襄民事，不为利动

——宁朔知县周克开

《康熙字典》背后的一桩千古奇冤案。《康熙字典》是我国大清时期，奉康熙帝圣旨编撰的一部颇具研究和使用价值的汉字辞书，由康熙重臣张廷玉、陈廷敬为总编，前后历时六年，是历代字书的集大成者。《康熙字典》的问世标志着大清帝国进入了繁盛期，也标志着中华文化研究进入了一个新阶段。然而，就在《康熙字典》问世的六十一年后的乾隆四十二年，却发生了一起与《康熙字典》紧密相连的江西“《字贯》案”。《字贯》是继《康熙字典》之后的又一部字书，是江西宜丰举人王锡侯花了十七年时间，“日向故纸搜求”写成的一部工具书。之所以命名《字贯》，王锡侯在《字贯》序中说：《康熙字典》非常庞杂，一般的学子多有不识者，更有不会用者。《康熙字典》一书贯穿的什么主旨，人们看过后茫然不知，于是为便于学习领会，王锡侯把《康熙字典》加以精减，认为“字犹散钱，义以贯之，贯非有加于钱，钱实不妨与贯，因名之曰《字贯》”。

也正是这部花了近二十年心血才问世的《字贯》，埋藏着王锡侯连做梦也不曾想到的杀身之祸，且祸及三代，累及百人。事情经过是这样的：据说王锡侯家境贫穷，三十七岁中举后，连续九次参加考试，都未考中进士，因此，依靠著书养活全家。《字贯》刊印不久，有人告发《字贯》“序”中有贬损《康熙字典》之意，状子告到江西巡抚海成府衙，海成翻阅《字贯》后，认为王锡侯删改钦定《康熙字典》，另编《字贯》，狂妄不法，于是上奏朝廷，建议革掉王锡侯举人头衔，适当定罪。卷宗与《字贯》一书摆到了乾隆皇帝的案头上，乾隆皇帝翻阅了《字贯》一书大怒，原因是作为一部字典，其

中少不了时人避讳的几朝皇帝的名字，如玄烨、胤禛，弘历等字眼，乾隆认为“此实大逆不法，罪不容诛”。两项罪名，以删减《康熙字典》作引，以大不敬之罪终结，判王锡侯杀头罪，其子孙七人斩监候，秋后处决，其十六岁以上的家眷均为人奴。王锡侯家被查抄，据说被查抄的王家，上下人等几十口，只有六十两银子的家底，其状极为凄惨。

乾隆没有就此罢休，认为作为一省之长，“海成对此悖逆之事，竟然双眼无珠，茫然不见”，判斩刑，缓期执行，发配新疆。或许海成出身满族原因，此后又起用。为官三十年的清官，江西副省长（布政使）周克开因看过《字贯》一书，却没有发现其中悖逆之处，被罢职。海成被判，士子不惜，因为，这位满人，胸无点墨，但他是制造文字狱的急先锋，全国查抄禁书成绩排名第一，而自己最终也翻到了文字狱的泥潭中，岂不是以牙还牙吗？然而，周克开被罢，着实让士民、官宦惋惜。周克开为官三十年，一身正气，两袖清风，奋襄民事，不为利动，如今无辜遭罢，怎不令人惋惜和不平。

周克开，字乾三，一字退谷，又号梅圃，湖南长沙人，《清史稿》卷四百七十七有《周克开传》。《清史稿·周克开传》中为周克开画出了一条三十年为官路线图：“乾隆十二年举人。十九年以明通榜（正榜之外增加文理明白通达者，另榜录用）授甘肃陇西知县。调宁朔，……擢固原知州，父忧去，服阕，补洮州。寻擢贵州都匀知府。……调贵阳，亦以强直忤巡抚宫兆麟，因公累解职。引见，复授山西蒲州知府，调太原。……擢江西吉南赣宁道，署布政使，以王锡侯书案被议。高宗知其贤，发江南，以同知用。……授江西九江知府，寻擢浙江粮储道。……调杭嘉湖道，……以督工劳瘁卒。”

读《清史稿·周克开传》，似乎感觉作者对周克开这一人物为官的行迹描述得非常详尽清楚，然而，翻阅几篇有关周克开这一人物的重要记载，笔者发现，《清史稿·周克开传》中对周克开为官踪迹的描述，既有漏，亦有误。如稍晚于周克开的文人赵怀玉，曾为周克开作《故浙江杭嘉湖海防兵备道周君别传》（以下简称《别传》见《碑传集》卷八十五）中说：“甲戌（乾隆十九年）明通榜，特旨发往甘肃以知县用，摄张掖、古浪事，补陇西，摄西宁、宁朔，擢固原知州……”其中所说张掖、古浪、西宁三县之事，《清史稿》中就给漏掉了。清人卢文弨于乾隆五十年撰《浙江杭嘉湖海防兵备道周公墓志铭》（以下简称卢撰《墓志铭》见《抱经堂文集》卷三十三）则说：“署张掖、古浪，实授陇西，调宁朔，凡历四县……”卢撰《墓志铭》中虽无《别传》中所说的西宁，但张掖、古浪二县记载与《别传》可相印证。再者，《清史稿·周克开传》记载：“擢固原知州，父忧去，服阕，补洮州。”清桐城派的代表人物姚鼐曾撰《中宪大夫杭嘉湖海防兵备道长沙周君克开墓志铭》（以下简称姚撰《墓志铭》见《碑传集》卷八十五）中说：“父丧去官，服终，为姚州知州。”《清史稿》所说“洮州”在甘肃，姚撰《墓志铭》所说“姚州”在云南，是谁记载有误，不得而知。而《别传》中说得很清楚：“服除，补云南姚州。”卢撰《墓志铭》也说：“以忧去，复补云南姚州。”就连周克开自撰的档案履历也说：“周克开，湖南人，……由举人以知县用，乾隆二十一年四月内用甘肃知县，三十四年七月内用云南姚州知州。”（秦国经：《清代官员履历档案全编》第二册）由此，多方印证，疑《清史稿》有误。

从《清史稿·周克开传》的语言风格及选材上看，其中大文学家姚鼐的《墓志铭》的影子颇多，其他的《传》《铭》，包括周克开的履历自传都远早于《清史稿》，那么为什么《清史稿》为周克开作《传》会有误、有漏呢？笔者认为原因有二：洮州之误，推测是《清史稿·周克开传》作者误认为前人所说姚州为误，洮、姚只是偏傍之差，再就是周克开此前一直在甘肃做官（当时甘肃确有洮州，只是乾隆年间改为洮州厅），从甘肃固原御任丁忧，丁忧期满，再官甘肃洮州，较为自然，一下子从甘肃做官，间隔丁忧，就到云南姚州，在洮、姚之间，《清史稿》作者选择了“洮”字，当属思辨之误，少欠史家严谨。其次是笔下之漏，笔者认为这是《清史稿》作者的主观选择。为循吏作传，史家或多或少都有溢美的心理，周克开官越做越大，至布政使，史家往往重其要职而轻其卑位，因此，周克开凡历州府以上的履历，或简或繁无一漏掉，写知县经历是由陇西，调宁朔。写陇西，是在说明周克开从何处调往宁朔，写宁朔才是《清史稿》

作者真正的意图。把其他县漏掉，笔者推测，并非作者无意漏掉，而是为了突出周克开在宁朔的政绩，有意把周克开在其他县的经历删掉，这是史家在选材上技巧的体现，是突出知县这一层次的亮点。因此，《清史稿》的作者就以不小的篇幅，述写周克开在宁朔的事迹。

细读《清史稿·周克开传》，史家在为周克开画的一条为官履历路线图是这样的：从陇西调宁朔，擢固原，补洮州，擢贵州都匀知府，调贵阳知府，授山西蒲州知府，调太原知府，擢江西吉南赣宁道，署布政使，发江南，署江宁府，再调九江知府，再升浙江粮储道，再调杭嘉湖道。先后共履十三个地方，十四个职位。加上故意漏掉的，张掖、古浪、西宁诸署，周克开前后共在十六个地方做官，足迹几乎遍布了半个中国。《清史稿》作者面对周克开这样一个庞杂的履历，作了一个有繁、有简、有删的文章结构安排：首先，写得最多、最详者当是周克开治水，治狱，尤以治水最详，如写宁朔治水，太原治水、杭嘉湖道治水，三处治水，尤以宁朔知县任上治水最繁；写治狱，以写在贵州都匀知府任上治狱较详。其次是简写，简到只写地点，职务，不写事件，如“授甘肃陇西知县”，“擢固原知州”，“补洮州”，“复授山西蒲州”，“擢江西吉南赣宁道，署布政使”，“署江宁府”，“授江西九江知府，寻擢浙江粮储道”等，这些记载只记履历，不记事件，有纲无目。再次，就是干脆删掉不写，如初履张掖、古浪、西宁就干脆删掉。如此分析，可以看出《清史稿·周克开传》的作者写周克开目的非常明确，既顾及他为官的履历，又注重突出他的治水、治狱的业绩。关于这一点，《清史稿·周克开传》中也有总结：“克开在宁朔治水绩最著，生平治狱多平反。”那么，周克开作为一位循吏，究竟在治水、治狱方面做出哪些突出的成绩呢?

奋襄民事，治水，治狱。《清史稿·周克开传》及其他有关周克开《传》《铭》在记载周克开的政绩时声调极为一致，尤其是宁朔治水，几乎成了各种史料记载的重点和亮点。

清代的宁朔县属于宁夏府，归甘肃省管辖，到清代晚期，宁夏府改为宁灵厅，辖宁朔和灵州。宁朔县（1960 年撤销）、宁夏县（即今贺兰县）、平罗县，三县通称为河西区，是以黄河为界的河西小平原，塞上明珠，塞北江南。河西区本是不毛之地，土地非沙即碱，因为滨临黄河，开渠引流灌溉田亩，遂使沙、碱之地变为沃田，因此，塞北农业文明也就从“水”开始。

《清史稿·周克开传》有这样一段记载：周克开于乾隆“十九年，以明通榜授甘肃陇西知县。调宁朔，县属宁夏府，并河有三渠，曰汉来、唐延、大清，皆引河入渠灌田。唐延渠所经地多，沙易漫，克开治之使深狭，又颇改其水道，渠行得安。渠有石窦，泄水于河，以备旱涝，民谓之暗洞。时暗洞崩塞，渠水不行，上官欲填暗洞而竭唐延入汉来，以便宁夏县之引河，宁夏利而宁朔必病。克开恐夏、秋水盛无所宣泄，时新水将至，不可待。克开请五日为期，取故渠及废闸之石，昼夜督工，五日而暗洞复，两县皆利。大清渠长三十余里，凿自康熙间，久而石门首尾坏，民失其利，克开亦修之，皆费省而工速。”

这一段记载叙述了周支开治水三件事：其一，治延唐，为民造福。据史料记载，延唐渠，在三渠中最长，为三百二十里，灌溉宁朔、宁夏、平罗三县的大部分田地。用黄河水灌田，其利害兼有，黄河水携带大量泥沙，自古就有一斗河水半斗泥之称，其利是泥沙不仅可以填充坑洼，而且可改造土壤；其弊在于河道容易淤塞，以至于河床高悬地上，不但水流不畅，一遇大水，就有决堤之险。因此，河道每年都要疏浚，民间谓之清淤。周克开治延唐渠，因“经地多，沙易漫”，“使深狭”，“改其水道”，说的就是引黄河水溉田的特点。水流经地段越长，泥沙就越容易沉积，河床越高，“使深狭”，就是所谓的清淤，扩大渠的容量和流量。清淤工程不是一劳永逸，而是年年清，甚至一年数清。针对这种特点，清代宁夏引黄溉田就摸索出一套措施，例如，开渠就运用“底石”，将石条埋在河底，以备清淤时作为衡量施工的标准，挖不到“底石”，说明施工者偷工，影响引渠的容量，一旦渠床壅塞不流，那势必就要“改其水道”了，就是要重新挖河引水。其二，治暗洞，为民争利。暗洞，类似现在的涵洞。暗洞和飞槽都是用以连接阻隔两边的河渠的设施。暗洞在暗处，飞槽在明处，凿山为孔，砌以砖石，横通河水，就是宁夏当地百姓说的暗洞；飞槽架在明处，也是用以接通阻隔两边的河水，一旦暗洞崩坏，则水流不通，达不到引水灌田之目的。治理暗洞难度很大，因空间狭

小，作业时非常不便，因此，周克开的上司（宁夏设分管治水官），知难而退，不想修复暗洞。暗洞不修，渠水无处宣泄，则整个延唐渠为之废渠。上司想把延唐之水并入汉来渠，这样，虽省了修暗洞之力，但宁朔县百姓却无水可用，宁朔一旦无水，且不说不能防旱，亦沙亦碱将完全改变现有土壤状况，那简直是要百姓的命。周克开不仅坚决反对将延水并入汉水，而且雷厉风行组织民工抢修暗洞，计划抢在大水来临之前五日内完工。为实现这一计划，作为一县之长，他亲临工地昼夜不离，督促施工，百姓见知县昼夜与他们一起施工，干劲十足，五天时间，暗洞得以修复，既利宁夏，又利宁朔，宁朔百姓为之感激。其三，修渠闸，遗福万民。渠闸是节制流水，合理用水的关键设施。大清渠水闸由于建造日久，损坏严重，以至于“民失其利”。开挖河渠一条，有其一套系统的设施工程，如，石闸、堤坝、涵洞、飞槽等，这些基础设施齐全，才能有效利用水源，其中，闸是节制水的关键设施，有进水闸、退水闸，各有其用。渠是每年一清，闸则相对一劳永逸，如有坚固堤坝保护，其闸可利子孙，一闸损坏，则整渠不畅，民失其利。周克开深知水闸的重要性，精心设计，科学施工，达到省时、省力、省钱的效果，而留给百姓的却是永远的利益，所以渠上所建桥闸，百姓皆以周公命名。

查相关史料可知，整个大清政府对宁夏水利是非常重视的，据《宁夏府志·水利》记载，大清以来，除上边所述，汉、唐、大清三条渠外，还有惠农、昌润、旧贴、新贴等七条渠，有的是原有渠道加以整修，有的是重新开挖，仅河西区宁夏、宁朔、平罗三县灌溉面积就达一百多万亩，受益百姓七十多万人。从宏观上看，周克开在宁朔成功治水，为民造福，是在清政府对宁夏水利极为重视的大背景下进行的，而且丰富的治水经验和成熟的治水技术都为周克开治水提供了借鉴。然而，根据《朔方道志》卷六《水利志上》及嘉庆《宁夏府志·水利志》统计，从顺治到乾隆年间，中央政府、地方政府、地方绅民投入了大量财力、人力修浚河渠，顺治十五年，中央拨款对唐来、汉延二渠进行整修，至乾隆四十二年，唐、汉、大清三渠先后共十三次修浚，其中间隔时间最长的应是从乾隆四年到乾隆四十二年，而周克开在甘肃宁夏府治水，大致应在乾隆二十五年以后。乾隆三年，宁夏地区经过一次震级为八级以上、震中烈度为十度以上的大地震，死亡人口十之四五，水利设施几乎全部破坏，因此，乾隆四年，国家对被毁的水利设施作了修复。到乾隆五年，宁夏地区又来了一次大地震，震级虽未及上次，但破坏性也不小。然而，史料上没有显示这次地震后规模较大的水利修浚，一直到周克开知宁朔约二十年过去了，中央和地方对宁夏地区水利，特别是以上所说三渠没有列入整修计划，可见，作为一个知县想在水利建设上有所作为是非常不易的。周克开为官三十年，以循吏写入国史，述政绩以知宁朔治水占较大篇幅，且以宁朔治水被考核为优秀，提拔任用，确实难能可贵。没有一种为百姓担当意识和责任意识，没有一颗爱民如子的宽广胸怀，是很难在艰难的条件下办好关系百姓生存、生活的大事的。

周克开一生为官，与水有缘。知太原府，巧引山水入汾河，从根本上避免了山水淹没农田之弊。官任杭嘉湖道，治理海塘，他首先治理这些管理海塘的官吏，使他们不敢借海塘施工盘剥百姓。在施工过程中，为了保护百姓的财产，就建塘坝地点上，与总督、巡抚进行激烈争论，坚持在原址上建塘，最终两位上司做出让步。然而，在原址上建塘，施工难度较大，上司依克开意见施工，如不能按期完工，其后果可知。因此，周克开为保证工程如期完成，亲临督工，“晨起即露坐工次，夜分乃就馆舍，虽寒暑疾病不稍辍，其勤心民瘼有如此”（赵怀玉：《别传》）。一位四品大员，为了百姓利益，敢于和上司闹翻，得罪了上司，自己却承担了风险；为不使百姓生命财产受到海水侵蚀，夙兴夜寐，寒暑疾病，坐镇施工一线，这种为官之勤奋中体现的是他对百姓的一份责任。周克开为官，与水有缘，治水有成，堪称名副其实的水利专家。

姚鼐《墓志铭》评价周克开“善治狱，多所平反。”“善治狱”，说明了周克开的明敏智慧，“多所平反”则又折射出他不畏邪恶，不惧强权，主持正义，依法为民做主的胆量和品格。相关史料里记载了不少的具体事例，本文不再赘述。

生性廉洁，不为利动。这是历史对周克开人品、官品的总结与评价。

孔子说：“其身正，不令而行，其身不正，虽令不从。”讲的是一

个管理者表率的作用。赵怀玉《别传》有这样一段记载："固原夙称肥饶，至者率侈靡相矜尚（夸耀），君一镇以廉静，民颂其清。浙江之漕为天下弊薮（弊害的渊薮），民间每倍蓰（倍数）以纳，群情汹汹，往往致变。上官利其入，置弗问，吏益肆。君誓于神，不名一钱，请大吏刬（铲除）革诸陋规殆尽，大吏心弗善，卒莫能夺也。"这段记载讲的是两种情况：一是周克开任固原知州时的事情。固原一带物质条件相对丰富，因此，就形成了一种以侈靡为荣的社会风气，官吏尤为厉害。在这种大氛围下，作为地方主官的周克开，所持的是与时风相反的态度，那就是"廉静"。这首先是自己的以身作则，以廉率属，为这种热闹的侈靡之风降降温。主官"廉静"，属从自然收敛，社会风气自然也会逐渐好转。二是周克开署浙江粮储道。浙江漕粮积弊已久，贪官污吏层层数倍盘剥百姓，百姓怨气很大，甚至到了官逼民反的地步。基层官吏肆意妄为，上司因收了他的贿赂便不闻不问，造成了恶性循环的局面，成为当时粮食流通领域的一大顽症。周克开到任后，从两方面着手治理这一顽症。先正其身：誓于神前，不多占一钱。主官清正，不受一钱，下级官吏肆意盘剥百姓的行为自然要收敛。再就是规范制度行为，原来，各级官吏按照相关"规定"理直气壮地搜刮民财，而周克开却把这些不合理的规矩统统革除，然后再立新规，这就从根本上铲除了滋生腐败的土壤。周克开这种做法，既符合百姓的期许，又符合为官的准则，只是断了那些贪官污吏的财路，连省里的大员心里都不高兴，但无话可说，怪不得浙江巡抚、大贪官王亶望将周克开从粮储道调往杭嘉湖道去治海。

赵怀玉《别传》还记载：周克开"在宁朔，两遇计典，皆上考。会巡抚保举堪升知府，君名未列，或有为君谋者曰：'以黄金二镒畀予，太守可得也。'君笑谢之"。计典，是朝廷按照考核官吏的大的准则对官吏进行考核，三年一次。周克开在宁朔县知县任上，曾遇到两次朝廷对他的政绩考核，其结果都是上等，按照当时官吏提拔规矩，克开应该提拔使用，然而，在提拔的官吏名单中却没有他的名字，有人替他惋惜、不平，同时，也为他出了个馊主意：提拔不提拔，就看有没人替你说话，如果给省里的大吏送两锭黄金，就能提拔一个太守。出主意的人出发点是好的，但通过行贿去捞取官职途径实在是令周克开不屑履足，故笑谢之。这冷冷一笑，表明了他对这种行为的鄙视和嘲讽。

周克开一生为官三十年，所到之处，奋襄民事，皆有政声，面对诱惑，不为利动，以廉率属，皆有清声，姚鼐为其铭曰：“生为良吏，没而民祀。”

学与仕合，济于实用

——宁远知县汪辉祖

大清嘉庆、道光年间，有一位官至湖广总督、两广总督、太子太保的重臣阮元，阮元官当得好，学问做得也好，经史、地理、算术、金石、编纂、刊刻都颇有造诣，著述颇丰，被尊为一代文宗。就是这位十分了得的人物，曾经为乾隆年间仅在湖南宁远任过四年知县的汪辉祖写了一篇《传记》，《传记》最后这样评价汪辉祖："学与仕合，济于实用，其道易知，其迹易由，其事尽人能之，而其业亦终身莫能竟。君循吏也，然孝子也，廉士也。"（《碑传集》卷一百八《汪辉祖传》）一位小小的知县，能赢得一品大员、一代文宗如此高的评价，那么，这位七品县令定有他的过人之处。

汪辉祖，字焕曾，号龙莊，晚号归庐，浙江萧山人。《清史稿·汪辉祖传》说他"少孤，继母王、生母徐教之成立"。据有关史料记载，汪辉祖十一岁时父亲就去世了，两位母亲抚养他成人，并对其进行良好的教育。汪辉祖在为人、为官方面声誉颇高，两位母亲功不可没，人称"汪氏两节母"。在这样的家庭环境下，汪辉祖奋发学习，自立自强，修得一肚子好学问。然而他的仕途并不顺畅，直到乾隆二十一年才考中进士，这时的汪辉祖已经四十六岁了。旋即，被授予湖南省宁远县知县。此前，汪辉祖一面学习，一面打工，在几处官府做幕僚，也算是为官之前的实习吧，而这个实习期竟长达三十年。这三十年的幕僚生涯，汪辉祖做得可圈可点，成了江浙一带第一师爷。以此为基础，四年知县也做得有声有色，颇得上司好评。四年知县后，朝廷准备擢拔他。"因足疾久不赴，疑其规避，夺职"，从此远离仕途，闭门著书，"所著《学治臆说》《佐治药言》皆阅历有得

之言，为言治者所宗。”（《清史稿·汪辉祖传》）

《学治臆说》是汪辉祖的一本从政笔记，记录了他从事幕僚三十年及任县令期间的为政心得体会，所著《学治续说》《学治说赘》作为《学治臆说》的补充。他还著有《佐治药言》，当是《学治臆说》的姊妹篇，主要记述幕师时期的见闻、做法与心得，两本书被后人称为“官经”。汪辉祖奋发而学，学则为仕，学为仕用，学仕结合。同时，他能在仕中找到体悟，进行总结，一方面对自己为官是一个指导，促进自己再学习，再实践；另一方面，他总结出来的为官心得，被看作为官真经，对于初仕者来说值得学习，也极为实用。千百年来，七品知县，乃至高官重臣车载斗量，成过眼烟云，能像汪辉祖踏石留印，其经验用于后来官道者，凤毛麟角，他是学以致用，理论与实验高度契合的典范。

所谓“学与仕合”，就是把所学的知识及其中的思想运用于为官实践之中，即学以致用。

一、实心、清心、立心。自从汉武帝罢黜百家独尊儒术，几千年来，儒学内容尽管在不断地演变、丰富，但其基本思想内涵没有变，儒家思想在社会上的主流地位没有变，一代代读书人怀着报国安民的入世思想发奋苦学，以求仕途通达。汪辉祖也不例外，在家庭境况艰难的情况下，他饱读经史，也是想当官报国。怎么样才能当一个好官，实现自己报国理民的抱负呢？通过观察与体会，记在他的《学治臆说》中：“治贵实心，尤贵清心。治无成局，以为治者为准，能以爱人之实心，发为爱人之实政，则生人则当谓之仁，杀人而当谓之仁。不然，……意之不诚治于何有。若心地先未光明，则治术总归涂饰，有假爱人之名而滋厉民之弊者，恶在其为民父母也。故以实心为要，尤以清心为本。”这段话至少阐明了两个观点：一是说读书当官的目的是为国为民，这其中不能掺杂一点私心杂念，这叫清心。如果当官目的不纯，夹杂着私欲，那么这个官一定当不好。二是说的为官的指导思想与施政措施的关系。如果有一颗真心关爱百姓之心，用这颗心去设计施政措施，该活的人让他过上好日子，该死的人就杀掉他，这都叫“仁慈”，都符合为官前苦学的儒家思想。否则为官思想不纯，采取的措施只能是粉饰门面，危害百姓。他在《佐治药言》

中也谈到，“操三寸管，臆揣官事，得失半焉，所争者公私之别而已。公则无心之过，终为舆论所宽，私则循理之获，亦为天谴所及，故立心不可不正……正心乃为人之本，心正而其术斯端”。汪辉祖琢磨为官者或有得，或有失，为什么呢？就是当官的一颗心不一样，具有一颗公心去当官，那么，他在为官之道上就有所得；怀有一颗私心去当官，他肯定当不成一个好官，甚至身败名裂，因此，汪辉祖反复强调当官的目的不可不端正，心正是为人之本，为官之本。

汪辉祖的理论印证着他的实践，或者说他从实践中总结出来了一套足以指导后人为官的理论。无怪乎《清史稿》说汪辉祖仅当了四年知县，因为政绩卓著，湖南巡抚就上疏朝廷提拔他为善化府知府，虽然没有就任，那当另有原因。阮元的《循吏汪辉祖传》中也记载，当汪辉祖被夺职返里时，“民空邑走送境上，老幼泣，拥舆不得行”。朝廷的擢拔，百姓的拥戴，都来自汪辉祖为官的“实心、清心和立心”。

二、勤政。光有一颗为国为民之心还不够，当官必须勤政，只有敏于政事，才能达到报国安民之目的。我国的勤政文化非常丰富，在一定程度上体现了儒家治国的思想。勤政文化不是孤立的，往往与当一个好官的其他要素连在一起，比如《周礼》中提出的考核干部的“六廉”标准，其中的“廉敬”就是指的勤政。《尚书·无逸》篇中周公从另一角度告诉官吏们为政必须“无逸”，“逸”则误国、误民。宋代吕本中在他的《官箴》中提出了当一个好官的三大要素：曰清，曰慎，曰勤。乾隆皇帝为勉励众臣勤政，专门修建“勤政殿”以示表率。这些儒学中的精华，对于以当官报国安民为目的、饱读经史的汪辉祖来说，早就融化在其血液中。汪辉祖在《佐治药言》中提出，要想做一个受百姓欢迎、称职的官，就要做到“清、勤、慈、惠”，其中“勤”排在第二位。他还说：“古云勤能补拙，又曰业精于勤，故才钝而勤，则于事无滞；才捷而勤，则所为必工。”“才钝而勤，于事无滞”，那就是俗话说的“笨鸟先行，一勤遮百丑”。

怎么样才能做到“勤”呢？汪辉祖在《学治臆说》中提出如下几个方面。一是要勤于学习，“为治不可无才”。要想实现自己的为政目标，要学习古人之经验，要掌握当今之政策，要把学到的东西运用于治国安民的具体措施中，才能把事情办好。二是要勤于思考。作为“父母官”，每时每刻都要思考为百姓谋事，在一件事情上怎样才能不劳民、不伤民、不扰民、不害民，这就是勤于思考。只有多替百姓考虑，才能问心无愧，老百姓才能拥戴你。三是勤于事务。“教民之要，不外勤惩两端”，也就是说勤于政务，惩治奸人是为政的两大要素。哪些事情是知县为政范围以内的事呢？他列举了一系列繁杂之事，如：到乡下向百姓宣讲皇上旨意，规劝老百姓垦荒务农，考察读书人功课做得怎么样，表彰孝子、节女，甚至和老百姓喝酒聊天等都是勤政的范围。这些看起来都是些琐事，但汪辉祖在宁远县任知县时这样做效果还很好，很接地气，百姓喜欢。

《清史稿·汪辉祖传》载：宁远县是一个汉族与少数民族杂居的地方，社会状况比较复杂，前任县令被人指责有阴私，上司才把他调离。“辉祖下车，即捕其尤，驱除党出境。民纳赋不及期，手书谕之曰：‘官民一体，听讼责在官，完赋责在民。官不勤职，咎有难辞；民不奉公，法所不恕。今约每旬以七日听讼，二日较赋（审查赋税交纳情况），一日手办详稿。较赋之日亦兼听讼。若民皆遵期完课，则少费较赋之精力，即多听讼之功夫。’民感其诚，不逾月而赋额足。”这段文字记载可窥汪辉祖勤政之一斑。下车伊始，立即办两件事：一是整顿社会治安，将危害社会治安的头目捕获下狱，余党驱逐出境；二是收欠赋税，汪辉祖向百姓讲清道理：官民都一样担负着责任，当官的责任是除豪强、驱盗贼，为百姓主持公道；而百姓按国家规定完课，也是法律赋予的责任。分工不同，应该各负其责。同时将一月三旬，一旬十天的工作日程安排，公布于众，老百姓觉得知县说得明白，讲得清楚，态度诚恳实在，又看知县工作如此辛苦，所以很快就完成了征收任务。这两项工作是最棘手，也是前令为之离职的所在，而汪辉祖能很快完成，并得到百姓的理解和支持，这除了他心底无私、勤于政事之外，也充分显示了他为政之智慧。

三、引经决狱。汪辉祖敏于断案，这基于两个方面：一是儒家决狱的思想在其脑中根深蒂固，决狱的指导思想非常明确；二是三十年掌管刑狱的师爷生涯打下了坚实的基础。汪辉祖审理案件有三个特点：其一，公开审案，欢迎百姓观听。这就提高了审案的透明度，案

件审理是否公正，百姓心理有杆秤，这是汪辉祖内心亮堂的折射，光明正大，审理结果是众人口服心服。其二，引经据典，案件审理既有据可凭，又能结合现实法律。“引经决狱”充分体现了司法活动的儒学化，更能体现“学与仕合”的为官之道。其三，执法准情。即法外施恩，或者说断案的人性化。执法准情，充分体现了儒家的“仁”“爱”思想。

关于“引经决狱”，《清史稿·汪辉祖传》举了两个例子，谨释一例：“据《汉书·赵广汉传》钩距法，断县民匡学义狱。”匡学义案是一起土地产权纠纷案，案情如下：宁远县有个人叫匡诚，人到中年膝下无子，于是就收养了个男孩叫匡学义。说也巧合，这边要了个匡学义，而匡诚的妻子却又生了个男孩，取名叫匡学礼。等到学礼长大后，他不愿将家业分给外来的学义，于是就给了学义几亩地，又让他回自己原来的家中去了。天有不测风云，学礼得了一场大病，无法经营规模不小的家产，怎么办呢？他又想起来原来一起生活的学义哥哥，于是托人把哥哥请来，以再给学义几亩地为条件，委托学义来经营这份家业。不久弟弟学礼就病死了。匡学礼的妻子李氏是一位精明的女性，虽不识字，可有学义的帮助，家业经营得很兴旺，十多年间又新置田地一百多亩。有一天，一位村民找到李氏商量买卖土地之事，李氏拿出地契找人查看，大吃一惊，这十多年新置田地的地契上都有匡学义的名字，说明土地产权共有。从此，李氏走上了漫长的告状之路。匡学义欺负这位李氏不识字，弄虚作假，侵占别人财产，但白纸、黑字、红印清清楚楚，因此，李氏告到县衙、府衙，屡屡败诉，官府只认契约不认人。听说县里来了个大清官，李氏又把状纸递交到汪辉祖手上，汪辉祖开庭审案，其结果照旧，这使李氏非常失望，一肚苦水，哭天没泪，甚至怀疑汪知县收了学义的钱。汪辉祖大声呵斥李氏，不得无理取闹，逐出县衙。案件至此，似乎显不出这位汪知县的高明，殊不知汪辉祖心中另有曲折。

汪辉祖将胜诉者学义留下来，和蔼地与他拉起了家常，有和胜诉者故意亲近之意。问：“家有几口人？种了几亩地？日子过得苦不苦？”学义见这位知县平易近人，并帮自己打赢了官司，就放松下来，如实回答：“家里种十三亩地，每亩地可收获粮食若干，家里七口人，孩子们都未成人，妻子照顾孩子，只有自己能劳作，除去吃饭，还有日常开销，所以日子过得也是紧巴巴的。”汪辉祖笑着说：“人家都说你很有钱，是真的吗?”学义回答：“那是别人的瞎猜，没有的事。”

汪辉祖突然拍案而起，大声喝道：“看你是个老实人，谁知你这么不诚实，没有钱，你和李氏共同置买的田地钱从哪里来，分明是一个窃贼!”说着让差役搬出一堆案卷，说：“查一查那一起盗窃案还没破，定是这个窃贼所为，杀人偿命，盗窃坐牢，这是大清律条，如实招来，免得受皮肉之苦!”随着衙役的惊心动魄的“棒喝”声，匡学义扑通跪在大堂之下，慌忙为自己辩解：“我不是盗贼，从来没有偷过别人的银子，请大人明察。”汪辉祖道：“大胆刁民，还敢抵赖，你家七口人吃饭，种十三亩薄田，哪来余钱置买百余亩地，非偷为何?”匡学义明白自己中了知县圈套，后悔失言，但被知县逼问的无话可说，只好说出实情。汪辉祖再次拍案大喝：“好个刁民！乘人之危，欺负一寡妇，侵夺人家田产，该当何罪?”匡学义连声求饶，愿意归还李氏田地，当众把自己名字从契约上抹掉，并签字画押，将地契交于李氏保管。至此，这桩土地侵权案告破。汪知县命人召回李氏，李氏才明白知县的一片苦心，非常感激，敬佩这位知县。然而，李氏对此结局并不满意，她要求官府严厉惩罚匡学义，判刑下狱。汪辉祖又耐心做起了李氏的工作，首先说学义偷偷在地契上加上自己的名字是不对的，所以才有现在的审案结果。其次说几年来你一妇道人家受了不少委屈，很不容易，进行了一番安慰。说到要判匡学义的刑时，知县说了两个原因：一是你新购置这一百多亩地，有你的血汗，但也有学义的辛苦，若不是他帮你打理，你丈夫不在了，你买这么多田地也困难。现在，判定土地全部归你，是否也应该知足了。二是，如果将学义下狱，他家中还有妻子、儿女怎么生活，你们毕竟和学义兄弟一场，就此罢休吧。李氏点头称是，愿意接受这个判决，并表示不再告状。

案件审理虽然稍有曲折，但最终比较圆满。那么《清史稿》说这个案件的审理依据的是《汉书·赵广汉传》。案件都是眼前实实在在的事，处理的结果又使两个人都能接受，怎么就和赵光汉联系起来呢？翻开《汉书》读一下《赵光汉传》：

> 赵光汉，字子都，涿郡蠡吾人也，故属河间，……广汉为人强力，天性精于吏职，见吏民，或夜不寝至旦。尤善钩距，以得事情。钩距者，设预知马贾，则先问狗，已问羊，又问牛，然后及马，参伍其贾，以类相准，则知马之贵贱不失实矣。唯广汉至精能行之，他人效之莫能及也。

这段文字的大致意思是说，赵光汉天性精通于官场上的事情，清廉爱民，看到差役百姓，他整夜睡不着觉。因为他在家乡曾做过平准令，即管理市场物价的差事，所以做起事情很精细，往往善于从两种或多种事物的关系中找到线索，得到最后他想得到的东西。打个比方：他要想知道一匹马的价钱，先不问马价，而先问狗的价钱，再问羊、牛，以此作参照价格，最后再问马的价格，便知马的价格的高低。这种方法称为“钩距法”。《汉书》没有给“钩距”下定义，只是以买马为例。根据这一例子可以这样理解：“钩距法”就是运用婉转迂回的方法，寻找事物之间的内在关系，以求得到某一事物的本质现象。或者说由已知条件引出未知答案。

读了《汉书·赵广汉传》中这段话，就会完全明白《清史稿》所说“据《汉书·赵广汉传》钩距法，断县民匡学义狱”一句的含义了。汪辉祖审理匡学义侵权案，根据李氏告状情况，怀疑李氏有冤，但白纸黑字的契约，他只能断李氏败诉，由此才能与学义套近乎、拉家常，由拉家常推测出李氏所告一定是实情，才有最后的判决。

“引经决狱”不仅体现了汪辉祖“学与仕合”的“学治”理念，也充分证明了他博通经史的学问功底。

就审理匡学义土地侵权一案，也折射出汪辉祖“法贵准情”的断案原则。《学治臆说》说：“法贵准情”。所谓“法贵准情”，就是在执法过程中，考虑到“情”的因素，在二者中间找到平衡点。《学治臆说》中还列举两例，一反一正来阐明他的断狱思想。一例是说《辍耕录》中记载了一位匠官叫罗世荣，有一匠人犯了法，案情很清楚，只等法官判决，罗世荣却说：“我听说他刚娶了个媳妇，如果现在把他判了，公婆会认为媳妇是一克星，势必造成婆媳之间无休止的争吵，如此一来，可能毁掉一个家庭。这个匠人是初犯，又不是大罪，不如暂时不判，对匠人进行教育，如果再犯，一定重责。”法官同意匠官意见。汪辉祖说读到这一案例“实获我心”，与匠官产生了思想上的共鸣。第二个例子说，乾隆三十一年，江苏省执法严厉的官吏，审理了一桩考生夹带小抄案，按律应判考生戴枷示众，有人向法官求情说：“考生才结婚一天，能否延迟一个月再示众?”法官不准，结果新娘听说这件事后感到非常丢人，于是上吊自尽。这时法官才准许将考生枷锁打开，考生听说妻子上吊身亡，自己也跳河自尽。汪辉祖以正反两个方面的例子提出“律设大法礼顺人情”，“通情而不曲法”的断案主张。这就是“法贵准情”的决狱思想。这一思想贯穿了儒家“仁”“爱”于其中，匡学义土地侵权案的审理结果充分体现了汪辉祖“法贵准情”的断案原则。

然而，儒家的“仁”“爱”思想，运用于决狱执法上，其本身在内涵方面就是一对矛盾，将会出现有法不依、执法不严的现象，造成不可想象的后果。在法制社会建设的今天，以这种思想指导断案不可不慎。

以俭养德，以廉修身。俭是一种美德，是传统文化的精华之一。古代贤良之士无一不是以俭养德、以俭范家、以俭率属。五帝创业艰难，治理天下倡之以俭，春秋时期晏婴、季文子、子产等名相皆以俭律己，以率众属，就连汉代高祖、文帝都以俭名闻天下，形成良好的社会风尚。儒家为读书人设计了一个较为单一而又标准的人生进取路线图：修身—齐家—治国—平天下。被儒家思想熏陶的有志士子基本上都是按照这一线路奋斗前进的。“修身”是这一路线的起点，何以修身，无德不修身，要培养良好的道德，“俭”是最主要的基础内容。俭和廉往往纽在一起，因为在修身方面它们的作用大抵一致，俭和廉的区别首先是对象上的区别，“廉”的对象多指官吏，“俭”的对象范围更广，当官者清廉，他一定也俭约，俭约者也未必都清廉。

汪辉祖饱读经史，是地道的儒学信徒，因此，修身—齐家……这

条路线他从不偏离半步。他在《佐治药言》中批评一些奢靡士子“强效豪华，任情挥霍，炫裘马，美行滕（裹腿），已失寒士本色。甚且嬖优童，狎倡妓，一咽之费，赏亦数金，分其余赀，以供家用，嗷嗷待哺，置若罔闻。”批评的是有些读书人，忘记了自己的本色，只顾自己享乐，而对家庭没有责任心，这类人道德品质败坏，怎么能修身，更谈不上齐家。他还说：“身自不俭，断不能范家。家之不俭，必至于累身……”一个人是家庭的组成单位，修身是齐家的基础，身不俭就不能为家里做表率。看起来汪辉祖对“俭以养德”信而不疑，说而不厌，做而不虚。有史料记载，汪辉祖从幕三十年，又任知县数年，家道殷实，但他从不浪费一文钱，粗衣蔬食，非常俭朴，而接济贫困却舍得解囊，这赢得了家乡人的敬佩。《碑传集·循吏汪辉祖传》说：他在知县任上，施政措施之一就是重教化，其中“诫婚礼之费，而民知俭”说明尚俭立德这种优秀的文化思想不仅自己在躬身践行，而且贯彻在为治的过程中。

《清史稿》及《碑传集》都说汪辉祖“治事廉平”，有廉，才有平。汪辉祖对古代廉文化烂熟于心，而且在当时社会中，根据他所见所闻，又有深入的思考，他在《学治臆说》中，连续两章都在谈廉政，首先提出的观点就是“吏不可墨”，继而又提出“墨吏不必为”。什么是墨呢？就是做黑心事，行贿受贿，贪赃枉法。这两个观点有内在的逻辑关系，先是说当官的不能做昧良心事，后是说当官的也不必做昧良心事，“不能”和“不必”就倒逼出两个字，必须做到“廉平”。

汪辉祖讲了很多实实在在的道理：一些读书人通过多年努力考取了仕途，比起那些头发都读白了还未进入仕途的人已是很幸运了，工资再少，也比乡下教几个学生用以糊口的秀才生活强得多。入仕之前，我们学的都是礼义廉耻，当官以后决不能把所学东西都丢掉，去做黑心事，不能玷污“父母官”这个名字。当官的去贪污受贿很没必要，要想人不知，除非己莫为，不能因为小恶而为之，千里之堤，溃于蚁穴，一旦受贿被人发现，恶名远播，乃至身陷囹圄，多年努力奋斗将付诸东流。

他在其他章节里甚至举出具体例子，告诫官吏一些事情不可为，实乃经验之谈。例如“勿以土物充馈遗”一节就说：土特产不是上司的利益，不能随意赠送，如果把这事形成一个惯例，后患无穷。当然这后患指的是亦人亦己。还例“办赈勿图私利”章：“克减赈项以归私果，被灾之户，必有待赈不得，流为饿馁者。上负圣恩，下伤民命，丧心造孽，莫大于是。”从语气上看，汪辉祖表面上是劝诫，实际上可能是他经历过或听说过的事情，对这种贪官，深恶痛绝，咬牙切齿，说这些人名义上是百姓“父母官”，可实际上是上负皇恩，下伤百姓，罪不容诛。

“俭”和“廉”都是“德”的范畴，培养道德是立身的基础，古人说：“将教天下，必定其家，必正其身。”汪辉祖可谓一位践行者，又是一位阐发者。

济于实用。阮元赞扬汪辉祖学用结合，学以致用，用以为治。本文理解为包含两方面的意思：一是就汪辉祖本人而言，他饱读经史，学富五车，他能将所学知识、道理灵活运用到为官为治的实践中去，而又从实践中，不断思考，不断认知，总结出一套当官治世的理论，具体体现在他的《学治臆说》《佐治药言》中。再用这些心得、体会去指导官场实践，从而在实践中不断丰富、完善官场心得。《学治续说》《学治说赘》《续佐治药言》等著作的问世就是例证。这样不断反复的过程，也就是认识和实践不断升华的过程。因此，人们评价汪辉祖读书读得好，当官当得好，写书写得好。二是有济于后人实用。阮元说得明白：“其道易知，其迹易由。”这显然是对后人来讲的，后人可从汪辉祖的几部“官经”中汲取经验，明白道理，把握分寸，也可以顺着这位清官的足迹模仿、学习。

阮元中进士比汪辉祖晚了三十三年，然而官职要比他大六级，学问也不比汪辉祖做得差，成一代文宗。这种档次的人物能在汪公逝后为他作《传》，并给予很高评价，正说明了像阮元这样在官场顺风顺水干一辈子，而且被誉为大清官，入名宦祠的人，也不能不说他从汪辉祖“官经”中得到不少教益。

汪辉祖的《学治臆说》《佐治药言》被誉为“官经”“官箴书”“中华文明执政集大成者”等，对后世影响颇大，清代多次刊印，加之手抄，传播甚快甚广，据说民国曾将其作为官场教科书，人手一

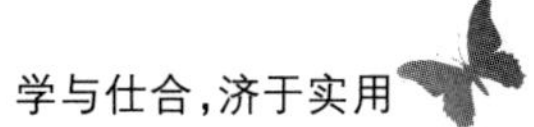

册，当今社会，这些“官箴书”不仅被官场所参考，而且被运用于企业的管理。

汪辉祖官职虽小，但他那学以致用的思想与实践却被后人无限放大。

知县者，知一县事

——范县知县吴焕彩

清乾隆二十五年（公元1761），范县（时属山东）迎来了一位知县，这位知县叫吴焕彩，字蕴之，福建人。这位远道而来的七品小官，还是进士出身，在范县知县这一位置上一干就是十四年，他心中想的是百姓，胸中装的是百姓，为百姓他鞠躬尽瘁，殚精竭虑，赢得了范县百姓的拥护和爱戴。

他是中原地区用红薯解决百姓吃饭问题的第一位知县。红薯，这一农产品人们并不陌生，在人们生活水平不断提高的今天，吃红薯也好像是改善一下生活，然而，曾几何时，红薯成为人们的救命粮。红薯，又名朱薯、白薯、红苕、地瓜、甘薯、番薯等，这些名字多是以颜色、味道及生长属性命名，而番薯这一名字，就锁定了这种植物原产的地域，番，是指外国和外族。根据学术界研究，番薯传入中国，是在明代中叶以后，番薯原产于美洲中部，墨西哥等国，后来逐渐传入吕宋岛（菲律宾）和越南，又由菲律宾（一说越南）传入中国。番薯传入中国后，首先是在福建、广东一带种植传播，因当时交通及流通原因，这种作物向内地蔓延缓慢，真正得到政府重视而大规模推广就到了清代。明代中叶番薯就在我国东南沿海一带种植，为什么迟滞不向内地蔓延呢？清代为什么政府这么重视推广番薯的种植呢？这都和当时的大的社会环境和政治气候有关。明中叶以后，社会动荡，战争频仍，人口锐减，到清兵入关时，全国人口总数不足一亿人。据上海人民出版社出版的梁方仲《中国历代户口、田地、田赋统计》一书记载，清代由于出现社会繁荣的景象，特别是从康熙以后，人口急速增长，有学者称之为人口大爆炸时代："康熙以降，国内人口猛

增，乾隆六年（1741）全国在册人口总数突破有史以来的一亿大关，乾隆三十七年（1762）、五十五年（1790）又相继突破二亿和三亿。至道光十四年（1834），人口总数突破四亿大关。”清代人口的急剧增长，使土地垦荒增长的比例与之不相匹配，因此百姓的吃饭问题就成了政府关注的一个焦点。根据南方沿海地区番薯种植情况，这类农作物恰能弥补粮食之缺少。康熙是一代明君，在人口增长初现端倪之时，他就曾下令推广番薯种植。《清稗类钞·植物类》记载：“康熙时，圣祖命于中州等地，给种教艺，俾佐粒粮，自此广布蕃滋、直隶、江苏、山东等省亦皆种之。”看起来康熙虽然对种植番薯较为重视，并发旨令推广，起到了一定的效果，但康熙时期的粮食短缺问题还不那么凸显，康熙只是要把番薯作为粮食的辅助品而已。到了雍正时期，百姓吃饭问题已作为政府的一个重要问题摆上了议事日程。清《朱批谕旨》中保存这两篇给雍正奏折：一篇是雍正三年，福建巡抚黄国财奏报：“查泉州府属之惠安、同安、金门沿海处所，去冬番薯歉收，今春又值米贵，近海穷民不无艰苦。”（《朱批谕旨》卷十九）一篇是雍正六年两广总督孔毓珣奏报：“查潮州民间多种番薯，以代米粮，现俱大收，每觔卖钱一文，黄岗、碣石一带，每十斤卖钱七文，约计一人一日之食，费钱不过一二文。”（《朱批谕旨》卷七）这两篇奏报起码说明两个问题：其一，福建、广东一带已大面积种植番薯，番薯已成这一地区普通百姓的主粮。其二，番薯收成好坏直接关系到百姓的生活和社会的稳定。可见番薯牵动着大清国计民生大事。大面积引进北方种植番薯的还是在乾隆时期，据史料记载，乾隆十二年（1748），安徽巡抚潘思榘就要求安徽全省大力种植番薯，但落实得不到位。《清史稿》卷四百七十七《郑基传》说：郑基擢为寿州知州，“尝循行阡陌，见沙地硗角多不治，教民种薯蓣，佐菽麦，俾无旷土”。《清史稿》卷四百七十七《吴焕彩传》也载：吴焕彩为范县知县，“教之种番薯，民困乃纾”。时任山东按察使陆耀还将种薯经验进行总结，写成《甘薯录》在各地传抄、宣传、推广。《清高宗实录》记载，乾隆五十年，政府发令，大力推广番薯种植，并表彰《甘薯录》在推广中起到的积极作用。

由此可见番薯的推广是由政府主导，地方重视，由南向北，逐渐蔓延。这其中为什么在安徽、山东等地推广较快，这和南方官员在北方任职有很大关系。安徽巡抚潘思榘、范县知县吴焕彩都是福建人，寿州知州郑基是广东香山人，都是最早种植番薯，也是最早受益番薯的地区的人。这些人对于番薯与民生的关系认识较深，因此在推广中起到了先锋作用。安徽寿州、凤台都在淮南，而范县则是中原腹地，因此，我们说，吴焕彩就成为第一个用番薯解决中原百姓吃饭问题的知县。

吴焕彩一方面引进番薯的种植，作为粮食的补充，甚至使其在一定的时间内就代替了粮食，以此解决百姓吃饭问题；另一方面他还在属地兴修水利，保护农田，向上级政府申请免除百姓的租税，使百姓能够过上安居的生活。范县位居黄河与古清河之间，水灾泛滥几乎是这一地区百姓最大的危害，吴焕彩上任后的第一件事就是治水，《清史稿》卷四百七十七《吴焕彩传》载："清河水溢为灾，其岸左高右卑，因开五顷窪，以泻其东南，筑福金堤，以防其西北，岁得麦田四万亩。"吴焕彩让肆虐之水听从调遣，根据地势形况，泄洪东南，确保西北几万亩良田，同时申请免除当地百姓部分租税，剩余部分，由县衙设法代交。吴焕彩作为一个南方人，来到这两省交界，地临黄河，十年九灾的偏僻小县做官，为百姓殚精尽职，实属难得，也实属不易。

在纷繁交错的社会矛盾斗争中，吴焕彩充当了范县百姓最大的保护伞。在封建社会中，很多情况下，官、匪都是压在百姓身上的大山，匪患滋扰百姓，或明或暗，时有时无，但这也足以使百姓谈匪色变，百姓的生命财产时刻都在受匪患的威胁；而官府之患，始终都是悬在百姓头上的一把利剑。"苛政猛于虎"，道出了官民之间的利害关系，人民百姓不管在任何历史时期都是弱势群体。吴焕彩身为范县最高长官，在复杂的社会矛盾斗争中，他毫不犹豫地站在了百姓一边，用他的责任和智慧勇敢地撑起了百姓头上这把大伞。

乾隆三十九年，"寿张逆匪王伦作乱，距范县四十里，焕彩修城筹守御，力清保甲，凡村落大小，人民贤愚可指数"（《清史稿》卷四百七十七《吴焕彩传》）。寿张属山东省，汉代在此置县，但县府所在地多因黄河水患几经移址，现在是镇政府所在地。寿张与河南台前县隔堤相邻，也是山东通往中原腹地的大通道，由于这一带经常发生水灾、蝗灾、地方加征赋税繁重，百姓不堪重负，公元1774年，即乾隆三十九年八月，寿张县后王村村民王伦率领数千名“白莲教清水教”信徒，以“杀富济贫，反对加征赋税”为口号，宣布起义，他们一路北上，斩杀寿张知县，攻克阳谷、冠县，直抵临清城下，扼断运河漕运，一度威胁大清地方政权。虽然王伦打的是反清大旗，喊的是杀富济贫的口号，但这种以教会名义起义的队伍，本身就有致命的弱点，而且在某种程度上对百姓也有很大的危害。尽管王伦起义前后只坚持了一个月就被剿灭，但在反对官府欺诈百姓方面为清朝廷敲响了警钟。

范县知县吴焕彩，为防匪患积极准备，精心组织，缜密安排，他一面构筑城垣，打造御敌的坚固堡垒，同时对城中百姓，排查摸底，组织甲兵，随时调用，虽然王伦之兵未及，但知县的高度重视，认真周密地准备，无疑树起了百姓的主心骨，让百姓在闻匪皆惊的氛围中，吃了一颗定心丸。

范县两户百姓之间有矛盾，一姓孟，一姓黄，姓孟的为了扳倒对方，诬告黄姓家族三十余人谋反朝廷，王伦之后，清朝廷对谋反二字极为敏感，于是就派朝廷大员与山东巡抚一起调查治罪，接下来有一段生动精彩的描写：“使者出牒示，焕彩曰：‘某已死，某为某之父，某之子皆良民，呼之即至。’使者欲以兵往，焕彩曰：‘兵至，愚民非死即走，无可讯，咎将谁执？’焕彩夜抵村中呼告之，皆呼冤。焕彩曰：‘唯无其事，必出就讯，亟从我去。不然，祸立至。’民皆裹粮从。使者按籍少二人，焕彩曰：‘一已死，一外出，已命其兄招之。’言未毕，有跪门外者，则已来矣。讯之皆诬，遂坐告变者。”这段描写至少能够说明以下几个问题：其一，这位知县对他的百姓的充分了解。首先是对案情的充分了解，这个案子本身是因为孟、黄二者的矛盾而孟对黄的私愤，更不存在三十多人造反的事情；其次是对黄某家庭成员结构的了解，孟某所告的当事人已经死去，其家人都是良民，“呼之即至”，这是这位知县，在这样重大的案件上，在充分了解自己百姓的基础上表现出来的自信；再次，当使者点名传唤百姓时，一人外出来到，然话未落音，此人则已跪至门外，这也充分证明

了焕彩的自信。其二，这里百姓对他们的知县的无限的信赖。焕彩夜抵村中，对村民说："唯无其事，必出就讯，亟从我去。"所有被告者没有怀疑这位知县是对他们的诱捕，而是带着干粮跟着知县应对审讯，就连已经外出的一位农民，在使者点名时也跪至门外，这些都基于百姓对他们的县长的信赖，没有这种充分的信赖，在"天下乌鸦一般黑"这种民间对封建官吏认识的情况下，百姓怎肯轻易受这位知县的摆布呢？无疑，他们把吴知县当作了自己的救命稻草和可避风雨的保护伞。其三，彰显了这位知县胆魄和智慧。吴焕彩知道这个案子是冤案，怎样才能为百姓刷洗冤屈呢？关键在于庭讯。如何能让使者在法庭上心平气和地审讯，又如何能让百姓在法庭上心平气和地如实回答，这关系到案子能否客观、公正地做出结论，于是他从两个方面做工作：一是当使者提出派兵抓捕"嫌犯"时，这位知县提出了似乎合理的建议，"兵至，愚民非死即走，无可讯，咎将谁执？"如果派兵抓捕，很可能这个案子无法了结，既无果，言外之意说你们这些侍郎、巡抚们也无功，更无光彩。不派兵抓捕，谁负责他们全部到庭呢？当然是当地小官吴知县，这样，侍郎、巡抚既不因抓捕而费心，又将责任全部推到了知县身上。因此，他们没有理由不听知县的建议。二是，吴焕彩不辞辛苦，夜抵村中动员当事者出庭对簿。作为一县最高长官，这一做法，他冒着两大风险。首先是阻止派兵抓捕，如果不能将当事人全部动员归案受审，这将该是何等的罪名！其次是一边是朝廷要员等着审讯，一边是作为朝廷的一级官吏到村子里和所谓的嫌疑犯进行沟通，为他们出主意、想办法，这又该承担多大的法律风险。然而，吴焕彩之所以敢这么做，是建立在作为"父母官"对子民的爱，建立在与百姓相互了解、信任的基础上的。这是智慧的展现，也彰显了这位七品清官的胆魄与担当。

由于吴焕彩的从中周旋，案情真相大白，案件画了一个圆满的句号，诬告者被绳之以法，无辜者被还以清白，结局是皆大欢喜。在整个办案过程中，朝廷使者察觉到的是这位知县对他的百姓的基本情况如此了解，对百姓的思想状况把握得透彻，工作细致入微。尤其是知县与百姓相互信赖，都是案件顺利了结的主要原因，因此，这位巡抚不无感慨地对吴焕彩说："知县者，知一县事，君可谓之知县矣。知县者，民之父母，君之可谓民之父母矣。”这是对吴焕彩作为知县的高度认可和赞誉，也道出了作为一县之长的职责。要知民情，办民事，解民忧，作为“父母官”要尽到“父母官”的义务。要敬民、爱民、护民如家人一样。朝廷大员对吴焕彩进行了表彰，范县百姓对吴焕彩真诚的拥护和爱戴。这位七品县令，在庞大的封建官吏行列里，小如芝麻，却被历史学家视为一枚明珠，永远镶嵌在历史的丰碑上。

由于政绩卓著，吴焕彩从范县知县被提拔为湖北鹤峰知州。这是一个少数民族和汉族杂居的地方。吴焕彩到任后，公正办案，严惩匪霸，革除积弊，以求各民族和谐相处。他还筹资开办免费私立学校，推行教化，使民风为之大变。乾隆五十三年，这位在清朝中下级官位上工作了二十八年的吴焕彩，因病回归故里，为纪念这位为百姓鞠躬尽瘁的清官，鹤峰人民“请祀名宦”，范县百姓也为其建生祠。清官永远受到百姓的敬仰和怀念。

治官事，如家事

——嵩县知县康基渊

地处晋西北的兴县，是山西省的一个大县，这里钟灵毓秀，文化底蕴深厚，清乾隆年间就在这里崛起了一个靠科举起家的显赫大族——康氏家族。康氏先人自陕西迁至山西，至乾隆年间，名声渐著，随后一发而不可收，举人、进士罗列，有“一门四进士”称誉，在朝为官者代代相继，至正二品，且不管官位大小，皆有政声。本文所论是其族以科举驰名的先行者康基渊。

寒门出俊才。康基渊，字静溪。根据现存康基渊墓志记载，他“生于雍正七年（1730）十二月十九日，卒于乾隆四十六年（1782）七月二十一日，享年五十四岁”。康基渊幼年丧父，母亲多病，家境非常贫寒。他兄弟三人，大哥康基命，二哥康基田，靠多病母亲拉扯成人。稍长，哥哥康基命担起了家庭的重担。康基命看两个弟弟聪明过人，靠自己给人家当长工来供养两个弟弟读书。后来，康基渊又遇上极为贤惠的嫂嫂，据说这位延姓嫂子与丈夫一样疼爱两个弟弟，她昼夜纺织资助家室，每日两餐，先让婆婆吃饱，其次是两个小叔子，再次是丈夫，饭不够时，总是自己饿着肚子，刮锅底时，用力很轻，声音很小，唯恐让婆婆及小叔知道饭不够吃，真是老嫂比母啊！

康基渊兄弟怎么会不知道这种家境呢？因此，读书十分刻苦，乾隆六年，康基渊才十一岁，正值大清名臣孙家淦赋闲在家，康氏兄弟有幸受教于孙氏门下，受益不小。乾隆十三年，康基渊已十八岁，与哥哥康基田一起到太原晋阳书院学习，而大哥康基命跟随到太原一面做工，一面陪读，人称“贤父兄”。五年后，康基田中举，又三年，考取进士，授江苏新阳知县。累迁至江苏按察使，兼管黄河、运河两河河务，一生治水颇有政绩。而康基渊比二哥更聪明，康基田于乾隆十八年中举，三年后才考取进士，康基渊却于乾隆十七年就考取了进士，时年二十二岁。弟兄两个双双考取进士，这在当时轰动太原府。

治官事如家事。哥哥康基田考取进士要晚弟弟基渊五年，但康基田考取进士后，随即任以知县，开始施展自己的为政谋略，而康基渊就没那么幸运，乾隆十七年的进士，一直等到乾隆二十八年才授了个嵩县县令，因为他属于归班铨选，就是定向培养的县令，也许是没有空缺的位置，也许是因为他年龄小等原因，让他在京城大衙门当了十一年的办事员。乾隆二十八年年底，三十四岁的康基渊赴任嵩县，终于可以实现儒门弟子兼济天下的政治抱负了。可惜上天只给了他嵩县三年的时间，以丁忧离开嵩县。三年服阕，他被先后调任甘肃镇原、兰皋二县任职，后升任肃州知州。《嵩县志》卷二十三说："其为治也，一如其在嵩也。"乾隆四十四年，他被擢拔为江西广信知府，卒于官位。康基渊不论在何处为官，皆有政声，受到百姓的爱戴，嵩县无疑是他迈入仕途的良好开端。

作为知县，要知道一县的事。嵩县位于洛阳的西南部的豫西山区，如何当好这一山区小县的县令，如何在这一知县任上施展自己的抱负，他上任伊始的第一件事就是调查研究，"博求利病"，从县域的山川地形、人情风俗、百姓苦乐、气候影响等，都是他要调查、掌握的内容。他问县吏，访民间，加上一路所见、所闻、所感，一段时间后似乎嵩县的状况已使他了然于胸，一个大刀阔斧的为政计划在他脑子里画出了一个轮廓。

康基渊出身寒门，他最了解百姓的生活，也最能体会到百姓的苦衷，作为一县知县，最大的为政愿望就是通过施政，使全县百姓都过上好日子，这个愿望也正是百姓的期盼。因此，他的施政方略，就起自百姓的衣食冷暖，是家事，也是他的官事。

兴修水利，灌溉农田。山高为嵩，嵩县地处山区，土地贫瘠，少旱，农田就会歉收，甚至颗粒无收。这关系着百姓的饭碗，威胁着百姓的生存。康基渊号准了脉，为政就先从这里下手。《清史稿·康基渊传》记载："旧傍伊水有渠十一，久淹绝。基渊按行旧址，劝民修复。山间诸流可引溉者，皆为开渠。渠身高下不一者，分段设闸以蓄泄之。田高渠下者，则教为水车引溉。凡开新旧渠十八，灌田六万二千余亩。”《嵩县志》卷二十三也记载康基渊修渠溉田的事迹，与《清史稿》大致相同，且更为详细。

康基渊在嵩县兴修水利规模宏大，规划科学，效率惊人。说他规模宏大，全县建开新旧渠道十八条，这对一个小县来说，那也算一个天大的工程。在设计这十八条渠时，他首先要做的是恢复旧渠。嵩县的水源应该说是较充足的，因为伊河之水就从境内流过，过去曾有十一条渠引伊河水灌溉农田，明末战乱以后，这些渠道长年废弃，在原来的渠址上修复，那是省财力，省人力，更是省时间。然后再开新渠，而且用闸、提的方法，将不同地形的水进行控制，有效利用，这在科学技术不发达的清代中叶，这种水利建设也算是较为先进的。说他效率高，康基渊把百姓之事上升到为官之事，又把官事看作自己的家事，短短三年时间，从勘察、设计、施工到百姓受益，没有他雷厉风行的为政风格，没有他身先士卒的勤政精神，是很难做出这种效率的。灌溉农田六万余亩，保守的计算，按每亩农田增收五十斤粮食，每年也要增收约三百万斤粮食，这对于这个以传统农业为主的山区小县来说，老百姓的生活无疑得到了很大的补益。

调离嵩县，先后任甘肃镇原、兰皋二县，康基渊如法炮制，因为甘肃二县的地形地貌有类嵩县，为政方略也有类嵩县。《嵩县志》卷二十三载：康基渊在甘肃为政十年，也是颇有政绩，乾隆四十四年调任江南广信府，临行时“肃民数万，遮道攀辕，留不得则为之建德政坊，而最其政十六事，刊于石。”我们将这十六事归纳一下，其中兴水务农者占六：“曰修洪水渠，曰开兴文渠，曰改屯归民，曰筹置岁修，曰均清水下堡水利，……曰发籽种。”这些刻于碑石的功绩，彰显了康基渊作为朝廷最基层的官吏，为政的首要目标就是要解决百姓的吃饭问题，而最行之有效的措施就是兴水惠农。

植桑养蚕，垦荒育林。古时候，人们往往把“农桑”二字连在一起，实际上指的是人们的衣食之源，康基渊在他的《种桑说》里有一段话这样表述：“夫衣食者，民之命，农桑，衣食之源，而不艺桑，非独女红旷也。一农耕之，八口群聚而衣食之，谋生之方资于一途，几何不贫且病也？予谓种桑之利，小成获小效，大成获大效。假种桑一亩，五年后采叶两千斤，养蚕十筐，得茧百四十斤，缫丝百余两，值可十余金。借其入以供衣服、赋税、六礼之需，佐农所不逮，孰与夫谷初登而急入市，重受商贾之困，以乏馁其身者耶？况嵩多陵阜，土脉赤硬荆桑为宜。若尽以艺桑，不数年列树遍阡陌，东西各纵横，永之竹、巩之柿，利不独檀矣。”（《嵩县志》卷十五）这段话好像是康基渊作为一县最高长官劝说嵩县百姓植桑养蚕的演说词，也可以说是动员令。他首先阐明艺桑的重大意义：这是解决百姓衣食、保证百姓生活的重要措施。接着他分析了百姓穷困的原因，那就是收入来源太单一。靠几亩地收获的粮食，要吃、要穿、要纳赋税，还要婚丧嫁娶，礼尚往来，没钱花，只有卖粮。粮食刚收下来，就要拿到集市上去卖，这时正是粮食最便宜的时候，这就形成了经济上的恶性循环。妇女在家闲着，眼睁睁家境困窘，却搭不上手，真是无可奈何。怎么样才能摆脱百姓这收入单一的窘况呢？他号召大家植桑养蚕，他从植桑一亩算了一笔细账，八口之家，植桑一亩，不碍农活，妇女排上了用场，找到了工作，这样以桑补农，不但解决了穿衣问题，同时也解决了赋税、六礼（六礼有两种解释：一是指汉族婚姻从说媒到迎亲的六个环节，即纳彩、问名、纳吉、纳征、请期、迎亲。二是指冠礼、婚礼、丧礼、祭礼、乡礼、相见礼。这里泛指民间的婚丧嫁娶，礼尚往来）之需。这就解决了收入来源单一的问题，所有家庭成员，力所能及地承担家庭负担，自然家庭状况就会好起来。接着他进一步论证植桑的可行性，那就是嵩县地质、气候适宜艺桑。最后，他给大家描绘出一幅未来美好的蓝图：如果把房前屋后、道路旁侧、闲置空地都栽上桑树，嵩县百姓的生活肯定会胜于以柿子致富的巩县了。

这段演说词从大局着眼，从细微入手，娓娓动人，入情入理，颇具诱惑力、感召力和亲和力。这是为百姓着想，百姓怎能会不接受呢？怎样植桑，可不是空有一篇演说词而已。

康基渊编写了几个小册子，来具体指导百姓操作。比如：《种桑法》《移栽桑法》《压条法》《接桑法》等，这些都是用来指导植桑的每一个步骤和注意事项，比如《压条法》：“种子不如压条。初芽时，择枝条，旺相肥泽者，就马蹄处劈下润土内，开沟尺许，埋实，自然生根布叶。压后遇旱，于旁开沟灌之，但取水气到，忌多著水。”

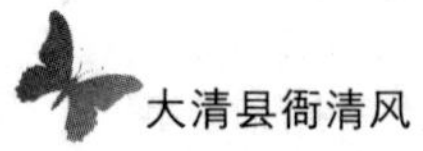

（《嵩县志》卷十五）如此易懂，如此便捷，如此实用，百姓很是欢迎，于是乎嵩县就出现了一个植桑高潮。

植桑的最终目的是变成丝绸，以供穿衣并实现其商业价值。《嵩县志》卷十五：“丝，向不产，知县康基渊教民养蚕乃得丝，三十一年购湖州人设局鸡泽祠会缫，又置机房致匠织绫绢，质如卡绫。”看起来，康基渊在嵩县的艺桑养蚕事业是开创性的，但他成功了。然而为了使这项富民事业落地生根，他可费尽了心血，他不但亲自编撰艺桑程序的技术资料，同时也动用了行政手段来落实。他选定各地负责人，负责宣传，督察和技术指导，名曰蚕正。更是有史料记载，他的母亲在嵩期间，在百合亭里教城郊妇女种桑养蚕之法，得到了百姓的称赞和尊敬，以至于两年后太夫人去世，前来吊唁的妇女就达千人之多，场面也极为感人。为了实现儿子的富民战略，母亲亲自上阵，这是官事，或是家事！

康基渊在嵩县兴水溉田，以农为主，以桑为辅，三年间，荒山闲宅，壑旁道边尽现桑枝，“蚕丝之利甲于旁邑”，桑蚕恐怕就成了百姓的主要经济来源之一了。

调任甘肃后，他参照嵩县的为政模式，在兴水溉田的同时，也没有忘记对第二产业的开发。甘肃百姓在他的功德碑上记载的十六大功绩，其中有一条就是“劝民种树”。“肃民樵苏，远至塞外，力苦而价昂，公相东北郊有废滩不可耕，劝民种柳十数万株，夏则绿茵弥漫数十里。又遍谕城乡可种树处，以渐扩充，阖州樵薪不外取矣。”（《嵩县志》卷二十三下）当时康基渊利用荒山废滩及闲置空地种树，可能还提不到生态环境的高度，但起码知道休闲、纳凉也是便民，更重要的是用来解决百姓的烧柴问题。从百姓的衣食冷暖，到柴米油盐家庭琐事都是这位知县关注的大事，都是知县任上的官事。

推行教化，办学育才。管子说，仓廪实而知礼节。知书才能达礼。所以，解决了百姓的基本的衣食问题，教育就摆到了为政的主要位置。《清史稿·康基渊传》记载，康基渊在嵩县，“以无业之地，建社学三十二所。在肃州，……建社学二十一所”。《嵩县志》卷二十三也说：“公（康基渊）以嵩邑民俗勤壸简质，有古周南遗风。惟山居僻鄙，多不业诗书，不习礼让者，乃清核地方绝业废刹，得地若千亩，建置社学三十一所，教养生徒，条目详备。吾邑弦诵之声遍于山谷，公之泽也。”又记：“四十四年擢守江南广信府，耒民数万，遮道攀缘，留不得则为之建德政坊，而最其政十六事，刊于石。……曰建社学，立法与嵩邑同。”我们不禁要问，康基渊建立这么多学校的目的何在，是在炫耀他的政绩吗？《嵩县志》的作者龚文明记的明白：康基渊建社学的目的在于改变嵩县山区百姓“不业诗书、不习礼让”的愚昧、落后的状况，也就是要提高百姓的文化素质。建这么多学校要花一大笔钱，资金来源何处呢？《嵩县志》载，其一是用“绝业废刹”原有的土地作为主要来源。嵩县为山区，山中自古寺庙颇多，每座寺庙都有一定土地供养，至乾隆中叶，不少寺庙人去室空，土地无主，康基渊登记核实，将这些土地租给百姓，租金作为办学的经济来源之一。其二是原有一些书院，因地处偏远，早已废弃，而供养这类书院的土地已无人管理，如伊川书院，被裁撤后，原有土地可供其他办学来用。其三是利用原来已有的校舍，根据生源情况，或增建或整修。其四是充分利用废弃寺庙、闲房。其五是县中有识之士的捐赠。其六是康基渊本人的“廉捐”。所谓“廉捐”，就是朝廷规定从耗羡中抽出部分留给地方长官的养廉钱，而康基渊把本应属于自己支配的银两，却用以办学。关于上述这些，在《嵩县志》卷十六中都有详细的记载。学校教育本着有教无类的原则办学，学子多为寒门弟子。试想当时仅有十四万人口的嵩县，大小学校三十多所，算起来不足五千人一所学校，可想适龄者大多都有读书的机会。康基渊办学不是脑子一时热，兴学一阵热，他有长远的规划。首先他有扎根嵩县，长期主政嵩县的打算；其次，办学有一套长期运行的机制，这除了在管理上有一套制度外，关键是办学的经费要有固定性、永久性，因此，他认为士人捐助只能解一时之困，不是长期办学的经济依托。整合荒弃、废置的土地，登记造册，归公所有，作为学校长期生存的根本，在《嵩县志》中记载的康基渊办学的笔记中，和他多次就办学事宜向上级的请示文字中，都体现了他这种思想。历史上嵩县文化的积累，渗透着这位清廉知县的心血。

革新除弊，裨益民生。革新除弊，这四个字包含两层意思，而这两层意思之间，又有其内在的必然联系。《清史稿》说康基渊在任

“博求利病”，这是一个对社会广泛而深入调查的过程，没有这一过程，“除弊”就没有对象，“革新”也无从下手。嵩县及甘肃两县的经济社会的发展，也都是建立在“博求利病”的基础上。而革新除弊的目的还在于惠及百姓。《清史稿·康基渊传》或《嵩县志》记载着这么几件事。

第一件事：《嵩县志》卷二十三载：“嵩土贡百合，民苦之，公商于土之人，买田四十余亩，于城西郊种百合，岁得千余斤，以供输将。”因为百合的食用、药用价值都很高，据说嵩县山中产野百合，由此，曾几何时，最高统治者就把这个枷锁套在了嵩县百姓身上，一直延续到乾隆年间。尽管山中百合已被采挖殆尽，但百姓仍然承载着这份额外的经济负担。康基渊经过调查，决定革除这一弊政。然而，一个小小知县，不敢违抗圣命，贡还得进，只是怎么进，由谁来进？于是他买田四十余亩（一说是利用普济堂的四十二亩地），种上百合。还好，当时朝廷对野生和人工养殖不太在意，以此供给朝廷岁贡。这就把百姓负担变为县衙负担。康基渊之所以这样做有两层意思：一是嵩已无百合，而岁索贡，百姓不应再有这份负担；二是由百姓负担转为官府负担，这中间有效防止了地方官吏的层层加码。康基渊还在种百合处，建百合亭，四周植桑栽竹，绿茵蔽日，花香四溢，成为人们游息的好场所。

第二件事：《清史稿》和《嵩县志》都有记载。《嵩县志》记述更详：“肃之南有黄、黑数种番民，向通茶马，无征税，军兴后，皮革毛羽暂取诸番商，后沿为例。诸番苦之，汹汹然将有变，公悉予裁革，边务始靖。”康基渊在甘肃工作过的镇原、兰皋等县，少数民族居多，特别是在肃州（今属酒泉市）任上，更是少数民族集居之所，从唐代开始，内地与西南各少数民族就以马帮运输形式进行商业交易，设茶马互市。之后，互市品种更多，形成了一条以茶马古道为中心的商业甬道，官府设置机构开始征税，这是在少数民族多居的边境地区不具备征税基本条件下的财政政策，百姓苦不堪言，怨声鼎沸，官府与少数民族矛盾大有干柴烈火之势。雍正十三年，废除多年来茶马互市的管理办法，加以改革，乾隆年贯彻执行。然而，地方官员不但不贯彻新法，反而在原来基础上变本加厉，百姓不堪重负，形成了边境不安定因素。康基渊上任后一除弊垢，百姓受益，边境安定。后来他的“德政碑”上记载十六事之一就有“除番民差派”一款。

甘肃民间有赌博恶习，以致有民倾其家产，全家受祸，影响邻里；广信民俗生女多不养而溺死，等等，康基渊以为这些陋习要革除，倡导文明新风，均立规立法革除之。

康基渊为官之处，革新除弊，实惠百姓，有胆识，有胸襟，有魄力，有智慧，得到百姓称誉，实为知县楷模。

康基渊卒于乾隆四十六年广信知府任上，《清史稿·康基渊传》也是这样记载的——“卒于官”；而《嵩县志》卷二十三则说他因“甘肃监粮狱起，以挂误免官，遂卒”。这就是说他是受甘肃监粮案牵连免了官，然后才去世的。甘肃监粮案是怎么回事呢？为什么会牵连康基渊呢？康基渊到底有无贪腐行为呢？本文一一简要回答：甘肃监粮案，是乾隆四十五年（1781）被揭发的甘肃全省地方官员集体贪污的一起震惊朝野的大案，其涉及人员之多，贪污数额之大，实属罕见，乾隆皇帝慨叹说：“实为从来未有之奇贪异事！”甘肃地处偏远，土地贫瘠，朝廷每遇灾荒便拨粮以赈之，但远不够用，就有捐监制度出现。捐监，说简单点就是拿粮食买监生资格，凭此资格可参加乡试，走出一条通往仕途的道路。所捐的粮食入国库赈灾，这些粮食叫捐监粮。每个捐者定额四十石。后来有人开始把粮折成银。甘肃布政使王亶望上下勾结，骗取乾隆帝及户部信任，公然打着钦命旗号，大肆收捐，四方学子闻风而来，每人折银六十两，约两万学子，折银一百一十万两。同时，还要继续上报朝廷索取赈灾粮食，而所捐粮银都被各级官员中饱私囊。后案发，涉及道、府、州官五十三人，州县官员中四十多人，包括其他涉案者共计二百一十九人。乾隆谕旨，杀五十六人，免死发遣四十余人，株连者无数。这就是历史罕见的甘肃捐监粮案。康基渊作为甘肃地方官员也被牵连其中。其一，康基渊是公元1782年卒于广信府，公元1781年此案查清，作案时间包括康基渊在甘时间；其二，作案时他曾任肃州知州，也在贪污官员的这个官阶中；其三，集体作弊是甘肃最高行政长官意图，因此，把康基渊牵进去也是情理之中。那么康基渊到底有无贪腐行为呢？我们的回答是否定的。理由有：一是乾隆时期实行养廉银，那是在俸禄之外朝廷允许地方官员自己支配的钱，数额竟是俸禄的几十倍。《嵩县志》记载，康基渊将这些基本属于自己的钱却以廉捐的形式都捐给学校了，难道他还会索取额外的钱财吗？二是《清史稿》是官吏，其主编赵尔巽就曾任过甘肃布政使，后任户部尚书，他所主管的正是行政系统，对“监粮大案”不会不了解，如果康基渊确有贪污行为，他怎么可能将他列入“循吏”呢？三是《嵩县志》卷二十三是光绪年间龚文明续修的，其“监粮大案”已早有定论，所以，卷中给康基渊下的结论是“以挂误免官”。鉴于以上三点，我们就无法怀疑康基渊有贪腐行为。

直到现在，康基渊主政过嵩县百姓及甘肃其任职地方的百姓还在赞扬他、怀念他，赞颂他为当地经济社会发展做出的贡献，怀念他“治官事如家事”的责任意识、敬业精神和惠民亲民的平民思想及行事风格。

皇帝“朱批”：好官可用

——山东七县守令刘大绅

有史料记载，大清嘉庆皇帝曾经赐给云南宁州（今华宁县）刘大绅一块匾额，匾额上写有四个大字：“好官可用”，且标明是“朱批”。笔者看到这样记载顿时心生谜团：“朱批”，是皇帝在大臣给他呈的奏折上用红笔作的批示，怎么在匾额上也用“朱批”二字呢？恰好读了一篇文章，叫《“好官”刘大绅故里寻迹》，作者是玉溪新闻网的几位记者，这几位记者说他们找到了刘大绅二十世孙媳王贵荣，这位老人将珍藏二百多年的御赐匾额呈现在记者面前。文章介绍说：“匾额很厚实，红底金字。其右刻‘嘉庆八年五月二十日奉’，左刻‘山东武定府同知臣刘大绅恭纪’，中刻‘好官可用’四个字，并在这四个字中间写有‘朱批’二字。”随着文章清楚地介绍，笔者也算有幸随几位记者做了一次深探，至此，心中那团迷雾也就消散了。

《清史稿》卷四百七十七有《刘大绅传》，《清史列传》《碑传集》《华宁县志》等史料中也都有他的《传记》。《清史稿·刘大绅传》载：“刘大绅，字寄庵，云南宁州人。乾隆三十七年进士，四十八年授山东新城知县。……调曹县。……引疾归。五十八年病起，仍发山东，补文登。值新城修城，大吏徇士民请，檄大绅督工，逾年始峻。寻以曹县旧狱被议，罢职遣戍。新城、曹县民为捐金请赎，得免归。嘉庆五年，诏以大绅操守廉洁，兼有才能……复发山东，摄福山补朝城。……移摄青州府同知，寻擢武定府同知。……以母老终养归，遂不出。”根据这段记载，看起来刘大绅的阅历比较复杂：知新城、曹县、文登、福山、朝城、青州、武定。稍晚于刘大绅的刘鸿翱，山东潍坊人，曾任闽浙总督，写过一篇《刘青天大绅传》，说刘大绅“初令曹、单二县”“又檄公令新城，又檄公摄朝城”，“授公冠县”，“迁武定军厅”。其他史料记载也不一致，比如，《国朝先正事略》对刘大绅为官经历这样排序：新城、曹县、文登、朝城、武定。《华宁县志》大致与《清史稿》同，但不见福山。这些记载，究竟以哪个版本为准呢？还是让刘大绅自己说一下自己的为官阅历吧！刘大绅在《与袁苏亭（云南诗人）书》中说：“方绅以乾隆癸卯年（即乾隆四十八年，公元1783年）筮任（初次任官）济南新城，历甲辰、乙巳、丙午大旱灾荒之时。拯救无术，方欲引退，大吏且量移曹县。……方绅之初至曹也，与上司有违，言投劾去。县人闻之，环署泣留……甫归，而摊赔之令已至。于是又出，再至东省，题补文登。未抵任而新城方修城，……新城人转请于大吏，愿得绅修城。”这段记载说，刘大绅先任新城县，因三年大旱，不忍见百姓受苦，请求辞职。上司又把他调到曹县，在曹县任上，因征收赋税问题，站在百姓立场上说过一些不合时宜的话，被上司追究，“引咎”辞职。没等返回故里，调令又到了，任文登县知县，未到任，留在新城县监督修城。

下面继续叙述：“以在曹县任内事，同众人革职遣戍矣，是为甲寅年月日也。两县人于是为绅敛镪（镪，指银子）请赎，得归。其后大臣有以绅上闻者，廷寄来滇，送部引见。仍发往山东，以知县用，将补福山。……而部已选人，裁得暂摄两月焉。次年补朝城。……许暂移青州同知，次年升武定同知。”

按刘大绅自己陈述，他是先任新城，再任曹县，又到新城督工，继而摄福山两个月，再任朝城，一年后移青州同知，再升武定同知，乙丑年（乾隆六十年）回归家乡。刘大绅前后为官共十二年，这十二年中几起几落，其中自己请辞两次，罢职流放一次，算起来十二年中换了七个岗位，而以新城、曹县任上时间最长，新城两任共四年，其余则是短暂过客。然而，就在他短暂的为政时间里，他与百姓怎么就建立了那么深厚的感情呢？离任新城，“民数千遮道乞留”，在曹县惹怒大吏，辞职，“民环署泣留，相率走诉大吏”（《清史稿·刘大绅传》）。及罢官流放充军，未及流放所“曹、单民复醵金（凑钱）

赎公还”（《刘青天大绅传》）。百姓对大绅如此深情，确实值得深思。即便是当时的人对刘大绅执政魅力也有不解，山东有一位后生刘鸿翔曾问刘大绅“施何德于民，而民情如是?”刘公笑而不答。仔细琢磨，刘公不答，是这位后生自己把答案说出来了，那就是施政以德。

俭以养德，操守廉洁。有一副书体对联这样写：“编以珍珠能照夜，拾其香草自生春。”落款是：寄庵刘大绅。这副对联是从乾、嘉年间的黎简的“题以珍珠能照夜，拾夫香草便生春”化用而来。黎简，广东人，孤傲之士，以诗、书、画称誉，终生不仕。这两句诗表现了黎简安贫乐道，悠然自得的心境。刘大绅在此基础上稍加修改，以“自”代替“便”字，颇有寓意。黎简终生布衣，借诗表达的是一种生活态度，而刘大绅为官多年，几起几落，历尽坎坷，对人生体悟得会更深刻，诗中不仅表达了他历尽风雨之后恬淡、平静的心境，也寓意了他坚守操行孤芳自赏的心志。

刘大绅的家世不算显赫，但从与刘大绅几乎同时的山东新城（今桓台县）人张象津的《先曾祖刘公家传》（《寄庵文钞》卷三）中可知，刘世家族“文名在乡邦，直声在闾里”。刘大绅受家族文化影响和儒学熏陶，以忠孝节义立身，不忘祖训，立志做一个情操廉洁、勤政爱民的好官。

刘大绅一生甘于清贫，奉行节俭，因为俭是儒家文化的精髓之一，俭是做一个好官的基本品质，他立志做一个好官，视富贵如浮云，为官十二年，生活简朴，布衣蔬食，《桓台县志》记载他“日不过百钱”。“百钱”是个什么概念呢？据史料记载，清初官方对米价及银子所值有一个基本兑换参数，即一两银子一石米。到了清中后期，银价缩水，米价暴涨，其涨、缩幅度是清初的一倍，一石米按八十公斤计算，清初一两银买八十公斤，到清中后期一两银子只能买八十市斤。“日不过百钱”，就等于全家的所有开销是八斤米价，把柴米油盐菜都算进去，充其量也就是一个中等偏上一点的普通人家的生活标准。他的弟子李于阳赞颂他的老师刘大绅“宦山左（山左，太行山左侧，指山东）三十年（两头计算应是十三年），不通一贿赂，不留一魄遗，皎白廉名，妇孺咸称”（《寄庵诗钞·续附》卷十）。正是俭约和清贫，才使刘大绅具有一颗淡定的心。在刘大绅的诗歌里，不乏这样的句子："功名自鸿毛，富贵亦粪土""不厌是清贫""乐事亦无端"，都道出了他不慕富贵，安贫乐道的思想境界。

刘大绅长于传记，往往以人物形象来体现自己的思想，他曾写《哑孝子传》被《清史稿》卷四百九十七《列传·孝义》摘录，其文如下："哑孝子，无姓氏，或曰云南昆明人。家有母，老矣，行乞以养。得食必奉母，母食然后食。母或怒，嬉戏拜且舞，必母乐而已。得钱密投诸井，母卒，乡人有欲醵钱以助敛者，与如井，数数指水中，乡人为出钱，营殓且葬。事毕，远游不知所终。"故事不长，感动的却是一代一代学子，而体现的是作者孝义思想和最基本的人品。

德泽百姓。读《清史稿·刘大绅传》和刘鸿翱的《刘青天大绅传》，有一个非常明显的感觉，那就是在记述刘大绅为官过程中，从初任新城，到以母老终养以归，反复阐明的一个意思：刘大绅为官总替百姓说话，而百姓每每也护着刘大绅。前者比如：《清史稿·刘大绅传》篇幅较短，就记载以下几件事：一是赈灾。"授山东新城知县。连三岁旱，大绅力赈之。"调曹县，旱灾比新城更严重，恰与上司命令修赵王河堤，大绅"以工代赈"。擢武定府同知，捕蝗查赈。二是为民着想，替百姓说话。上级要大绅筹集治河料物三百万斤。"大绅以时方收敛，请缓之。"听到百姓在路上议论：粮价太贱，银价太贵，官府按银价急着征粮，百姓太吃亏。"大绅顾语之曰：'俟谷得价再输未迟也。'"为此还被罢了官。第二次到山东"摄福山，补朝城。大水，大绅以灾报，大吏驳减其分数"。《刘青天大绅传》也记载："初令曹、单二县，二县固吾东（山东）财赋乡。公既至，民无羡税。"刘大绅处处为百姓着想，真心为百姓办事，敢为百姓请命，不怕得罪上司，不怕罢官，不怕流放，甚至不惜坐牢，他的官场沉浮全因百姓。三次罢职获罪缘起百姓，三次沉而又浮，也缘于百姓的呐喊。命运系于百姓，荣辱关乎百姓，谁能说不是百姓的"父母官"。

以德化民。用"德"感化百姓，是儒家思想施政的核心内容。刘大绅施政的过程充分体现了这种思想。榜样的力量是无穷的，刘大绅操守廉洁、质朴无华的形象与品质，已将一位七品知县和普通百姓的距离拉近了，他的个人品德已为他增添了不少的魅力；他真心为百姓

着想，为百姓办事，敢于为百姓说话的官品，也感化着数以万计的百姓，因此，百姓也视其为“父母”，呼之为“刘青天”。《刘青天大绅传》中记载两件事。

> “新抚（巡抚）授公冠县。冠多逋（逃避）赋，公下车月余，复诣省垣辞职。父老随之请问公回，公谓父老：‘父母无不爱子，子或违教，如父母何？’父老顿首谢，乃允其请。”
>
> “土豪某积赋不奉命，公以巡稼过其里，招之来曰：‘尔适无钱耶？’曰：‘然。’则代为偿之。至秋，复使人谓之曰：‘尔又无钱耶？’曰：‘然。’复典衣代偿之。某感愧，终身无欠赋。”

这两件事情的开始与结果都有很大的反差，“开始”与“结果”之间就因为有刘大绅这位“父母官”的运作，使“结果”向“开始”相反方向转化。由外力来促进事物向不同方向转化，这符合事物发展的规律，然而刘知县的外力作用有其特殊的柔化功能。两件事常见的外力一是“摧”，二是“逼”，附之于鞭朴、箠楚，甚至是牢狱，而事物转化的结果也未必自然真实，而《刘青天传》所载这两件事，其外在作用是以情动之，以德怀之。国家额定的赋税，在当时来说就是合理的，一个县令没有能力，也没有权力让他的子民不交赋税。一位清廉知县，在国家正赋之外不再另征浮粮，不再加重百姓负担，这是知县权限范围之内的事，这也是只有清官才能做到的。如果官府于正项之外不再加征，而国家规定的正项也不愿交，那实在是难为这位知县了。知县应该怎么办？爱民如子的知县唯一的一条路就是辞职，因为他既说服不了百姓，又不忍对百姓动粗，辞职也许是最无能的表现，但也是最理智的选择，这种选择饱含着对百姓的深情和无奈。一旦这种感情被百姓理解和感动，事情将会向预定的方向迅速转化。

土豪有钱却抗税不交，随便编织一个罪名，也足够他喝上一壶，然而，刘大绅却为之代交，秋后，刘知县再次询问这位土豪，仍说没钱，刘知县将自己衣服典当，又一次代他完税，这是一位知县和一位百姓之间发生的事情，再一，再二，金石心肠也会被感化。不管是以情动之，以德化之，刘大绅都是以牺牲个人利益为前提的，前者是以自己的乌纱帽作赌，后者是以自己的钱财作注，唯独不想损害的就是老百姓。德怀天下，德化百姓集中体现了儒家的治世思想。

至于这种思想的积极的一面和它的消极性，自有学者探讨，非本文涉及的范围。

投桃报李。自古以来，中国的老百姓最知道感恩，又最知道报恩。读《清史稿·刘大绅传》及其他有关刘大绅的史料，没有发现刘大绅在知县任上做出的惊天动地的事情，甚至其政绩也并不十分突出，然而，他有一颗爱民之心，不管能为百姓做多少事，在百姓看来，这就足够了。百姓就非常知足感恩了，百姓就从心灵深处喊出“父母官”三个字，就呼之为“刘青天”。刘大绅为官十二年，每往前迈一步，都受到百姓的拥戴，都有百姓的助力。还以《清史稿·刘大绅传》为例，写刘大绅从出任山东新城知县，到“以母老终养归”，十二年的宦海生涯，作者仅用了四百余字，然而，就在这四百余字中写百姓感恩报恩的就是八处，其字数近百，是总《传记》篇幅的四分之一，谨列于下：

“调曹县，代者至，民数千遮道乞留，大吏为留大绅三月。”

“大吏督责益急，将按以罪，请限十日，民闻，争先输纳，未即期而数足。”

“民虑失大绅，争输赋，代者至，已毕完。”

“大吏因责征累年逋，久倘不足，终以代者受事。民益恐，昼夜输将，不数日得三万余两。”

“初，大绅以忤上官意，自劾求去，民环署泣留，相率走诉大吏。”

“寻以曹县旧狱被议，罢职遣戍。新城、曹县民为捐金请赎，得免归。”

“大水，大绅以灾报，大吏驳减其分数，民感大绅，虽未获减徵，亦无怨谤者。”

“卒，祀名宦祠。”

为清官写《传记》，却用大量篇幅写百姓，这种写法也不多见，

分析其原因有三：一是以大量篇幅写百姓对刘大绅的反馈，是对清官的衬托，没有刘大绅的“投之以桃”，就不会有百姓的“报之以李”。没有知县的爱民之心，就没有百姓对知县的拥戴。二是突出刘大绅视百姓为衣食父母，百姓视刘大绅为“父母官”。大绅心系百姓，百姓胸有大绅，大绅因百姓而“沉”，也缘百姓而“浮”，知县、百姓融为一体的主旨。三是颂扬百姓知恩图报的优秀品质和质朴的情怀。

刘大绅操守廉洁，是一位清官，是一位好官，百姓如此称颂他，皇帝这样称誉他，士子也这样赞扬他，他确实是位好官，好官来自他的德操，好官来自他心系百姓。“好官可用”，这是“朱批”，遗憾的是这位好官并没有被派上大用场，没有在治国理民上发挥更大的作用，反倒是仕途坎坷。惜哉！

守洁才优，浙中第一良吏

——平湖知县李赓芸

大清嘉庆二十二年，江南发生了一桩震惊朝野的大冤案——李赓芸索贿案。关于这起案件的始末，《清史稿》、《清史列传》等正史均有记载，有关“地方志”“碑传”“祠记”及稗史、杂记也均有记载，其故事梗概如下。

李赓芸在漳州做官时，漳州有一种很不文明的行为，那就是民间械斗。民间械斗往往聚众越来越多，形式越来越大，多有伤人命者。查其原因，是前任诸县一些知县在审理百姓的诉讼上久拖不决，使百姓对官方解决问题失去信心。李赓芸决心革除此弊。龙溪县归德堡又发生了一起械斗，县令黄某竟束手无策。有一位名叫朱履中的人，外表看来很忠厚，在平和县任代理知县，自告奋勇请求到龙溪县处理此事，李赓芸问朱履中：“平和县有械斗的事吗？”回答是：“有。”李赓芸又问：“你怎么处理？”回答是：“以德感化。不费人力、财力。”于是李赓芸请示督抚以朱履中代替了龙溪的黄知县。朱履中当上龙溪县的知县后，一个多月没有处理此事，李赓芸督责，这位知县却说：“刚到这里不熟悉情况。”又停了一段时间，事件仍得不到处理，李赓芸才知道上了朱履中的当了，只得自己率兵到龙溪与朱履中一同处理此事，花了七百多两银子，也没有捕捉到闹事的头领，花掉的银子由李赓芸与朱履中一同赔偿。不久，李赓芸被调离漳州，任命为福建按察使行布政使之事，年终考核朱履中一年的工作时，政绩平平，于是就撤掉了朱履中知县的职务，改任县中教谕，这使朱履中对李赓芸怀恨于心。在新旧知县交接账目时，发现朱履中在任期间，亏空盐税五千余两银子，朱履中想用其他款项填补，而新任知县张均不同意，

时任漳州的太守过去曾接受过朱的贿赂，而现在却对此事督查得很紧，于是这位朱履中竟昧着良心，像疯狗一样向督抚揭发说："亏空银子都被李赓芸索走了。"福建总督汪志伊，本来与李赓芸有矛盾，恰遇此事，便与巡抚密奏朝廷，将赓芸革职下狱。还是早在李赓芸离职漳州时，他负责一项督造战船的工程，调令来了，这项工程还未完工，李赓芸就委托他的管事人要把这项工作做好。工程接近尾声时，费用不够，于是，这位官事人就自作主张向朱履中借了七百两银子用于工程，而这笔钱李赓芸根本就不知道，加上前边说的七百两，朱履中一并说成一千六百两都是李赓芸中饱了私囊。汪志伊把这个案子交给福州知府涂以辀审理，暗示他一定要李赓芸承认此事。姓涂的知府为了讨好总督，频繁审讯，声色俱厉。李赓芸本来就是一位清介之士，哪里会有贪污受贿之事，最终不肯承认。福州知府岂肯罢休，威逼甚急，可怜一个李赓芸，唯恐受到狱吏的侮辱，自刎而死。（上述资料来源于《碑传集》卷八十七《福建布政使良吏李君赓芸传》）

李赓芸是一位清官，作为李家的管事人最清楚，况且造船借款之事又是自己亲手所办，根本沾不上李赓芸，于是，这位管事人便向朝廷喊冤，并状告汪志伊等诬陷李赓芸。朝廷闻赓芸自杀狱中，极为重视，派吏部侍郎熙昌和副都御史赴福建调查此案，案件真相大白，冤狱得到平反。闽浙总督汪志伊与福建巡抚王绍兰被削职，永不叙用，福州知府涂以辀、龙溪教职朱履中皆被充军黑龙江。这一朝野皆知的江南大案就此画上了句号，也算给天下人一个交代。然而，逝者已矣！江南百姓在为李赓芸惋惜，后世清官在为李赓芸惋惜。李赓芸究竟是一个什么样的人呢？还要从头说起。

《清史稿》卷四百七十八《李赓芸传》载："李赓芸，字郙斋，江苏嘉定人。少受学于同县钱大昕，通六书，《苍》、《雅》、《三礼》。乾隆五十五年进士，授浙江孝丰知县。调德清，再调平湖。……嘉庆三年，九卿中有密荐之者，诏询巡抚阮元，元奏：'赓芸守洁才优，久协舆论，为浙中第一良吏。'引见，以同知升用。……升处州府（浙江丽水）同知，调嘉兴海防同知，署台州府。寻擢嘉兴知府，……寻擢汀漳龙道（管辖汀州府、漳州府、龙岩州）。二十年擢福建按察使，署布政使。"李赓芸自幼受儒学熏陶，饱读经史，精通礼乐，尤其是有幸师从学术大师钱大昕，奠定了他牢固的儒学思想基础，他曾任三县知县，也正是在这三县知县任上，政绩彰著，被称为浙中第一良吏。其后，他在官场顺风顺水，步步高升，官至副省长，也正是前面提到的那桩冤案，使其冤死于狱中。

李赓芸前后为官二十余年，受两个人的影响最深，一是受他父亲的影响：他的父亲叫李梦璁，字登五。乾隆六年（1742）进士，先后任万安知县、信丰知县、赣县知县。所到之处，以廉洁奉公、政治清明、爱民如子而闻名。他热心为百姓办实事，受到百姓的拥戴，在世时，百姓为其设牌位以恭奉。《嘉定志》记载，李梦璁死后，一贫如洗，无法安葬，当年的同科举人金姓者出面凑钱将棺木运回他的故里江苏南翔镇安葬，被列入名宦祠。父亲这种为官的操守与品质，深深镌刻在李赓芸的脑子里。二是受清官陆陇其的影响。陆陇其是康熙年间的清官，不管从学问、操守或治绩都堪称为官榜样，与邵嗣尧、彭鹏齐名，受到康熙皇帝的高度评价。当康熙皇帝准备提拔使用陆陇其时，大臣奏报陇其已故，康熙帝“嗟叹久之，曰：‘本朝如此等人，不可多得矣！’”陆陇其主要活动于康熙朝，李赓芸则主要活动于嘉庆时期，两人相距半个多世纪，从辈数上说，陆陇其应是李赓芸的祖父辈。李赓芸人生设定的道路就是读书当官，当然陆陇其应是他的课外教材的主要部分，以陆陇其为榜样，应是他人生奋斗的目标。说也有缘，陆陇其是浙江平湖人，曾有机会到江苏嘉定做官，后来的李赓芸是江苏嘉定人，却有幸到浙江的平湖做官，这让李赓芸感到是天赐的巧合和荣幸，因此，“下车谒陆陇其祠，以陇其曾宰嘉定，而已以嘉定人宰平湖，奉陇其为法，尽心抚字，训士除奸，邑中称神明”（《清史稿·李赓芸传》）。当然，对李赓芸影响最深的还是深厚的儒学致仕的思想根基。

李赓芸为官“操守清廉，众所共知”，这是嘉庆皇帝对他的评价，李赓芸清操之名可谓上达于天。《清史稿·李赓芸传》说：当初福建总督汪志伊很器重李赓芸的人品和才能，想向朝廷举荐提拔他，但当他被任命为布政使后，二人接触就多了，可能是李赓芸经常提倡节俭，反对奢靡，作为总督的汪志伊总觉得话不入耳，于是，常常“讽以戒奢”，赓芸曰：“不肖为大员，不欲效布被脱粟之欺罔。”赓芸面

对上司的讥讽，总是一本正经地说："我们都是朝廷的高级干部，不能像那些过着奢侈生活，却总是说我们穿的是布衣，吃的是粗食，生活非常俭朴，欺骗自己，也是欺骗世人的人。"这是二人之间裂痕的出现，实际上是两种为官操守的对立和斗争。《清史稿·李赓芸传》关于李赓芸"操守清廉"的记载不多，但也足够塑造一位廉吏的形象。比如，写李赓芸断案，"即案前书狱词，无一钱费"被老百姓呼为"李公活我!""李公活我!"四个字非常朴素，但这发自百姓内心的声音，是对清官的敬佩与感激，也隐含着对"吃罢原告吃被告"的赃官的憎恶。赓芸自杀后，"家不名一钱，殁无以殓。盐法道孙尔准与之善，为经纪其丧"。当了二十多年的官，家中一文不名，死后，无钱以葬，还是朋友帮其张罗料理了后事，这样的官能是贪官吗？官至湖广、两广、云贵总督，大学士的阮元为李赓芸作《福建布政使良吏李君赓芸传》（以下简称《李赓芸传》）其中对李赓芸操行品德也进行了评述："君性廉正，敝衣疏食，率以为常，任监司无异寒儒。""其守嘉兴也，正已率属，莫敢以苞苴（馈赠礼品）进者。生辰令节，闭户却埽（意为闭门谢客，不再清扫车迹）。""公馆临终境况，凄凉不可言状，质衣买棺，殓具俭陋，灵仃孤寡，几至停炊，行道闻之，莫不感泣。""盐法道孙尔准素与李君善，经纪其丧。君殁后，家无以为炊。柩之归也，士民僚友颇多赙赠。君之子卣尚幼，幸以餬饘（稠粥）粥，居于嘉兴。"读史料中对李赓芸操守之描写，令人肃然起敬，二百多年前，一位封建官吏思想境界如此之高，不由令现代人"高山仰止"。

关于李赓芸的政绩，有关史料记载其任县令时较略，其他时期较详。《清史稿·李赓芸传》中只用一十八个字写其任三县知县之事："奉陇其为法，尽心抚字，训士除奸，邑中称神明。"阮元的《李赓芸传》则记载："自为县令至藩臬，所在皆有惠政，得民心，民感以诚，久而益笃。其治平湖也，承前令废弛之后，尽心抚字，训士除奸，邑中称神明，下车之日，以陆清献曾官嘉定，而已以嘉定人官平湖，首谒其祠，为治勉法清献。"其他地方史志记载李赓芸知县任上政绩也都较为笼统。然而，恰恰是三任知县后，李赓芸被褒以"守洁才优，浙中第一良吏"，说明李赓芸在三县知县任上是有很好的政绩的。虽然有关史料记载不多，但都少不了“奉陇其为法”这样的语意。陇其在知县任上是怎么施政的？李赓芸又是怎样效法陇其治理属县的呢？

李赓芸自幼饱读经史，通晓儒学，算得上一位儒者，走的是儒家治世之路。而陆陇其逝后，雍正皇帝将其列为清代儒者中从祀孔庙的第一位。两位儒者的思想基础是相同的、相通的。乾隆九年，陆陇其中进士，在廷对讨论时务时，他就慷慨陈词，认为“（法）治之及人也浅，德之及人也深；法之禁人也难，教之禁人也易”。他不反对法治，承认法治的作用，但他更主张以德治世，以德化人。此非唯陇其、赓芸，凡儒者思想基础是一致的。《清史稿·李赓芸传》及阮元的《李赓芸传》都说他“感民以诚”“尽心抚字”就是对他实施德治的高度概括。在李赓芸“受贿”一案中，开始是他受了平和县代理知县朱履中的欺骗。龙溪县令黄某，面对境内的械斗束手无策，竟要求李赓芸派兵擒拿闹事首领，李赓芸初到任，不了解情况，又不能回绝黄知县，但又认为械斗者都是百姓，不宜派兵镇压，恰恰在这时朱履中找上门来，要求处理龙溪之事，实际意图是想借此机会把“知县”前面的“代理”二字去掉，代替黄知县。下面李赓芸与朱履中有一段对话：“君询曰：‘平和亦械斗乎？’曰：‘有之。’‘擒渠（首领）必欲兵乎？’对曰：‘为民上者，平日不以徭讼扰民，遇有应捕主名，饬里长缚以献，无不如指。兵则多费矣，安可用乎！’君谛之，愿人也，视为真能感民者，乃请以督抚，以朱代黄。”抛开李赓芸误信朱履中，以至于从此种下杀身祸根，只从这几句对话中可以窥测到李赓芸治世思想之一斑，以德化民应是他为政思想的基本内容。

《清史稿·李赓芸传》说：李赓芸被授知县，“下车谒陆陇其祠”，“奉陇其为法”。他要效法陇其的什么呢？曰廉，曰勤。陆陇其的《莅政摘要》卷上《尽已篇第一》开篇就说：“莅官之要，曰廉，曰勤。不特县令应尔也。然县令视民最亲，故廉勤一毫或亏害于政也甚烈。且人孰不知，廉吾分内事也。……勤吾职分之当然也。……其要，莫若清心，心既清，则鸡鸣听政，所谓一日之事在寅也；家务尽屏，所谓公而忘私也。勿以酒色自困，勿以荒乐自戕也。今日有某事当决，某牒当报，某赋役当办，禁系某人当释，时时察之，汲汲行

之，毋谓姑俟来日，则事无不理，而此心亦宁，此廉勤之大略也。”陆陇其把廉、勤作为当官，特别是当好知县的最基本的前提，因为知县的位置是最基层，距离百姓最近，工作最具体，好的知县使百姓受惠最直接，不好的知县伤及百姓也最明显，百姓的事无小事，因此，廉、勤对于一个知县来说尤其重要。静下心来，一心为百姓办事，当天的事，当天办理，不可推诿，不可延误。陆陇其这一番议论，从大处入手，在细微处落笔，既宏观，又具体，指导性、可操作性都很强。

李赓芸如此崇拜陆陇其，上任后第一件事就是谒拜陇其祠，并要以陇其为榜样，因此，陆陇其这番做好知县的高论，恐怕李赓芸早就烂熟于心了。廉，对于李赓芸来说，是他严守的一条底线，然而，想不到竟在这方面受诬，真乃令人痛心。勤，即勤政。勤政往往与爱民相连。陆陇其把勤政作为一个好官的要诀，它是当官的一种思想境界，一种态度，一种修养。勤的目的是为百姓谋事、办事。《清史稿·李赓芸传》记载：嘉庆五年，李赓芸任处州同职（知府副职），金华、处州闹水灾，金华府商业不发达，物品流通不畅，因此，苦于无钱，银子价格很高；处州水灾更严重，庄稼绝收，百姓没有米下锅，米价大涨。李赓芸想，如果将金华、处州两地进行商业流通，则钱价不贵，米价顺平。于是请示上司以赈灾正项之外加拨二万两银子，赓芸用其一半在处州换成铜钱，运到金华，金华百姓每人可分到一百钱，如此一来，金华的钱价不再上涨；再用另一半银子在金华买米，运到处州，平价抛向市场，处州米价顿时回落，如此往返于金华、处州数次，金华、处州的百姓得到了很大的实惠。阮元的《李赓芸传》也载：嘉庆十年，“嘉兴水灾，君奉檄减粜，实惠及民，复分厂赈民以粥，食数十万人，粥厚而吏不侵，全活者众”。

百姓遭天灾，政府赈济，这在历朝历代都成为常态，而且越来越规范成为一种制度，只是政府赈灾的力度不同罢了。作为地方长官，所属地域有灾，只需向上司请示划拨银、粮以赈之，也就算尽到地方长官的职责了。像李赓芸在正常向政府申请赈济百姓的同时，利用自身优势，撬动两地市场，加强商品流通，互通有无，互惠互利，没有“清心”为政，“公而忘私”，真心为百姓谋事，真心为百姓办事的为官境界，那是无论如何做不出这样的“分外”之事的。陆陇其在行政管理方面颇有独特之处，清代伍承乔的《清代吏治丛谈》谈到陆陇其的治行时说了一段话：“民有宗族争者，令族长逮之；乡里争者，令里长逮之。又有自追牌，则两造（原告与被告）要（相邀）而来，不烦吏也。衙胥旧以千数，至是去者过半。”这应该是“村民自治”的朦胧状态。这种“村民自治”的管理方式，省人力，省财力，得实惠的还是百姓。这种管理方式，为百姓营造了一个良好的生存环境。《清史稿·李赓芸传》及阮元的《李赓芸传》都说李赓芸“奉陇其为法，尽心抚字，训士除奸，邑中称神明。”其中的“训士”未必都是训练团练乡兵，何尝不包括族长、里长之类的“士”呢？因为，这些“士”都是稳定社会最基础的分子。

是清官、赃官老百姓心中有杆秤，清正廉洁，大公无私，心中装着百姓，百姓心中也装着他们的“父母官”，这种两心相通之情，平时或许就藏在心中，无以流露，然而，这种感情一旦喷发，其势不可阻挡。请阅览几种史料中记载士民对李赓芸冤案的反响。

《清史稿·李赓芸传》载：“方治狱使者至闽，士民上书为赓芸讼冤，感泣祭奠，踵接于门，为建遗爱祠。”

阮元《李赓芸传》云：“十八日，……（赓芸）夜缢于床以殁。僚属相与泣，士民数千人走数百里号哭于门，累月不绝。”

“士民林光天等公呈于使者云：‘故藩李公，……讵意本年正月卸事身故，部民同声嗟悼，虽荒村僻里，妇人童子，亦知叹惜。公馆临终境况，凄凉不可言状，质衣买棺，殓具俭陋，灵仃孤寡，几至停炊。行道闻之，莫不感泣，省会士庶拈香拜灵者，风驰云集。汀、漳宪辖人民感为设位吊祭，诵经礼忏，共抒哀思，犹恨无以为报。伏念生而泽被闾阎，殁而贫逾韦布（穿着俭朴，借指平民），义有必劝，德无不酬。林光天等泣号昊天，若半途而失父母，尸祝饮食，宜百世以祀春秋。’”

清朝陈寿祺作《福建布政使李公祠记》有言说：“当是时，闽中人情匈匈，上下同声嗟悼，奔走皇皇，涕泣祭奠者踵接于使君之门，同寮以下相与赙其丧，抚恤其孤，不顾忌上官、黎蔗相与悲愤谤，累月不可止。于是士民数百人候天使至，遮道颂使君仁贤，愿共建遗爱

祠，以报惠政。”

据说福州的士民还把唐代杜牧的《清明》诗加以修改，并传唱于里巷，歌曰：清明时节雨霏霏，路上行人哭布司。借问冤家何处是，路人共指汪志伊。

这些关于李赓芸死后福建士民一些反响的描写，读后，总觉得写出了一种氛围，写出了一种声势，写出了一种感情，写的是民心向背，记载的是百姓对清官的感念和对黑暗官场的憎恶。

士民齐声称颂这位为百姓做事的清官，嘉庆皇帝也称李赓芸为“良吏清廉”。然而，当朝廷派去的两位钦差查明案情后，向嘉庆皇帝陈奏案情，请求嘉庆赐以匾额进行表扬时，仁宗却以“大员缘事逮问，当静俟国法，若此心皦然，横遭冤枉，亦应据实控告，朝廷必为昭雪；乃效匹夫沟渎之谅，殊为褊急，不应予以旌扬”。指责赓芸身为朝廷大员，却像普通百姓一样，心胸狭窄，气量狭隘，沉不住气。

仁宗皇帝最后做出的决定实在是令士民同僚失望，但也留给后人永久的思考。

丰碑树两岸，豪气贯海峡

——两岸八县守令曹瑾

公元2013年11月8日，《人民日报》海外版发表一篇题为《台湾人没忘这位河南人》的文章，文章开篇就说："台湾高雄有座曹公庙，有条曹公路，还有一所曹公国民小学。这位曹公就是曹瑾，清朝道光年间一位在台八年的地方官。"就在这篇文章发表的十多天前，"海峡两岸曹瑾学术研讨会"在河南省沁阳市举办。《台湾人没忘这位河南人》一文重点陈述了曹瑾在台湾的历史功绩，表达了台湾人民对曹公深厚的感情；"海峡两岸曹瑾学术研讨会"则对曹瑾生平、思想、大陆历署八县的业绩及在台八年的历史贡献，做了全面的研讨和梳理。曹瑾究竟是一个怎么样的人呢？

《清史稿》卷四百七十八有《曹瑾传》，用的是"王"字旁的"瑾"字，有的本字上用的是"讠"旁的"谨"字，"瑾"是早年所用，后来都用"谨"字，本文采用《清史稿·曹瑾传》之"瑾"。《曹瑾传》说："曹瑾，字怀朴，河南河内（今沁阳市）人。嘉庆十二年举人。初官直隶知县，历署平山、饶阳、宁津，皆得民心。赈饥惩盗，多惠政。补威县，调丰润，以事落职。寻复官，发福建，署将乐。……道光十三年，署闽县……补凤山。……二十年，擢淡水厅同知，……后以捕盗功晋秩，以海疆知府用。瑾遂乞病归，数年始卒。"《清史稿》简单勾勒出了一条曹瑾人生轨迹图。与曹瑾同时的李棠阶，温县人，官至户部、工部、礼部尚书，军机大臣等要职，曾为曹瑾写过一篇《曹君怀朴墓志铭》（以下简称《墓志铭》），收录在《续碑传集》卷四十三中。这篇《墓志铭》记述曹瑾一生阅历、事迹较为翔实，因此，有人推测，《清史稿》所记曹瑾之事，源于李棠阶

的《墓志铭》。《墓志铭》说曹瑾曾在大陆任八县知县："历署平山、曲阳、饶阳、宁津等县，皆得民心。……道光五年补威县令，……调丰润……拣发福建，署将乐，……十六年二月，署闽县。"到台湾，先补凤县知县，道光二十年，才被提拔为淡水同知。

曹瑾于嘉庆十二年中举人，之后连续数次参加会试，都未考中进士。据咸丰年间编纂的《平山县志》记载，曹瑾于嘉庆二十五年，以大挑知县（从举人中挑选优秀者任知县）首任平山县，这是他考中举人十三年后进入仕途的第一站。据史料记载，曹瑾任平山知县仅一年，于道光元年调任曲阳知县，其后是饶阳、宁津。《威县县志》记载，曹瑾是道光五年补威县，在威县三就三离，道光五年首署威县，八年复任，十年再任，于道光十二年离开威县，就任丰润。威县前后历时七年，至于三就三离的原因，史料不载，不宜妄加推测。丰润是其为官的第六站，然而，也不顺利。"以事落职"。究竟为啥事被罢免，未见史载。"寻复官，发福建，署将乐。"据《台湾通史》记载，这应是道光十四年。从北方的畿辅之地，一下子发到东南沿海福建，而且是"拣发"，那是挑选优秀的官吏到边疆地带任职。上任后，"以失察邪教被弹劾"，有幸未被罢职，于道光十六年（《清史稿》谓十三年，有误）署闽县。一年后离开闽县，调任台湾凤山县知县。算起来，曹瑾从嘉庆二十五年首任平山县知县，到道光十七年调任闽县，前后在大陆任职八县，历时十八年。道光二十年擢淡水厅同知，六年后病归，在台为官近十年。

《人民日报》登载的《台湾人没忘这位河南人》一文，主要突出这位河南人曹瑾对于开发台湾、保卫台湾所做的贡献。然而，曹瑾毕竟在大陆做过八个县的知县，从大清的心脏地带干到大清东南边陲，虽然官职卑微，所到之处却也"皆得民心"，史籍上这难能可贵的评价，也让笔者不敢不去梳理曹瑾大陆近二十年为官的政绩。

"得民心"这三个字，可由以下三方面十二个字当注脚，即关心民生，稳定社会，兴教劝学。

"得民心"这三个字，基本上可以说是《清史稿》对曹瑾大陆施政近二十年的概括，李棠阶的《墓志铭》及有关史料对这三个字进一步作了阐释。

《墓志铭》记载："饶阳值水旱相继，君请帑赈饥，日走乡曲，察户口多寡、被灾轻重分给之，不经吏胥手。时即饭店市饼饵食之，无丝毫私。民大悦……"《直隶通志》载："民有孤贫无依者，随时周给，冬则设粥厂赈济之。"《宁津县志》也记载：道光四年二月，曹瑾调任宁津，到了夏季，"蝗间生"，百姓"不堪重罹"，曹瑾亲自指挥百姓防蝗灭蝗，并"致祭虔祝"。"已而，四境之内蝗蝻绝迹，禾稼无伤，率登丰稔。"《丰润县志》载，道光十二年，曹瑾调任丰润知县，"时岁歉，米价腾贵，左家务镇有无赖某为均粮，公侦知之，将倡首者置于法"。从这些记载来看，曹瑾之所以"得民心"，是因为他关心民生，同情百姓疾苦，努力为百姓解决实际困难。在这一关键问题上，所体现出来的曹瑾的为官准则首先是一个"勤"字。为了弄清灾情，他深入乡里，调查研究，亲临抗灾一线、赈灾现场，不使受灾百姓因自己工作疏漏而得不到赈济。其次体现一个"廉"字，在赈灾过程中，他不辞辛苦，走街串巷，拿着钱财给百姓分发，把自己和这些救灾钱财作了有效切割，他不占救灾的光，一只手伸到这边口袋里，掏出国家的钱分发给百姓，另一只手伸进这边的口袋里，掏出自己的钱买点便饭充饥，公是公，私是私，公私二字清清楚楚。为防吏胥从中舞弊，他总是亲自操作，不使救灾钱财中途流失。其三，体现一个"细"字，一户灾民，一位孤寡，不使遗漏；一分钱、一粒米，他都尽可能不让其流失，时刻关注民生，时时保护百姓利益，这样的知县，如何不得民心呢？

宁津县现属于山东省德州市，清代曾归直隶管辖，它的位置在清代的直隶省与山东省交界。由于地处两省交界，李棠阶的《墓志铭》说："宁津故多盗，君至，则首严弭盗，行清庄、联庄法，获惩渠首，余皆远遁。"《直隶通志》也载，曹瑾于"道光四年知县事，听断明决，有盗即率吏亲剿，匪徒皆敛迹去"。越是偏远的地方，可能越贫穷，穷则盗生，这也是社会带有规律的现象。曹瑾为了维护社会治安，保一方百姓安宁，惩治盗贼就成了他工作中的重点之一。首先体现的是他治盗的主动性，有盗即剿，不拖、不推、不姑息，给盗匪以强大的威势震慑。其次是以智治盗，他运用清庄、联庄法，织下一个严密的治盗大网。什么是清庄、联庄法？清庄法就是把清查盗贼责任

落实到每一个村庄，各个村子的一甲一保都有责任，实际上是在清查盗匪这一问题上，广泛发动了群众，依靠群众的力量来治理盗贼。联庄法的内容实质与清庄法大致相同，每一个村都有清查盗贼的责任，每一个村就是一张捕盗网，而村与村之间也要有一个很好的衔接，不留缝隙，几个村为一责任单位，做到信息互通，行动互助，这就形成一种强大的震慑力，这种办法效果较好，“获惩渠首”，匪首被擒，余皆逃散，社会治安自然就好起来了。

道光十六年曹瑾署闽县，遇到了一件大事，旗兵与当地百姓械斗。旗兵凭借他们优越的社会地位，欺压当地百姓，以至于引起大规模的兵民械斗。《墓志铭》记载：“署闽县……适旗军与县民械斗，各千百人，气势汹汹。君奉檄往，则置座榻与军民之间，各禽数人归。次日，复纠众将斗，君挺身至旗军门外，明白晓谕，示利害甚悉，遂各贴然。”旗兵是清朝最基本的部队，多为蒙满子弟，从北方打到南方，在汉人地界防卫，他们把自己看得高出汉人一等，即使中晚清时代，他们仍有这样的意识，因此，长期以来蔑视汉民，飞扬跋扈，汉民与他们相处，留在内心的只有压抑和愤怒。这次兵民械斗就是兵民长期矛盾的积累与折射。虽然民族矛盾还很尖锐，但是，大清国毕竟建国一百多年了，无论满汉百姓，都是大清国的子民，所以，巡抚才委托曹瑾去调解这对矛盾。在双方各千百人对峙、剑拔弩张的紧张的态势与氛围下，曹瑾如何处理这一棘手的事件呢？第一天，曹瑾以势震慑，“置座榻与军民之间，各禽数人归”，将双方不听调停，继续挑衅者逮捕归案。然而，这种震慑并没有阻止事端的发展，第二天，双方械斗继续，并有越演越烈之势。曹瑾也换了一种方法，以理说服，他明白地告诉械斗的双方，如果不听劝诫，继续械斗，后果可想便知，其中利害，双方应该清楚。经过第一天的以势震慑，和第二天的以理相劝，这场隐含着深刻的民族矛盾的事件平息了，“遂各帖然”。通过这一事件，充分体现了这位七品知县的胆魄与智慧，然而，就算是曹瑾有胆有识，谋略过人，刚刚调任闽县知县的小官，真能凭其胆识，智慧解决长期积累的军民矛盾吗？并不那么简单，那为什么曹瑾仅用两天时间就轻而易举地将矛盾化解了呢？其实《墓志铭》说得清楚，“盖信君者，素也”。械斗双方并不完全是因为曹瑾的威势和说辞才使各方“贴然”，之所以双方都听曹瑾的劝说，是因为双方平时都知道曹瑾的官品、人品，他们信服的是一个清官的品质和威望。

有清官在，盗贼遁匿，矛盾化解，社会和谐，百姓安居。

曹瑾在大陆先后曾任八县知县，历时十八年，然而，仅威县一县三进三出历时七年，其余七县费时十一年，平均每县宰政不过两年，因而，史料里多述他赈济灾民、驱除盗匪、明断冤狱等事迹，而这些事情都是相对孤立的，短期的，对于一位在一地执政短暂的知县来说，也只能努力做好这些事情。教育是一项长期而又意义深远的工程，非短期而能见成效，因此，曹瑾在其他县知县任上在教育方面的成就不见于史料，而在威县时间最长，三就三离，历时七年，所以，《威县县志·宦绩志》就记载有曹瑾“修文庙有政声”。《墓志铭》也记载：“道光五年，补威县，修文庙、城隍庙，兴教劝士，敦品厉行，远近翕然。”另外，曹瑾曾撰《重修学宫碑记》《威县重修城隍庙记》等史料，其都充分印证了曹瑾在威县兴教劝学、重视教育的思想和业绩，也彰显了这位七品知县，在抓治理的同时，不忘教化的远见卓识。

“海峡两岸曹瑾学术研讨会”指出：“曹瑾一生最辉煌、最突出的贡献在台湾。主要体现在他在台期间，兴修水利、抗击英夷”等事迹，为开发台湾、保卫台湾做出了突出贡献。

大约在道光十七年，因福建巡抚非常看重曹瑾的才干，加上台湾连年因旱歉收，治安混乱，于是就调曹瑾到台湾的凤山县任知县。凤山县位于台湾府南端，土脊盗猖，曹瑾到任后，深入民间，吊疾问苦，驱盗除弊，走遍凤山全境，了解地形地貌，在广泛深入的调查中，他得出了一条治理凤山的思路：“弥盗莫如足食，足食莫如兴水利。”（《墓志铭》）找出了一个从根本上解决凤山县民生问题和社会治安问题的办法。

关于曹瑾兴水之事，《清史稿·曹瑾传》记载甚简：“淡水溪在县东南，由九曲塘穿池以引溪水，筑埤导圳。凡掘圳四万余丈，灌田三万亩，定启闭蓄泄之法，设圳长经理之。”虽用字不多，但也点出了水的源头、水流去向，引水措施，引水效果及渠圳的管理等。李棠

阶的《墓志铭》记载得较为详细，但要表达的内容与《清史稿》相同，还是台湾府海防兵备道兼提督学政熊一本于道光十九年撰写的《曹公圳记》碑文说得有头有尾。其实，兴修水利为治台风之本，也并非曹瑾独自发现，熊一本在《曹公圳记》中就说，当初自己就治台问计于民间，同时也进行了地貌勘察，因此，他也得出了一个结论："饥馑之患，独在此百余里内，实由民之自取，而不得委为天灾。"并说："稻为水谷，自播种以至秋成，皆须深水浸之。……台地惟山泽之田，有泉引灌，可期一岁再；其平原高阜之田，往往行数十里，而不见有沟渠之水。耕者：当春夏阴雨之时，仓皇播种，以希其获，及至数日不雨，而水涸矣！又数日不雨，而苗槁矣！前次被旱之百余里，皆此类也！又安可委为天灾，而不思所以补救乎？予为劝兴水利，教以凿陂开塘之法，而愚民狃于积习，不能奋然行之。论治者，又或目为迂远，而不肯实为其事，则予第托诸空言而已，莫由收实效也。"这段自述是说熊一本当初也经过调查、巡访，找到了治理台风等地的关键，在于兴修水利，而且他也提出了兴修水利的具体方案，但他把责任推到百姓身上，说百姓不愿干这件事，因此，他的兴水计划变成空言。好在这位熊一本还真谦虚、坦诚，因此，在《曹公圳记》的开始，他就发了一通议论："知民之本计，而行以苟且，不能有强毅之力，真实无妄之心者，皆不足与图久远。是故，得俗吏百，不如得才吏一，得才吏百，又不如得贤吏一也。"与曹瑾相比，自己恐怕就是一位俗吏，充其量也只是一位才吏。这位熊氏在撰写曹瑾兴水功绩时，先进行了一番自我贬损、批评，也难能可贵。

为什么这位熊氏官员这样谦虚呢？因为有下面一个对比："丁酉春，凤山大令曹君怀朴奉檄来台，予于接见之初，首言及此，大令颔之而不轻诺，予疑其事或未谙，抑所闻治台之法，犹夫向者之言欤？固不能强以必行也。数月后，人有言其度地鸠工（测量土地长短，聚集工匠），将为民开水利者。大令于继见时，言不及之，亦不行诸简牍，则又未见其必能行也。戊戌冬，大令果以水利工成来告，且图其地形以进，凡掘圳四万三百六十丈有奇，计可灌田三万一千五百亩有奇，……询之，乃知，圳之源出淡水溪，由溪外之九曲塘决引水于塘之坳，垒石为门，以时蓄泄。当其启放之时，水由小竹里，而观音里、凤山里，又由凤山里，而旁溢于赤山里、大竹里。圳旁之田，各以小沟承之。上流无侵，下流无靳，咸听命于圳长，而恪守其官法。向之所谓‘旱田’者，至是皆成‘上腴’矣！岂非百世之利哉！”

这段叙述，不仅勾勒出一幅清晰的“曹公圳”水利工程图，说明了水的源头，流经地段，圳上设施，灌溉效果和管理方法，更重要的是描绘了曹瑾在掘圳和引水之前“颔之而不轻诺”，“亦不行诸简牍”的为官做派。这也正是熊氏与这位曹知县对比自愧不如的主要原因。因此，在饱含情感的叙述完成后，特别是面对旱田成为沃野，又发了一通感慨：“吾观从政之事，有以才能自诩者，当其述职长官，往往累数十纸，不能尽，观者咨嗟太息谓：‘古循吏，无以过之！’……若大令者，未为而不轻诺，未成而不轻言，可谓：‘务为实事，先行后从’者矣！”熊氏所以说前者，夸夸其谈，只说不干，或以小说大，唯恐旁人不知，对上官述职，唯恐功劳不能表尽，一场述职下来，让别人听着就是一位名副其实的好官，然而，考察他实际做的工作，说十而有一；这和曹知县“未为而不轻诺，未成而不轻言”，“务为实事，先行后从”的为官作风相比，岂不黑白自明。

《曹公圳记》一文，通过对这项惠民水利工程的具体描述，极力赞扬了曹瑾实务肯干，为民造福的官品和人品，突出了曹瑾在开发台湾农业建设方面的杰出贡献。

之所以把这项利民千载的水利工程命名为“曹公圳”，正表达了台湾百姓对这位循吏的无限敬仰和爱戴。曹公兴水，功同禹王！

智勇兼施，大扬国威。“智勇兼施，大扬国威”八个字是道光皇帝于道光二十一年（1842）对曹瑾的褒奖词。道光二十年，曹瑾因成绩优异被提拔为淡水厅同知。淡水厅是一个官府机构的名称，治所设在台湾中部的淡水县（今彰化县），其职责是管理所辖区域的土地、钱粮、治安等。道光二十年，正是第一次鸦片战争正酣期间，鸦片战争从道光十九年六月（1840 年 6 月）开始，到道光二十一年八月（1842 年 8 月）结束，正是在这一时期，曹瑾被提升为淡水厅同知，其职责之一就是负责本地区的安全。因此尽管曹瑾是一介文弱小吏，那也不可能置身这场战争之外。《清史稿・曹瑾传》这样记载：“海盗剽商贾，漳、泉二郡人居其间，常相仇杀，又当海防先警。瑾

至，行保甲，练乡勇，清内匪而备外侮。英吉利兵舰犯鸡笼口（今基隆市），瑾禁渔船勿出，绝其向导，悬赏购敌酋，民争赴之。敌船触石，擒百二十四人。屡至，屡却之。明年，又犯淡水南口，设伏诱击，俘汉奸五、敌兵四十九人。事闻，被优赉。”这段文字记载，写了三件事：一是记载曹瑾积极参战的情况，他不是部队官员，但他在自己的管辖范围内训练乡勇以备敌犯；下面两件事是写的两次战斗，两次战斗都取得了胜利，并且斩获颇丰。关于这两次战斗的具体情况，有关曹瑾的史料里记载，大多都较《清史稿》翔实，甚至对《清史稿》中的“屡至，屡却之”都用具体事件描写作注释。这些都充分表现了曹瑾文武兼备、智勇双全的才华和素养。

在抗击外侮的战斗中，最令人敬仰、称颂的有两点：一是一介儒吏，在祖国领土遭到侵略时，他自觉站在抗侮的最前线，以极大的自信和勇气，积极奋战，踊跃参战，最终以捍卫祖国的决心和智慧赢得了战斗的胜利，充分体现了他高度的爱国精神和民族精神。二是置自己荣辱、进退于不顾，组织乡勇备战。这一举动现在看来并无不妥，但在清代却是犯了大忌讳。清政府为了控制台湾，明确规定，禁止吸纳台湾当地人入伍，台湾守军皆由大陆官兵轮流值班，或称“班兵”。至于组织并武装台湾当地乡勇则更是踩踏了清政府的红线。曹瑾在大敌当前，为了民族利益，赌上了自己前程，忘却了个人安危，这种为民族大义，敢于担当，甘冒风险的精神令人赞叹。有人称曹瑾为民族英雄，一点都不夸张。

出人意料的是这位战功赫赫的民族英雄，在淡水南口战斗取得胜利的当月，就被降罪夺级。先是，捷报上闻，道光皇帝大悦，称赞“大扬国威，实属智勇兼施，不负委托”。然而，加爵的都是他的上司，根本轮不到曹瑾。更出人意料的是，八月底，中英签订了近代史上第一个丧权辱国的不平等条约——《南京条约》，协议达成后，英国人要求清政府，对抗击英军的将领和官吏给予严惩，可怜又可恨的清政府为讨好英人，竟降罪于曹瑾。

曹瑾是一介儒生，但他也是一位铁骨铮铮的汉子，这一点福建总督怡良早有领教。就在曹瑾署闽县时，闽县大旱，省府大吏率众官员跪拜祷雨，新任闽县知县独不拜，认为“不载祀典”，实际是不相信祷雨能降福百姓，所以才有后来的兴修水利。这是需要胆量的，通过这件事，曹瑾刚直性格也彰显无遗。于是，当总督怡良要按照朝廷意旨处分曹瑾时，以商榷的口气说：“事将若何？”曹瑾回答：“但论国家事若何，某官无足重，罪所应任者，甘心当之。但百姓出死力杀贼，不宜有负。”怡良赞叹道：“真丈夫也！”（《清史稿·曹瑾传》）

这段对话读起来很有意思：作为总督，代表朝廷来处分曹瑾，但却用的是温和商量的口气，“事将若何？”意谓：你立了那么大功，现在又让处分你，事情怎么会弄到这个份上呢？这口气，这语调，就足以说明朝廷这一决定欠妥。公道还在怡良心里，他代朝廷处分曹瑾感觉心虚、理亏。而曹瑾回答也出乎怡良意外：站在国家这个角度上来说，只要国家需要，我个人的乌纱帽无关紧要。“罪所应任者，甘心当之。”这一方面说国家需要我承担这一罪名的，我甘心承担；另一方面说“应任”，是应该不应该承担这一罪名，慷慨之中带有尖锐的讽刺。即使降罪，我一人当之，请不要牵连百姓。曹瑾掷地有声的短短数语，先说国家需要，后说百姓安危，尽管怒其公道不在，但他胸中装的是国家，是百姓，唯独没有自己，为国家，为百姓，甘受委屈。这种大海一般的胸怀，这种泰山压顶不弯腰的担当精神，怎么不使这位总督由衷地赞叹“真丈夫也！”

曹瑾出仕，从畿辅始，到台湾止。“历官南北三十年，所至民亲，即去民思”（《墓志铭》），功昭千载，碑树两岸，岂不伟哉！

曹瑾乃一小吏，然轩豁凛然，文武兼备，大气长藏于胸中，豪气横贯于海峡，岂不壮哉！

近民为宗，施政以实

——邹平知县张琦

大清乾、嘉时期，以江苏常州武进、阳湖为基础的一批文人，活跃于文坛，他们文风、诗风相似，后人称为阳湖文（诗）派。张惠言、张琦兄弟二人同是阳湖派的主要人物，是阳湖县的名人，也是大清的名流，在《清史稿》中皆有《传》。张惠言是阳湖派的领军人物之一，在文学上颇有成就，弟弟张琦不仅能文，还通医、通政，曾任三县知县，颇有惠政。

《清史稿》卷四百七十八《张琦传》中勾画了张琦这样一个轮廓："张琦，初名翊，字翰风，江苏阳湖人。嘉庆十八年举人，以誊录（抄写）议叙（建议叙用）知县。道光三年发山东，署邹平县。……后权章丘。……五年，补馆陶，……馆陶地斥卤，不宜谷，又卫水数败田。琦精求古沟防及区田法试行之，未竟，病卒。在馆陶八年，民爱戴之。"这短短的八十余字，基本上把张琦的生平、籍贯、为官阅历说明白了。然而，《清史稿》对张琦的介绍，和对他哥哥张惠言的记载有出入，故引发了不少学者的研究。

关于籍贯：《清史稿·张琦传》说张琦是阳湖人。而《清史稿》卷四百八十二《张惠言传》说张惠言是江苏武进人，二人为兄弟，何有一阳湖一武进之说？后世学者考证云云。其实，了解阳湖、武进二县行政区域的演变，这个问题也就解决了。清代阳湖、武进是两个比邻县，同属常州府，民国时期将阳湖县并入武进县，《清史稿》是民国初期编纂的，张琦在《列传·循吏》类，张惠言则被编入《列传·儒林》类，不同的撰稿人以不同的思维模式对撰写对象进行介绍，才有以上两种说法。

关于张琦的生卒：不同的说法颇多，唯《清史稿》说的不明。《馆陶县志》记载："张琦，道光三年，历宰邹平，道光十二年三月十二日卒于官，年七十。"有学者考证，《伤寒悬解后序》《四圣心源后序》及《庄氏慈幼二书序》的作者都是张琦，三篇"序"的落款时间分别为"道光十二年八月""道光十二年十一月""道光十二年六月"，由此可见，说张琦卒于"道光十二年三月十二日"定有误，如果把他的卒年向后推一年，即"道光十三年三月十二日"，以此上推七十年，则张公当生于乾隆二十七年（1763），当与《清史稿》所说"五十后始为吏"相吻合。

张琦出身寒儒，世代都以"文章名世，以教授为业"，也称得上常州的名族。张家不仅男丁中才子辈出，其女流中知诗能文者代代皆有，尤其是张琦的祖母、母亲和妻子皆出身江南望族，堪称才女。张琦的祖父去世后，"孺人（指张琦祖母白氏）率二女纺织以为食，而课三子读书，口授四子《毛诗》，为之讲解"（张惠言：《先祖妣事略》）。张琦的母亲姜氏，在家境"至贫"时，一方面辛勤操持家务、侍奉公婆，另一方面"口授书"教育张惠言、张琦兄弟二人。张琦的妻子汤氏知书达理，琴棋书画无一不通，她们都是下一代的老师，是贤妻良母的典型，这在张惠言的《先祖妣事略》、张琦的《亡室汤孺人行略》和张琦儿子张曜孙的《蓬室隅吟·后记》中都有极为感人的描述。

张氏一族虽然家境贫寒，贫到"日不再食"，"家无一夕储"，"冬无棉衣，朝夕不给，（妻子）率四女刺绣以易米，恒不得饱，至屑米为粥，日一食焉……"的地步（张琦《亡室汤孺人行略》）。然而，尽管家境贫穷，儒家"立德""立言"思想仍然是张氏家族追求的目标。正是坚持这条道德准则，张氏二兄弟在文学方面才有广泛的影响。张琦一方面作为一介文人，试图以文章来觉醒社会的经世意识，倡导文学的实用价值，主张文学为社会服务，使文学在挽救嘉庆、道光以来国势颓危中起到一定的作用；另一方面，张琦以"经世"思想为基础，也努力寻求一条梦寐理想的出路——仕途之路。一直到花甲之年，他为之奋斗的目标终于实现了。"发山东，署邹平县。"谋了一个七品的官位。之后辗转十年，虽未晋阶，但有其人格

和“经世”思想作基础，他赢得了百姓的爱戴，被历史记下了名字。

勤政近民。勤政与近民紧密相连，尤其是作为基层官吏，不近民勤政还能干点什么呢？后人评价张琦施政“近民为宗”。近民才能察民情，解民意，近民才能知民苦，解民忧，近民才能知民乐，与民同乐，用现在的话说，这叫接地气。接地气就必须勤政，政不勤也无法接地气。张琦曾任邹平、章丘、馆陶三县知县，每任一县皆有政绩。读《清史稿·张琦传》，有两组数字赫然入目：一是“署邹平县，抵任，岁且尽，阅四百七十村”。二是知章丘县，“结案二千有奇，无翻控者”。两组数字的背后隐含着张琦勤政近民的治行。

《清史稿》记载张琦赴邹平知县任上时间为“岁尽”。包世臣《山东馆陶县知县张君墓表》（以下简称《张君墓表》见《皇朝经世文续编》卷二十六《吏政九守令下》）说：“以季冬署邹平县事。”张琦在为妻子汤瑶卿作的《亡室汤孺人行略》中说：“道光癸未（道光三年，1823），余年六十，以知县分发山东。十二月署邹平县事。”看起来，张琦署邹平的具体时间无大出入。张琦什么时间离开邹平县呢？《清史稿》没有记载张琦离开邹平的具体时间，张琦的儿子张曜孙在《先府君行述》（以下简称《行述》）中说他父亲“十二月署邹平事，甲申（道光四年）五月解事”。算起来，张琦在邹平知县任上不足半年时间。乍看，半年时间考察四百七十村，这个工作效率是极为惊人的。包世臣的《张君墓表》有段记载：“我（张琦）历四百七十二庄，小除夕乃能回署。是日各庄以一人至城，我新岁携若词进省白大宪，当可蒙恩缓征也。父老莫不涕泣，至期毕集。甲申正月四日，君旅贺二公毕，复谒朱公呈牍，备述所见穷困状，朱公以白琦公，破省例准君牍，而附近邹平之十六州县，灾形同者，因得共吁二公汇奏，缓征之秋后。”据这段记载，张琦并非用半年时间调研四百七十个村子，而是在腊月小除夕（民间俗称除夕的前一天为小除夕。时间为腊月廿八或廿九日）以前就完成了四百七十二村的考察。一月之内大致算来，每天要考察二十多个村庄，即使黄河流域村庄稠密，按村与村五里计算，每天要走上百里路程。寒冬腊月，道路崎岖，大旱之年，尘土飞扬，其辛苦之状，令人难以想象。为什么要赶这么紧？因为年前他要将邹平的旱情吃透，做到心中有数，于是在小除夕这天，考察结束，召集会议，进行总结，连夜写好上报省府的“邹平灾情报告”，正月初四，当春节氛围还正浓的时候，他已经跑到省城为民请命去了。灾荒之年，老百姓过不好年，而这位百姓的“父母官”也不会好好过年，他的心贴着百姓，为百姓岂辞劳苦！

《清史稿·张琦传》说：“章丘民好讼、院、司、道、府五府吏皆籍辛丘，走书请讬，掎摭短长。琦任岁余，无一私书至。结案二千有奇，无翻控者。”章丘出人才，各级官府都有章丘籍的人，因此，章丘的官司不好问，哪级官吏都比知县官大，一问官司，各级官吏说情的信件像雪片一样，弄得知县官司问不下去，越积越多，时间也越来越久。有文章称章丘人“好讼”“健讼”，并列举了张琦任章丘知县时一个月就收到诉讼文案两千余份。这“两千余份”和《清史稿》说的“结案二千有奇”不知是否是一个概念。笔者认为，并非章丘百姓好告状，之所以案件那么多，一是因为案件审理有干扰，断案不公，百姓不服，致使再诉；二是因为案件久拖不决，百姓有气，致使反复问案，案件累积。张琦“七月（道光四年）署章丘县事。乙酉（道光五年）七月解事”（张曜孙：《行述》）。在章丘任上时间是整整一年。章丘断案的时间安排是“单日放告，月十五期，新旧事至二百纸”（包世臣：《张君墓表》）。按这个比率计算，每月两百个案件，全年当为两千多个案件。应当注意的是这里还有“旧事”，即已经递了诉状，不见官府回音或问案不公而重新再诉的案件。法庭是单日开庭，每月十五天的问案时间，二百起案子，每天要处理十多起，除却旧案重叠，每天也要处理近十起案子，这与《张君墓表》中所说“在署每日堂讯五七次”基本吻合。张琦署章丘一年，结案两千有奇，从数量上来说无积案，从质量上来说“无翻控者”，究其外部原因是张琦性直，秉公无私，所以，“无私书至”，无外界干扰使他能依法秉公断案；更重要的是他有一颗为民之心，百姓呼他为“父母官”，他就要以一颗爱民之心为民做主，为民奉献，只有具备了这些，才能有如此的工作效率和效果。

自古以来，人们都把会说话、敢讲真话誉为君子，殊不知在封建社会的官场上，能讲真话，敢讲实话的人并不属于所有官员，也不在于官阶高低，官位大小。为社稷讲真话抑或被下狱杀头，但后人称之

为忠，敢为百姓讲真话的官吏，或有贬官、下狱之遭遇，然史家称为清官良吏，靠讲真话飞黄腾达而不遭忌恨者鲜矣！看起来为社稷为百姓说实话也需要胆量和勇气，更需要一颗爱国爱民之心。

《清史稿·张琦传》记载了张琦两次斗胆为百姓讲话的事情。第一次是在邹平县。张琦刚上任，“阅四百七十村，麦无种者，即申谍报灾，亲谒上官陈状”，这年山东大旱，时至腊月，麦子还没种上，这预示着来年夏季颗粒无收。黄河流域的麦子一般在农历八月下旬到九月上旬播种，再迟就会减产。而年前播不了种子，来年绝收成定局。六十岁的一位老者，盼了一辈子当官，利用这个平台报国安民，然而，刚得一县令，遇到就是邹平县这种灾情。张琦认真调研后，一方面向省里打书面报告，同时亲自向上司当面反映旱情，为百姓争取利益。按说，这是一级官吏分内之事，用不着过多的赞誉，然而，如果再往深处着想，张琦是十二月才到了邹平知县任上，十二月还没种上麦子，这种灾情也不是常见的。这么严重的旱情省里的长官们为什么就不知道呢？前任知县怎么就不尽分内之事呢？包世臣在他的《张君墓表》中对这件事作了阐释：其一，“岁饥则无入项，而供亿（供给）馈遗不能减，故相率讳灾”。其二，“君受事，即下乡谕父老，佥（皆）谓初秋报旱，被前官鞭扑，秋灾例不出九月。今征漕（征收水上转运的粮食）以竣，何取更报？报且何益？”原因有两点：先是有不成文的规定，无论饥年、荒年，供给各级官府衙门的礼品不能少，只从这个角度讲，如实报灾与否效果一样，所以知县有灾也不报；后是老百姓反映，曾在初秋时就向官府申报灾情，得到的是一顿鞭扑。按照惯例应是九月申报秋灾，现在时间已过，而且征漕事项已经按正常年份完成，没人敢再如实申报灾情，即使申报了也没什么益处。前者是瞒报，后者是怯报，一“瞒”一“怯”却害苦了百姓。如此再看张琦，认真调查，如实上报，不仅书面报告，还要当面陈述，这种看似分内之事可就难能可贵了。这一番实话讲的值，当时的山东巡抚琦善，布政使朱桂桢“破成例请缓征，因邹平得缓者十六州县”（《清史稿·张琦传》）。

《清史稿·张琦传》还记载，道光五年，张琦补馆陶县知县，恰遇“久旱风霾，麦苗皆死”，张公“乃请普赈两月。馆陶地褊小，赈数多邻邑数倍，大吏呵之。寻有诏责问岁饥状甚切，乃按临灾区，民迎诉赈弊，惟馆陶得实，使劾罢他邑令，厚慰琦”。山东某地受灾，国家普赏两个月的口粮，馆陶县狭小，但造册申请赈灾的数量比邻县多得多，为此，上司对张琦有看法。这个事情引起了朝廷的高度重视，派大员到灾区巡视，结果，馆陶邻县的老百姓拦轿告状，说官府在申报受灾人数上打了折扣，为的是不损坏他的政绩和声誉，唯有馆陶如实申报，百姓得到了实惠。

也算张琦幸运，《清史稿》中记载的张琦敢为百姓讲真话，受到了百姓的拥戴，也得到了上司的褒扬。

治大国如烹小鲜。张琦在章丘知县任上，以“结案二千有奇，无翻控者”而名扬山东，受到了山东巡抚琦善的赞誉。张琦在章丘，章丘的百姓出了名的好告状，章丘的社会关系出了名的复杂，而张琦轻而易举审理两千案件，并无一件翻控，真乃神人，“真不愧治大国若烹小鲜者也”。其实，张琦也非神人，最核心的是他有一颗为百姓办实事的诚心与公心。

岂独在章丘，《清史稿·张琦传》及包世臣《张君墓表》都载有张琦知邹平时的一则断案的故事：邹平与长山交界处一户百姓丢了东西，案件报到了长山县，长山县把这一案退了回来，说你们应归邹平管辖，应到邹平报案。张君受理此案，申诉人以为不公，对张知县说；“‘贤父母莫问，彼猾吏欺吾父母初任，小人必不与休，贤父母勿代人担重咎。’君曰：‘若失事所，得毋有大树否？在大树南，抑北耶？’曰：‘在树北五六步。’君曰：‘若是，则吾界也，吾岁底勘庄，见大树，知为长山界处。’出官图示之，其人愕然曰：‘小人见贤父母，下车即为合邑民请命，在署每日堂讯五七次，无不公允，厌（满足）人意，小人伤已平复，所失止布三匹，钱两吊，若以此累贤父母担处分，小人心不安，且为合邑父老所唾骂，小人不愿讼矣！’”大清规定，越境问案是不允许的。这位讼者总认为自己应归长山管辖，而长山不愿多管事，欺负邹平知县刚上任，不了解情况，于是就把这个案件推给了邹平。然而，邹平知县不推不诿，却主动把案子接过来，这使讼者极为感动，为不使张知县承担越境理案的风险，讼者主动撤诉。由此看来，不是百姓“健讼”，而是官府不为百姓着想，

不为百姓办实事，真遇上了好官，百姓自己撤诉，难道还有积案如山之事吗？张琦知馆陶县，在自己“勤”的基础上，又对讼词提出严格要求，要求讼词简单明了，直来直去，一目了然，如此可以节省时间，所以馆陶案件也越来越少。

张琦力推农业科技的研究和推广。《清史稿·张琦传》：“馆陶地斥卤（盐碱），不宜谷，又卫水数败田。琦精求古沟防及区田法试行之，未竟，病卒。”张琦“以近民为宗”，热心为百姓办实事，同时根据馆陶地理环境的实际情况，研究如何才能为百姓办成实事，多办实事。他钻研农业科技，力求以科技弥补当地自然环境的缺陷，比如，他对古老的“区田法”，就试图探索出一个新成果。“区田法”是我国古代的一种耕作体制，是一种使自耕农持续保持自己小块土地很好的经营的耕作办法。“区田法”最早见于《氾胜之书》，《汉书·艺文志》中有记载，《氾胜之书》被贾思勰的《齐民要术》部分收录。“区田法”原是适应“八百里秦川”的土壤、气候等自然环境而产生的农业种植方法，堪称一种农业科技，主要是针对关中十年九旱的气候和丘陵地带地质地貌而设计的。馆陶土地特点之一是“斥卤”，气候特点是旱天居多，地理环境是有卫河经县流过，所以，盐碱土壤由水而生。针对这样的情况，张琦试图将适用于关中的农业种植方法，移植到山东来，以提高本县抗碱、抗旱、抗涝的能力，保证土地的有效、可持续利用，增加百姓收入。当然，研究、试验、推广“区田法”者并非张琦一人，据记载，汉代以后，也有不少农耕研究者进行研究，只清朝也有不少人试种，如河南、河北、江苏等地，虽然规模不大，影响不大，但也在不同程度上对“区田法”的种植技术进行了丰富。张琦作为馆陶知县，试图用自己的智慧，改变盐碱侵蚀、不旱即涝的农业现状，没有一颗强烈的爱民之心，是很难做到这一点的。可惜，事情还未有一个理想的结果，“病卒”。惜哉！

张琦六十岁任邹平知县，七十岁卒于馆陶知县任上，一生为官十年，官虽不大，位虽不高，但他心中装着百姓，他敢为百姓讲实话，善为百姓办实事，受到百姓的爱戴，百姓呼之为“父母”，视之为神灵。张琦在任时，当地百姓为其编了两则神话故事，盛传于山东，录于下：

环馆陶四面。蝻（蚂蚱）覆地。至不见土。毗邻馆陶处。一线如界。黠者妒而移置之。则皆蠕蠕返故处。及成飞蝗。东面者东飞。西面者西飞。蔽天翳日。而无犯馆陶境者。君前在章邱。蝗自东府来。及界退飞。馆陶民素闻之，而未信也，至是，乃相与讴咏君德。

入秋禾黍芃茂。忽大雹如盎。碎屋瓦。君念嫩禾必不堪此。即出署履勘。吏役谏不听。西门外故有洼田千余亩。被水占为泊。深尺许不可涸。君至泊所。雹已堆满。出水面。比之大田。苗殊无损伤。召问农。唯言午间有大雨一阵，不见冷子。冷子者，东人呼雹也。勘四境，皆不言有雹。……迄君之卒，馆陶无歉岁。（以上皆见《张君墓表》）

这两则故事，现在的读者阅读后恐怕不会有人认为这是真事，定会把它当成神话，而包世臣在《张君墓表》中记载这两则故事时却把它写得神乎其神："馆陶民素闻之，而未信也，至是乃相与讴咏君德。"这说明原来只是听说，现在是亲眼所见。"君叹曰：'神怜吾民瘠苦，宰官与食其福，吾唯当勉为好官，若等勉为好人。'"（《张君墓表》）张琦将这种现象归结为神助，而从另一个角度说明，这不是神话，这是真事。

这两则神话故事，反映的是一个主题：老百姓将张琦这位清官奉之为神，神能为百姓驱祸，神能为百姓带来福音。这个主题也折射出百姓对好官的尊敬和依赖，同时也隐含着对赃官的鄙弃和憎恶。

不为“民父”，愿为“民佣”

——江西六县知县石家绍

有学者称：中国封建社会的历史，“实是一部贪污史”，这个结论是论者从某一角度研究的结果，然而，这样的结论是否也会引起人们的质疑呢？如果一部二十四史仅仅是一部贪污史，那么，几千年的中华文明又该从哪里体现？“大官大贪，小官小贪，”也不尽然，如果都是贪官污吏，那就不会有“民父、民贼、民佣”这样的称谓了。由于封建社会的政治制度和政治生态，确实为贪官污吏的滋生准备了肥沃的土壤，因此，一些出淤泥而不染的廉洁之士也就如凤毛麟角了。

其实，岂独现代学者有此论断，古代有识学者也在慨叹官场上廉吏太少，做廉吏太难。

康熙时期的学者范鄗鼎曾说：“余读《明史》，而叹廉吏之难。其人也，三百年来首轩輗（轩輗：河南鹿邑人，明中期廉吏，官至刑部尚书），輗之后有吾阳城杨继宗（杨继宗，明宪宗成化时廉吏，官至云南巡抚，被誉为明朝天下第一清官），厥后有布政张黼、副使刘俊、岳州知府张举与吾邑洪洞卫英数人，前辈石公瑶（石瑶：稿城人，明世宗时至吏部尚书，文渊阁大学士，著名诤臣、廉吏）言之彰彰哉！余观数人，廉也而或短于才，才矣而或疏于学或馁于气。才、学、气备矣，而或不得于君，不获于上，政事止及于一时一隅之间。君子惜其用廉之未尽善也。本朝养士四十余年，得于先生（于成龙：山西吕梁方山县人），先生之廉可不谓尽善乎！廉则心清，心清则理明，理明则才全，理明则学优而气壮。”

清代散文家梅曾亮在他的《石家绍传书后》中也说：“昔太史传

循吏自春秋尽，周末几数百年，然为之传者四五人而已，何其难也？……或曰：'循吏者心乎民而已，智名勇功非其所屑。'计也，任峻（河南中牟县人，曾任曹操屯田官，有政绩，称为廉能）、邓艾（三国时军事家、文武兼备）、杜元凯（杜预，字元凯，灭吴之统帅，文武兼备）之流，其兴利与召信臣（召信臣：西汉贤臣）等，而功名之意居多，君子亦探其心而不欲与是名则副乎？循吏之名者，盖其难哉。近今之世，吾得一人焉，曰石家绍，字瑶臣，翼城人……自大吏、僚友、缙绅、先生、士民、卒隶，无不以君为循吏也。"

两位不同年代的学者读史之后，所发感慨如出一辙。皆叹廉吏、循吏之难。一是在历史上找到真正的廉吏、循吏太难。说明廉、循之吏太少，剩余的是不廉、不循，那不就是贪官污吏吗？这有点接近开篇所描述现代某一学者的观点；二是按照这两位学者理解的廉吏、循吏的标准，要达到这样标准，真正成为大家认可的廉吏、循吏就更难。那么，他们要求廉吏、循吏的标准是什么呢？范鄗鼎讲了五条：一是心要清，二是理要明，三是才要全，四是学要优，五是气要壮。这五条之间内在联系紧密、逻辑性强，关键是"心清"，一心一意考虑国家、百姓的事，没有私心杂念，其他四点都是水到渠成。具备这五条就可称廉吏。梅曾亮只是提出一条作为循吏的标准：那就是"心乎民"。"心乎民"和"心清"实在是异曲同工。一个讲廉吏，一个讲循吏，到这里"廉""循"也应殊途同归了吧！

廉吏之难，循吏之难，难则难，总是还有，范鄗鼎就举出了一位真正的廉吏于成龙，于成龙是山西吕梁人，梅曾亮也点出一位上下一致称誉的循吏石家绍，石家绍是山西临汾人，两位大清著名的清官，都是山西人，从年代上看，一前一后，从方位上看，一北一南，给三晋大地增添了不少光彩。关于于成龙，已有篇章述评，本文略谈石家绍。

石家绍及其为官箴言。关于石家绍，《清史稿》卷四百七十八有《石家绍传》："家绍，字瑶辰，山西翼城人。以拔贡（拔贡：清代科举中一种，从地方诸生中选拔优秀者，贡给国子监为生源，也可任命为小官）为壶关县教谕。道光二年成进士。授江西龙门知县。……调上饶，再调南昌。……历署大庾、新城、新建三县，擢铜鼓营同知，

署饶州、赣州二府。……十九年，卒。五县皆祀名宦。南昌民尤德之，建祠于百花州。”《清史稿·石家绍传》对石家绍的为官履历记载得还算清楚，先后任六县知县，三州副、正知府，然而，作为循吏，作者记载他在不同的岗位上做出的政绩只有寥寥几笔。近期，翼城学者翟铭泰先生，出于对家乡清官的敬慕和自豪，为进一步弘扬为官的廉政精神，对石家绍进行了系统的介绍和深入的研究，为我们提供了大量的宝贵资料。石家绍生于乾隆五十六年（1791），卒于道光十九年（1839），享年四十八岁。从道光二年二月钦点为即用知县，到道光十九年卒于赣州府任，石家绍在仕途上一走就是十七个年头，这十七年里，他廉洁自律，以廉率属；他主持正义，断案明敏；他重视教育，办学兴教；他重视农业，兴修水利，所到之处皆得政声，所到之处皆得民心。无怪乎署六县，而“五县皆祀名宦”，南昌为其建祠。惜哉！英年早逝！

石家绍为何所到之处受到百姓的爱戴呢？《清史稿·石家绍传》记载了他的为官箴言：“吏而良，民父母也；不良，则民贼也。父母，吾不能；民贼也，则吾不敢，吾其为民佣乎！”有评论说，这段话是石家绍为官的感言和体会，笔者不敢苟同，在翟铭泰先生《甘为“民佣”济苍生》——“清代廉吏石家绍故事之二”中有一段描述：道光二年，石家绍被任命为江西龙门知县，即将上任时，曾经对他关爱备至的堂兄石家祺，问及堂弟如何做一个好官，家绍说了一句，“就像看家的仆人一样，为百姓当佣人如何？”赢得了家人的一片赞扬。当然，这句话是经过翟先生翻译过的，但如果语出有据，那上面的一段话就不能说是体会或感言，而是一种为官的理念或者说是指导思想，或者说是一种为官角色的选择。“父母官”是旧时百姓对基层官吏的敬称，更规范地说，是对廉洁奉公、勤政爱民的县令的敬称，因为，县令最接近百姓，亲民也莫过于县令。然而，毒民也莫过于县令，那是县令中另一种角色：民贼。依本文开篇提到的论者，及范、梅二位学者，认为充当这种角色的要占大多数。而石家绍鄙弃民贼，而又不愿为民之“父母”，但他决心做一位良吏。“吏而良，民父母也”，那为什么不愿为民“父母”呢？他的理由是：“父母，吾不能。”他很谦虚，唯恐自己做得不好，于是他选择了“民佣”这个角色。佣：仆也，受雇用的人。民佣，被百姓雇用，为百姓办事的人。“父母”之于子民，是一种居高临下的关系，“父母”既是管理者，又是监护者；“民佣”之于百姓是仆人与主人的关系，是以下仰上之关系；“父母”之号之于百姓，有百姓对“父母”的敬畏；“民佣”之号之于百姓，有“民佣”对百姓的敬畏。石家绍不为“民父”，甘为“民佣”，这与那些高高在上，骄横跋扈，视百姓如草芥的民贼相比，真乃天壤之别，包世臣在《复石赣州（即石家绍）书》中赞扬他，“大君子虚中，真学人之果力！”

石家绍甘当百姓的“公仆”，立志做一名清官，他有自己独特的为官风格。

其一，仕途上荡漾着淳朴的家风。冀城县封壁村是石家绍的故里，从有关史料记载看，石家算不上望门大户，但也懂耕读传家。石家绍三岁丧父，靠母亲织纺及堂兄接济读书，石家绍虽口不善言，但他外朴而内聪。他潜心苦读，嘉庆十八年，二十二岁的石家绍因考试成绩优秀，选授山西壶关教谕，一面参加工作，一面抓紧学习，准备考取进士，工作九年后，他如愿以偿，考中进士，时年三十一岁。榜示之日，钦点即用知县，从此走上仕途。上任之前，当堂兄问及石家家风时，家绍掷地有声吐出了四个字“忠义仁善”，从此，这四个字也整整伴随他官场十七年。

“忠义”是石家绍在民间为人处世的准则，家绍用之以为官，他忠于百姓、忠于朝廷、忠于职守。石家绍在任上忘我地工作，最后卒于工作岗位上。据说，他的病是长期劳累过度，身体极度虚弱所致，其直接原因是受理一桩冤案，急于还百姓一个公道，不顾疲劳，下乡调查取证，受风致病。在他病逝的前三天，他自知寿命不长，命人扶其下床，面北叩拜道光皇帝，谢忱皇恩，抱憾不能为国尽忠。石家绍为民而生，为民而死，忠于民事，忠于国事，鞠躬尽瘁，死而后已，是家风也是他的为官风格。

“仁善”，是石家代代相传，唯恐忘却家风。他的曾祖曾为家绍的祖辈取名，从善、为善、向善、乐善、意谓不要忘掉“仁善”传家，家绍的祖父名乐善，给家绍父亲取名叫忈，忈者，仁也，仍然不离“仁善”二字，石家绍的“绍”字有继承、延续之意。单从名字上来

看，祖孙几代都是围绕着石家“仁善”家风而取名的。石家绍为官乐善好施，常常自掏腰包救济贫困，平民百姓有求即应，急民所急，“昏施烛，暑施笠，水施船，荒施谷”。这种说法似乎有点夸大其词。其实，不必去考究这些文字细节，这只是说明石家绍作为地方长官，与人为善，喜做善事，乐善好施，急人所难的官品。常言说，百善孝为先，当家绍自知不久尘世时，先是向北叩拜道光皇帝，之后，握着母亲的手痛哭不已，本意将老母接到江西，是为尽应尽之职，不想今已去矣，愧恨万分。接着向他的弟子张子勉嘱托后事，将年迈母亲、身残的妻子、幼小的儿子托付给张子勉，事毕而卒。石家绍为国尽忠，为民尽责，为母尽孝，对身残妻子亦尽善爱抚，这种忠孝仁善之举也正是其家风的核心内容。

其二，质朴为本，亦俭亦廉。石家绍的家乡翼城，地处晋南，十年九旱，庄稼歉收，而石家绍三岁又失去父亲，靠母亲织纺维持生计，稍长，求学读书，多靠堂兄家祺资助，日子过得相当拮据，对于这一切，石家绍虽不善言辞，但他都看在眼里，记在心里。因此，他带着一身质朴走向官场，不管官署何处，位就何职，这个从黄河岸边一个农村里走出来的孩子，怎么也忘不掉他质朴的本来面貌。上任的第一天，他到城中集市上暗访，发现有胥吏、役差依势打压百姓菜价，回到县衙，立即贴出告示，凡有衙役依势购物，欺压百姓者，严惩不贷，要求随行就市，公买公卖。公买公卖，是百姓对市场运作最质朴的要求，石家绍身为知县，仍然带着百姓的质朴，心里藏着一个农民心理的平衡。道光十七年春，身为知府的石家绍回乡省亲，乡亲们都来看望他，石家绍“丝毫没有官介之气”。俨然一乡下老农打扮，左邻右舍婚丧大事，他以旧邻身份主动参加，乡亲们说他入官言官，入乡随俗，给予极高的评价。石家绍衣食简朴，为官清廉。《清史稿·石家绍传》没有更多地评述他的俭与廉，然而，有史料记载，家绍死后，弟子张子勉整理他的遗物，发现只有十几两碎银和几件旧衣，这应是家绍的全部遗产了。三年清知府，十万雪花银。看来家绍这位知府是清了又清。所以，家绍死后，弟子张子勉扶灵柩返翼城，再加半路家绍妻子投江殉夫，竟无盘费回乡。更感人的是石家绍留给张子勉的遗嘱，除了将老母、残妻、幼子托付给子勉以外，他要求子勉不可在赣州停留，以免打扰百姓；葬礼务求简朴，墓碑、墓志片石即可。由弟子实录，不可有溢美之词；所藏之书，凡涉及江西境内的书籍，应留给府衙，以备来者再用。告诫子勉，努力学习，宽慰家人，勿过悲伤。真是带着一身质朴来，驾着一阵清风去，持节以终。悲哉！惜哉！

其三，心为民劳，清心明理。不管是范鄗鼎提出的“心清、理明、才全、学优、气状”或是梅曾亮提出的：“心乎民”，都是说一位真正的良吏，首先在于为官之心，一心一意为百姓办事，没有私心杂念，这就能当一位好官，这也是一位廉吏、良吏、清官的标准。一心一意为百姓着想，为百姓办事，其中的前提就是“廉”。廉者心清，无私无欲，才能一心为公，一心为民。其实“廉”“公”是互为依存之关系，“公”又生“廉”，“廉”和“公”二者是辩证的统一。

石家绍每到一处，要做的第一件事就是调查研究，调查研究的开始，就是“心乎民”的体现。就是“明理、才全、学优、气状”的前提。这项工作可以采取不同的方式：一是深入民间察访，从察访中了解民情，发现问题，采取对策。比如到集市访察，就能发现衙役的官僚作风；到乡村走访，就能发现百姓疾苦。惩治衙役，稳定市场，就是调研的成果。百姓呼之“石青天”，也是他深入民间，走访取证，明敏断狱，解决百姓纠纷带来的效果。二是潜心学习当地的历史知识，了解当地风土人情。他最爱读的书就是各省通志，各府府志及县志。所谓“在官不废书”，说的就是一面工作，一面学习。学习是为了把官做得更好，读方志，既是学习，也是调研。一个地方的山川地理、人口、田赋、村镇、桥梁、书院、庙宇等都记载在方志中，一盏油灯，就可照亮这一地区的全貌。没有调查研究，何以“理明、才全、气状”？这种“劳心”从某一角度说比“劳力”更重要，关键是心为民劳，才称得上良吏。

《清史稿·石家绍传》记载最详细的是石家绍如何赈灾，因为这是石家绍“心乎民”最具体、最突出的体现。“连年水患，饥民闻省会散赈，麇（成群）聚郭外。家绍与新建令同主赈，始散米，令饥民自爨。来者益众，赈所濒河，几莫能容。乃改散钱，令各返乡里，候截留漕米济之。时水灾益棘，家绍请开仓平粜，复分厂煮粥以赈。

主者循例备三千人食，而就食者五万，汹汹不可止。家绍至，谕之曰：‘食少人众，咄嗟不能办，汝等姑退，诘朝来，不使一饥民无粥噉也。’众皆迎拜曰：‘石爹爹不欺人，愿听处置。’”

这段记载，简单地介绍了家绍知南昌县时百姓受灾的情况，和官府赈灾的全过程。道光十五年，江西发生特大水灾，百姓田地淹没，房屋倒塌，流离失所，无家可归，更少不了哀鸿遍野，死者相枕。饥民向江西省府——南昌涌来，官府开始组织赈济灾民，刚开始饥民少时官府把米发给他们，让他们自己做饭，后来人越来越多，官府准备粮食不够，于是就发给饥民一些钱，让他们返乡买粮食度灾。水灾越来越严重，石家绍请求上司，打开国库平价将粮米卖给百姓，同时，在不同的地点设粥厂赈济灾民。然而，一处粥厂只能供三千饥民吃饭，可来吃饭的饥民达五万之众，吃不上饭者情绪又非常激动，上官唯恐饥民生变，而又束手无策，急调石家绍前去抚慰。据说，石家绍单人独骑来到百姓中，向灾民劝慰，灾民相信石家绍，并呼之为“爹爹”。“爹爹者，江西民呼父也。”饥民散去，局势得到了暂时稳定。清末陈康祺《郎潜纪闻》有“江西尝大饥，钱粟未办，而饥民集西山者数万，齐声呼赈，巡抚署屋宇皆震。大吏不知所为，或曰：‘急檄石令。’石至，而万众皆迎伏跪拜也：‘愿听处置。’是赈也得缓而无变”说的正是这件事情。根据这次的赈灾的经验教训，石家绍用心思考，认为传统的赈灾办法，如平粜、煮粥、发钱、发粮等，只顾眼下一时，如受灾严重、灾民太多，这种传统办法效果不佳。于是，就赈济百姓一事他有了一套自己的革新办法，这就是他向朝廷呈奏的《赈济条议》，其中说“为今之计，莫如将各宪今岁捐项，与南昌、新建岁费粥项，合为一事，计有若干。择近城处所，有土工可兴者，就近设立米厂，搭盖席棚，令年力精壮者，报明姓名，官为编定字号，入棚居住，每棚十人，每日八人做工，二人炊汲，轮流更换，日给米若干，加工钱若干，到晚即在棚中安歇，不许外出。又于空闲处所，设一粥厂，搭盖席棚，令老幼妇女废疾者居住，日给以粥；煮时须委员查看，防炊汲人等作弊。粥成入缸，须近火边，勿令放冷。其领粥之人，仍须赴外乞食，如此则老幼妇女废疾者，不至冻馁。其年力精壮者，有工可做，也可免奸盗诸事。且饥民万几千人，有米有饭，不至买食，米价也可渐平。是一事而平粜、散财、发粟、煮粥、兴工五事皆备焉……”

笔者领会这段文义的核心是，在赈济这一问题上“统筹兼顾”。这是一个宏观而又具体、长远而又现实的较为科学、完备的赈济方案。集中财力，统筹灾民，分类赈济，各得其所，“不使一饥民无粥噉也”。非“心乎民”何以“明理”？心不清，理不明是不会把事情做到这个份上的。用心做事，彰显了一位廉吏的品质与智慧，这个建议最终也被道光皇帝采纳。

石家绍于道光十九年五月二十八日突然辞世，这不仅使石家绍的亲人悲痛不已，赣州、饶州大小官员无不为之惋惜。家绍历署各县乡绅百姓闻之亦是悲痛万分。自大吏、僚友、缙坤、士民、卒隶，无不称赞家绍的人品、官品，称他是百姓的好官。从家绍辞世，一直到六月底吊唁者络绎不绝，家人无法答谢，最后赣州府出面组织举行公祭。遵照家绍的遗嘱，灵柩不可久留赣州，以免滋扰百姓，于是停柩一月整，家人、弟子扶柩上路。此刻，赣州城万人空巷，商者停市，农者辍耕，哭声震天动地，百姓设香祭奠者延绵数十里。加上中途家绍妻子悲极殉夫，真是痛上加痛，悲上加悲，历经半年有余，这位一心为百姓办事的好官，才得以魂归故里。

道光皇帝闻讯，知道家绍是一位清官，惋惜之余，恩准其入祀名宦祠，南昌百花州建有石公祠，南昌城中街巷有以“石公祠”命名者。《清史稿》为石家绍作《传》，并将其列入《循吏》，《清史稿》除了以较长篇幅叙述石家绍心为民劳，敬民如主的事迹外，突出褒扬他那种世人皆称为循吏，“顾自视欿然”的谦恭风范，和愿为“民佣”，不为“民父”的爱民、事民情怀。《翼城县志》为石家绍、连同夫人曹氏一并作《传》，为家乡有这样的好官而自豪。不少文人雅士撰写文章，纪念这位“劳心于民”的好官，他们有：同榜进士梅曾亮作的《石家绍传书后》，赞扬石家绍是有清以来难得的一位循吏；清著名学者包世臣为石公祠碑作《记》并为石家绍作《传》，历陈清官事略，表达对清官的敬仰之意。

为石家绍传文者不可历数，然笔者认为，情最真、情最深、涵容最大、含义最广者，莫过于家绍弟子张子勉为其恩师写的《墓志铭》

中的两句：“呜呼！余尚忍铭夫子也乎？余尚忍不铭夫子也乎？”读之，使人落泪。他不仅使我们窥测到张子勉对恩师无法表达的情意、无法表达的惋惜、无法表达的怀念及无法表达的复杂的心情，同时，也使我们仿佛看到这位循吏的历历一生，如在目前。

循吏精神永垂不朽！

坚刚耐苦，近代循吏之冠

——三省六县知县冷鼎亨

世言“文章千古秀，仕途一时荣”。笔者认为这句话从一个角度讲，似乎概括得还欠周严，举一对例子可以为证：历时近三百年的大清王朝至今仍没有《大清史》，而赵尔巽作为主编，从 1914 年至 1927 年，前后花了十三年时间完成了代替《大清史》的《清史稿》，为此，赵尔巽这一名字就和《清史稿》穿越历史时空，永远留在人们的记忆中。然而，赵尔巽并不是一位学者，更谈不上一位史学家，他是仕途上的佼佼者。他出身世宦之家，又是汉军正蓝旗人，鸦片战争三十四年后他中的进士，从此在仕途上飞黄腾达，成为近代史上的风云人物。他曾任山西、湖南巡抚、户部尚书、盛京将军、四川总督、东三省总督等职，权倾一时，后人对其评价：还算是一位清官。然而，就是这位近代史上的风云人物，随着时间的流逝，他的一顶顶显赫的官帽，滞留在人们大脑中已经不多了，唯有《清史稿》与赵尔巽的名字永远散发着翰墨的馨香。这大概就是所说的“文章千古秀，仕途一时荣”吧！如果要用这两句格言去概括赵尔巽的老师冷鼎亨的一生就觉得有点欠妥。冷鼎亨既是一介文人，又是一位官吏，他著有《风翙山房文集》二卷行于世，然而，非专门研究者，知者、读者甚少。他官位不高，最大官才当了个南昌府同知，更多的时间是在七品知县任上，也正是在七品知县任上，冷鼎亨为百姓做了大量的平凡而又非凡的善事，受到百姓的称颂，被誉为近代史上循吏之冠，成为支撑即将倾覆的大清大厦的最基层的官吏之一，冷鼎亨的仕途声誉也随着青史永远流芳，从这个角度讲“仕途一时荣”之说就难以概括了。

冷鼎亨（1822—1885）字镇雄，又字淑铭，号罗南，山东招远县冷家庄子村人。同治四年进士，先后任江西瑞昌县、福建的德化县、浙江的新昌县、江西的彭泽县、新建县、鄱阳县知县，1991 年出版的《招远县志》有《传》，《清史稿》卷四百七十九有《冷鼎亨传》。

冷鼎亨时处晚晴，国运衰败，吏治腐败愈演愈烈，呈现恶性发展、无可救药的势头，严重侵蚀大清王朝的肌体，动摇大清王朝大厦之根基，所以，一些有志之士为之感到痛心疾首，他们从不同的角度、不同的侧面，发出整饬吏治的呼声，如龚自珍、林则徐等人都有这方面的高论。冷鼎亨生活在这样一个年代，受他们思想的影响，也想凭借一个政治平台，做一些自己力所能及抵制腐败的事情。

首先他以身垂范。《清史稿·冷鼎亨传》说：“吏官十年，食无兼味，妻子衣履皆自制。以廉率下，胥吏几无以为生。俸入辄为地方兴利。”这首先是从冷鼎亨的日常生活说起，历官十年，生活简朴，布衣蔬食，全然不像当时知县的生活做派，这正是冷鼎亨有意为县衙胥吏做出的榜样。那么，知县的官俸是每月照发的，他把生活省下来的钱都捐献给了当地的民生和教育事业。由于知县“以廉率下”，“胥吏无几以生”。有人解释为胥吏几乎无法生活。这未免也太苛刻了，应该是与冷鼎亨上任之前的知县相比，使胥吏感到有天地之别，简直就像无法生活下去一样，这是以廉垂范的结果和效果。知县清廉，忧民不扰民，胥吏们自然不敢像过去那样勒索百姓。其次，冷鼎亨建立了一套惩治和监督机制，对于危害百姓的奸猾小吏，冷鼎亨是依法严惩，绝不姑息。冷鼎亨经常下乡访察民情，在冷知县以前，衙中差役小吏都喜欢跟着知县下乡，因为这是他们勒索百姓、捞取好处的机会。冷知县了解了这一弊端，采取相应的监督措施：“因事诣乡，使胥役尽随其后，返则，令居前而已殿之，未尝以杯勺累民。”（《清史稿·冷鼎亨传》）冷知县这样做之目的是以身隔阻胥吏与百姓的接触，以免胥吏搞小动作。返回县城时，自己殿后，不使胥役游离自己的视线。现在读这段记载似乎觉得有点可笑，一笑冷鼎亨这种防范措施不科学、不高明，失于简单；二笑这种做法是否缺少人情味，上下级之间缺乏基本的信任，处处像防贼一样防着他的部下，工作还怎么开展？然而把这件事放在当时的大的社会环境中，恐怕也就不觉得奇怪。将要倒塌的大清江山，其势颓危，正是这些无处不在、无孔不入的贪官污吏，加速了大清帝国大厦倾倒的进度，也正是帝国大厦的迅速倾倒，促使这些贪官污吏变本加厉。俗话说，一木难支大厦之将倾，冷鼎亨在这样的大的政治生态下，好像只有用这种笨办法还会收到一定的效果。

其次，他依法治吏，以德化民。同治十年，冷鼎亨以进士归班铨选，“发江西，署瑞昌。地瘠而健讼，乡愚辄因之破家，捕讼师及猾吏数人，绳以法。”“调署德化，惩防军之凌民者，境内肃然。”（《清史稿·冷鼎亨传》）江西瑞昌这个地方，土地瘠薄，老百姓很穷，管子曾说：“仓廪实而知礼节”，老百姓越穷，越容易惹是生非，因此就有“健讼”一说。笔者对“健讼”二字不以为然，普天下的老百姓，没有一个喜欢打官司的，因为，在封建社会中，人人都知道老百姓一场官司下来的结果，那一定是“家破”，甚至人亡，怎么说这个地方的老百姓好打官司呢？这有两个原因：一是因为穷，穷生急，急要斗，斗到一定程度就要吃官司；二是一些讼师、猾吏借机发财，挑唆甲、乙之间的矛盾，引导他们走上官司之路，他们好从中渔利。讼师是打官司的专业人员，代替诉讼人员写状纸、出主意，帮助讼人办理一些诉讼事务，这些人往往与官府小吏相通，内外勾结，获取信息，营私舞弊，他们的目的只有一个，从百姓身上勒索钱财。有的官司一打就是几年，老百姓不但身心疲惫，而且倾家荡产。冷鼎亨在瑞昌上任后，深入调查，认为这是危害瑞昌社会的一个毒瘤，对几个作恶多端、影响极坏的讼师和狡猾的小吏逮捕下狱，以法治罪，从此，瑞昌“健讼”之风不再。

德化县隶属福建泉州，这里交通便利，是运兵镇海的理想之地，因此，长期驻扎着旗营兵（旗营兵：满人、蒙古人组建的军队），这些人在大清国被列为上等公民，因此，所到之处，他们横行霸道，仗势欺凌百姓，当然，这种行为也是为大清朝廷不允许的。冷鼎亨到德化任知县，查明情况后，到军营拜见军中头领，并与这位将领相约：士兵再有侵民行为，依法严惩。其实，这个相约，也就是向这位将领通告，因为理直在冷知县，理曲在军营，这位将领对冷知县的“依法严惩”不得不认同。有史料记载，事后有一旗兵未把小小七品官放在

眼里，竟私入民宅勒索财物，冷鼎亨知道后，立即捕获这一士兵，并施以剥皮酷刑，军营无不胆寒。从此境内非常安静。

冷鼎亨对于百姓之间的纷争，往往是悉心调解，以德化之。《清史稿·冷鼎亨传》载："德化、瑞昌、黄梅三邑民争芦洲，累岁相斗杀。鼎亨谕解之，建台于斗所，官吏誓不私，民皆悦服。白鹤乡人叔与侄争田，即树下谕解，遂悔悟如初。"这段记载说的是两件事：第一件事是临境三乡百姓争一片芦苇洲，各为其利，争夺资源，矛盾累积，发生械斗，冷鼎亨现场调解，命在械斗之地建一个械斗调解台，让各方官吏发誓主持公道，决不徇私。公平自在人心，各方官吏不偏袒，秉公接受调解，因此，百姓对秉公调解欣然接受，心悦诚服。第二件事是说的叔侄俩争田案，久诉不决，各执一词，冷鼎亨就到村边树下开庭调解。大树下，乡村父老做旁听，又做旁证，冷鼎亨于情于理剖析，劝解、教育、开导，遂使叔侄二人悔悟，握手言和，案件遂结。乡亲们为了表达对冷知县的感激，为大树起名"冷公树"。冷鼎亨治官吏依法行事，遇官欺民案，必严惩不贷，而治民事则往往动之以情理，感化教育百姓。特别是他的现场调解之举，被现代学者誉为"送法下乡"。"送法下乡"是指到乡村通过不同方式宣传法律知识，而仔细品味冷鼎亨的做法，法的味道较淡，而情理之意较浓。那么，严格地说，冷鼎亨还算不上送法下乡，充其量他充当的角色是民事调解员。这样的民事调解员岂止冷鼎亨一人，大凡受儒学熏陶而以报国家，安黎庶为己任者，多有此举。

他坚刚耐苦，躬身于民。勤奋自励，忠于职守，好像是对多数循吏职业特点的总结，而坚刚耐苦，又是在此基础上对人的意志方面的升华。躬亲民事，勤奋自励，以坚毅刚强的意志，克服一个又一个困难，赢得了百姓的爱戴，百姓呼之为"父母""青天"。同时也得到了上级官吏的叹服和称颂。《清史稿·冷鼎亨传》说：侍郎彭玉麟巡江过境，寄书巡抚曰："某所至三江五湖数千里，未见坚刚耐苦。如冷知县者也。"先后任江西巡抚的刘坤一、李文敏，都因鼎亨勤于民事，坚刚耐苦而向朝廷举荐。光绪八年，潘霨任江西巡抚，曾向朝廷呈文，赞颂鼎亨"贤能清廉""老成达练""循声远播"，说他是近代"循吏之冠"。冷鼎亨果真能够受用这么高的赞誉么？请看《清史稿·冷鼎亨传》中记载的几件事。

第一，署德化，“修濒江堤塘，费省工速”。德化县江河纵横，其中一处江堤，每遇洪水，都会决口，泛滥成灾，威胁着百姓的生命财产安全，前任县令为构筑这道防水堤，曾动员大量民工，花费白银两万余两，而最终没有成功。冷鼎亨到任后，再次谋划这一民生工程，仅花了四千两银子，用时四个月即大功告成。冷鼎亨又组织人员在修好的堤坝上栽上树，以固大堤，并嘱托当地绅民分段管理，从此水患解除。百姓为表达对这位知县的感激之情，把这段大堤命名为“冷公堤”。《清史稿》在述评冷鼎亨为百姓办的这件事时，惜墨如金，仅用“费省工速”四个字，从一个角度来说明这位知县的为政之能。

第二，还是在德化，“旱，蝗起，徒步烈日中，掩捕经月，露宿祷神，得雨，蝗皆死”。这段灭蝗之记载，如果是三十岁以下的人读了恐怕难以置信，有蝗虫用农药，大面积可用飞机喷洒，并不可怕，何劳月余捕杀？然笔者虽未历蝗灾，但听长者说起过蝗灾景象，着实可怕：蝗虫飞来，遮天蔽日，所经之处，五谷不存，老百姓在田间挖沟阻蝗，几尺深的长沟一会儿就被蝗虫填满，用土埋之。由此可知，从现在起，上溯一百多年，人们在烈日下捕捉蝗虫也就不足为奇了。称奇的是这位县太爷能同百姓一起，冒着炎炎烈日，风餐露宿，战斗在抗灾第一线，直到蝗灾解除。常言道，一日可行，二日可忍，三日可耐，而“掩捕经月”，考验的是一个人的耐力和意志，且白天为民捕蝗，晚上露宿田野，为民祷雨。求雨为何？雨下意味着灾除，民谚曰：旱生蚂蚱涝生鱼，蝗虫由旱而生，遇雨皆死。这位知县捕蝗之暇继之祷雨，有点不可思议，然而，就这种最简单、低级的捕蝗方式，和较愚昧的求雨方式来说，没有倾心为民的思想、没有坚韧不拔的意志，一个知县是很难有此善举的。

第三，“上官以为贤，调补新建。附省首邑，官斯者多昕夕伺上官，不遑治民事。鼎亨先于上官约，屏酬应，亲听断，民歌颂之。寻调鄱阳，值大水，发赈亲勘给印票，尽除侵蚀旧习。次年复灾，跣足立沮洳中，湿疾遍体，十个月。常小舟行骇浪中，屡濒于危，深夜返署理讼牍”（《清史稿·冷鼎亨传》）。新建县（今南昌市新建区）拱卫着江西省府南昌市，地理位置十分重要，在新建县当知县，虽说仍属七品，但

与边远小县相比，分量可不一样。因为“贤”，才得以到新建县当知县，不算提拔，也是重用。到新建当县令是一个与巡抚、总督等省府官员频繁接触的机会，一般的知县会把它当作官运的来临，去走上层，拉关系，投机钻营，而冷鼎亨却不这么认为，他把举足踏省府，抬头见上司当成了一种累赘，当成了他开展工作的负担。因此，上任伊始，到上官那报到不是为了寒暄、讨好，为以后自己继续升官铺路，而是与长官约法三章，摒弃应酬，倾心民事。有不少人认为冷鼎亨是个怪人，然而，只有心中时刻装着百姓，一心一意想为百姓办事的人才会做出这种“怪”的举动来。

鄱阳县闹水灾，百姓田禾家产被水淹没，冷鼎亨开官仓赈济灾民。以往，每逢天灾，必有人祸相伴，一些不法胥吏借赈灾之机发难民财，为防止这种恶习重现，确保粮食发到灾民手中，冷鼎亨命印制粮票，加盖印戳，并按受灾情况亲自填写赈粮数目，使应赈之民皆得赈济，而胥吏则无机可投。第二年，又发水灾，冷鼎亨如德化捕蝗一样，亲临抗灾一线指挥，并亲自参加抗灾。他光着脚，长时间立在潮湿的滥泥中指挥抗灾，也常常驾一叶小舟在湍急的水流中勘察灾情，多次遇险，差点丢掉性命。这年的水灾特别严重，这样的抗灾、救灾工作延续的时间特别长，整整十个月，水中、泥中，使这位知县患上了严重的湿疾，然而，他顾不得这些，白天泥里、水里折腾一天，到深夜才返回县衙，等待他的不是热汤暖被，而是案台上的一摞公文和卷宗。1991 年出版的《招远县志·冷鼎亨传》说：这次大水过后，冷鼎亨即行亡羊补牢之事，马上奏请朝廷，拨款筑堤，用以工代赈之法，即使百姓不挨饥饿，又能完成水利工程。这项工程既是亡羊补牢，也可看作未雨绸缪。

读《清史稿》关于冷鼎亨的这段记载，我们会对“近代循吏之冠”这一赞语有更深刻的理解。冷鼎亨躬身民事，置生死于度外，几乎达到了忘我的地步，与百姓共患难，成为百姓抗灾、救灾、度灾的依靠和精神支柱。他不是蜻蜓点水做做样子，去敷衍百姓，而是把自己看作亦官亦民的身份，指挥调度，投入救灾。无怪乎彭侍郎发出由衷的叹服之声：“所至三江五湖数千里，未见坚刚耐苦如冷知县者也。”这是对他躬身民事置己度外精神的褒扬，也是对他的坚忍不拔、吃苦耐劳意志的赞许和叹服，同时，也渗透着这位朝廷大员对这位七品县令的爱抚和怜惜。走遍三江五湖，所见循吏不乏其人，然而具备冷鼎亨坚刚耐苦品质、事迹如此突出者还不多见，看起来“循吏之冠”名副其实！

合则留，不合则去 肥吾民，勿肥吾身

——合肥知县孙葆田

大清光绪十一年（1885），安徽合肥知县、一代儒吏孙葆田为合肥县衙大堂撰了一副对联：合则留，不合则去；肥吾民，勿肥吾身。显然，这是在表心迹、明心志。表什么心迹，明何方心志呢？既然是为县衙大堂撰写的对联，那一定是表的为官之心迹，明的是知县之心志。这副对联的下联，其意明白：在钱财上，不贪、不占、不损公利己，不损民利己，要做一位清廉守操、造福百姓的好知县；对联的上联，其意则隐晦，“合则留，不合则去”的“合”字所指为何？谁与谁合？要弄清楚这个“合”字的含义，还不能离开这副对联的具体环境。古代县衙大堂，是县太爷审理重大案件的地方，在这个地方撰写“合则留，不合则去”，明的是县太爷的为官心志。“合”的词义是事物的两个方面和几个方面的相符、相同、相融，这里所说的事物的一方应是孙葆田为官的准则，即：行直道、做清官；而另一方则指的是世事，也就是说欲做清官的外部条件。外部条件与为官心志相符，那就留下来行直道，做清官，为民造福，如果工作环境不允许做清官，直道难行，那就弃官不做，归隐山林。这恐怕就是孙葆田要明的为官心志。

大清末年，吏治腐败，政治黑暗，民不聊生，帝国大厦摇摇欲倾，而作为一个小小县令，在这样的政治背景下，还能持节守操，向世人宣示，要秉直而行，决不与浊世苟合；要清正廉洁，永远为百姓谋取福祉，实在是难能可贵。

孙葆田，字佩南，山东荣成埠柳镇不夜村人，生于1840年，卒于1911年，一生经历了中华民族最黑暗的时期，是晚清乱世的见证人。同治十三年（1874）考中进士，授刑部主事，学习期满，被任命为安徽省宿松县知县，在任三年。光绪十一年，受命参与江南乡试工作，次年调任合肥知县，光绪十四年冬，因依法惩办李鸿章侄子杀人案，触怒权贵，遭到报复。孙葆田顿感，直道难行，清官难做，官场难呆，于是乎便辞官不做，拂袖而去，践行了他“不合则去”的为官誓言。之后，曾有大吏举荐，邀其复出，都被他婉言谢绝，先后主持开封大梁书院，济南尚志书院，讲学育才，晚年受邀编纂《山东通志》《南阳县志》。《清史稿》卷四百七十九有《传》。

“肥吾民，勿肥吾身”，体现的是孙葆田廉洁为民的为官准则。《清史稿·孙葆田传》中没有过多地记载他俭朴、廉洁的事迹，只用了寥寥十多个字来描述他的勤与廉：“勤政爱民，日坐堂皇，妻纺绩，室中萧然如寒土。”孙葆田每日忙于公务，大堂之上，一县之长，威严十足；而再看看他的家中，妻子和百姓一样绩麻纺织，日夜操劳，而室内空空如也，这与孙葆田县太爷之地位和身份极不相符。孙葆田之所以崇尚这种清贫、简朴的生活，主要是受他世界观的影响，当官为的是什么？在他工作、生活的地方，他还撰写了两副对联，或可为其作注释。其一，世事何常，天理有常，绝大经纶争把握；连囷不惜，粒米必惜，此中轻重要权衡。其二，斯是陋室，臣本布衣。“其一”是说，作为一县之长，要把握办事的原则，为百姓建立储放粮食的仓库，决不能吝惜，这是关乎民生问题，是关乎荒年百姓的生存问题，这是一个知县的责任和义务，必须做好；至于知县自己的生活，一粒米也不能浪费，因为，每粒米都浸透着百姓的血汗和辛苦，那是一位知县应该具备的操守。“其二”是说，尽管自己身居神秘而威严的县衙，甚至端坐在神圣的大堂之上，但从心态上来说，不应该盛气凌人，忘乎所以，把自己看得高高在上。殿堂再华丽，那只是为百姓办事的地方，大堂再威严，那是依法主持正义，为百姓做主的地方，要始终保持一种平淡的心态，视大堂为陋室，知县本身就来自百姓。从这两副对联中，也可看出这位孙知县的世界观、价值观，当官就要为百姓谋福祉，为百姓才来做官；为百姓，就要担起当官的责任，全力以赴，在所不惜；当官要严格要求自己，蔬食布衣，乃是自己

本分。

孙葆田的这种思想，主要受以下几个人的影响。一是受老师张裕钊和单为鏓的影响，二是受父亲孙福海的影响。张裕钊，字廉卿，号濂亭，湖北武昌人，晚清著名的散文家、书法家，曾执事于曾国藩幕府，为“曾门四弟子”之一，一生把仕宦看得很淡，而酷爱古文，曾讲学于湖北、陕西、直隶等书院，在文坛影响很大，孙葆田早年随父至湖北，师从张裕钊；单为鏓，字伯平，号芙秋，山东人，著名的理学家，曾主讲济南泺源书院，著有《四书述义》，孙葆田于湖北回到山东，遂师从单为鏓学经学。两次师从名师，奠定了他深厚的儒学功底和思想基础。

孙葆田的父亲叫孙福海。孙葆田所著《校经室文集》卷六，有《先府君事略》曾对他的父亲一生履历进行了记载和评述：姓孙氏，本名荣衮，后因寄籍宛平改名福海。字镜寰，一字补堂。道光二十三年举人，授知县，发往湖北，于咸丰三年至咸丰十一年，九年间曾署随州，“赏加同知衔”，署谷城县事、署汉川县事、署天门县事，四易其署。同治二年始，至同治十三年，十一年间，又先后任汉阳县知县、钟祥县知县、蕲州知州、远安县知县（未到任）、兴国知州等职。其间三次被罢官，旋即复官。如此计算，“府君宦游湖北二十有三年，前后历八邑”。“所至皆力为俭约，官俸外誓不名一钱。”《校经室文集·先府君事略》中还记载：“（父）卒时惟长子葆源侍，余皆旅京师，于卒之明年三月始奔丧至楚。既以贫不能归，乃悉出先世图书，分别出售，以为归葬资。”孙福海为官二十三年，历署八邑，官至同知，而死后竟无钱以归葬，以变卖图书为归葬之资，可见孙福海为官之清。孙葆田生活在这样的家庭中，从小受的是儒家思想的熏陶，传说他七岁那年，他的父亲在堂前乘凉，葆田在身边玩耍，父亲突然把葆田叫住，说：“我给你出一道考试题，看看你学业长进如何？题目是对对子，我出上联，你对下联。”葆田允诺。父亲遂吟道：“五大为天地君亲师”，葆田应声答道：“一生守仁义礼智信。”父亲大喜。这则小故事不仅说明葆田敏捷的才思，更重要的是他所回答的内容乃是儒家思想之精华，可见他受儒家思想影响之深。孙葆田十三岁就跟着父亲来到湖北，在这里，他不仅跟随张裕钊学到了更多的知识，同时，父亲的一言一行，也使他耳濡目染，父亲为官的俭朴和清廉，父亲为政的勤奋和爱民，都深深地植根于他的内心，为以后他踏入仕途，树立了榜样，奠定了牢固的思想基础。

关于孙葆田惠民事迹，史料里记载不多，也许是因为他为官时间太短，据李梅训等所著《荣成孙葆田年谱》考证，孙葆田于“同治十三年中进士”，“光绪元年授刑部主事”，“光绪八年，刑部学习主事期满，铨授安徽宿松知县”，“光绪十一年，分校江南乡试，光绪十二年，调署合肥知县，十三年在任，因拒绝徇私枉法忤逆李鸿章等，于光绪十四年秋辞官”。这样算来，孙葆田在宿松县任上也就是两年时间，调合肥县任上不足三年，前后两县任职不足五年时间，也很难做出宏远的惠民成就，且在合肥知县任上，还因李鸿章侄子一案，不但案子难审，还受权臣诬陷，搞得他心烦意乱，因此，史料上记载他所做具体惠民事件不多，但《清史稿・孙葆田传》说他“勤政爱民”四个字还是有不少注脚的。

传说孙葆田就任知县后，经常微服下乡，体察民情，调查研究，为治理决策搜集第一手材料，其间，遇到问题，及时解决，为百姓办了不少好事。有一次出访，经过一个地方，见两人争吵甚凶，孙知县派人问个究竟，原来是甲方的驴子蹄碎了乙方的一担子窑货，乙方要甲方赔偿，甲方一无钱赔，二认为非人所为，而是畜生所为，二者争执得不可开交，孙知县上前劝说无果，于是亮出知县身份，各训斥一顿，遂掏出些银钱给乙方以补偿，使一对穷苦百姓都得到抚慰，二人感谢不尽。此事虽小，但从一个角度体现了这位知县的爱民之心。

《清史稿・孙葆田传》记载，孙葆田遭弹劾，辞官归乡后，“逾数年，安徽将清丈民田，巡抚福润疏调葆田主其事，辞不赴。贻书当事，言清丈病民，陈：‘清赋之要，熟地报荒者，当宽其既往，限年垦复。平岁报灾者，当警其将来，分年带征。弊可自除，无事纷扰。’”这是发生在孙葆田辞官八年后的事情。光绪二十二年，安徽巡抚知道前任合肥知县孙葆田贤能，上奏朝廷，起用孙葆田主持安徽清查田赋之事，得到了朝廷批准，于是，巡抚福润下文征调葆田，葆田收到公文后，“辞不赴”。因为他已领教了官场的黑暗，决不再陷泥泽，但清查丈量土地，关乎百姓利益，因此，孙葆田虽然辞官不

赴，但他还是给巡抚写了个呈子，陈明丈田的利害，明确指出清丈田地是损害百姓的行为。那么，不清丈田地又该怎么办呢？他指出了清理赋税的要领：凡是熟地（已耕种的田地）报为荒地的，核实以后，应当对他们过去欠的赋税给予宽缓，并限定年限令其垦荒，重新恢复熟地；平常年份按熟地如实上报的，应当警惕以后发生灾荒，可以分年加征一些。这个建议就是要官府对一些瞒报耕地数量的农民，不要一棍子打死，既纠正他们的错误，又要用政舒缓，考虑百姓的实际承受能力；对于如实上报田产的，应该在风调雨顺的年景，适当加收一点，丰年的时候要考虑到荒年，丰年加收一点，荒年即可免除百姓赋税，如此，百姓利益可以得到保障，官府的任务也能完成。孙葆田虽然已有八年时间不做官了，待朝廷再次征诏，仍不愿出来做官，但他心中仍然装着百姓，仍然关注着百姓的祸福安危。这条建议在当时影响很大，因为他是站在百姓的角度为百姓谋利益的，所以，《清史稿》说："时以为名言。"

"合则留，不合则去"，风操挺然。孙葆田一生为官最风光的时期应是他任合肥知县的两年多时间，他能够写进国史并列为循吏，当和这一时期有很大干系。孙葆田一生为官最倒霉的时期也应是他任合肥知县的两年多时间，就因为任合肥知县，使他刻骨铭心，就因为任合肥知县，使他直道难行，并无故遭到弹劾，也因为任合肥知县，使他看透官场黑暗与险恶，从此远离仕途。合肥是李鸿章的桑梓，李鸿章是晚清名臣，淮军统帅，北洋水师的创始人，洋务运动的领袖，被慈禧太后称为"再造玄黄之人"，尊称中堂，权倾朝野，炙手可热。孙葆田在他的家乡任"父母官"，是福是祸只有天知。在接到调令上任时，就曾有朋友提醒他："在那个地方当官，一定要小心。"孙葆田却回答说："我秉公办事，不管其他。"且在上任后撰写大堂对联："合则留，不合则去"，充分表现了他耿直的个性和挺然的风操。

屋漏偏逢连阴雨。到合肥知县任上，第一桩大案就赶上了茬。《清史稿·孙葆田传》载："调合肥，大学士李鸿章弟子之傔人横于乡，以逼债殴人死。葆田检验尸伤，观者数万人，恐县令为豪强迫胁验不实。葆田命仵作（法医）曰：'敢欺罔者论如律。'得致命状，人皆欢噪，谓包龙图复出，谳遂定。"这是一桩逼债致死人命案，债主不是别人，正是李鸿章之侄、云贵总督李经义之兄李孟仙。李孟仙依仗权势，唆使仆人，催租逼债，将一欠债者活活打死，孙葆田接到报案后，带领县吏一行赶赴现场验尸，众百姓知道是李家人犯的案，按照往常惯例还是不了了之，但又听说这位孙知县是不畏强御、敢于秉公执法的清官，于是上万人来观看这场冤家对冤家，豪门对清官的结果。笔者认为，孙葆田尽管性格耿直，执法如山，但在涉及李鸿章家人案件时难免也会胆怯，为什么呢？审理这一案件，头上时常悬着一把利剑，背上驮着一座泰山。究竟有多厉害？据有关史料记载，当时的安徽巡抚陈彝认为这是桩大案，人命关天，只说了一句这案子不能轻撤，当即就被解任，第二年补顺天府尹，官降一级。一向主持正义，疾恶如仇的两江总督彭玉麟听人说起此案也说："不在其位，不谋其政。"实际上也是不想得罪李鸿章，可想一个小小的县令去问此案，能不胆怯吗？然而，这是万人注目的案子，是正义与邪恶的较量，于是，孙葆田还是壮着胆子秉直而行，他命令仵作，"要如实查验，敢有弄虚作假者，按律治罪"。查验结果是被殴致死，孙葆田传令，立即缉拿凶犯归案。据说捕人时，受到李家围攻，葆田喝令："拿下为首者，重责四十大杖。"于是，万民欢呼雀跃，齐称"包龙图复出"。审理此案绝不是一件易事，李家软硬兼施，说情、送礼、恫吓三管齐下，而这位孙知县不为所动，泰山压顶而腰不弯，依律宣判凶犯死刑，这需要多大的勇气和胆量。

然而，事情怎么会就此了结呢？《清史稿·孙葆田传》载："有御史劾葆田误入人死罪，诏巡抚陈彝按之，卒直原谳。葆田遂自免归，名闻天下。"常言说："扶井杆的多，扶井绳的少"，那李鸿章是多么粗的井杆呢，所以就有御史弹劾葆田，说他误判此案，致人死罪，想必这位御史不是讨好中堂，定是受人指使。皇帝下诏让巡抚核实，结果是维持原判，无怪乎这位巡抚后来被官降一级。

这场风波暂时平息，然而，孙葆田却从这次风波中似乎悟出来一个道理，那就是在这大清帝国的乱世，清官难做，直道难行。于是，他选择了一条最明智的道路——辞官。光绪十四年秋，他挂印还乡，从此远离仕途。据《清史稿》卷二十四《德宗本纪·二》载，德宗二十一年四月，"己未，赏前宿松县知县孙葆田五品卿衔"。清代朱

寿朋《东华续录》“光绪一百一十六”也载：“已未，赏前宿松县知县孙葆田五品卿衔。”辞官多年后，朝廷又为其加衔，说明仍有出山的可能。次年，安徽巡抚福润奏报朝廷，举荐孙葆田出任安徽勘丈地亩之事，孙葆田辞不赴任，《辞赴安徽呈子》中说：“去岁荷蒙圣恩，赏给五品卿衔，有笃行乡绅之褒嘉。每思砺行修身，保全晚节。”这里所说的“节”，指的就是他的操守与品格。“保全晚节”，以示决不再染指官场，否则就会在泥污浊水中丧失气节。三年后，即光绪二十五年，朝廷再次调用孙葆田在山东办理赈灾之事，孙葆田主意很正，借故脚病不赴。光绪三十一年，山东巡抚杨士骧邀请孙葆田出任《山东通志》总编，这个俸簿职微的差事孙葆田倒欣然从命，后来在极为艰难的情况下，取得了巨大成就。

孙葆田这一明智的选择，不仅保全了晚节，同时也保全了他那条性命，他在忠实地践行着“合则留，不合则去”的为官原则。光绪十四年（1888）孙葆田辞官，这年他四十八岁，十二年后，这位已经六十岁的儒者，在讲学的乐趣中，追忆往事，还写了一首《满江红》：

> 六十年华，猛回头，白驹过隙。乘除夕，几番欢笑，几番怵惕，杜牧重来情未已，廉颇老去心犹热。悄无言，脉脉立斜阳，长空碧。经坎坷，历浩劫，激情事，凭谁说，算古往今来，几多覆辙。规律难随人意改，韶光洗尽风流客，举一杯浊酒向青天，邀明月。

这首词追忆了他六十年走过的历程，慨叹时光易逝，人生苦短，暗自寻思，几分庆幸，还有几分余悸。尽管仍有报国之心，然而，斜阳已暮，垂垂老矣！下阙聚焦在他对合肥知县任上“李家命案”的回忆和抒怀上，劫后余生，更能感受到世事之艰难，官场之险恶，权臣当道，直士难行，古往今来，例不胜举。寥寥数语，倾尽了这位儒者的不平和无奈。最后，用举酒邀明月的方式来表达历来文人自我安慰，自我解脱的情怀。

看起来，孙葆田的大半生中，合肥知县任上所经历的“李家命案”使他惊心动魄，终生难忘，懊恼这样的事情为什么让自己碰上，他更庆幸自己从这个事件中有所醒悟，选择了明智的道路，否则，恐怕连举酒邀明月的机会也没有了。

孙葆田从四十八岁辞官，到寿终七十有二，二十四年间，在学术研究、培养人才方面做出了很大成就，尤其是他主编的《山东通志》《南阳县志》，对后来方志的发展，产生了积极影响。他教书育人，硕果累累，桃李满园。然而，更能让后世敬仰的还是他知县任上的五年的作为。就是这五年，使他一个小小知县走进了国史，就是这五年，使他声震朝野，也是这五年荣受万民拥戴，“孙青天”“包龙图”等称谓也来自这五年。史家看中的是他的人品和官品，百姓称颂他的也是他的人品和官品，就连后来曾任民国大总统的徐世昌都写诗赞扬孙葆田的人品和官品，称赞孙葆田虽为地方小官，然而他能做到“劲节抑豪贵，恺悌对斯民”，着实难能可贵。

除恶驱邪，排难解纷
见义赴勇，不计祸福

——川中“疯子”知县何曰愈

晚清循吏何曰愈曾撰一篇笔记小说，名曰《甘疯子传》，节录于下：

甘疯子，江苏上元人。逸其名，有神勇，力能斗虎，逾高绝远，捷疾如飞。淡嗜欲，不事家人生产。遨游天下，性任侠，道遇不平，辄为人排难解纷，故人以疯子名之。

……

游黄山，喜其幽邃，虽人迹所不至，肆意冥搜，必穷历乃已。至莲花峰，峰高数丈，四面陡峭如壁，上平如砥，疯子遂飞身登其颠，见梵宇一区，类落成者，疯子喜，以为斯峰猨狖所不到，必非人居，自诧为武陵之遇。遂整衣入殿宇，虽不甚华藻，而幽敞精浩，花木萧骚，鸟声上下，落英糁径，草碧无尘，迥异人世。步至禅房，见床帐几案，陈设焕烂，颇怪之。乃偃息榻上，见帐隅悬小木鱼，一戏击之，俄闻门声呀然，二丽人自屋后出，修眉浩齿，雾鬓支鬟，见疯子，惊愕错愕，却行欲避，疯子趋前揖曰：“某东西南北之人，不意唐突，幸示迷途？”二女曰：“君何人，乌得至此？”具告之，女曰：“余本良家子，被恶僧掳至此，同难十余人，皆幽闭窟室中，已数年矣，不能自脱，故强颜偷生。悯君孤旅，宜速行，迟则齑粉矣。”疯子诘其故，女曰：“贼膂力绝伦，猛兽不敢近。朝出暮归，上下如集，行且至矣，君宜疾行。”疯子哂曰：“某虽惊，若欲归，请为若除之。”女曰："君得毋夸乎？倘能相救，是起死而骨肉也。虽然事若不济，是祸也。"曰："若无我虑，贼往来径路，若为我告之，某自能办。"女乃引疯子出，指峭崖曰："贼往来皆道此，君当慎之，勿视为等闲也。"遂退。疯子乃翳身丛薄间，凝神以俟。少焉，红日衔山，杳无踪兆。潜探首下视，遥见一人，缘溪而来。行且近，谛视之，僧也。熊腰虎体，躯干修伟，背负一囊，步履如飞。及崖下，乃紧带撩衣，耸身而上。疯子出其不意，腾足踢其胸，僧颠。略一喘息，乃解其囊，复贾勇而登。立未定，疯子又飞足蹴之，僧以手力格，僧颠而疯子亦仆。有顷，疯子起，僧亦抖擞跃上，疯子俟其甫登，竭力踹之。僧两手握其足，二人遂俱坠崖下。僧伤已重，而互相挽结，犹兽斗山足。疯子坠时，幸僧为之垫，伤稍轻，乃乘间击其要害。僧瞋目曰："某称雄数十年，未逢其敌。今遇子，命也。"乃三跃而卒。疯子复跃而上，为女贺曰："幸不辱命，贼已毙矣。"于是尽出窟中女子，燔其舍宇，缒诸女子下。讯诸里居，一一送之归。自兹疯子之名益震。

至岭南，有巨室某，富甲一郡，剧盗数十辈，谋往劫之。疯子适至，微闻其事，漏初下，乃先登巨室屋，隐身潜伏。夜未半，忽闻门外人马沸腾，火光烛天，巨室举家惊惶，不知所措，疯子知盗已至，屏息俟之。少焉，有盗飞立屋檐，疯子歼之，继至者十余辈，皆击坠庭中。群盗见屋内寂然，无敢复登。天将曙，群盗相谓曰："入者吉凶未卜，孰往探之？"一盗应声起，倏登墙际，见先登者尸相枕藉，仰见一人，踞坐楼脊，知为异人，哀之曰："某等唐突，自贻伊戚，自兹以往，不复相犯矣。"疯子曰："若知悔，且舍若。"群盗遂鼠窜。东方既明，疯子乃下，巨室跽谢曰："与君素昧平生，忽蒙高义，拯某于厄，敢以家资之半为谢。"疯子不答，拂衣而行。巨室挽之曰："君义士也，既不受谢，而死者累累奈何？"疯子曰："来！偕诣邑宰。"白其事，遂飘然而去。其排难解纷多类此！

……

或曰：疯子本儒生，曾登进士第，任某邑令，缘事赐帛东市，夜半而苏遂匿其名，隐于黄冠云。

这篇笔记小说的作者何曰愈，字云畡，号退庵，广东香山人，生于清高宗乾隆十八年，卒于清穆宗同治十一年，终寿八十岁。曾任四川垫江县（现属重庆市）典史（不入品级）、蓬州吏目（文书、杂役类，从八品或九品）、会理州吏目、西藏察木多（今西藏昌都县）粮台、岳池县（今属四川广安市）知县、平山县知县等职，同治元年，其子何璟任安徽庐凤道，曰愈退官就养于璟，后归里，卒于家。有《退庵诗话》和《存诚斋文集》。

笔者读《清史稿·何曰愈传》《清史列传·何曰愈传》《香山县志·何曰愈传》及其他有关史料，总感觉史家以循吏姿态把何曰愈写进国史、方志，似乎与其他循吏有所不同。清史中列为循吏的多以知县为主，他们往往关注民生，亲民惠民，广施教化，主持公平正义，稳定一方治安，使百姓安居乐业。在他的管理范围内，取得了为政的成就，受到百姓的拥戴，也得到朝廷的肯定。而何曰愈与之不同的是：一是知县任期短。据《香山县志》记载，何曰愈是咸丰元年（1851）才正式当上岳池县的知县的，咸丰三年又调任平山县知县，三年内换了两个地方，且就在这一年又以母忧离职，算起来在知县任上总共不到三年。二是两县知县任上，全面治理该县的措施及成就史料不多见。三是众多循吏身上那股儒气不浓。除了感觉到他一身正气外，更多地感受到他身上的侠气。同治五年刻本《存诚斋文集》，前面有多人为之写序，后面也有几人为之题跋，其中都有对何曰愈本人的描述。如曾任内阁大学士的朱兰，就在《存诚斋文集·序》中说：何曰愈“豪情挥洒”，“神骏似少年”，“尤留意于韬略”，“为官无论高卑，但得施展才学，有裨于国计民生，即足偿平日读书之志”。官至安徽巡抚的吴坤修也在《存诚斋文集·序》中说何曰愈“年已七十有五，精神视履如四五十许人”。《香山县志·何曰愈传》更说何曰愈是“见义赴勇，不计祸福”。所有这些对何曰愈人格的描述、形象的刻画，在他身上，怎么就有《甘疯子传》中“疯子”的影子？何曰愈的《甘疯子传》中的“甘疯子”，是否就是他自己，无从考证，但是，最起码“甘疯子”应该是何曰愈赞赏的对象，换句话说，在何曰愈身上就具有“疯子”的潜质。

他是“不计祸福”勇于调解西南边陲民族之间矛盾的“疯子”。

何曰愈从两任吏目做起，一生为官四十余年，绝大部分时间没有离开四川，尤其是在会理时间较长。会理州，于清雍正七年所置，隶属宁远府。会理地处四川西南，大致区域为现在的会理、会东、米易、德昌及攀枝花等广大地区，与云南交界。新中国成立后，会理撤州置县，隶属凉山彝族自治州。会理自古以来就是多民族的集聚地，主要有彝族、藏族、蒙古族、回族和汉族等，以彝族和汉族人最多。会理山高岭峻，沟壑纵横，地形地貌十分复杂，千百年来生活在深山岩崄中的一些少数民族，与汉人有截然迥异的文化，中原儒学似乎“春风不度”。不同的少数民族，他们也有各自的文化背景，也有不同的生活、生存需求；即使一个民族，也不统一，就拿彝族来说，就有深入凉山“百里皆夷地”的记载，分上百个支系，各自为政。这些少数民族，相互仇视，尤其仇视汉民，他们掳汉民为奴，遇到朝廷兵勇，即散匿在深山，因此，各民族之间的矛盾不时激化，形成了这一地区有名的难治乱象。历来官府都怯于这一地区的治理，其手段非剿即杀。雍正五年和七年，朝廷就派兵对这一地区少数民族两次剿抚，也就在何曰愈官会理的前夕，嘉庆十六年（1811），清廷再次对凉山用兵，其目的是镇压“叛乱”，改土归流（改土司制为设朝廷流动官），加强对少数民族的统治。云贵总督鄂尔泰对待少数民族的态度是：“既明肆背叛，屠灭有名，若复少事姑息，贻害何底？臣意，禄酋族姓（指乌蒙禄氏土司）务应尽戳，逆目恶党务应尽除。”（《云贵总督鄂尔泰为钦奉上谕奏事》）这样的态度，雍正皇帝居然给予肯定和赞赏。乌蒙，即现在云南省昭通县一带，乌蒙与大凉山南北交错，同属少数民族积聚区。清魏源的《圣武记·雍正西南夷改流记》说：大凉山一带的少数民族诸土司，“滇、黔有可制之势而无其权，四川有可制之权而无其势”，于是乎委托云贵总督鄂尔泰司剿凉山之土族。官府对土族的态度以斩尽杀绝而后快，因此，土司对官府也是恨之入骨。改土归流后，不少朝廷派去的流官被他们杀掉，大清在该地的统治很难得到巩固。在这种情况下，很少有朝廷命官敢以调解的方式深入少数民族中间去解决他们之间的矛盾的，那不但不会取得什么效果，反而很可能会丢掉性命，如果有这样的人，人们肯定认为他是个疯子。

何曰愈算得上人称的“疯子”。有关史料记载了三件事。其一，《清史稿·何曰愈传》记载：“道光初，授四川会理州吏目。土司某桀骜，所部夷人杀汉民，知州檄曰愈往验，以贿乞免，却之。乃率众来劫，不为动，卒成验而还。”这件事在《香山县志·何曰愈传》中记述得更详细：“道光五年，补会理州吏目。州地夷汉杂处，素称难治。曰愈廉以律己，恕以待人，民爱戴之。州有狱，不决，委讯即服。猓夷杀汉民，知州命曰愈代验，土官介绅献金乞无验，而以自戕报，曰愈叱去之。”单骑驰往，土官以兵来迎，曰愈不为动，验得杀伤，报上官。土官谦曰愈谓索贿不得，故枉法。上官廉得实，仗土官而黜之。其二，《香山县志·何曰愈传》载：“宁远府猓夷焚掠冕宁，盐源，西昌诸县，上官以曰愈习悉夷情，命参总兵占泰军事，至营，知县以民变求兵发，曰愈轻骑往视之，众哗于县门外，问之，则曰被猓夷焚掠无以自活，因与知县谋，给以饮食，栖以庐舍，告之曰：‘尔平日欺夷如鹿豕，据其地，没其租，称贷则重息以剥之，夷愤极而成此祸也。’乃请于总兵，得兵五百人，又募勇三百人，捣夷巢斩数十级，余皆遁。兵旋夷尾其后，复伏巨炮击之，皆溃。是役也，以数百人破夷众数千，越雋（古郡名，在凉山彝族自治州境内）之夷凡十七支，闻之皆惧，乞降。且请汉人复业，无食者贷以粟，无屋者赠以材木，曰愈告民曰：‘彼夷尚有天良也，今后宜相安。’民皆悦，与夷约法十二章，歃血盟，夷患遂息。”其三，《清史稿·何曰愈传》载：“滇匪韩登鸾纠众入会理州境，声言与回民寻仇。回民疑汉民召匪，因焚民居。曰愈率一旅往，闻流言奸细伏城内，乃下令毋闭城。三日后，按户搜查，容奸细者从军法。越三日，城内外贼党悉遁。曰愈曰：‘吾不闭门、不遽搜者，正开其逃路耳。’众皆服。遣人持榜文谕登鸾，遵示释怨退去。复持谕回民，回民曰：‘昔日被水灾，田庐尽没。何公一骑渡河赈我，又为我濬河，至今无水患。戴德未忘，今敢不遵谕！违者诛之。’自是回民亦不扰州境。”

以上三件事都是记载的何曰愈如何处理民族矛盾的事情。

第一件事是处理倮夷与汉族之间的矛盾。倮，同猓。有本子就写成猓夷，猓：兽名。夷，对少数民族的蔑称，倮夷，指的是大凉山彝族中较大的一支。这部分人，远离教化，桀骜不驯，目无法纪，凶狠残暴，尤其将汉人视若仇敌。要办理这样的杀人案，办案者要承担莫大的风险，无怪乎知州让曰愈“代”验之。而这位职微，权轻的府中杂役却义无反顾，毫无惧色，“单骑驰往”，在拒绝了土司的贿赂之后，面对的应是凶残的杀戮，这是曰愈应所料到的。果然，土司以兵相迎，然而，曰愈不为所动，最终完成验尸定案的任务。何曰愈靠的是什么？靠的是一身正气，凭的是一身胆魄，凭借的是正义焕发出的威仪和勇气。

第二件事是处理宁远府彝族中的一支与冕宁、盐源、西昌诸县回民之间的矛盾，上官又是“以曰愈习悉夷情”为由，命曰愈处理这一棘手的矛盾。这些夷人最恨的就是官府，处理这些矛盾的官员，随时都有生命之虞，何曰愈的处理原则是：有恶必惩，首恶必除，先剿后抚，化解干戈。措施是首先以兵对兵，“以数百人破夷众数千”，捣其巢，斩其首，使其降，这靠的是什么？靠的是勇气和智慧。同时指出该地百姓平时在处理与“猓夷”之关系时所犯的过错，最终达到约法、誓盟、握手言和之目的。

第三件事是处理滇匪韩登鸾与回民之间的矛盾。何曰愈采取以威镇之，以德化之的手法。先是提兵拒匪搜奸，然不歼之，后是谕示双方化仇解怨，遵纪守法，各安其事，达到化解矛盾、稳定一方的目的。

读关于何曰愈这些史料，再与何曰愈的《甘疯子传》相印证，在何曰愈的身上，在解决复杂激烈的民族矛盾中，时时都能看到“甘疯子”那种惩恶荫善，“见义勇赴，不计祸福”的侠义精神，这种精神似乎和一位循吏的身份不甚相称，然而，将其放在晚清社会的大背景下，尤其是鸦片战争前后社会混乱的大背景下，把他放在多民族杂居且矛盾极为尖锐的环境中，这可能就是一位循吏应该具备的责任意识和担当精神。

他是敢于冒险、勇于探险、乐于历险的“疯子”。广东香山何氏家族是一个大族，从何氏族人中走出的名人也不少。何曰愈的父亲虽不是什么名人，可也曾任过知县，后人誉之为诗人。何曰愈的儿子何璟进士出身，曾任四省巡抚，闽浙总督。然而，何曰愈时运不济，终无功名。据《香山县志·何曰愈传》说，他的“吏目”小官是“援

捐”换来的，援捐，是清朝的一种取官制度，即以钱买官。后来在“吏目”任上，在处理猓夷杀汉民的事情上，显示了他的“才干”和智慧，上司赏识，“送部引见，捐升知县”。因为没有考取举人、进士，即便有才干，要提拔任用，仍得向朝廷交钱。《清史稿·何曰愈传》说：“捐升知县，以习边事，办西藏粮台，三载……”《香山县志·何曰愈传》也说：“捐升知县，返四川，上官命主西藏，察木多粮台，调署前藏粮台。”粮台，是部队管理粮草的官。升了知县，就应该到知县岗位上任职，因无缺可补，便使其署理西藏军粮之事。在藏区管理军粮，务必要与藏人打交道，这又是一块烫手的山芋。《清史列传·何曰愈传》中说：“委办西藏粮台，驰七八千里，览穷山怒流，边风寒雪，跌宕自喜。”《香山县志·何曰愈传》也载一事：上官命主西藏察木多粮台。调署前藏粮台，故事粮台官见达赖喇嘛膜拜，达赖坐受，曰愈长揖不拜，曰：“达赖虽尊贵，可踞见天朝吏乎?”达赖笑握手，延之坐，曰：“君有根器人也。”前者记述了何曰愈在职业不熟、环境不熟、语言不通、道路不通的情况下，为不辱使命，不畏艰险困苦，踏遍西藏千山万水，其中所表现出的勇于探险、乐于探险的精神与“甘疯子”游黄山之精神高度契合。后者记载的是何曰愈在谒见达赖喇嘛时的举止言谈。他改变了原来粮台官谒见达赖喇嘛的礼节。膜拜，是一种大礼，长揖而跪叩，这是恭畏的行礼方式。原来的粮台官在谒见达赖喇嘛时都行此大礼。然而，何曰愈见达赖时只揖不拜，与前任粮台相比，这种礼节显得对达赖喇嘛不够恭敬，这也是令人为之捏把冷汗的举止，原因是什么呢？是因为达赖在召见他时是坐着的，这不符合达赖接见清朝官吏的礼节。达赖自知礼短，于是，不但不怪罪他，反而握手言笑，让之座位，并称赞他是有根器人也。根器，简言之就是指一个人先天的禀赋，潜在的气度。在这位至高无上的藏教领袖面前，何曰愈礼虽不至而得体，言有不恭而据理，展示了一位天朝命官在宗教领袖面前的不卑不亢、不屈不傲的风采。

在何曰愈身上，可以看到《甘疯子传》中甘疯子的影子。但甘疯子形象绝不是何曰愈的全部，在他身上有甘疯子的一面，但同时也有儒吏的另一面。比如：何曰愈“廉以律己”，这是清官的首要条件。

在处理吐司杀汉民的案件中，拒绝土司的贿赂，依法办案，宁冒风险而不枉国法；“补岳池县知县，人有曾为山东兵备道者，恃势骄横，初见就有所请托，曰愈正色拒之，豪强多不敢逞”。也表现他耿直的性格和不畏权势、秉直而行的为官品质；何曰愈爱民荫民，凡遇百姓之事，他都不计祸福，为之排忧解纷。当宁远“猓夷”侵掠冕宁、盐源、西昌等县百姓时，他轻骑深入该地考察，首先要做的工作是：“与知县谋，给以饮食，栖以庐舍”，做好劫后百姓的安置工作，然后对百姓进行教育，指出这场灾难发生的原因，使百姓从中吸取教训，以免此类事件再次发生。在调解韩登鸾与会理回族的矛盾中，回族人为表示服从何曰愈调解而道出了另外一件事：“道光十六年，披砂（地名，今属凉山彝族自治州宁南县，回族聚居地）水灾，田庐皆没，河溜急，不得渡，何公策马率数百人负米赈我，又为我疏河道，除水患，至今戴公德不忘。”（《香山县志·何曰愈传》）道光十六年，何曰愈还是会理州的一个“吏目”，而其赈灾、救灾之举，受到当地百姓的拥戴。从道光十六年到调解韩登鸾与回族矛盾，时间已过去近二十年了，回族百姓对这位爱民之官仍记忆犹新。仁爱是儒吏思想之本，被奉为为官之道，何曰愈虽有侠士之风，但儒家仁爱思想在他身上也能充分体现。还以处理韩登鸾与回族矛盾为例，当得知滇匪犯会理回民，何曰愈受命，率一旅往，但他一是围城不闭城门，二是待三日后才搜，众不解其意，曰愈曰：“吾不闭门，不遽搜者，正开其逃路耳。”这晒出了一位循吏的内心世界。因为他知道，不管是“滇匪”还是“奸细”，其实都是普通老百姓，提兵镇之，是上级之命。仁爱宽怀才是为官之良知。何曰愈淡泊名利，雍容大度，不计细微。按说，作为“吏目”是不具备代知州执法的。然而，何曰愈不但毫不推诿，甘冒风险，而且把事情办得非常漂亮；升任知县，返回四川候补，上司却派他为西藏前藏粮台，致使他跋山涉水，餐风露雪，历尽险境，吃尽苦头，而他欣然从命，毫无怨言，且乐在其中；从岳池知县上调署平山，刚上任，母亲去世，返乡丁忧，因“盗贼塞路”，不能回去，如果新知县已经就任，那这时应是他休息的很好的机会，而上官却又让其参与军营之事，主要解决各民族之间的纷争。这又是一件非常棘手而又有很大风险的事，而何曰愈仍是无怨无悔，

见义勇赴，且在这方面做出了很大的成绩，受到了上官的旌扬和肯定。这一系列“分外”之事，何曰愈不仅是不怨不诿，而且件件都做得有声有色。因此，上官认为他有功，并准备提拔使用。然而，恰遇大吏迁升，这事也就此搁置。后来有人劝他将此事记下来以传后世，他却说：“分内事，不自言也。”

正像朱兰在《存诚斋文集·序》中说：“先生以为官无论高卑，但得使展才学，有裨于国计民生，即足偿平日读书之志。”道出了何曰愈不计名利，不计地位，不讲条件，甘愿为国为民展平生之才、尽平生之力的博大的胸怀、豁达的性格和孺子牛精神。

凡有利于民者，为之无不力

——泾阳知县涂官俊

“凡有利于民者，为之无不力。”这是史学家对大清光绪年间七品知县涂官俊的评价。（见《清史稿》卷四百七十九《涂官俊传》）

涂官俊，字劭卿（一作少卿），江西东乡县人。光绪二年进士，先后任陕西富平、泾阳、长安、宜君等县知县，清廉勤政，兴利除弊，为民造福，积劳成疾，卒于任上，死后百姓“争尸祀之，祭祠七处”。

《清史稿·涂官俊传》载：“补君宜，山邑地瘠民朴，官此者多不事事。官俊劝农桑，兴水利，成稻田数百亩。躬巡阡陌，与民絮语如家人。调泾阳，历官皆有声。凡两任泾阳，政绩尤著。”根据《清史稿》记载，涂官俊在陕西官四邑，皆有政声，尤其是在泾阳县知县任上，成绩最为突出，宜君任上次之。另据大清宣统三年铅印本《泾阳县志·官师表》载：涂官俊第一次任泾阳县知县是在光绪十一年，任期一年，第二次任泾阳知县是在光绪十五年始任，光绪二十年离任，任期五年，前后署泾阳共六年。由于在泾阳知县任上时间较长，这得以充分施展他的才华，为泾阳百姓办了不少好事。所以，得到泾阳百姓的爱戴和拥护，死后，百姓为了纪念这位好官，建祠堂祭祀之。现在，泾阳县博物馆还存放着当年泾阳百姓为涂知县建祠堂时立的一通石碑，碑文清晰可见，记录了泾阳百姓为纪念涂公建立祠堂的经过，和涂知县在泾阳的为政风格及取得的政绩。

最使泾阳百姓敬佩的是涂官俊的为官操守。他没有官架，经常“躬巡阡陌，与民絮语如家人”；他为官低调，不讲排场，不讲阔气，“衙斋不过数人”（《泾阳县志·涂官俊传》），出入轻车简从，与民无扰；他廉洁无私，不贪不占，以身作则。远近闻名的安吴（即安吴

堡）寡妇，曾因慈禧太后逃难于此，主动捐银十万两于慈禧，被慈禧封为“一品夫人”，后又被光绪皇帝封为“护国夫人”，因继嗣问题，无端遭到无赖的骚扰，官司打到县衙，涂知县秉公断案调解，使问题得以解决。安吴寡妇周氏为答谢涂知县，送去白银若干箱，涂知县先管差人吃喝，然后再付差人工钱，但所送银两，分文不取，一律退还；他严格管理下属，先从家人开始。为节约县衙里边的开支，他裁去了不少闲人，而首先裁掉的是他的侄子，使从家里跟他一起来这里的侄子与其他百姓一样自谋生计。在他的带动下，衙门开支减少了一半。他的一位同族叔叔，神志上有点毛病，家中还有位老娘，这位老太太为了让儿子有碗饭吃，就将这位憨儿子托付给了这位族孙，谁知涂知县这位叔叔干活挺卖力，就是嗜赌如命，涂官俊正在整顿衙门歪风，有人将此事告诉给涂知县，这位知县毫不留情，依规重责四十大板，然后发回江西老家，从此衙内无人敢赌；他治理一县，先从整顿吏治开始，泾阳县博物馆保存的涂公祠《碑文》中开篇就写道：“公两治泾，其初，政尚严猛，发摘□史奸胥，铲削尽根株。”涂官俊对那些骑在百姓头上作威作福，倚仗权势搜刮民脂民膏的胥吏恨之入骨，惩除这些胥吏，他用的是严政，下的是猛药。他一边明察暗访，一边发动大家对那些污吏进行揭发（发摘、检举、揭发），一旦核实贪腐事实，决不留情，立即清除胥吏队伍。经过整顿，留在衙门中办差的都是一些清廉、正直、能干事的胥吏，这才有了前边提到的“斋衙不过数人”的记载。有了这样一支精干的办事队伍，所以，才有后来涂知县想为老百姓办事，而事事又能办成的结果。

涂官俊在泾阳知县任上两任六年，究竟为泾阳百姓办了哪些好事呢？回答就像史官说的那样，“凡有利于民者，为之无不力”。

兴水利，劝农桑。泾阳县地处陕北高原，为“八百里秦川”腹地，气候干燥少雨，自古至今农民视水如命。在这样的地理环境下，百姓对农田丰收只是一种期盼，天不下雨，这个地方的收成是十年九歉。涂官俊两任泾阳，看准了这一点，要想让百姓有饭吃，首先要解决的就是水的问题。《清史稿·涂官俊传》载：“流经泾阳县的‘龙洞渠’，故白渠也，官俊倡言开濬，众议以工巨为难，独毅然为之。由梯子关而下，水量增三分之一。复于清冶河畔修复废渠二，水所不至者，劝民凿井以济之。先后增井五百有余，无旱忧。”龙洞渠为大清乾隆二年所建，开凿后一直作为泾阳灌溉的主要水源，然而，由于年久失修，河床淤积，无法行水，等于一条废河。因为清淤工程浩大，所以，前任知县均不敢光顾。涂官俊任泾阳知县，下决心要破解农田保收的难题，清淤龙洞渠又被提上了议事日程。

《清史稿》中这段记载说明了几个问题：一是说涂官俊引水灌溉的决心，因为工程浩大，一些官吏谈清淤而色变，而涂官俊认为这是一项利民工程，力排众议而挺之，此项工程在知县的强推下开工；二是说这项工程竣工之后的效果：“由梯子关以下水量增加三分之一”；三是说除清淤龙洞渠以外，还修复了清峪河和冶峪河畔的废渠，使多年废弃的水利设施重新得以利用，为民造福；四是说在修复大的水利设施的同时，涂官俊还倡导百姓打井抗旱，以补渠水不到之虞，全县打井五百多口，这恐怕在西北地区抗旱史上也是个创举。“旱无忧”三字，概括总结了涂官俊在泾阳大兴水利工程的效果，也流露了泾阳百姓排除旱忧，丰年在望的喜悦之情。

水利是农业的命脉，水的问题解决后，就解决了泾阳百姓的吃饭问题。然而，涂知县并不满足，他号召百姓利用空地植桑养蚕，增加收入。蚕桑文化是我国农业文明的主要表现形式之一，这种表现形式在江南尤为显著。涂官俊是江西人，谙熟这种农业文明，因此，他要在西北高原上推广这种农业文明。《泾阳县志·实志·蚕桑》载：“桑园二一，在南门外迤西有桑一千五百余株。光绪十八年，知县涂官俊创。设计地纵横一十五亩。筹设计地一十二亩九分九厘九毫。按：桑蚕之利，人人知之，人人皆能言之，而旋作旋辍讫无成效者，以经费支绌视为具文耳。……（光绪）十八年，知县涂官俊始筹公钱五百，创立桑园，开辟地分畦种，省颁吐鲁番湖桑诸秧，并刊《豳风广义》一书，为乡民讲解。”看起来这位涂知县在推广蚕桑这个农业项目上着实下了大功夫。从官方专门设计土地，到官府筹钱引进桑树品种，再到植桑的技术指导，完成了一整套的系统工程，为江南蚕桑文化在西北黄土高原上扎根推广做出了不可磨灭的贡献，以至于后来很长一个历史时期，泾阳百姓受益于桑蚕农业，史、志上不乏记载。

建社仓，备荒年。《清史稿·涂官俊传》载：“泾民多逐末，不重蓋藏，义仓无实储。官俊谓积谷备荒，莫善于年出年收。躬诣各乡劝谕捐谷，严定收放之法，民感其诚，输纳恐后，仓皆充实。十九年，旱荒，全活凡数万人。”社仓和义仓都是我国古代储粮备荒的一种习俗，也是一种储粮制度，社仓涉及范围较广，一般设在村镇，而义仓设在县城，是一种民办而由官府监督仓储运作模式，建仓目的是备荒。关于涂官俊在泾阳建社仓，在前面提到的“涂官俊祠碑”中作为涂知县在泾阳做的一大功绩被记录下来。《泾阳县志·地理·仓廒》也载：“（光绪）十七年，知县涂官俊按实清厘分乡统办，名曰义仓，约计储京斗麦二万四千余石。”并制定社仓《办法章程十二条》：

> 经管义仓宜打叠心地，仓储粮麦宜每年收放。
> 仓存余麦宜另簿分写，修盖义仓宜各择善地。
> 收放义仓宜明定限制，验麦捉斗宜互相钳制。
> 管仓诸人宜优礼酬劳，烟户丁口宜各里核实。
> 崇本抑末宜广劝农桑，收放之日宜祀神会食。
> 户口既清宜举行保甲，教养相资宜推广举行。

“按：十乡社学仓，自光绪十九年后始归画一，涂君此章定于十七年，故视今间有异同，且其时犹有未尽善者，蓋事属创始。”涂官俊作为一县“父母官”，本着对百姓生活负责的态度，力推社仓建设，在他制定的社仓建设管理办法中，涉及内容还较丰富，从建社仓选址，到建成社仓的正常运作，从以善良，负责的标准选取管理人员，到管理人员的薪酬问题，从社仓运作中的监督办法，到关于社仓问题的教育宣传，基本上都能涉及。从光绪十七年制定此办法，一直到光绪十九年才全部按照这一办法执行。在执行过程当中，大家仍能感受到这“十二条”还不是尽善尽美，需要根据各乡不同情况加以补充和完善，然而，《泾阳县志》的编者给下的“按”语是“事属创始”。建社仓不是涂官俊的创举，早在宋代作为一项惠民措施已广泛推广，清代前期，此项传统的做法势头不减。然而到了嘉道以后，慢慢呈现衰败的趋势，尤其是在泾阳，同治年间遭遇的“回族之乱”，各乡社仓被焚一光，若干年后，毁却社仓的弊端显现。据史料记载，光绪三年，关中大旱，田里庄稼见火即燃，颗粒无收，百姓卖儿鬻女，道路饿死者相枕。即便是这些场景人们都亲身经历，如在目前，然而号召百姓、绅士捐粮纳钱建社仓也非易事。涂官俊二次署泾阳是在光绪十五年，推行两年才略有眉目，制定“十二条”，泾阳百姓“感其诚”，才把这个事情办了起来，《泾阳县志》记载，光绪十八年、十九年，泾阳连年大旱，涂官俊就利用已建好的社仓，开仓赈济，同时向上司申请救灾粮，临境诸县受灾死者累累，而泾阳却凭借这位清官的智慧和毅力“全活凡数万人”。

清积讼，靖境域。《清史稿·涂官俊传》在叙述涂官俊调泾阳后的第一件事就是“清积讼千余”。为什么会有这么多积案？我们分析，一是前几任知县在泾阳任期都较短。据《泾阳县志·官师表》记载，从光绪元年到光绪十五年涂官俊两次署泾阳，十五年间前后任泾阳知县者十多人，多则任期两年，少则一年几任，因此，知县还顾不上审理案件，或者审案还未理出头绪就要调走了。二是棘手案件较多，这类案件往往和当地黑恶势力有关，以至于官府不想得罪这些人，或者说不敢得罪这些人，使案件久拖不决，等到调令下来，一走了事。三是因知县调动频繁，造成一些知县，形同过客，无所事事的思想。涂官俊于光绪十五年二次署泾阳。因为他已在四年前任过泾阳知县，对泾阳情况相对熟悉，因此，上任伊始，就从清理案件和整治社会治安入手，并把两项工作结合起来。他日以继夜清理多年积案，同时也以极大的胆魄和智慧处理前任不敢染指的棘手案件。根据有关史料记载，涂官俊处理的这些棘手的案件大致分为三类。

第一类涉及县衙内部人员的案件。例如，县衙中的个别官吏、杂役，倚仗权势与地方豪强勾结，行不法之事，强夺财产，霸占民女，为所欲为。还有些官吏枉法唆讼，唯恐天下不乱，趁乱之际，从中谋利。对于这类案件，前任知县多搁置不决，原因是这类人员多年为吏，在县衙内及地方上都形成了自己势力，稍有不慎，会遭到他们的报复。处理这类案件，涂官俊主要把握的是两点，一是法，二是情。处理结果多是还原事态原形，将衙内当事人逐出县衙，不再录用。

第二类是涉及社会黑恶势力的案件。例如，多种史料上都记载有

涂知县依法严惩恶霸窦槐真的事情。窦槐真乃泾阳一霸，他强取豪夺，欺男霸女，私设公堂，杀伐随意，目无王法，百姓避之唯恐不及。历任县官不敢审理此案。据记载，窦槐真在光天化日之下调戏民女，一位性情耿直者路见不平，上去说了几句公道话，而窦槐真竟令手下将其带入家中毒打后，残忍地剁掉了他的双脚。涂知县接过这个案子后，不少黑恶势力威胁恫吓，涂官俊顶住来自各方压力，迅速将这一横行千里的恶霸捉拿归案，依法判以死刑。百姓拍手称快，山呼“青天”。

第三类案件是涉及特殊的民间纠纷案。例如，“一品夫人”周莹的继嗣案。周莹，出生在三原县鲁桥镇孟店村的一个富商家庭，可惜的是到了周莹时代，家境败落。《泾阳县志·列传·贤孝》记载：(周莹)“少孤，依于兄嫂，年十六以兄嫂命归吴。”周莹命苦，从小失去父母，依兄嫂命嫁给泾阳吴聘。吴家是泾阳富商大户，亦商亦宦，财富累累。然而，当周莹嫁到吴家时，丈夫吴聘已重病在身，不久人世。吴家是泾阳县安吴堡人。所以，吴聘死后，人称周莹为安吴寡妇。安吴寡妇没有给吴家留下香火，然而，她精明、干练、智慧、勤奋，独自支撑吴家基业，并把吴家财富迅速拓展，所以才有捐助十万银两给慈禧作为避难费用之举，为此受到慈禧的褒奖与加封，甚至有人说慈禧认周莹为干女儿。光绪皇帝对她也有封赏。她还不断地出资办公益事业，如修文庙、书院等，拿出巨资赈灾民，史料里都有记载。因此，安吴寡妇不但在当地，即使在朝廷也是赫赫有名。这样一个有名望、有身份的人，谁敢与她打官司呢？原来，吴家有一亲戚，为游手好闲、无德无才之辈，看到吴家大业无人继承，就主动要求作为吴家继嗣，而安吴寡妇嫌其无德无才，不肯认他为继子。因此，这个无赖之徒整天骚扰这位寡妇，闹得她寝食难安、心神不宁。无奈，安吴寡妇只有将这无赖告到县衙。涂官俊审理此案，将法、理、情都考虑进去，依法判定这一无赖不得再次进行骚扰，否则典刑侍候。依法判定吴家侄子作为安吴寡妇的继子。然而，考虑到二者是亲戚关系，还有情在其中，判处安吴寡妇拿出一些银两对这一无赖进行生活资助。此案了结，双方满意。才有前面提到安吴寡妇为答谢知县送银之事。

涂官俊到达泾阳，发摘奸胥，为政严猛。清理积案，打黑除恶，化解社会矛盾，多管齐下，一年时间，“县境大治”。

倡办教育，振兴地方。涂官俊作为一名儒者，十分重视教育。《泾阳县志·教育志》有他于光绪十六年捐资增修瀛洲书院的记载。瀛洲书院于乾隆五年修建，同治元年回民起义被毁。涂官俊予以增修，后来改名为高等小学堂。他还在全县动员乡绅捐钱、捐地、捐物，建立义学四十余所。多方聘请饱学之士来本县任教讲学，要求先生教书育人，派员代表官府督学。他自己也亲自到各个学校巡视察看，亲自讲课，实地解决学校及教师们遇到的问题，将学校办学情况报告带回衙府审阅。陕西本来就是中华文化发祥地之一，《诗经·豳风》中就有不少优秀作品，泾阳有丰厚的文化积淀，加上涂官俊的重视倡导，使泾阳百姓读书习文蔚然成风，涂官俊的办学兴教也在泾阳历史上留下了浓重的一笔。

《泾阳县志·涂官俊传》用寥寥数语总结了涂官俊在泾阳任上的政绩：“衙斋不过数人，治具毕张，与民无扰，奸弊不作，学校益修，岁荒清理分仓积谷归还，存储约两万五千余石，并请省仓豌豆接济以救灾黎，力疾尽瘁，殁于官。”这短短的六十个字，不仅综述了涂官俊为政的业绩，而且道出了涂官俊为百姓鞠躬尽瘁，死而后已的人品和官品，《清史稿·涂官俊传》正是在此基础上给予“凡有利于民者，为之无不力”的高度评价。

为百姓办事者，百姓不会忘记。《泾阳县志》中就有几处记载百姓建祠或以其他方式对涂公的纪念：“乡人立祠私祀之”，“涂公祠在城隍庙左，光绪二十一年阖邑绅民建”。还有安吴寡妇为纪念这位勤廉的知县，在距县城二十里买良田百亩建“涂公祠”以表纪念。现存《涂公祠碑文》也载，涂公去世，“家家如丧私亲，互相吊唁，近者，男妇杂还，哭吊，县廨人心惶惶，谋留公葬，不可，则议祠祀……”涂公曾经任职的富平、长安、宜君等地百姓闻知涂公病逝，缅怀往事，“争尸祀之，祭祀七处”。

后　　记

《大清县衙清风》试图以述评的形式来揭示人物本质的内涵，从而展现中华民族优秀的清官文化。书中除首篇外，选取了三十六位人物，其排列顺序基本上是按人物走上仕途的年代，从顺治皇帝到光绪皇帝均有分布，尤以康熙和乾隆年间选取最多，这不仅是因为康、乾统治的时间较长，更重要的是笔者试图以此来彰显优秀清官文化在盛世时期所起的历史作用。即使到清末，政治黑暗、社会动荡、帝国大厦摇摇欲坠的历史时期，书中仍然做了适当的安排，意在揭示中华优秀清官文化的意脉不断，中华文明意脉永续。

在作者看来，此书定有不少瑕疵，其一，这本书所选人物及其采用的基本史料是以《清史稿》为基础，而后世学者考证《清史稿》中有不少谬误，因此就难免会有将错就错之处；其二，这本书可供参考文献资料有一定的局限性，尤其是有些地方志查阅困难，致使对人物的述评会存缺憾；其三，书中采用了人物“碑传”中的一些史料，而“碑传”中往往会有一些溢美之词，因此，对人物的评价或许会受些影响；其四，笔者学识浅陋，难免对人物的述评或挂一漏万，甚至出现谬误，诚恳地欢迎方家批评郢政。